민중사의 지평에서
민주주의를 다시 본다

민중사의 지평에서 민주주의를 다시 본다

초판 1쇄 인쇄 2023년 4월 20일
초판 1쇄 발행 2023년 4월 30일

저　자 역사문제연구소 민중사반 · 아시아민중사연구회

발행인 윤관백
발행처 도서출판 선인

디자인 박애리
편　집 이경남 · 박애리 · 임현지 · 김민정 · 염성운 · 장유진
영　업 김현주

등　록 제5-77호(1998. 11. 4)
주　소 서울시 양천구 남부순환로48길 1, 1-2층
전　화 02)718-6252/6257
팩　스 02)718-6253
E-mail sunin72@chol.com

정 가 26,000원
ISBN 979-11-6068-805-4 93300

민중사의 지평에서 민주주의를 다시 본다

역사문제연구소 민중사반 · 아시아민중사연구회

 선인

『민중사의 지평에서 민주주의를 다시 본다』 간행에 즈음하여

장 용 경

1

이 책 『민중사의 지평에서 민주주의를 다시 본다』는 한·일 민중사 연구 자들(한국 역사문제연구소 민중사반·일본 아시아민중사연구회)의 두 번째 공동 연 구 성과이다.[1] 2015년 첫 저작 간행을 계기로 양국 민중사 연구자들은 보 다 심화되고 진전된 연구를 약속했고, 2016년 2월 일본 미토(水戶)에서 제2 기 연구의 대주제를 〈역사적 민주주의〉로 결정했다. 주제 이름에서 짐작하 듯, 그 취지는 제도적 민주주의를 민중사적 지평에서 상대화·역사화하여 민주주의 내실화 방도를 강구하자는 것이었다.

제2기 공동 연구는 2017년부터 2020년까지 4년에 걸쳐 진행되었는데, 여기서 발표된 연구 성과는 다음과 같다.

---

1 한·일 민중사 연구자들의 첫 공동 연구 저작은 일본에서 『日韓民衆史研究の最前線―新 しい民衆史を求めて』(有志舍, 2015), 한국에서 『민중 경험과 마이너리티―동아시아 민 중사의 새로운 모색』(경인문화사, 2017)로 간행되었다.

한 · 일 민중사 제2기 공동 연구 발표[2]

시기 (장소)	주 체	연구자	연 구 주 제
2017 (제주)	민중사반	김헌주	'폭도(暴徒)'와 '양민(良民)' 사이에서 – 1907년 자위단(自衛團)의 설치와 지역사회의 관계망
		임동현	임시정부의 선거제도 운영과 특징
		후지타 타다요시	현대 한국 민주주의와 민중사를 둘러싼 역사적 조건에 대한 고찰 – 민주화운동의 흐름과 맥락을 중심으로
	아민연	미무라 쇼지	일본의 근세근대이행기(近世近代移行期) 연구와 민주주의
		다카에스 마사야	**오키나와 역사 경험과 민주주의의 정치 문화 – 민주주의(선거 · 운동) · 질서 · 역사의식을 키워드로 삼아**
		우에치 사토코	**'재외동포'와 '민족 자결'을 통해 본 민주주의의 범위와 주체 – 패전 직후의 오키나와를 사례로 하여**
2018 (교토)	민중사반	한상구	회귀와 도전의 착란 혹은 중첩! 모색의 출로는? – 21세기 동아시아 민주주의의 행로 검토와 전망
		김세림	'공동체 붕괴'라는 감각 체험과 민주주의 복원 과정에서의 질문 – 어떤 공동체를 지향할 것인가?
		비온티노 율리안	독일의 역사교과서에 나타나는 민주주의상
	아민연	코다마 켄지	근세 일본에 민주주의는 있는가?
		후지타 타카시	근대 일본 민중운동에서 민중과 지식인 – 고베(神戸) 쌀소동과 가가와 토요히코(賀川豊彦)의 논의를 중심으로
		이이쿠라 에리이	만주국군 출신 조선인 김백일(金白一)을 통해 본 식민지 해방 전후의 민간인 '즉결처분'
2019 (광주)	민중사반	**홍동현**	**해방 이후 동학농민전쟁에 대한 인식변화와 유실(遺失)된 기억**
		이나바 마이	**광주의 민중미술 – 광주 자유미술인협의회의 활동**
	아민연	김현수	한일회담기 재일조선인 학생들의 '조국' 인식에 대하여
		나카지마 히사토	**지역의 민주주의 운동이 추구해야 할 과제, 환경 문제의 부상 – 도쿄 인근의 고가네이(小金井) 지역을 사례로**
2020 (도쿄)	민중사반	이동헌	역사적 민주주의의 모색, 그 길을 묻다 – 2017~2019년 한일 공동워크숍을 돌아보며
		장원아	**1920~1930년대 조선의 인신매매와 여성**
	아민연	야나기 히로아키 · 도이 유우키	민주주의의 역사적 전제를 유사체험하다 – 한일민중사 공동 워크숍 '역사적 민주주의'의 3년
		아이카와 요이치	**민주주의 국가에서 소수자 권리를 둘러싼 제문제 – 나리타공항문제 역사의 교훈**

---

2 이 중 굵은 글씨체로 표기된 연구 주제가 이 책에 수록된 글이다. 제목은 일부 수정되었다.

전체 발표문은 총 20편이다. 스무 편의 글 모두가 〈역사적 민주주의〉라는 주제에 부합하는 것은 아니지만, 이러한 비조응은 오히려 각국의 경험을 민주주의라는 키워드로 이해하는 것이 쉽지 않다는 점을 보여주는 것이자, 한·일 양국이 처한 민주주의의 문제 상황을 반영한 것으로 생각된다.

2

한국에서는 지난해부터 단행본 간행 준비를 시작했다(일본 아시아민중사 연구회는 현재까지 단행본 출간 계획은 없다고 한다). 앞서 언급했듯이, 그간의 공동 연구가 역사적 민주주의라는 대주제에 정확히 조응한다기보다는 양국이 처한 민주주의의 상황을 보여주는 편이었기에, 발표문 그대로를 단행본 체계로 삼기는 무리라는 지적이 있었다. 이에 특정 기준을 세워 여기에 부합하는 글을 선정하고, 선정된 글의 필자들에게 수정을 요청하는 순서로 간행 작업을 진행하였다.

그 결과, '새로운 주체, 새로운 테마', '민주주의와 소수자 정치', '민주주의 경험과 기억의 민주주의' 라는 3개의 부를 만들고, 여기에 한·일 양국 연구자의 글들을 각각 세 편씩 배치하였다.

제1부 〈새로운 주체, 새로운 테마〉에서는 기존 제도적 민주주의에 더해, 그 외곽에서 새롭게 대두되는 민주주의적 주체와 테마를 다룬 글들을 선정하였다. 이러한 범주에는 장원아의 「매인 몸, 식민지 여성 신체의 종속과 탈주」(2020년 도쿄 워크숍), 나카지마 히사토의 「지역 민주주의 운동의 과제로서의 환경문제─도쿄 인근 고가네이(小金井) 지역을 사례로」(2019년 광주 워크숍)가 해당되는데, 여기에 광주항쟁에서 도시 빈민의 역할과 인식 위

상을 다룬 이정선의 「1980년 광주항쟁과 도시 빈민－어디서 와서 어디로 사라졌는가」를 추가하였다.

제2부 〈민주주의와 소수자 정치〉에서는 민주주의라는 제도 아래서 소수자 정치가 어떤 차원에서 어떻게 작동하는가를 다룬 글들을 배치하였다. 먼저 패전 직후 재외 오키나와인이라는 소수자의 자기결정권 문제를 다룬 우에치 사토코의 「'재외동포'와 '민족자결'을 통해 본 민주주의의 범위와 주체－패전 직후의 오키나와를 사례로」(2017년 제주 워크숍)를 선정하였고, 이어 아이카와 요이치의 「민주주의 국가에서 소수자 권리를 둘러싼 여러 문제－나리타공항문제의 역사에서 얻는 교훈」(2020년 도쿄 워크숍)을 배치하였다. 여기에 우리의 취지에 부합하는 정계향의 「마이너리티의 민주주의 경험－재일대한기독교회(KCCJ)의 사회운동을 중심으로」를 추가하여 민주주의 제도 하에서 작동하는 소수자 정치의 미세한 양태를 고찰할 수 있도록 하였다.

제3부 〈민주주의 경험과 기억의 민주주의〉에서는 말 그대로 민주주의 경험과 기억의 문제를 다룬 글들을 모았다. 광주자유미술인협회의 활동을 다룬 이나바 마이의 「민주적인 대동세상을 향하여－홍성담과 광주자유미술인협의회를 중심으로」(2019년 광주 워크숍)와 동학농민전쟁에 대한 인식 변화를 다룬 홍동현의 「해방이후 민주화 운동과 동학농민전쟁－포섭과 저항의 이중주」(2019년 광주 워크숍)는 민주주의 경험과 관련된 것이다. 그리고 다카에스 마사야의 「오키나와의 역사 경험과 민주주의의 정치 문화」(2017년 제주 워크숍)는 일본 오키나와의 선거 문화 경험을 기억의 민주주의 차원에서 다룬 것이다.

3

각각의 부에 실린 글들은 다른 부의 글들과 함께 독해될 수도 있고, 또 다른 식으로 독해될 수도 있다. 모든 글들이 열린 텍스트여서 특정 의미로 고정될 수 없는 것이다. 이 점을 일단 감안하길 바라면서, 현시점에서 텍스트를 3개 부로 배치한 의도, 즉 현실에 대한 인식 관심을 밝혀두고자 한다.

중요한 인식 관심의 하나는 한국의 민주주의가 제도적이고 절차적인 민주주의를 넘어 새로운 주체 및 테마로 그 경계를 확장해야 할 때라는 인식이었다. 물론 이러한 새로운 주체 및 테마를 포함한 민주주의가 어떠할 것인지에 대한 청사진은 아직 그려지지 않았다. 그렇지만 최소한 이것들이 문제로서 대두되었다는 점, 그리고 이 문제를 해결하는 정도에 따라 한국 민주주의의 미래가 달라질 것이라는 점을 확실하게 인식하는 것은 중요하다.

다른 하나의 관점은 소수자 정치의 구체적 양상에 대한 인식이었다. 물론 소수자 정치는 위에서 말한 새로운 주체 및 테마와 밀접하게 연관된 문제지만, 우리는 여기서 두 가지 점에 초점을 맞추었다. 첫째, 에스닉적인 소수자 주체에 더 유의하였고, 둘째, 앞서 새로운 주체·테마가 제도적 민주주의의 확장에 시선을 두었다면, 소수자 정치는 소수자의 자기결정권과 그것의 다수자와의 관계성에 더 큰 관심을 두었다.

새로운 주체 및 테마에 의해 확장된 공간이 내부 소수자 민주주의와 연관되지 않는다면, 그 공간은 공동화(空洞化)될 것이 자명하다. 역으로, 전체 경계 확장과 연관되지 않는 소수자 정치는 소소한 문제로 게토화될 우려가 있다.

마지막 인식 관심은 과거의 경험 재현과 관련된 민주주의 문제이다. 한국에서는 과거 자체가 확고한 진실로서 정립해 있지 않고, 그것에 대해 진실을 규명하거나 기념하는 사업이 고도로 정치화되어 있다. 그렇기에 우선 과거에 대한 기억이 정치적이라는 상황을 인지하고 받아들이는 것이 중요하다. 한편으로 과거에 대한 모든 기억이 민주주의적인 것은 아니다. 그렇기에 과거에 대한 기억이 정치화되어 있는 지금이야말로 과거에 대한 민주주의적 재현이 어떻게 가능할 것인가를 물어야 할 시점이다. 민주주의 경험과 기억의 민주주의를 함께 묶은 이유가 여기에 있다.

한·일 민중사 연구자들의 두 번째 저작이 보다 심화되고 진전된 것이었는지에 대한 평가는 후속 세대의 몫이다. 다만 한·일 양국 연구자들 모두 각자의 민주주의 문제 상황을 진지하게 인식하고 그 난점을 타개하기 위한 노력을 기울였다는 점, 그리고 이 책은 바로 그 흔적이라는 점을 강조하고 싶다. 이 책이 앞으로 나가는 디딤돌이자 이정표가 되길 바란다.

『민중사의 지평에서 민주주의를 다시 본다』의 기획·편집과 교정·교열에 김아람과 장원아가 힘을 쏟았다. 또한 일본측 원고는, 워크숍 당시 민중사반원의 번역 저본을 배영미가 원본을 대조하여 교열한 후 필자들이 공동으로 검토하였다. 책 간행에 즈음하여, 반장 장미현을 비롯한 민중사반 반원 전체의 의견으로, 이들에게 감사의 말을 전한다.

2023년 3월

차례

책을 시작하며

제1부　새로운 주체, 새로운 테마

제2부　민주주의와 소수자 정치

제3부 민주주의 경험과 기억의 민주주의

책을 마치며

제1부

새로운 주체, 새로운 테마

매인 몸, 식민지 여성 신체의 종속과 탈주[1]

장 원 아

1. 머리말

이 글은 식민지 조선의 성산업 종사 여성들에 대해 살핌으로써, 종속적 구조 속에서 생겨나는 이해관계와 갈등 및 상호작용을 주목하고, 그들의 현실에 대한 다양한 대응방식을 함께 검토하려 한다. 먼저 1936년 울산 달리 지역에서 이뤄진 농촌사회경제조사 보고인 『조선의 농촌위생』 내용을 살펴보자.

> (가정을 떠나 마을 바깥에서 돈벌이[出稼]를 하는) 가족구성원의 종류는 아들 및 형제(59명), 딸(14명), 남편(8명)의 순위인데, 남편이 외지돈벌이를 하지 않으면 생활을 할 수 없을 정도의 극빈세대에서는, 그 남편이 공장노동자가 아니라 정고(定雇, 정기고용자)나 혹은 일용노동자가 된다. **14명의 딸 중에서 7명은 행방불명이 되어 있는데, 이는 예컨대 내지의 도호쿠농촌에서 보이듯이 주선업자 등의 중개를 거쳐 도회지의 천업자로서 팔려 간 것이라고**

---

1 이 글은 2020년 2월 1일 역사문제연구소 민중사반과 아시아민중사연구회의 제19회 한일 민중사워크숍 발표문을 전면 수정한 것이다. 그 도정에서 〈국제법X위안부 세미나〉를 통해 코멘트와 격려를 받았다. 지면을 빌어 감사드린다.

생각한다.[2] (강조: 인용자)

위 조사에 따르면 대부분 농업에 종사한 달리 마을 전체 129호 중 47호, 전 인구 605명 중 93명이 돈을 벌러 고향을 떠나 있었다. 그중 7명의 '딸'이 행방불명 상태로, "도회지의 천업자" 즉 성매매 산업으로 팔려갔을 것이라 추정되고 있다.

행방불명된 딸들은 어떻게 되었을까. 민주주의를 역사적으로 짚는 작업은 더 많은 사람들이 각각 목소리를 내어 권리를 획득한 과정을 주목하곤 한다. 그러나 사라진 사람들의 목소리는 어떻게 처리할 것인가. 아니, 그들은 정말로 사라진 것일까? 이 글은 사라지지 않았던 그들 존재를 추적한다. 즉 고향을 떠나 성산업에 종사하게 된 식민지 조선 여성들을 둘러싼 사회의 맥락을 다층적으로 살펴보고, 그 행방과 자취를 짚으려 한다. 그들이 처한 제도적·경제적 현실은 어떤 구조적 특징을 가지고 있었으며, 그 속에서 어떤 행위방식들이 나타났는지를 살피는 것이다. 식민지 조선의 성산업 속 여성을 둘러싼 사회적·법적·경제적 구조 그리고 그들이 종속적 상황을 어떻게 이해하고 대처해나갔는지 검토함으로써, 시민이나 인간으로서의 권리를 사실상 보장받지 못했던 이들의 삶이 구성된 방식에 접근하는 단서를 얻고자 한다.

민중사의 시도는 '역사'에서 배제된 이들의 삶을 읽어내려 노력해왔다. 거기에는 민중으로 불리는 사람들 간의 차이를 드러내며, 이질적인 정체성과 경험을 갖는 다양하고 모순적인 존재로 '민중'을 파악하려는 시도

---

2 朝鮮農村社會衛生調査會 編, 『朝鮮の農村衛生: 慶尙南道達里の社會衛生學的調査』, 岩波書店, 1940, 138~139쪽(조선농촌사회위생조사회 편, 임경택 옮김, 『조선의 농촌위생』, 국립민속박물관, 2008).

가 있었다.[3] 그런데 다양한 사람들의 목소리에는 볼륨의 차이가 있을 수밖에 없으며, 민주주의가 제도화된 사회라 하더라도 목소리의 경중은 다르게 다뤄진다. 소란한 민주주의의 현장에서 '크고 작은 다른 목소리들'을 어떻게 다룰 것인가. 민중의 다성성(多聲性)이란 다양성과 차이들에 대한 상대주의적 인정에만 그치는 것은 결코 아닐 것이다. 그것은 자칫 상대주의의 결과로 이어질 수 있는 무관심이 아니라, 다양한 목소리들의 부분성(partiality)을 인지하고 상호연결관계를 중요하게 다루는 것으로서 나아갈 수 있다. 모두 서로 다른 위치에서 세계를 해석하고 대처한다는 부분성을 의식하며, 상호예속과 의존, 그리고 충돌과 같은 연결 양상을 적극적으로 드러낼 필요가 있다.[4] 또한 왜 목소리의 크기 차이가 나타나는지 권력구조의 배치에 대한 질문이 함께 가야 한다. 따라서 당시 조사에서 '행방불명'이라 처리된 성산업 종사 여성들의 모습을 찾아, 이들이 속한 구조와 구체적 상황에 따른 여러 행위를 연결시키는 작업을 통해 당시 그들이 처한 '세계'를 적극적으로 드러내고 분석하려 한다.

관련 연구를 살펴보면 다음과 같다. 식민지배 과정에서 일제는 성매매를 합법화하고 관리하는 체계를 형성시켰다. 군인과 재조일본인 남성을 대상으로 성매매 업자들과 여성들이 조선으로 이주했고, 병합 이후 성매매 관리체계가 조선 전체에 대한 공창제 실시와 함께 법적으로 확립되었다. 기존 연구는 일제 식민지기의 성산업 구조 전반에 주목하여, 일본식 공창제

---

3 1980년대 민중사학과 구별되는 '새로운 민중사' 인식에 대해서는 역사문제연구소 민중사반, 『민중사를 다시 말한다』, 역사비평사, 2013 참고.

4 이는 위치성의 구성적 특성을 강조하고 정체성을 고정된 범주로 보지 않으며 "분열되고 모순된 주체"를 제안하는 해러웨이(Donna J. Haraway)의 '상황적 지식'에서 착안한 것이다. 정연보, 「상대주의를 넘어서는 '상황적 지식들'의 재구성을 위하여: 파편화된 부분성에서 연대의 부분성으로」, 『한국여성철학』 19, 한국여성철학회, 2013 참고.

도의 유입과 정착,[5] 성병의 관리,[6] 조세체계의 규명,[7] 폐창론과 폐창운동 분석[8] 연구가 이뤄졌다. 특히 일제의 관리 체계가 심화되어 나타난 일본군 '위안부'와 관련하여 기존 연구는 위안소의 설립과 운영, '위안부'의 동원과 생활을 광범위하게 분석했고, 증언과 자료가 수집·간행되었다.[9]

한편 국제사회의 논의는 인신매매에 대한 문제제기와 제도·정책에 영향을 미쳤다. 특히 여성 인신매매 금지는 국제법 발달 속에서 그 적용 범위가 확장되어 갔다.[10] 일본의 공창제 정책 또한 국제관계 속에서 영향을 받았

---

5   야마시다 영애, 「식민지 지배와 공창 제도의 전개」, 『사회와 역사』 51, 한국사회사학회, 1997; 송연옥, 「대한제국기의 〈기생단속령〉〈창기단속령〉-일제 식민화와 공창제 도입의 준비 과정-」 『한국사론』 40, 서울대학교 국사학과, 1998; 강정숙, 「대한제국·일제 초기 서울의 매춘업과 공창(公娼)제도의 도입」, 『서울학연구』 11, 서울시립대학교 서울학연구소, 1998; 박정애, 「일제의 공창제 시행과 사창 관리 연구」, 숙명여자대학교 박사학위논문, 2009; 박정미, 「식민지 성매매제도의 단절과 연속: 묵인-관리 체제의 변형과 재생산」, 『페미니즘 연구』 11-2, 한국여성연구소, 2011; 박현, 「일제시기 경성의 창기업(娼妓業) 번성과 조선인 유곽 건설」, 『도시연구』 14, 도시사학회, 2015.

6   강혜경, 「일제시기 성병의 사회문제화와 성병관리」, 『한국민족운동사연구』 59, 한국민족운동사학회, 2009; 박정애, 「조선총독부의 성병예방정책과 〈화류병예방령〉」, 『사림』 55, 수선사학회, 2016.

7   이명학, 「일제시기 '유흥세' 운영의 추이와 특징」, 『한국사연구』 187, 한국사연구회, 2019.

8   윤은순, 「일제 강점기 기독교계의 공창폐지운동」, 『한국기독교와 역사』 26, 한국기독교역사연구소, 2007; 이나영, 「성매매 '근절주의' 운동의 역사적 형성과 변화의 의미」, 『한국여성학』 25-1, 한국여성학회, 2009; 송연옥, 「폐창 논의에서 보이는 연속과 단절」, 송연옥·김영 편저, 박해순 옮김, 『군대와 성폭력: 한반도의 20세기』, 선인, 2012.

9   관련된 연구사에 대해서는 尹明淑, 『日本の軍隊慰安所制度と朝鮮人軍隊慰安婦』, 明石書店, 2003(윤명숙, 최민순 옮김, 『조선인 군위안부와 일본군 위안소제도』, 이학사, 2015); 강정숙, 「일본군 '위안부'제의 식민성 연구-조선인 '위안부'를 중심으로-」, 성균관대학교 박사학위논문, 2010; 박정애, 「일본군'위안부' 문제의 강제동원과 성노예」, 『페미니즘 연구』 19-2, 한국여성연구소, 2019 참조.

10 조시현, 「인신매매에 관한 국제법의 발달과정」, 『법과 사회』 46, 법과사회이론학회, 2014a; 조시현, 「일본군 위안부 문제를 통해서 본 1904년 '백인노예매매'의 진압을 위한 협정」, 『법학논고』 47, 경북대학교 법학연구원, 2014b; 조시현, 「일본군 '위안부' 문제를 통해서 본 1910년 '백인노예매매'의 진압을 위한 국제협약」, 『법학연구』 42, 전북대학교 법학연구소, 2014c.

다.[11] 그럼에도 식민지 조선의 여성들은 국제법을 비롯한 법적 질서에서 배제되기 쉬운 현실에 놓여 있었고,[12] 이것이 일본군 '위안부' 동원으로 이어졌음은 잘 알려져 있다.

이 글은 이러한 기존 연구를 바탕으로 성산업 종사 여성들의 실제상에 보다 다가가려 한다. 일제시기 당시 성산업 종사 여성이란 예기(기생), 작부, 창기, 여급을 포괄한다.[13] 그중 기생과 여급에 관해서는 매체를 활용한 연구가 이뤄졌다.[14] 그러나 창기와 작부에 대해서는 미진한 실정이기에 주로 이들에 주목하려 한다. 창기와 작부는 당시 성산업 구조 속에서 법적 규제뿐만 아닌 각종의 사회적 종속과 당시 여성 신체가 처한 현실의 구조적 특징을 잘 보여주기 때문이다. 기존 연구는 문학을 활용해 창기의 저항에 주목하고,[15] 파업을 통해 노동자로서의 '주체화'를 조명하기도 했다.[16] 이에

---

11 小野沢あかね, 『近代日本社会と公娼制度—民衆史と国際関係史の視点から』, 吉川弘文館, 2010.

12 박정애, 「법 안의 성매매—일제시기 공창제도와 창기들」, 서울대학교 여성연구소 엮음, 『경계의 여성들: 한국 근대 여성사』, 한울아카데미, 2013.

13 이 글에서는 '성산업 종사자' 혹은 '성산업 종사 여성' 용어를 주로 사용했으나 맥락에 따라 '접객부' 등도 혼용했다. 또한 성을 사고파는 행위에 대해 '성매매' 용어를 사용하나, 자료에서 이용된 용어의 경우 '매음' 등도 사용했다. '성산업 종사자'라는 용어를 사용한 이유는 예기·창기·작부 등 여성에 대한 구분이 권력에 의한 구분으로 여성 간 위계질서를 부여했음을 환기하고, 여성들이 모두 전차금을 통해 성산업에 유입됨을 강조하며, '공창'에 주목할 때 간과하기 쉬운 '사창'의 현실을 가시화하고, 성을 판매하는 산업구조가 존재했음을 상기하기 위해서이다. 성교를 합법적으로 팔 수 있는 '공창'은 창기뿐이었으나 실제로는 예기나 작부의 성판매가 묵인되었으며, 아예 법적 구분을 벗어난 '밀매음녀'도 광범위하게 존재했다.

14 서지영, 「부상하는 주체들: 근대 매체와 젠더 정치」, 『여성과 역사』 12, 한국여성사학회, 2010a를 비롯해 다수 연구가 있다.

15 배상미, 『혁명적 여성들: 프롤레타리아 문학의 젠더, 노동, 섹슈얼리티』 소명출판, 2019; 가게모토 츠요시, 「식민지 조선의 또 하나의 프롤레타리아 문학—룸펜프롤레타리아, 농업노동자, 유곽의 여성들—」, 『현대문학의 연구』 61, 한국문학연구학회, 2017.

16 배상미, 「식민지시기 성노동자의 주체화 과정: 「어여쁜 노동자」, 「깨뜨려진 홍등」을 중심으로」, 『호원논집』 20, 고려대학교 일반대학원 총학생회, 2012.

비해 이 글은 문학적 재현보다 언론 자료를 활용하여 실태를 추적한다. 또한 저항 외에 여러 양상의 대응을 함께 살핀다. 성산업 종사 여성들의 현실 인식과 대응은 복잡다단한 스펙트럼으로 나타났기에, 명시적으로 드러난 운동이 아닌 다른 행위까지 포괄하여 살필 필요가 있기 때문이다.

여러 양상의 대응에 대해 논의하기 위해서는 무엇보다도 당시 조선 농촌의 여성이 처했던 상황을 파악해야 한다. 이들은 식민지화·자본주의화의 전개, 농촌의 빈곤 심화, 가부장적 성차별과 희생에 대한 요구 속에 있었다. 또 성산업에 유입된 여성은 특히 전차금(前借金)을 비롯한 부채에 묶여 있었다. 이들이 '피해자'임을 강조하는 관점은 당대부터 제시되어, 조선 사회의 빈곤을 드러내는 사회적 폐해로 설명되었다. 그런데 성산업 속 여성의 현실이 조선의 낙후성과 식민지성의 발현이라고 주장하는 이러한 견해는 일견 타당하게 간주될 만하나 몇 가지 문제점을 가지고 있다. 성산업에 묶인 여성을 조선 사회구조의 문제로 보기 때문에, 조선 사회의 일반적인 '후진성'과 희생자로서의 여성들에 대한 동정적 시선이 유지된다는 점이다. 즉 구조의 문제만이 주목되거나, '팔려간' 여성들의 특수함이 고정되면서 '희생당한 약자'로서만 말해지는 효과가 발생한다. 이는 '성을 파는' 여성이란 비참해야 한다는 방식으로 그에 대한 낙인을 강화하며 가부장제가 받아들일 수 있는 여성과 그렇지 않은 여성에 대한 구분을 강화한다.

그렇다면 '팔려간, 부채를 진' 여성은 어떤 존재였는가. 여성은 제약이 없는 완전히 자유로운 '주체'는 아니었지만, 그렇다고 그저 수동적으로 희생당하기만 하는 대상인 것도 아니었다. 일제 하 조선인의 삶과 역사에 대해 수탈과 저항이라는 이분법적 구도만으로 파악할 수 없는 것처럼, 식민지 조선의 여성에 대해서도 온갖 피해가 중첩된 대상이거나 아니면 자율적 주체라고 본다면, 이들 삶의 다양성과 복잡성이 지나치게 단순해지지 않을까.[17] 따라서 이 글은 종속적 현실 속에서 여성들이 세계의 차단 혹은 개방성을 인식하고 자기를 발현하며 대응해나간 여러 양상을 함께 분석한다. 이는 고정된 정체성으로 환원되지 않는 여러 맥락을 분리하지 않고 연결하며, 그 의미 구성의 역사에 대한 질문을 던지기 위해서이다.

이 글이 주로 다룰 시기는 1920~30년대로 전시체제기 전까지이다. 성산업 종사 여성의 행위를 단편적으로나마 살필 수 있는 자료인 언론이 소위 '문화통치' 이래 정기적으로 발행된 1920년대부터 다루려 하며, 중일전쟁 발발 후에는 '유흥업' 전반에 대한 재편 양상이 나타나기 때문이다.[18]

당대의 성산업 속에서 여성의 실태에 대해 살피기 위해서는 일제와 식민지 조선의 법과 정책, 경제적 변화와 도시문화의 변천, 여성의 권리 문제 등장 등에 대한 다각도의 검토가 필요하다. 또한 언론을 통한 담론의 산출과 재현의 양상에 대한 비판적 검토 작업이 이뤄져야 한다. 이 글에서는 경제적·인신적 종속 구조와 관련하여, 거래대상이 된 성산업 종사 여성의 대응에 한정하여 살펴보고자 한다. 특히 남성지식인이 대다수였을 기자들의 기록에서 그 모습을 그려내기란 쉽지 않다. 그렇지만 그들을 단지 '닿을 수

---

17 이 글은 그 피해와 착취를 부정하는 것이 아니며, '자기결정권'을 가진 행위자를 상정하는 자유주의적 인간관에 기반해서는 역사상과 구조를 온전히 이해할 수 없다고 생각한다. 성매매 여성을 둘러싼 관점 및 담론과 관련하여, '자유주의적인 담론'과 '피해자화 담론'이 이분화된 대립 양상에 대한 비판은 반성매매인권행동 이룸 기획, 「불처벌: 성매매 여성을 처벌하는 사회에 던지는 페미니즘 선언」, 휴머니스트, 2022 참조; 한편 2021년 2월 미국 하버드대의 램지어 교수가 일본군 '위안부'를 '자발적 매춘부'라고 주장한 논문 게재 소식이 알려지면서 논란이 되었던 점을 환기할 수 있다. 당시 램지어의 논문에 대한 비판에서도 계약이라는 자율적 경제 행위자 모델을 당시 여성에 적용할 수 없다는 점이 지적되었다. 김은경, 「"인가된 무지"와 전략적 무시가 낳은 참사, '램지어 사태'에 대한 관견」, 「역사연구」 41, 역사학연구소, 2021; 김주희, 「"무엇을 더 숨길 게 있나"-'위안부' 망언의 본질주의를 넘어-」, 「여성과 역사」 34, 한국여성사학회, 2021.

18 전시체제기 유흥업 재편에 대해서는, 박정애, 앞의 글, 2009의 5장을 참고. 한편 1920~30년대로 시기를 한정한 것은 편의적인 시기구분에 불과할 수 있으며, 어디까지나 잠정적인 것으로서 분석을 위한 제한임을 밝힌다.

없는 존재' 또는 듣기 어려운 목소리로 남겨두는 것이 아니라, 행위의 유형화와 그 연결을 통해 적극적 독해를 시도하려 한다.

2. 종속의 구조화와 차단된 선택지

1) 조선 농촌 가족의 빈곤과 자매(自賣)

식민지의 여성을 권리의 주체로 보지 않았던 당시의 법제도, 그리고 가족의 '생존'을 지탱하기 위해 여성의 희생이 정당화되는 권력 구조가 작동하는 가운데 식민지 조선 농촌의 여성들은 성산업 속으로 유입되었다. 1931년 『동아일보』 기자였던 오기영은 당시 '매음부'가 되는 두 가지 길로 '스스로 자신을 팔 것을 결정하는 경우'와, '악덕부모에게 강제적으로 팔리는 경우'를 제시했다. "부모의 채무 때문에, 죽음에 직면한 부모의 약값 때문에, 부모의 생활난 때문에 이들은 다만 효녀라는 명예에 취하여, 남의 자식된 것만 생각하고 남과 같은 사람인 것을 생각하지 않아 그 인권을 포기하고 제 몸을 방매한다. 한편에는 또 빈궁을 면하려는 악덕부모에게 강제적으로 방매를 당하는 경우가 있다. 전자의 자발적 결의나 후자의 강제적 행위나 부모를 위하여 몸을 팔아도 좋다는 점에는 일치한다."[19]

지금까지의 연구는 주로 후자의 사례에 주목하여 가부장제의 폭력을 고발했다. 그런데 전자 즉 자기를 판 자매(自賣) 역시 함께 분석할 필요가 있다. 오기영의 분석처럼 '효행관념'을 통해 여성의 결의와 부모에 대한 복종이 연결되기 때문이다. 물론 여성들 중에는 본인의 의사가 아니라 부모나 남편의 의사에 따라 '팔린' 경우가 많았는데 당시 민법은 여성을 독립적

---

19 오기영, 「매음제도론: 기생제도 철폐 제 의견을 검토함」, 『동광』 29, 1931. 12.

행위주체로 인정하지 않았기 때문이다. '자신의 의사에 반하여' 고통 속에서 살아간다는 서술은, 성산업 종사 여성의 비참한 처지를 강조하고 동정할 만한 대상으로 만들기 위해 기사 작성자가 자주 삽입한 상투적 설명이기도 했다. 그럼에도 때때로 여성들은 '팔리는' 입장에 동의하기도 했는데, 이 같은 자매는 어떻게 해석할 수 있을까?

애초에 '창기의 자발성'이란 공창제로 잘 알려진 근대 일본의 성매매 제도를 합리화한 레토릭이었다. '인신매매를 금지하며 스스로 원하는 경우 창기업을 허가'한다는 것이 근대 일본 정부의 입장이다.[20] '자유의지'에 따른 계약 행위를 내세운 것이다. 일본 정부는 1872년 '창기해방령'으로 알려진 포고안에서 인신매매 금지를 선언했으나,[21] 공창제에서 인정된 가불과 계약 제도는 필연적으로 인신 구속을 동반했다. 창기가 전차금 즉 선금을 가불받아 빚을 지고 계약을 맺으면, 기한 동안 인신이 구속되며 외출이 제한된 것이다. 이에 대한 비판 속에서 1900년 일본 법원은 창기의 '자유폐업'을 인정했으나, 폐업 후에도 전차금 변제 의무는 남아 있었다.[22] 빚을 갚을 방도가 달리 없는데도 주어진 폐업의 자유란 명목상의 자유에 불과한 '기만'이었다고 비판된다.[23]

조선의 법령에는 애당초 '자유폐업' 자체가 명기되지 않았으며,[24] 개업에도 '승낙'이 필요했다. 조선에 공창제를 확립한 1916년의 '대좌부창기

20 박정애, 앞의 글, 2013, 238~239쪽.
21 일본은 1872년 '창기해방령'에서 "인권과 자유가 주창되는 오늘날 부녀매매를 통해 정해진 햇수나 평생 동안 심신의 자유를 속박하는 것은 노예와 마찬가지이며 황국(皇國)의 큰 부끄러움이니, 유녀예기의 속박을 해방하고 인신매매를 금지"했다.
22 하야카와 노리오, 「공창제와 그 주변」, 일본의 전쟁 책임 자료센터 엮음, 강혜정 옮김, 『일본의 군 '위안부' 연구』, 동북아역사재단, 2011, 32~44쪽.
23 후지메 유키, 「여성사에서 바라본 '위안부' 문제」, 일본의 전쟁 책임 자료센터 엮음, 위의 책, 62~63쪽.
24 박정애, 앞의 글, 2013, 239~240쪽.

취체규칙(貸座敷娼妓取締規則)'에 따라 창기가 되려는 여성은 17세 이상으로 결혼하지 않았어야 했고 부친의 승낙서(부친이 사망한 경우는 모친, 호주나 부양의무자 또는 후견인의 순으로 승낙서가 필요했고 승낙할 자가 없다면 그것을 소명하는 서면을 내야 했다)를 포함한 서류를 제출했다.[25] 예기·작부 경우는 나이 관련 규정이 없었으며 유부녀도 '남편의 승낙서'를 제출하면 될 수 있었다.[26] 당사자보다 친권자 또는 호주의 '승낙' 의사에 따라 계약이 이뤄지도록 한 법제 하에서, 거액의 전차금과 여성이 교환되었다. 부모나 남편의 권리로는 물권행위와 같은 법률적 매매행위가 이뤄질 수 없음에도 "일부러 법률을 애매 몽롱하게 하여 일반 악용의 길을 열어준" 것이었다.[27]

이러한 제도를 배경으로 이뤄진 '자매'의 맥락을 파악하기 위해 식민지 조선 여성이 처한 조건을 더 구체적으로 살펴보자.

다음의 〈표 1〉은 예기·창기·작부·여급 등 성산업 종사 여성의 연도별, 민족별 추이를 보여준다.[28] 1930년대까지의 증가 추세를 확인할 수 있다.[29] 일본인 창기의 수는 1920년대 이래 대체로 감소하는 반면 조선인 창기의 경우는 늘어나는 추세였다. 총계에서도 조선인 여성의 증가가 확인된다. 특히 주목할 수 있는 것은 1930년이라는 시점이다. 이때 조선인 성산업 종사 여성 총계가 급증해 일본인보다 늘어난 것이다.

---

25 「대좌부창기취체규칙」, 『조선총독부관보』 1916. 3. 31.

26 「예기작부예기치옥영업취체규칙」, 『조선총독부관보』 1916. 3. 31.

27 「춘궁기와 인신매매문제」, 『동아일보』 1936. 2. 25.

28 창기 외의 여성이 성관계를 판매할 경우 사창이라 할 수 있었지만 실제 각 범주 사이의 경계는 명확하지 않았다. 예기와 작부는 실제로 성매매를 겸하는 경우가 많아 당국은 이들에게 성병검진을 강제했다. 법규의 적용은 경찰에 좌우되어 지역에 따라 예기나 작부의 성매매를 묵인하고 단속하지 않는 등 규칙과 현실 간에 상당한 차이가 있었다. 한편 여급의 경우 1920년대 후반 카페가 등장하면서 이에 대한 별도규칙이 1934년에 제정되며 통계에 등장했다.

29 이는 예기·창기·작부·여급으로 등록한 이들의 통계이므로 밀매음의 경우를 고려하면 성산업과 관련된 여성의 수는 훨씬 많았을 것이다.

표 1 일제 식민지기 성산업 종사 여성 통계

연도	조선인					일본인				
	예기	창기	작부	여급	총계	예기	창기	작부	여급	총계
1910	427	569	197		1,193	977	851	2,263		4,091
1916	586	774	348		1,708	1,110	2,077	1,123		4,310
1920	1,224	1,400	868		3,492	1,336	2,289	705		4,330
1925	826	1,017	962		2,805	1,409	2,034	642		4,085
1930	2,274	1,370	1,241		4,885	2,156	1,833	442		4,431
1935	3,933	1,330	1,290	939	7,492	2,128	1,778	414	2,395	6,715
1940	6,023	2,157	1,400	2,145	11,725	2,280	1,777	216	2,226	6,499
1941	4,828	2,010	1,310	1,998	10,146	1,895	1,803	292	1,893	5,883
1942	4,490	2,076	1,376	2,227	10,169	1,796	1,774	240	1,644	5,454

출처: 『조선총독부 통계연보』 각년판

조선인 성산업 종사자의 증가 배경에는 농촌의 빈곤 및 여성 일자리가 부족한 상황이 있었다. 인구 대부분이 농촌에 거주한 조선에서 만성적인 농촌경제의 피폐와 거의 매년 농촌을 강타한 수해·가뭄은 여성의 성매매 유입 배경으로 당대부터 거론되었다. 춘궁기가 되면 새로 유입되는 여성 수가 늘어난다고 지목되기도 했다.[30] 경찰 자료에 따르면 예기·창기·작부가 된 여자들 중 교육을 받지 못한 경우가 8할을 점했고 출신지로는 경상남도가 가장 많았다고 한다.[31] 경상도 출신 여성이 성매매로 많이 유입된다는 설명은 당대 언론에 누차 등장한다.[32]

그렇다면 조선인 접객부 증가에서 주목되는 시점인 1930년경, 지역적으로는 경상도 농촌의 여성은 어떤 상황에 놓여 있었을까? 1930년은 유례없

---

30 「춘궁기와 인신매매문제」, 『동아일보』 1936. 2. 25.

31 朝鮮總督府 警務局, 『朝鮮警察之槪要』, 朝鮮總督府 警務局, 1925, 136~137쪽.

32 예를 들면 창기가 된 여자는 '경상남북도를 필두로 한 시골 사람들이 많다'고 지적되었다. 아카마 기후 지음, 서호철 옮김, 『대지를 보라: 1920년대 경성의 밑바닥 탐방』, 아모르문디, 2016, 262쪽.

는 대풍작이었으나 농민들은 풍년 속의 기근 상태에 있던 때다. 1930년 조선 농가의 절반이 춘궁농가였으며 특히 경상도·전라도의 상황이 심각했다. 한 해 동안 농민의 부채는 3배 이상 격증했고 세계공황의 여파를 마주친 조선 농촌에서 농가의 몰락이 이어졌다.[33] 이를 배경으로 농촌에서 도시로 여성의 전출이 가속화되었다. 여성이 벌 수 있는 현금 수입은 가족의 생계를 유지하는데 결정적 역할을 했기에 농촌 가정은 딸을 도시로 보냈다. 특히 경남 지역은 실업자의 비율이 지속적으로 가장 높았고, 혼인율과 조혼율이 낮은 반면 여성의 사회적 전출이 가장 높게 나타났다.[34] "피말리며 일만해도 밥없는 우리팔자/굶다못해 갈보기생 억지로 되나가네"[35]라는 당시의 시구에서 드러나듯, 여성이 고향을 떠나 돈을 벌면 굶는 가족을 구할 수 있었다. 그중 한번에 목돈을 벌 수 있는 길이 성산업이었다.

다음의 계약서는 '경상도 지방에서 팔려가는 처녀들'의 사례로 경상남도 진주 박천세의 딸 박정렬(15)이 맺은 '창기 또는 작부 계약'의 내용이 신문에 보도된 것이다.[36]

33 李炳寬, 「米價暴落에 對한 對策」 『농민』 제1권 제8호, 1930. 12, 7쪽; 馬鳴, 「농촌문제특집: 농업공황과 농민의 몰락과정」 『동광』 20, 1931. 4, 19~26쪽.

34 유숙란, 「일제시대 농촌의 빈곤과 농촌 여성의 出稼」 『아시아여성연구』 43−1, 숙명여자대학교 아시아여성연구원, 2004, 70쪽.

35 임현극, 「시골 안악네 노래」 『농민』 제1권 제4호, 1930. 8, 31쪽; '갈보'는 성판매여성에 대한 비속어로 한국민족문화대백과사전에 따르면 "매음을 업으로 삼아 생계를 이어나가는 여자"로 정의된다.

36 「一金八十圓돈이 處女一生의 代價 경상도 지방에서 팔려가는 쳐녀들 魔窟에 淪落되는 農村處女들」 『매일신보』 1928. 1. 7; 이하 인용문은 현대어로 윤문해서 표기했다.

계약서

진주군 수곡면 토곡리 615 갑 박천세

진주군 진주면 비봉동 95 을 김영수

위 당사자 간에 아래와 같은 계약을 체결하고 편의상 위 박천세를 갑이라 하고 김영수를 을이라 칭함.

1. 갑은 자기의 2녀 박정렬을 을에게 의탁하여 함북 경원군내(단 지정한 군내에 한함) 어느 누구에게라도 출가(出稼)케 할 것을 승인케 하고 갑은 을에게 금 80원을 영수할 일.
1. 을은 위 박정렬을 위 지정군내에서 창기 또는 작부영업에 종사케 할 것을 계약하고 또 을은 갑에게 80원을 건넬 것.
1. 갑은 을에게로부터 금 80원을 수취하지만 그 변제할 의무가 없음.
1. 을이 박정렬을 출가케 함에 대하여 어떠한 손해가 있더라도 갑에게 청구할 권리가 없음.
1. 을이 본 계약을 위반하야 위 박정렬을 창기 또는 작부에 종사케 하거나 지정군 이외에 출가케 할 때에는 갑의 청구에 인하야 즉시 위 박정렬을 본가에 귀환케 할 일.[37]

위 계약을 증거하기 위하여 계약서를 2통을 만들고 각 1통씩 보존함.

쇼와(昭和) 2년 12월 25일

갑 박천세

을 김영수

---

37 이 부분은 보도된 원문 그대로 옮긴 것이다. 앞의 내용과 상반되기 때문에 내용상 이 부분은 오타를 낸 것이거나, 또는 의도적으로 중의적 문장이 들어간 것으로 추정된다.

위 계약서는 실물이 아니라 언론을 통해 인용되었다는 한계가 있지만, 당시의 여성이 처한 상황을 환기한다. 갑인 박천세는 80원에 딸을 '팔았다'. 박정렬은 15세로 창기가 될 수 없는 나이였기에 '창기 또는 작부'로 명기되었을 것이다. 위 기사에 따르면 박정렬의 사촌동생 박필련(14)도 동일한 계약으로 거래되었다. 창기와 작부는 별도의 법령을 적용받으므로 이렇게 혼재하여 계약서를 쓰는 것은 부적절하지만, 위 계약서는 친권자와 인사소개업자 간의 것이기 때문에 문제되지 않았다고 여겨진다.[38] 친권자와 소개업자 사이에 서면으로 계약이 이뤄졌음을 알 수 있다. 이후에 성산업 업주와의 계약이 따로 체결되는 것인데,[39] 친권자(갑)과 소개업자(을) 사이에서 구조적으로 인신매매 대상이 되는 사람을 인격으로 대우하지 않고 그 동의의 필요성을 무시한 채 물건처럼 양도 가능한 것으로 다뤘음이 나타난다. 기사에 따르면 박정렬은 정확히 어떤 계약인지 모른 채 소개업자를 따라가고 있었다.

'가족의 이익'은 여성의 성산업 진출에서 결정적 이유였고, '스스로를 판' 경우 역시 동일했다. 특히 여성이 가정경제를 책임지거나, 기여를 해야

---

38 다음 내용에 의거해 판단한 것이다. "인사소개업자는 부하를 다수히 사용하야 각처로 출장을 시켜 몽매한 부모를 좋은 말로 꾀여 (…) 대구 경성 평양 봉천 등지까지 데리고 가서 갈보로 오백원 천여원의 돈을 받고 판다는데 그 계약서의 일례를 들어 대략을 기록하면 다음과 같다. 계약서의 대강 내용 1. 여자의 부모된다는 자가 자기의 딸을 몇백원에 팔고 자기의 실인(實印)과 인감증명과 호적등본 등을 인사소개업자에게 합의상 맡기어 인사소개업자가 필요할 때에 사용하기를 약속한다는 것. 2. 자기 딸을 판 이상 인사소개업자의 지정하는 장소에서 갈보 영업을 하게 하기로 하는 것. 인사소개업자들은 이러한 계약을 하여가지고 여자를 각처로 끌고 돌아다니며 피를 빨아 자기의 욕심을 채운다 한다." 「人事紹介인가 人肉賣買인가」, 『조선일보』 1924. 11. 9; 소개업의 실태에 관해서는 서현주, 「일제하 예기·창기·작부 소개업의 실태와 일본군'위안부' 동원–〈조선직업소개령〉과 소개업자에 대한 이해를 중심으로–」, 『한일관계사연구』 74, 한일관계사학회, 2021 참고.
39 소개업자가 업주와 만난 후 여성이 업주와 새로운 계약서를 쓰고 그 사본을 '대좌부창기취체규칙' 제16조 또는 '예기작부예기치옥영업취체규칙' 제1조에 의거하여 경찰에 제출하여 허가를 받는다. 다음 절에서 후술한다.

했던 경우 일자리가 부족한 사회에서 교육받지 못한 여성에게 선택지란 거의 없었다.[40] 다른 선택을 고민할 여유가 없는 차단 속에서의 결심이다. 사례를 통해 구체적 맥락을 살펴보자. 전북 부안 출신의 이연화(18)는 15세에 부모를 여의고 남동생과 살았는데, 동생을 공부시킬 결심으로 200원에 자신을 나주의 "인육시장"에 "팔았다".[41] 김해의 이영옥(20)도 이혼 후 공립보통학교 5학년 남동생의 학자금을 대기 위해 전차금 50원에 대구 달성정의 음식점 작부가 되었다.[42]

이처럼 남동생을 공부시키거나 병든 부모를 위한다는 것, 즉 '가족'을 위한다는 점이 '자매'의 배경에 있었다. '효'는 그 모든 선택을 합리화했다. 통영의 창기 장옥계(22)는 어머니의 병을 고치기 위해 550원에 "진해유곽에 투신"했다.[43] 전주여자보통학교 5학년이었던 최용희(18)의 경우, 아편에 중독된 아버지가 군산의 창기소개업자에게 용희와 그 동생 예분을 400원에 '팔았다'. 최용희는 화태(樺太, 사할린)로 갈 창기를 소개한다는 사람에게 600원의 전차금을 받아 동생을 구하고 떠났다.[44] 언론은 이를 눈물겨운 사연으로 소개했는데, 효행이라는 가치와 가족을 위한 희생이 당연하다는

---

40 도시지역 여성 직업 중 가장 많았던 것은 접객업 종사자와 가사사용인이었다. 이송순, 「일제하 1920~30년대 여성 직업의 지역별 분포와 존재양태」, 『한국사학보』 65, 고려사학회, 2016, 398~404쪽; 이아리, 「일제하 "가사사용인" 등장과 그 존재 양상」, 『한국사론』 60, 서울대학교 국사학과, 2014; 한편 1932년 경성부 소재 직업소개소 성과에 따르면 여성구직자의 반수 이상이 취직을 못하는 상태였다. 조선 여성으로 가사사용인을 지망한 6,654명 중 직업을 구한 이는 3,506명뿐이었다(「職業婦人の明暗色」, 『朝鮮及滿洲』 305, 1933. 4). 즉 실업난으로 직업의 선택지가 별로 없었다.

41 「同生教育코자 靑樓에 우는 蓮花」, 『조선일보』 1926. 8. 11.

42 「愛弟學資當코저 五十圓에 籠中鳥라」, 『조선일보』 1935. 10. 15.

43 「抱主虐待로 斷髮」, 『동아일보』 1927. 2. 22.

44 「親女를 판 돈으로 阿片注射하는 아비 (三)」, 『조선일보』 1925. 7. 1. 기사에 따르면 아버지 최봉림은 최용희가 떠난 후 다시 예분과 그 아래 두 딸까지 모두 팔았다고 한다.

관념이 그만큼 일반화되어 있었음을 알려준다.[45]

여성들은 많은 경우 절망적 상황 속에서도 가족 안에서 역할과 도리에 충실하기를 선택했다. 이러한 희생적 자세가 모범적인 역할로 주어졌기 때문이다. 효행 관념은 오랜 세월에 걸쳐 일상적 생활 규범과 가치로서 자리를 잡아 왔으며, 조선시대 법적으로 금지되어 관의 허가를 받아야 했던 '양인이 스스로 자신을 팔아 노비가 되는 행위'를 정당화했던 바 있었다.[46] 효행규범은 남녀불문하고 적용되었지만 실제 대부분의 관계에서는 여성들에게 일방적으로 고통과 인내를 강요한다는 점에서 성차별적이었다. 여기에서 자발과 강제를 구분하고 여성에게 선택의 책임을 묻는 것은 가족 내 권력 구조를 무시하는 해석이다.

가족 내 폭력 또한 성산업을 '선택'하게 한 이유였다. 구타·학대 특히 '어린 아내'의 시집살이의 고됨이란 농촌의 일상이었다.[47] 경북 의성의 술집 작부 임숙자(가명, 19)의 경우, "열두살 때 자기보다 열두살 많은" 남편에게 "60원에 팔려" 민며느리로 갔다. 임숙자는 결혼비용을 물어주면 이혼해주겠다는 말에 "자기의 몸을 술집에 팔겠다는 도리뿐임에" 전차금 40원에 작부가 되었다.[48] 경성 서사헌정 창기 이순남(19)은 시어머니에게 "무한한

---

45 반면 이같은 가족 이데올로기에 부합하지 않는 경우는 비난과 경계의 대상이 되었다. 경성의 여자고등보통학교 학생이 남학생과 연애하다 남자의 금전 요구를 "승낙"하여 "남자가 여자를 평양까지 데리고 가서 중개인에게 위탁한 후 몸값으로 사백원을 받고 팔아버리고 동경으로 도망"한 사건 경우, 여자는 '문란한 학생'으로 매도되었다. 「愛人의 甘言에 人肉의 市場으로」, 『조선일보』 1925. 12. 27.

46 이 점에서 조선후기 빈곤층 양인 여성의 자매(自賣)와 연결된다. 관련해서는 박경, 「자매문기(自賣文記)를 통해 본 조선후기 하층민 가족의 가족질서」, 『고문서연구』 33, 한국고문서학회, 2008; 정해은, 「조선후기 빈곤층 여성의 자매(自賣) 실태」, 『여성과 역사』 20, 한국여성사학회, 2014 참고.

47 李晟煥, 「조선의 농촌여성─그들은 엇더한 살림을 하고 잇는가」, 『조선농민』 제3권 제9호, 1927. 9, 4~7쪽.

48 「彼女는 웨? 酒肆로 轉輾」, 『조선일보』 1932. 1. 10.

학대를 받아 도저히 그 시모 하에서는 견디기가 어려워" 떠나고자 몸을 유곽에 의탁했다.[49]

이처럼 '자매'의 배경에는 빈곤이나 폭력, 혹은 가족의 생계를 책임지거나 목숨을 부지해야 했던 구조가 있었다.[50] 여성 자신에게 있어서 성산업에 뛰어드는 것은 자신과 가족의 삶을 타개해나가려는 행위이자, 생존하기 위해 고를 수 있었던 거의 유일한 선택지였음을 상기할 수 있다.

2) 부채의 연쇄 속 여성의 경험과 자살

여성이 성산업에 들어가 목도한 것은 폭력의 만연이었다. 부채를 진 경제적 종속상황은 불평등과 폭력을 정당화시켰다. 폭력적 현실에서 선택할 수 있는 것은 무엇이었을까. 우선 성산업 종사 여성의 종속이 어떻게 심화되었는지 살펴보고, 그에 대한 자기 발현의 한 양식으로서 여성들의 자살에 대해 접근해 보려 한다.

성산업에 유입된 여성은 포주와 부채 관계로 얽혔다. 소개업자를 통해 포주와 만나 여성은 계약서를 쓰고 그 사본을 경찰에 제출한다. 이 때 여성은 계약 주체가 되어 전차금의 변제 의무가 명기된다. 계약서 사례를 들면 음식점 작부로 "금 40원, 이 차용금은 위 점에서 가업(稼業) 상 발생한 수입의 반을 귀 점에 식비로서 지불, 나머지 반은 변제에 사용, 단 미용실비, 목욕탕비, 화장품, 종이값 등은 본인 지불"[51]이라는 경우를 볼 수 있다. 전차

---

49 「虐待를 못이겨 靑樓에 賣身 後 媤母를 毒殺하랴든 美人」, 『조선일보』 1926. 3. 5.
50 그러한 맥락의 실재 외에도, 동시에 그러한 맥락에서 재현될 때에만 인정받을 수 있었던 선택이었기에 부가된 내러티브라는 점을 의식할 수 있다. 여성을 순수한 피해자로 재현하려는 기자의 욕망이 관련 보도에 작용한다는 점을 주의해야 한다.
51 天來生, 「奈落の女」, 『朝鮮及滿洲』 106, 1916. 5.

금에 이자가 붙고 숙식비와 옷, 화장품, 각종 일회용품까지 지불해야 했으므로 빚은 점점 늘어났다. 원금에 대한 이자와 부채가 불어난 것이다.[52] 다음 인용에서도 이를 확인할 수 있다.

> 우리들은 의복대로 적어도 매삭 10원 이상의 고리대를 주인에게서 씁니다. 또 입원비용 같은 것을 루주(樓主)가 부담한다 하나 적어도 1, 2개월에 한번씩은 입원 않고 배기지 못함으로 입원만 하면 먹고 싶은 것 때문에 죽을 지경이외다. 그러므로 왜 사탕 한알이라도 곱절의 값을 주고 루주의 손을 거쳐 사먹는 것이니 일차 입원하고 나면 거대한 부채가 넘어집니다. (…) 날이 갈수록 몸값은 자꾸 불어갈 뿐이외다.[53]

위 경우는 '대좌부창기취체규칙'대로 입원비를 업주가 부담했지만 "화류병의 치료비용도 모두 보통 질병과 같이 창기의 부담으로" 한 경우도 많았다.[54] 또한 평양 모 청루에 500원에 팔려간 소녀를 지역 유지들의 성금으로 구할 때 업주가 추가로 "식비, 수수료 등 백수십원을 청"한 사례에서 나타나듯, 생활 유지 비용 일체가 부채가 되었다.[55]

부채의 연쇄는 다음 수기에서도 확인된다. 함남 신흥의 요리점 작부로 있는 21세의 본명 김삼순(金三順) 기명 김화중선(金花中仙)이 "공산당 변호하는 변호사들에게" 보낸 장문의 글이다. 김삼순은 공주 출신으로 15세에 작부가 되었다.

> (…) 나는 철없는 몸이고 어머님은 완고하신 것을 기회로 나의 친척 가

52 「낫선곳으로 팔려가는 婦女」, 『조선일보』 1928. 3. 17.
53 김동환, 「妾薄命!—娼女桂香의 哀史」 2, 『조선지광』 74, 1927. 12, 41쪽.
54 「貧血의 籠中鳥! 벌고 벌고 또 벌어도 負債는 늘어갈 뿐」, 『조선일보』 1936. 10. 28.
55 「인신매매제도를 폐지하라」, 『조선일보』 1936. 10. 7.

운데 어떤 부랑한 사람이 나를 요리점에 450원에 팔았다고 하옵는데 나는 그때부터 고생살이를 하게 되었습니다. 그래서 수원, 연안, 개성, 김천, 안주 등지로 팔리어 다니었는데 그 억울한 말씀을 어찌 다 하오리까. (…) 그리하여 금년 3월에 김천에서 함남 신흥이라는 지방으로 팔리게 되었는데 지금 함남 신흥읍내 안응관 안긔남이라는 사람에게 862원이라는 돈에 팔리어 와 있습니다. (…) 김천에서 740원에 팔리었는데 의복 등 기타 35원 가량인데 지금 루주가 매어논 채금이 861원이나 되었습니다. (…) 그런데 1개월에 80원 가량이나 벌어주는데 불과 20원밖에 차금을 덜고 그리고 영업상에 필한 도구는 주인이 공급한다고 계약에는 명백히 써놓고도 주지 않고 만약 준다 하오면 차금으로 올리고 그리고 또는 20원 이하 돈은 원차금으로 증가하고 그리고 손님에게 술값과 화대를 외상으로 한 것은 우리들의 차금으로 올립니다. 그리하며 내가 이 집에 와서 이와 같은 돈을 벌어준 것이 대략 계산한다면 700원이옵는데 지금 겨우 차금 내린 것이 100여원밖에 못됩니다. 이런것 저런것 경찰서에 말한즉 주인이 죽도록 때리고 우선 경찰서에서는 냉정히 우리는 한 층 아래 사람으로 볼 따름이옵나이다.[56]

여기서 부채의 연쇄가 만드는 경제적 종속의 구조를 볼 수 있다. 먼저 처음 전차금 450원에서 김천으로 올 때 740원으로, 다시 862원으로 부채가 증가했다. 부채가 연쇄 속에 존재하게 되면서 여성 신체는 교환가능성을 획득하게 된다.[57] 또한 6년여 간 수원·연안·개성·김천·안주·신흥으로 이동한 것을 확인할 수 있는데 평균적으로 1년마다 타지로 이동한 것이다. 이처럼 성산업 종사여성은 지역의 경제상황이나 '새로운 여자'들을 필요로

---

56 「現社會를 말하는 一娼妓의 手記」, 『조선일보』 1927. 12. 16. 기사에서 현재의 부채에 대한 언급으로 나오는 862원과 861원은 원문상 다르게 표기된 것이다.

57 김주희, 「한국 성매매 산업 내 '부채 관계'의 정치경제학」, 『한국여성학』 31-4, 한국여성학회, 2015, 223쪽.

하는 요구 속에서 끊임없이 다른 지역으로 이동했다.[58] 이를 '전신매매(轉身賣買)' 또는 '전매(轉賣)'라고 했는데 합법적 수단에 의한 기한 연장 방법이었다.[59] 업주는 여성이 부채를 갚을 수 없다고 판단될 때 다른 지역으로 보내 이익을 보전했다. 전매를 통해 성산업의 여성들은 여러 지역으로 보내졌고 그때마다 부채는 늘어났다. 소개의 커넥션은 국경을 넘어서, 조선 여성들은 중국·만주·사할린 등으로도 이동했다. 『시대일보』 보도에 따르면 1925년 상황에서 조선 내에서 창기나 작부로 판 경우는 200~500원의 전차금을 받았는데, 중국으로 보내면 700~1000원을 받을 수 있었다고 한다. 여성을 외국에 팔면 돈은 곱절이나 벌고, 혹시라도 처벌받을 염려도 덜하기에 외국으로 보내는 것을 업자가 선호한다고 보도되기도 했다.[60]

지난달 13일에는 아무 이유 없이 나를 때림으로 죽도록 맞았습니다. (…) 처음 맞은 것 같으면 모르겠으나 하도 여러 번 맞고 나니 참을 수 없나이다. 오! 우리는 슬픈 처지에서 나서 슬픈 처지로 세상을 마칠 것입니까? 차금을 속이고 권력이랄지 세력이랄지는 모르겠으나 내가 이 집에 와서 얼마 못 있는 중에 십여 차례 이와 같이 구타를 당하였는데 이 집에 나와 같이 있는 동무들은 얼마나 맞고 얼마나 속이었는지 그 수를 헤아릴 수 없나이다. 그리하여 분을 참지 못하여 당지 공의에게 진단을 요구한즉 화해를 하라는 것도 불구하고 강요한즉 도장도 찍지 않고 내줌으로 할 수 없이 함흥으로 고소를 간즉 그 주인이 도주한다고 고소를 하여 하루밤 함흥경찰서 유치장 구경도 하였습니다. 그래서 할 수 없이 신흥으로 돌아와 전에

---

58 김주희, 위의 글, 228쪽. 이는 최근의 한국 성매매 산업에 대한 분석이지만, 20세기 전반에도 비슷한 이유로 이동하게 되었으리라 추정된다. 이러한 '이동'은 당시 다른 성산업 종사 여성들의 경우에도 마찬가지로 등장한다.

59 「紅燈下에 鄕愁만타! 南村白色奴隷鄕土記」, 『조선일보』 1936. 4. 19.

60 「人肉市場3: 外國方面 輸出은 全部 純實女」, 『시대일보』 1925. 8. 24.

쓴 진단서에 도장찍어 달라고 요구한즉 그대로 도장을 찍었다가 몇자 오서(誤書)가 있다고 찢어버리고 처음 쓴 것보다 경(輕)하게 써주오니 어찌 억울한 말씀을 다 하겠습니까. 우리는 한 층 아래 사람인가요? (⋯) 우리는 죽어 마땅합니까? 우리에게는 법률도 없습니까? 도덕도 없습니까?[61]

수기에서 이어지는 내용이 고발하듯 부채의 존재는 업주와 여성 간 권력위계를 강화하며 폭력을 정당화했다. 경찰과 의사는 이 폭력을 외면했다. 즉, 접객부가 마주친 현실은 경제적 종속뿐만 아니라 폭력과 차별을 동반한 물리적·신체적 종속이었다. 부채 관계에서 채권자(포주)의 권리가 보호되어야 마땅한 것으로 여겨져,[62] 경찰은 이를 앞서서 보호하고 여성의 인권에는 눈감은 것인데, 접객업은 조세 수입의 중요한 재원이었기에 식민권력이 이를 비호했다는 점도 상기할 수 있다.[63] 연령미달자를 창기로 삼으려 한 것이 밝혀졌을 때도 경찰은 창기허가를 취소했을 뿐 업주가 여성에게 빚독촉하는 것을 묵인한 경우도 있었다.[64] 현실에서 상품이었던 여성은 업주와의 계약주체로서는 부채 변제의 의무가 부과되어, 계약 기간 중 부채를 갚고자 수입의 95%를 원리금 상환비용으로 처리한 경우도 있었고,[65] 세금 또한 부담하는 겹겹의 종속 하에 있었다.[66]

이러한 상황에서 무수한 자살이 일어났다. 이는 매체에 의해 주목되었는데, 성산업 관련 여성들의 자살 기사는 선정적 가십으로 관심을 샀다. 조선총독부의 통계에 따르면 1910, 20년대는 남성보다 여성의 자살율이 높아

---

61 「現社會를 말하는 一娼妓의 手記」,『조선일보』1927. 12. 16.

62 「偶然히 失踪된 딸이 人身市場으로 轉落」,『동아일보』1935. 11. 22.

63 이명학, 앞의 글, 400쪽.

64 「崎嶇한 運命에 嗚咽하든 哀史 (一), (二)」,『동아일보』1925. 1. 21~22.

65 「平壤署の大英斷で藝娼妓の契約が弱者の有利に改まる」,『朝鮮新聞』1924. 2. 9.

66 시기별·지역별 과세에 대해서는 이명학, 앞의 글 참고.

서 일반적 경향과 다른 '특이성'을 보인 시기였는데,[67] 그중에서도 성산업 종사 여성의 자살이 수위를 차지하며 자주 보도된 것이다.

기사들을 보면, 부채와 폭력은 주요한 자살 원인으로 제시된 경우가 많았으며, 연애와 정사(情死) 또한 그러한 상황과 맞물렸다.[68] 부채가 증가하는 가운데 개선될 여지가 보이지 않는 현실과 연관된 일상의 이면을 추정할 수 있다. 먼저 빚이 늘어나는 가운데 탈출구로서 자살을 결정한 사례를 몇몇 살피면 다음과 같다. 함경남도 이원의 차호 해변에 투신한 창기 김류색(26)은 불과 1년만에 800원에서 1200원으로 빚이 늘어난 데 비관했다.[69] 경성 익선정 내외주점의 작부 박홍화(21)는 "나는 황금의 사슬을 벗을 수 없어 한강으로 갑니다"라는 유서를 남겼다. 박홍화는 200원에서 450원으로 빚이 늘어나 유서를 남기고 사라졌다고 보도되었다.[70] 다른 사례로 경성 서사헌정의 창기 신란이(28)는 창기가 된지 11년 동안 두 번의 계약 만기를 넘기고 곧 세 번째 만기가 돌아오는데 빚 160원을 갚을 길이 없음에 양잿물을 마셨다.[71]

포주의 학대, 그리고 동료들과의 관계도 자살 심리에 영향을 미쳤다. 고립된 공간에서 침식을 같이하는 성산업 특성 상 갈등과 폭력은 큰 스트레스 요인이었다. 통영의 창기 도홍(21)은 경성과 진주를 거쳐 통영으로 왔는데 "밤에 5원 돈이나 번대야 그 절반은 주인이 차지하게 되고 나머지 2원

67 천정환, 「식민지 조선인의 자살과 '해석 갈등'」, 『자살론: 고통과 해석 사이에서』, 문학동네, 2013.
68 서지영, 「근대적 사랑의 이면: '정사'(情死)를 중심으로」, 『한국문화』 49, 서울대학교 규장각한국학연구원, 2010b 참고.
69 「蒼海에 娼妓投身」, 『조선일보』 1925. 2. 24.
70 「黃金鎖끈코저 漢江으로갑니다 遺書남기고 酌婦潛踪」, 『동아일보』 1936. 7. 31.
71 「深爽悲鳴聲은 娼妓의 自殺未遂」, 『조선일보』 1929. 11. 5.

몇십전으로 화장품도 사고 옷감도 떼고 잡비도 쓰고” “손이래야 역시 밤마다 있지 않고 전차금의 이자는 날로 불어가” 500원의 부채가 늘어만 갔다. 동료들과 잘 지내지 못하고, 주인 대리라는 나카이(仲居, 유곽에서 유객을 응대하는 고용녀)와 그 여동생이 걸핏하면 구타를 행했다. 도홍은 성병 정기검사 후 입원했다가 퇴원을 하루 앞두고 자살을 시도했다.[72] 일본인 포주에 의한 차별, 학대와 성매매 강요로 만주 봉천에서 작부 양금파(21), 최오만(20)이 음독하기도 했다.[73]

연애는 희망과 절망을 모두 가져다주는 계기였는데, 혼인하여 ‘정상적 가족’을 이루고 살려면 부채 상환이 선결조건이었지만, 물적 토대가 부재했던 도시의 하층 노동계급 남성과의 연애에서 빚을 갚는 것은 불가능했기 때문이다. 이들의 만남은 정사와 같은 극단적 선택으로 종종 치달았다.[74] 경성 서사헌정의 창기 윤계순(20)은 오토바이 운전수 박석규(23)와 쥐약을 먹었는데, 박석규가 윤계순을 빼낼 돈이 없음에 비관하여 결행한 정사였다.[75] 연애를 통한 부채상환이 불가능함을 깨닫고 절망한 경우도 있었다. 함남 신고산의 문금주는 홀어머니의 생활을 위해 스스로 작부가 되었다고 하는데 300원의 빚을 애인이 해결해주겠다 승낙했음에도 자꾸 미루자 비관, 음독하여 입원했다.[76]

포주의 뜻에 따라 갑자기 다른 지역으로 전매되는 상황도 계기가 되었다. 자기 의지와 상관없이 이리저리 옮겨가야 했던 현실이란 극도로 불안했을 것이다. 울산 반구리의 음식점 작부 이녹주(21)는 135원에 팔려왔는데

---

72 「靑樓紅燈에 숨은 咀呪할 裡面惡」, 『조선일보』 1928. 1. 25.

73 「日本人抱主虐待로 朝鮮女子兩人自殺」, 『동아일보』 1928. 2. 1.

74 서지영, 앞의 글, 2010b, 308쪽.

75 「娼妓에 情들어 服藥自殺未遂」, 『조선일보』 1929. 12. 5.

76 「情郞面前에 籠中鳥飮毒」, 『조선일보』 1930. 5. 24.

다시 부산으로 팔려가게 된 것을 비관하여 철도에 가로누웠다.[77] 함흥 하동리의 작부 김춘실(19)은 음식점 주인이 자신을 200원에 전매한다는 소식에, 남편에 의해 팔린 지 1년 동안 "사람으로서 받지 못할 모욕"을 겪어오는 터에 또 팔려감에 "세상과 남편을 저주"하고 투신자살을 시도했다.[78]

이 같은 죽음과 그 시도는 저항의 표현이기도 했다. 평양의 작부 이덕실(23)의 자살은 부모가 강제로 이혼시킨 후 "이곳저곳 주점의 작부로 팔아 고생을 시키다가 최근에는 다시 창기로 팔고자 하므로" 모든 것을 비관하고 죽음으로 부모에게 항의한 것이라 보도되었다.[79] 함경남도 퇴조의 음식점 작부 김흥도(17)와 최명옥(18)은 "악마들! 너희들은 우리의 피를 빨아먹고 사는구나!(…)"라는 유서를 남기고 동반 투신했다.[80]

이러한 자살 행위들에 대한 해석으로는, 종속에 대한 저항으로 해석하는 방식과 순응·희생으로 해석하는 방식 모두가 가능하다. 그러나 어느 한쪽으로만 해석한다면, 자살을 선택하거나 자살 선택에 직면한 여성들이 갖는 다양한 삶의 맥락, 경험, 의미를 간과할 수 있다.[81] 성산업 종사자라는 이유만으로 개인을 일반화할 수는 없으며 각자 자살을 선택하기까지 밟아온 구체적인 삶의 경로와 경험은 모두 달랐을 것이다. 다만 여기에서 주목하고자 하는 것은 경제적·인신구속적·폭력적 종속 상황에 대응하는 여성의 자기 발현으로서, 다른 선택지가 차단된 세계 속 자아에 대한 인식을 발

---

77 「薄命美人의 鐵道自殺」, 『조선일보』 1929. 7. 3.

78 「轉賣되는 酌婦 自殺코저 投江」, 『동아일보』 1931. 7. 21.

79 「그릇된 父母에게 죽엄으로 抗議」, 『조선일보』 1936. 10. 22.

80 「한雙의 酌婦 一時의 自殺」, 『동아일보』 1931. 7. 21.

81 이현정, 「중국 농촌 여성의 자살은 과연 저항인가: 서구 저항 담론에 대한 비판적 검토와 자살행위에 관한 인류학적 사례분석」, 『한국문화인류학』 43-3, 한국문화인류학회, 2010, 99~103쪽.

견할 수 있다는 점이다. 이는 현실에 대한 대처로서 죽음이라는 결정을 내린 후 다른 가능성을 차단하고 맹목적으로 그를 쫓아간 행위였다.

3. 종속 상황의 인식과 개선의 모색

1) '자유폐업'을 둘러싼 권력관계와 도주

각종 폭력이 겹친 현실에서 성산업 종사 여성의 삶은 어떻게 구성되었나? 종속된 여성 신체를 둘러싼 세계에 다른 가능성은 없었을까? 현실을 거부하거나 또는 수용하는 가운데 모색된 생존의 방식은 다양하게 나타났다. 이는 인신매매에 대한 문제제기가 당시 국제적 관심사로 부상한 것을 배경으로 이뤄졌다.

20세기 초 서구에서 여성의 권리가 고창되는 가운데 여성 인신매매에 반대하는 국제적 움직임이 일어났다. 1904년 '백인노예매매의 진압을 위한 국제협정'을 기점으로 이어진 국제조약은 여성과 아동에 대한 국제적 인신매매를 규제하려 했다. 일본에서도 이러한 '문명사회의 법'을 따르자는 폐창(공창폐지) 운동이 고양되었고 조선인 지식인들도 1920년대 조선 사회에 폐창 여론을 환기했다. 기독교를 중심으로 결집했던 '공창폐지운동'[82]뿐만 아니라 경제적 요인에 주목한 문제제기도 나타났다. 인신매매에

---

82 구세군의 활동과 영국·미국의 기독교 절제운동, 일본의 폐창운동이 조선에 영향을 미쳐 공창제 폐지가 논의되기 시작했다. 1923년 기독교계를 중심으로 운동이 본격화되어 공창폐지기성회가 조직되었고, YWCA와 조선여자기독교절제회연합회 등 기독교 여성 단체들이 폐창을 주장했다. 이러한 단체들은 조선인과 일본인, 서양인을 포괄해 3만여 명의 서명을 받아 1927년 공창 폐지를 조선총독부에 청원하기도 했다. 기독교 중심의 공창폐지운동은 성매매 산업을 도덕적으로 비판했고, 강연회를 통한 계몽과 선전활동, 총독부 진정 등 온건한 방식으로 전개되었으며 조선 사회에 폐창 여론을 환기시켰다. 윤은순, 앞의 글 참고.

대한 비판의식은 1920년대 말에 들어서면 신간회와 근우회, 청년동맹, 농민동맹 등 사회주의계열이 우세했던 여러 '대중단체'의 당면인식과 결정사항에서 찾아볼 수 있다.

이러한 변화를 배경으로 여성들은 가능성을 모색하며 종속에서 벗어나고자 시도했다. 공창폐지운동이 일어나고 일본의 폐창 논의가 전해지면서, "점점 제도의 모순됨과 처지의 비참함을 깨닫고 목숨을 다투어 철망을 벗어나려 함은 근래 그네들의 한 사조"라 관찰되기도 했다.[83] 다만 부채의 연쇄 구조 속에서 벗어나기란 쉽지 않았다. 앞에서 언급했듯 부채의 변제 의무는 폐업과 별개였기 때문이다.[84]

먼저 창기의 자유폐업에 대한 관심이 1926년 일본 내무성의 대우개선 정책안 보도를 배경으로 조선에서 커져갔다.[85] 1925년 창기 폐업신청자는 조선인이 628명, 일본인 989명이었고 그중 '자유폐업'은 조선인 1명, 일본인 3명에 불과했다.[86] 1927년의 기사에 따르면, 최근 1년간 폐업계를 제출한 자는 예기·창기·작부를 통틀어 3,266명인데 특히 창기 폐업자가 늘어났고, 그중 계약연한 내 폐업자가 6할, 계약만기에 따라 폐업한 경우가 2할 이상, 자유폐업자가 57명으로 시대 흐름에 따라 자유폐업자가 증가했다.[87]

---

83 「長城遊廓의 兩妓 夜半에 携手逃走」, 『조선일보』 1928. 11. 11.

84 조선에서 처음으로 '자유폐업'에 성공했다는 경남 통영 김야물의 경우를 살펴보자. 김야물은 계모에 의해 마산의 요리점에 300원에 3년 기한으로 팔렸고, 운좋게 선교사의 도움을 받아 자유폐업을 시도했다. 애당초 경찰은 계약기한이 있고 또한 채무이행 의무가 있는 까닭으로 기한 전에는 해방할 수 없다고 거절했다. 총독부 법무국까지 질의하여 마침내 자유폐업에 성공했지만, 부채상환의무는 남아 300원을 30개월간 매달 10원씩 갚기로 했다. 「運命에 咀呪바든 也勿의 哀話 自由로 廢業한 娼妓의 實話 (三)」, 『동아일보』 1921. 9. 26.

85 「公娼待遇問題」, 『조선일보』 1926. 12. 5.

86 「우숨파러 울음사는 娼女七千八百」, 『동아일보』 1927. 9. 8. 같은 날 『조선일보』 기사는 동일한 출처로 여겨지는 통계를 대정 9년(1920)의 것으로, 폐업한 일본인 창기의 수를 919인으로 보도하여 내용이 다르다. 여기서는 동아일보의 보도를 따랐다.

87 「解放曙光 비친 人肉鐵窓囚」, 『조선일보』 1927. 1. 19.

본국의 정책 변화에 식민지 사회도 술렁인 것이다.

그렇지만 현실에서 대부분 여성들은 자유롭게 폐업할 수 없었다. 조선에서는 일본과 달리 '자유폐업 간이화'가 정책적으로 제시되지 않았다. 애초에 1926년 일본의 정책변화는 여성과 아동에 대한 인신매매 금지 국제조약에 1925년 가입한 것을 배경으로 했는데, 식민지는 이 조약의 적용대상에서 제외되었다. 이러한 상황에서 자유폐업을 선언한 함북 웅기의 김향심(26)은 빚이 3~400원에 불과한데 700원이라고 주장하는 포주와 조정에 힘쓰는 경찰, 다른 창기들에게 영향을 끼칠까 염려하여 "향심을 굴복시키려고 각 방면으로 활약"하는 웅기요리조합과 싸워야 했다.[88] 1926년 10월 마산에서는 경찰이 계약 기한을 넘은 창기 3명을 불러 폐업을 명령했는데, 부채가 수백 원이나 남은 창기를 해방할 수 없다며 업주들이 "필사의 힘을 다하야" 경찰에 강경하게 저항했다.[89] 이 시기 마산의 접객업자들은 다른 지역보다 훨씬 고율의 영업세를 부담했는데,[90] 그만큼 지역 내 경제적 위상도 컸기에 경찰 당국도 쩔쩔맸던 것으로 보인다. 즉 식민지 조선에서 이해관계로 뭉친 업주들과 그들의 힘을 무시할 수 없었던 지역 경찰 간 연계가 존재하는 상황에서 폐창론의 영향력이란 미미했다.

여성들은 종속 상황을 인식하고 대처하는데 있어서 다른 대응을 시도했다. 도망친 것이다. 1926년 12월 마산에서는 창기 5명이 경찰서에 자유폐업을 신청하고 거절당하자 그 중 죽파와 경란 2명이 도주했다.[91] 이들의 도

---

88 「抱主의 壓迫에 反抗코 自由廢業한 娼妓」, 『매일신보』, 1931. 6. 20.

89 「公娼에게 廢業命令」, 『조선일보』, 1926. 10. 28.

90 1926년 영업세 세율을 살펴보면, 경성의 요리점이 만분의 50, 1등 대좌부가 만분의 2로 적용된 대 비해 마산의 요리점·음식점·대좌부는 모두 만분의 140을 적용받아 "특이하게 고율"이었다. 朝鮮總督府, 『朝鮮地方裁定要覽』 각년판(이명학, 앞의 글, 382~383쪽에서 재인용).

91 「자유폐업속출」, 『동아일보』 1926. 12. 10.

주는 실패한 것으로 보이는데 왜냐면 다음날 죽파가 업주의 아내를 때리고 유리창을 깨는 "활극을 연출"했다는 보도가 있기 때문이다.[92] 그렇지만 도주는 한번으로 끝난 것이 아니었으니, 다음 해 경란의 도주 소식이 다시 보도되고 있다.[93]

도주 소식 중에는 동반 탈출의 경우가 많다. 1926년 10월 김천에서는 세 창기 이선화(19), 김도향(20), 김록주(19)가 도주하고 자유폐업하겠다는 편지를 업주에게 보냈다.[94] '대좌부창기취체규칙'에 따라 포주는 창기가 도주하면 속히 경찰에 신고해야 했다. 경찰서에서는 주변 지역에 협조를 요청해 창기를 붙잡았다. 이들 역시 붙잡혔는데 폐업의 뜻을 굽히지 않고 단발을 했다. 단발하는 여성은 '여성의 전형'에서 벗어난 존재로 간주되었던 시기에, 여성성을 표현하는 긴 머리를 자름으로써 상품으로서의 신체에서 스스로 벗어나고, 당장 돌아갈 길을 차단하며 저항한 것이다. 1927년 8월 청진에서도 최수덕(18), 심남이(18), 최봉선(19)이 단발을 하고 포주에게 경고문을 쓴 후 도주했다.[95] 모두 경상남도 출생으로 보통학교를 졸업했다는 세 여자는 붙잡혀 유치장에서 8일간 단식 투쟁한 끝에 "처음 몸값에서 반분씩만 상환하되 월부로 갚겠다는 계약으로" 자유폐업을 쟁취했다. 그런데 경찰은 남은 빚을 갚으려 술장사를 시작하려 한 이들에게 '사회주의자의 행동과 거의 같고 다른 여자에게 전염될 위험성이 있다'며 청진을 떠나라고 명령해, 그들의 이후 모색은 알 길이 없다.

도주는 법령에 의해 지정된 유곽지구 바깥으로 외출이 제한되었던 창기뿐 아니라 작부도 시도한 대응으로, 함남 신흥에서 작부 이춘화(18)와 식모

---

92 「不平가진 娼妓 抱主를 打倒」, 『조선일보』 1926. 12. 14.
93 「『籠鳥』가 意識에 눈뜸으로 遊廓抱主는 恐慌」, 『조선일보』 1927. 8. 16.
94 「自由廢業하려고 金泉妓生斷髮 세 명이 의론 후」, 『동아일보』 1926. 10. 27.
95 「魔窟을 버서나고자 八日間 斷食한 娼妓」, 『조선일보』 1927. 8. 29.

이순애(19)가 도망쳤다가 붙잡힌 사례를 볼 수 있다.[96] 이처럼 도주는 많은 경우 실패했고 때로는 자살로 이어졌다. 부산 녹정유곽 창기였던 김옥희(21)는 학대를 피해 도주한 후 금강산 진주담에서 투신했다.[97] 함경남도 북청에서는 숨어살던 중 주인에게 붙들려 가던 여자가 기차에서 떨어져 죽는 사건이 일어났다. 술집 작부로 함흥으로 도망쳤던 윤산옥(22)이었다.[98]

그러나 도주한 여성들의 이야기가 비극적이기만 했던 것은 아니다. 오히려 대담하고 뻔뻔하게 대처한 경우도 많았다. 경남 거제의 창기 빈농선(본명 봉아, 18)은 도주 과정에서 생긴 부상을 걸고 포주를 상해죄로 고소하려 했다. 전차금 200원이 4년간 700원으로 불어나 도망쳤다가 붙잡혔지만, 포주에게 맞은 상처로 의사의 진단서를 얻어냈던 것이다.[99] 경성 대동권번 기생 홍난월(19)은 거짓 유서를 쓰고 자살을 위장했다. 한강철교에 가서 빠져죽었다는 소문이 났으나, 사실은 애인과 상해로 도망쳤던 것이다. 그녀는 출산을 위해 비밀리에 친정으로 돌아오며 채권자인 업주에게 발각되었다.[100]

도주를 전하는 기사들은 포주의 학대를 함께 전하면서 약자의 탈출을 응원하는 듯한 모습을 보이지만, 성산업 관련 여성들이 꼭 선량한 희생자인 것만은 아니었다. 경제적 종속이라는 조건을 역이용한 경우도 있었다. 개성의 이점순(23)은 인천의 이씨 성 여자와 2년 반의 고용계약을 맺고 현금 220원을 받았다. 다음날 개성에서 인천으로 향하던 중, 열차가 경성역에 1시간 가량 정차한 사이 정거장의 혼잡을 틈타 도망쳤다. 그런데 이점순은 수차례 같은 수단으로 전차금을 사기횡령한 상습범이어서 경찰이 수

96 「薄命美人脫走 뒤를 쫏든 주인에게 잡혀」, 「조선일보」 1931. 8. 18.

97 「金剛山眞珠潭에서 玉碎한 妙齡女子」, 「동아일보」 1931. 5. 20.

98 「逃走隱居中抱主에게 發覺 同行途中에 汽車에서 落死」, 「동아일보」 1932. 12. 3.

99 「籠中鳥悲哀 다러나려다」, 「조선일보」 1927. 9. 28.

100 「自殺한 妓生이 復活」, 「동아일보」 1923. 12. 20.

사에 나섰던 것이다.[101]

또한, 전차금을 갚아준 남성에게서 달아난 경우도 많았다. 경성의 여급 장복순(19) 경우 전차금 170원을 어떤 사내가 결혼하자며 상환해주었는데, 자유를 찾은 후에는 결혼을 거절했다. 경찰은 사내의 손을 들어 장복순은 사기혐의로 검속되었다.[102] 오산역 앞 음식점의 작부 양춘옥(23)은 여관고 용인 한용갑(33)이라는 "가난한 늙은 총각"에게 호소하여 결혼 약속을 하고 60원의 전차금을 상환했는데, 이틀 동안 남자와 함께 지낸 후 자취를 감춰버렸다.[103] 이렇게 사기를 치고 도망가는 여자들에 대해서 언론은 '못 믿을 여자의 눈물', '은인을 일축', '뺑소니'라고 비난했다. 사회가 요구한 순수한 피해자상에 들어맞지 않았기 때문이다. 이 같은 '뺑소니' 사례를 일반화할 수는 없지만, '부채를 진 팔려간 여성'이 반드시 수동적이고 불쌍한 희생자이지도, 계급적 정의를 추구하는 단일한 저항주체이지도 않으며 그 내부에는 다양한 스펙트럼이 있다는 점을 마주할 수 있다.[104]

2) 상황개선의 모색과 인간다움의 요구

폐업과 부채상환이 쉽지 않은 종속 상황에서 일어난 성산업 종사자의 대응 중 가장 가시적인 것은 파업이었다. 특히 경제공황의 여파로 노동자·농민의 쟁의가 활발해진 사회적 분위기를 배경으로, 언론에는 창기 및 작부의 집단적 저항 사건 보도가 다수 실렸다.

---

101 「雜遝한틈타서 날러간 "籠中鳥"」, 『조선일보』 1936. 10. 4.

102 「거짓만흔 籠中鳥」, 『조선일보』 1936. 4. 17.

103 「自由의 몸된 "籠中鳥" 이틀밤자고 뺑손이」, 『조선일보』 1936. 6. 25.

104 민중의 다양한 목소리에 주목한 관점에 대해서는 다음을 참고. 역사문제연구소 민중사반, 앞의 책, 14쪽.

표 2 창기 및 작부의 집단행동 기사 정리

번호	시기	지역	사건개요	내용 경과	출전
1	1916년 8월	경성	학대에 동맹휴업	금화루 외 몇 곳의 창기들 동맹휴업, 한 창기는 단발 소동.	매일신보 16.08.10.
2	1925년 3월	춘천	학대에 동맹파업	요리집 송내옥 창기 7명이 구박과 음식 등 혹독한 대우에 동맹파업.	매일신보 25.03.08.
3	1925년 5월	마산	학대에 동맹휴업	수정(壽町) 일선정 유곽 창기 8명이 포주 부부의 구타, 폭력에 동맹휴업하고 경찰서에 탄원서 제출.	동아일보 25.05.07.
4	1926년 10월	김천	자유폐업 요구 소식에 동요	명월관과 장춘관 창기 3명이 자유폐업 요구, 단발. 다른 창기들도 동요하고 영업을 사절해 요리점들 휴업.	동아일보 26.10.27; 조선일보 26.10.28.
5	1926년 12월	마산	포주의 폭력과 강간, 자유폐업 요구한 창기를 지지하며 동맹파업	만정(萬町) 복정의 창기 송금화가 포주의 강간에 자유폐업 신청, 동료 창기 20여명이 이에 동조, 도망 시도, 동맹파업. 경찰이 선동 배후를 수사 취조.	동아일보 26.12.10; 조선일보 26.12.11; 26.12.17; 조선신문 26.12.11; 매일신보 26.12.12; 중외일보 26.12.12.
6	1927년 2월	경성	빚 독촉에 동맹파업	신정(新町) 옥가 포주가 빚 독촉, 창기 10명이 동맹파업 및 경찰서에 진정서 제출.	조선일보 27.02.16; 동아일보 27.02.16.
7	1927년 8월	포항	학대에 동맹파업 계획	요리점 통영관 포주의 횡포가 심해 창기들이 동맹파업 혹은 자살을 계획함. 포항여자청년회 등 지역 단체가 경고문 발송.	조선일보 27.08.06.
8	1927년 8월	청진	단발하고 도주, 자유폐업 위한 단식투쟁	북성정(北星町) 망월루의 창기 3인이 동맹하여 단발, 포주에게 경고문을 보내고 도주. 붙잡힌 후 청진경찰서에서 8일간 단식투쟁, 폐업 쟁취. 경찰서에서 세 여자에게 청진 퇴거 명령 내림.	조선일보 27.08.29.
9	1928년 7월	대구	작부 동맹파업	원정(元町) 요리업 조일식당 작부 6명이 주인에게 불만, 동맹파업. 경찰 조사 중.	중외일보 28.07.09.
10	1928년 10월	성진	작부, 창기 동맹파업	욱정(旭町) 요리업 태평루의 작부와 창부 6명이 동맹파업, 그중 3명은 근처 여관으로 탈주.	동아일보 28.10.20.
11	1929년 6월	대구	학대에 동맹파업	팔중원정(八重垣町) 남일루 창기 박산월 외 5명이 포주 학대와 규정 불이행에 파업. 경찰이 포주에게 계약대로 다 이행하라고 화해시킴.	조선일보 29.06.19.
12	1929년 10월	영광	학대, 전매에 동맹파업 계획	법성포 추월관 요정 작부들이 빚 독촉과 9명 중 7명이 다른 지역으로 전매된다는 소식에 동맹파업과 도주 계획.	동아일보 29.11.01.

매인 몸, 식민지 여성 신체의 종속과 탈주 41

번호	시기	지역	사건개요	내용 경과	출전
13	1931년 1월	거제	학대에 동맹파업, 자유폐업 신청	장승포 모 요정 포녀(抱女)들, 포주의 착취 학대에 거제경찰서에 6인이 자유폐업계를 제출. 경찰은 일단 돌아가라 명령.	조선시보 31.01.07; 31.01.16.
14	1931년 4월	청진	학대에 동맹파업, 단발, 단식, 해방 요구	북성정(北星町) 망월루의 창기 11명이 강간, 사기, 불법감금, 구타에 문제제기하며 단발, 단식 동맹파업. '절대 해방'을 요구.	조선일보 31.04.11; 31.04.12; 31.04.13; 31.04.15; 동아일보 31.04.14; 31.04.17.
15	1931년 6월	평양	학대에 동맹파업, 대우개선 요구조건 제시	진정(賑町)유곽 대범루 창기 정도화 외 3명이 학대에 대우개선 요구조건을 평양경찰서장에 발송, 동맹파업. 경찰 설득으로 중단했다가 2차 동맹파업.	조선일보 31.06.20; 31.06.24; 31.06.25; 조선신문 31.06.20; 31.06.24; 동아일보 31.06.20.
16	1931년 7월	하얼빈	학대에 동맹파업	조선요리집 조일루 창기 일동이 결사 동맹파업, 요구 관철.	조선일보 31.07.02.
17	1931년 7월	성진	학대에 동맹하여 음독, 단발	요정 태평루와 등견루 여자들이 동맹하여 단발, 자살시도. 경찰이 선동 배후로 근우회 수사.	동아일보 31.07.13; 31.07.19; 31.07.23; 31.07.30; 조선일보 31.07.15; 31.08.09; 매일신보 31.08.09.
18	1931년 12월	북청	학대에 동맹파업, 단식, 대우개선 요구조건 제시	요리점 함신관 창기 10명이 단지(斷指), 단식, 11개 요구조건 제시하며 동맹파업. 요구 관철 후 경찰이 선동 배후 수사.	조선일보 31.12.15; 중앙일보 31.12.15; 31.12.16; 31.12.18; 31.12.19; 31.12.26; 동아일보 31.12.21.
19	1932년 3월	함흥	대우개선 요구 파업	함흥유곽의 두 업소 합병 후 기녀들이 대우개선 요구 파업.	부산일보 32.03.13.
20	1936년 1월	간도 용정	대우개선 요구 파업	조선요리 평양관 포기(抱妓) 10명이 대우 악화에 파업, 경찰 취조 중.	동아일보 36.01.26.
21	1936년 3월	청주	대우개선 요구 파업	조선요리옥 태평관 기생 4명의 대우개선 요구 파업, 근처 여관으로 탈주.	조선신문 36.03.07; 동아일보 36.03.07.
22	1937년 7월	성진	학대에 동맹파업, 대우개선 요구 조건 제시	욱정(旭町) 등견루 창기들 대우개선 등 요구조건 제시하며 파업, 경찰이 중재.	동아일보 37.07.13.
23	1938월 11월	경성	대우개선 요구 파업	각호루 창기 9명 대우개선 요구 동맹파업. 주인과 나카이의 학대 착취 문제제기. 조정 성립.	매일신보 38.11.23; 조선일보 38.11.23.

비고: 사건에 따라 기생으로 보도된 경우도 있으나 '포기(抱妓)', '포녀(抱女)' 등 표현이 있거나 창기와 혼용된 경우 포함하였음.

〈표 2〉는 식민지기 각지에서 일어난 창기·작부의 집단적 행동에 대한 보도를 정리한 것이다. 여기에는 앞서 살핀 사례를 포함해 자유폐업과 '해방'

을 요구한 경우(표의 4, 8, 13, 14번)도 있고, 폐업보다는 대우개선을 요구하며 경찰에 탄원서를 제출한 경우(3, 6번), 대우개선 요구사항을 내건 계획적 파업(15, 18, 22번), 파업을 실제 행하지는 않았지만 계획이 알려져 주변 단체가 개입하거나, 보도가 이뤄진 경우(7, 12번) 등 다양하다. 또한 하얼빈·용정 등에서 일어난 파업 소식도 전해지고 있다(16, 20번). 한편 1916년 서울 신정유곽 파업 보도(1번)에서부터 "가끔 창기들의 동맹휴업이 있고 또 본정 경찰서에 수고를 끼치는 일이 있는바"라고 서술된 것처럼,[105] 기사화되지 않은 사건들의 존재를 상기할 수 있다.

기사에 적힌 범위만을 파악할 수 있다는 한계가 있지만, 보도된 사건을 분석하면 먼저 대부분 사례에서 포주의 학대가 원인이었다. 기사에 나타난 '학대'는 생활조건의 문제, 경제적 착취, 규정 혹은 계약사항 무시, 구타와 강간 같은 폭력을 포괄했다. 학대에 대한 문제제기가 선명한 사례로 1931년 4월 함경북도 청진 망월루 창기 11명은 포주의 강간, 사기, 불법감금, 구타를 고발하며 파업을 벌였다. 이들은 포주가 음식을 제한했고 구타했으며, 과도한 부채를 더했고, 유곽 안 방들 사이 통행까지 금지했다고 증언했다. 또한 11명 중 포주에게 "강간을 아니 당한 사람은 하나도 없"었다.[106] 1926년 12월 마산의 사례(표의 5번)에서도 포주의 강간이 문제된 바있다.[107] 창기들은 강간이 폭력임을 명확하게 인식하고 문제제기했던 것이다. 포주의 성폭력은 포주의 아내가 창기들을 더욱 학대한 경우처럼 학대

---

105 「娼妓의 同盟罷業」, 『매일신보』 1916. 8. 10.

106 「解放을 絕叫코 斷髮 餓死同盟을 組織」, 『동아일보』 1931. 4. 14; 「淸津에 생긴 娼妓盟罷眞相, 루주, 창기와의 일문일답기」, 『동아일보』 1931. 4. 17.

107 창기의 강간피해에 대한 문제제기는 일본에서도 마찬가지로 등장했다. 얀베 유우헤이는 이에 대해 유곽 개선이라는 여론이 창기들에게 강간을 고발할 수 있는 힘을 주었다고 분석하고 있다. 山家悠平, 2015, 『遊廓のストライキ』, 共和国, 119쪽(얀베 유우헤이, 번역공동체 잇다 옮김, 『유곽의 총파업』, 논형, 근간).

가 연쇄되는 원인이 되기도 했다(3번).

위 청진의 창기 11명은 1931년 4월 4일 파업을 시작해 8일에 단발, 단식을 감행했다. 청진경찰서는 11일에는 포주를, 12일에는 파업단을 취조했다. 15일과 17일에도 관련기사가 보도된 것을 보면 상당히 장기간의 파업이 된 것으로 보인다. 여기서도 단발은 저항의 행위였고, 대우개선이 아니라 '절대 해방'을 요구한 점도 주목된다.

한편 나중 시기로 갈수록 대우개선 요구조건을 명확하게 내건 보도들이 등장했다. 이는 1930년대 초 불황을 배경으로 노동쟁의가 활성화된 사회적 분위기에 더하여 언론 또한 관심을 가지고 자세하게 보도했기 때문일 것이다. 요구조건이 보도된 사례를 살펴보면, 먼저 1931년 6월의 평양 대범루 창기 4명은 5개 조건을 내걸었다. "창기를 구타하지 말 것, 휴업자에게 영업을 강제하지 말 것, 질병 환자를 간병하라, 회수 희망 없는 화대의 결손을 창기에게 부과치 말 것, 계약위반행위를 없이 하라"였다.[108] 1931년 12월 북청의 창기들 역시 대우개선을 요구했다. 이 때 요구조건은 총 11개 조였는데 생활조건이나 경제적 요구조건 외에, 청소나 세탁을 시키지 말 것, 창기들을 차별대우하지 말 것, 불친절하게 접객하여 고객을 감소시키지 말 것 등으로,[109] 폭력과 학대 같은 '사회적으로 정당성을 인정받기 쉬운 이유'가 아닌 요구 또한 내건 점이 주목된다. 1937년 7월 함경북도 성진

108 「娼妓等盟罷코 警察에 嘆願」, 『조선일보』 1931. 6. 20.

109 1. 영업세를 절반씩 포주가 부담할 것. 2. 치료비를 반을 포주가 부담할 것. 3. 쓰지 않은 추가 채금을 금후 절대로 통장(通帳) 기입치 말 것. 4. 기생 발병 시의 약값은 포주가 부담할 것. 5. 각 기생 방에 불을 땔 것. 6. 각 기생 방의 전등을 자유로 사용하게 할 것. 7. 영업용구 등을 기생에게 세탁시키지 말 것. 8. 영업 방 청소를 기생들에게 시키지 말 것. 9. 영업자를 차별 대우를 말 것. 10. 기생의 음식물을 자양(滋養) 있는 것을 공급할 것. 11. 포주의 사리만 취하야 기생의 원객(願客)에게 불친절하게 하야 기생의 원객을 적게 하는 일이 절대로 없게 할 것. 「北青娼妓 十名 待遇改善要求盟罷 主人은 要求를 들을 듯」, 『중앙일보』 1931. 12. 15.

에서는 대우개선, 식사개량, 시간여유, 화대에 대한 규정 개정을 요구했는데 창기 천향심은 "아무리 우리가 창부라고 하여도 쉬인 밥을 먹인다는 것은 위생상에 해로울 뿐만 아니라 인도상으로 보아도 용서치 못할 일"이라며 '사람다운 대우'를 요구했다. 또 외출의 자유가 없으며, 같은 요리점에 있는 여자들 간에 차별대우를 받는 것은 도저히 묵과할 수 없다며 "공창제도가 폐지되지 않는 한 금후 나같은 역경에 굴러떨어질 수많은 가련한 후배들의 이익을 위함"이라 파업 이유를 말했다.[110]

이처럼 창기의 파업들은 점차 폐업보다 '대우개선' 즉 '인간다운 대우'를 요구하는 경향을 보였다. 불을 때지 않는 방이나 쉰밥에 대한 개선부터 시작하여, 노동조건의 완화를 주장한 목소리는 당대 지식인 중심의 폐창운동과는 방향이 달랐다. 폐창운동은 성매매를 죄악시하고 여성을 마굴에서 끌어내는 것을 목표로 제시했다.[111] 그러나 창기들의 파업 사례를 보면 '해방'과 '자유폐업'을 목표로 한 경우도 있었지만, 현실을 수용하며 '노동조건 개선'을 내건 경우가 점차 많아졌다. 이는 폐창운동가들이 부르짖은 '해방'과는 다른 방향의 변화 추구로, 종속적 구조 속에서 생존을 모색해야 했던 파업 참여 여성들의 현실적인 요구였다.

일본의 유곽 파업에 주목한 연구 경우 "여성들이 유곽에서의 '해방'을 희구하던 1920년대 후반과는 달리, 1930년대 초는 살아남기 위한 '노동'을 선택한 여성들이 스스로의 상황개선을 모색해 행동한 시기"라 보았다. 폐업한다고 부채가 없어지는 것이 아닌 이상 불황기에 적극적으로 실업자

---

110 「城津桃色爭議 "待遇改善"을 要求」, 『동아일보』, 1937. 7. 13.

111 이 같은 폐창운동이 성판매여성의 존재 자체를 죄악시하고 도덕적으로 비판한 '추업부(醜業婦)' 관에 기반했고 여성에 대한 동정은 멸시와 연결되었다는 점도 지적된다. 후지메 유키, 김경자·윤경원 옮김, 『성의 역사학: 근대국가는 성을 어떻게 관리하는가』, 삼인, 2004, 112~115쪽.

가 된다는 '선택'을 하기는 어려웠으리라는 지적이다.[112] 조선에서는 '자유폐업'이 법령상으로도 선언되지 않았기에, 쟁의를 통해 '상황개선을 모색한다'라는 특징이 더욱 두드러지게 나타났다고 여겨진다. 빈곤한 조선 여성이 처한 겹겹의 구조적 종속 상황에서 모든 모순이 해결되는 '해방'은 불가능했다. 따라서 당시 성산업 종사자들은 폭력적 현실을 직면하면서 상황개선을 통해 생존과 안정을 추구하는데 집중했을 가능성이 크다. 이는 성판매에 대한 긍정이나 '자유의지'에 따른 자발적 선택과는 다른 맥락에 있다. 파업 기사 속 여성들은 현실을 긍정하거나 종속을 부정하지 않았다. 그러나 긍정할 수 없는 종속적 현실 속에서도 이를 문제제기한 행동은, 현실에 대해 자각하고 이에 대응하려 한 의미를 가진다. 대우개선을 요구한 파업은 억압과 종속 속에서 생존을 위해 어떻게든 싸워나가고 협상한 것으로, 현실의 상황을 최소한 좀더 낫게 만들자는 집단적 대응이었다. 또한, 파업을 감행한 소수의 목소리만이 아니라 목소리를 내지 못한 사람들의 '인간다움' 또한 모색하며 사회에 요구하고, 한정된 기록을 통해 전해진 것이다.

이러한 상황개선 요구 중 일정하게 성공을 거둔 파업과 저항사례도 보인다. 1931년 7월 하얼빈에서는 창기들이 결사 파업을 선언하자 주인이 놀라 즉시 조건을 승인했다고 한다(표의 16번).[113] 대다수는 경찰이 중재에 개입했다. 1929년 6월 대구 창기들의 경우 의복과 화장품 등은 일체 주인이 지불한다는 규정을 어기고 화대에서도 한푼도 주지 않는데 분개해 파업, 이틀 만에 경찰이 포주를 불러 계약대로 이행할 것을 명령했다(11번).[114]

---

112 山家悠平, 앞의 책, 2015, 227쪽.
113 「哈爾賓의 娼妓同盟休業」, 『조선일보』 1931. 7. 2.
114 「大邱遊廓 娼妓盟罷」, 『조선일보』 1929. 6. 19.

1938년 11월 경성 신정유곽 각호루의 창기 9명은 주인의 학대와 나카이들의 팁 착취, 인권유린을 고발하며 한강을 건너 용봉정에서 농성했다. 경찰의 진상조사로 조정이 성립, 창기들은 유곽으로 돌아갔다(23번).[115]

그러나 여성들의 바람대로 해결된 경우는 드물었다. 1931년 1월 거제 장승포에서는 6명이 도보로 야간에 거제경찰서에 와서 자유폐업을 신청했지만 경찰은 일단 돌아가라고 명령했다.[116] 1931년 6월 평양 창기들은 파업을 멈추라는 경찰의 권유를 받아들였지만, 하루 만에 2차 파업을 다시 시작했으며,[117] 이후 해결 여부는 알 수 없다. 1931년 7월 성진의 경우, 단발하고 동맹파업을 시작한 여자들은 경찰 유치장에 갇혔다(각각 표의 13, 15, 17번).[118] 오히려 경찰은 사건 관련자를 조사하고 검거하기도 해, 성진에서는 근우회원들을 배후로 지목했다.[119] 창기들 스스로는 쟁의를 조직할 능력이 없고 배후세력이 있을 거라 가정한 것이다. 1926년 12월 마산의 경우 자유폐업을 요구한 창기의 애인 및 여러 청년들을 소환해서 취조했다.[120] 1931년 12월 북청의 경우도 일단 창기들의 요구를 경찰이 중재했지만, 파업 종료 후 여성들을 불러 엄중 조사하고, 배후로 '푸로(프롤레타리아)예술가' 청년 박재복을 검속해 영업방해선동죄로 벌금 10원에 처했다.[121] 즉, 식민권

---

115 「夜蔭花의 氣焰」, 『조선일보』 1938. 11. 23.

116 「死を決して樓主の暴逆に反省を求める」, 『朝鮮時報』 1931. 1. 7.

117 「平壤大帆娼妓 又復盟罷」, 『조선일보』 1931. 6. 24.

118 「關北一帶踏破記 (11)」 『조선일보』 1932. 5. 1. 여기서는 파업 이후에 대해 성진요리점의 창기들이 동맹파업 요구가 관철되지 못하자 모조리 단발을 하고 내종에는 발광하여 투강 자살했다고 전하고 있다.

119 「娼妓斷髮煽動嫌疑 六名釋放 二名은 公判」, 『조선일보』 1931. 8. 9.

120 「娼妓罷業하자 多數青年을 取調」, 『조선일보』 1926. 12. 17.

121 기소혐의를 찾지 못하고 '경찰범처벌규칙'에 따라 즉결처분한 것으로 보인다. 「娼妓盟罷로 朴在福被檢 창기취조후 즉시 검거코 엄중취조」, 『중앙일보』 1931. 12. 19; 「娼妓盟罷煽動 朴在福에 十圓」, 『중앙일보』 1931. 12. 26.

력은 창기들에 대한 학대와 착취에 대해 '계약대로 이행'하라 명령하는 것 외에 효과적 조치를 취했다고 보기 어려우며, 때로는 업자 측과 유착되어 억압을 방조한 경우가 많았고, 배후를 상정해 수사하며 파업과 같은 집단 행동을 무마시키려 했다.

3) 사회와의 관계 설정과 의연금 참여

앞서 살핀 사례들은 성산업 종사 여성들의 가시적인 행동으로 관심을 모으거나 가십으로 취급되었던 경우가 많다. 그런데 도주나 파업 같은 행동 이외에, 일상 속에서 자신을 어떻게 인식하며 사회와의 관계를 어떻게 설정했는지도 검토 과제가 된다. 그러한 단서로서 성산업 종사자의 행위가 나타나는 언론 보도의 범주들 중 각종 재해에 대한 의연금 참여 기사들을 살펴보려 한다. 이를 검토하기 앞서, 창기를 거쳐 작부가 된 최순희의 투고를 살펴보자.

> 저는 사회에서 버림을 받은 술파는 어린 계집이올시다. 부모를 못 만나 그랬든지 제가 미련해서 그렇게 되였었든지 열일곱살 먹던 겨울에 회령 어느 유곽에 사백원을 받고 팔어먹었음으로 나는 할 수 없이 돈은 누가 먹었는지 알지도 못하고 일년 동안을 유곽에서 근근이 목숨을 부지하고 있다가 지난 시월 오일에 그 무서운 악마의 굴을 벗어나왔습니다. 그러나 외로운 이 몸이 어디다 의지하리요 할 수 없이 술집에 가서 술을 팔며 하루하루를 보냅니다. 상의란 선생님 어찌하면 저도 **사람다운 사람이 되며 저와 같은 운명에 걸리여 저- 무서운 인육시장에서 죽지 못해서 사는 형제를 구해내며 죽음의 길에 있는 우리 여자 사회를 위하여 죽도록 싸워보고 싶습니다.** 상의란 선생님 아니 우리 조선의 선각자 여러 선생님. 아주 사회에서 버림을 받은 이 어린 계집을 사람다운 사람을 만들어주세요. 배운 것

이라고는 보통학교에 조금 다닌 것뿐이올시다. 인제는 학교에 가서 계제를 밟아 공부할 수는 없습니다. 어떠한 책을 보면 좋을지요. 깊이 생각해보아 주세요. (회령면 일동 최순희)[122] (강조: 인용자)

위 기사는 독자 질문과 기자의 답변을 싣는 코너에 실렸다. 1930년 조선 국세조사 결과 여성 문자해독률은 7.95%에 불과했던 사회에서 필자 최순희는 교육을 받은 소수의 경우였다. 1년간 부채를 상환했는지 또는 전매되지 않고 계약을 만료했는지는 알 수 없지만, 최순희는 폐업에 성공했다. 그렇지만 "외로운 이 몸이 어디다 의지하리요 할 수 없이 술집에 가서 술을 팔며 하루하루를 보냅니다"라는 부분에서 알 수 있듯 결혼은 하지 않은 것으로 추정되며, 창기폐업 후에도 다시금 접대업에 종사하고 있다.

최순희가 원하는 것은 '사람다운 사람'이 되는 것이다. 그가 인식하는 자신의 상황이란 "사회에서 버림을 받은" 즉 사회의 낙인이 존재하는 상황이다. 그런데 동시에 최순희의 희망이란, 성산업 속의 "죽지 못해서 사는 형제를 구해내며 죽음의 길에 있는 우리 여자 사회를 위하여 죽도록 싸워보고 싶다"는 것이다. 이처럼 최순희에게는 다른 성산업 종사자들 그리고 '우리 여자 사회'에 대한 연결 의식과 '사회에서 버림 받았'지만 '사회를 위하여' 무엇인가를 하고 싶다는 의사가 동시에 존재했다. 이러한 의사의 표현을 각종의 의연금 성금을 통해 찾을 수 있다.

나는 이삼년 전 한강 연안에 중대한 수재가 일어날 때 일을 기억합니다. 조선 전체에서 이 미증유의 대홍수에 피해당한 사람들을 구제하기 위하야 청년들은 모다 깊은 감격 속에서 혹은 결사대를 짓고 혹은 물질을 내놓아서 상하 인심 희생적으로 구제할 때입니다. 멀리는 미령 하와이나 미 본주로부

122 「사람다운 사람이 되라면」, 『조선일보』 1925. 12. 2.

터 가까이는 남북만주에서 의연금이 들어올 때입니다. 그런데 이중에서

> 북해도 xx시에서 김연화 이행심 … 각 3원
>
> 화태 xx시에서 김춘도 박월화 … 각 2원
>
> 대만 xx시 및 xx시에서 이금선 정연향 … 각 3원
>
> 장춘 봉천에서 최운도 안춘매 … 각 3원

이것을 볼 때에 어찌 심상히 볼 수가 있습니까? 필자는 그때 참을 수 없는 감상적 기운에 쌓여 눈물을 흘렸습니다. 위에 쓰인 이름으로 보아 유곽 여자들인 것은 틀림없습니다. (…) 이 조선의 하늘과 땅은 그들에게 무엇을 주었기에? 조선의 사람은 그들에게 무엇을 주었기에 멀리 고국의 하늘을 바라보며 피나는 그 돈! 그렇다! 돈이 아니라 피를 고국 동포 구제에 보냈던 이것이 한군데 아니요 우리가 아직 그 곳에도 조선 사람이 가 있는가? 의심할 곳에서까지 이 피묻은 돈이 올 때에 더욱 놀랐습니다.[123]

위 기사에서 언급된 것과 같은 창기들의 의연금은 여러 사례를 찾을 수 있다. 보통학교 증축,[124] 수해 등 재해 구제,[125] 충무공유적보존회 성금,[126]

---

123 柳光烈, 「농촌여성을 전망하며 (1) 농촌청년에게 訴함」, 『조선농민』 제3권 제9호, 1927. 9, 13~14쪽.

124 「仁川普校增築과 有志의 寄附金」, 『조선일보』 1921. 4. 15; 「普校期成과 籠中鳥의 同情」, 『조선일보』 1933. 6. 22.

125 「府外延禧面罹災民과 二百戶建築木材」, 『동아일보』 1925. 8. 7; 「慘澹한 旱, 水災와 各地同胞의뜨거운 同情」, 『동아일보』 1928. 9. 22; 「地方瑣信」, 『조선일보』 1928. 11. 4; 「籠中鳥에도 同情의淚가 잇서」, 『조선일보』 1934. 8. 8; 「우슴파는籠中鳥들 衣類六十點寄托」, 『조선일보』 1936. 9. 8.

126 「이 精誠! 이心情! 誠金에 싸인 눈물겨운 消息」, 『동아일보』 1931. 5. 29; 「李忠武公墓所問題로 追慕의 結晶體誠金遝至」, 『동아일보』 1931. 6. 13; 1931년 5월, 충무공 이순신의 묘소 위토(位土, 제사 비용을 대기 위한 토지)가 경매로 넘어간다는 소식이 알려진 후, 각지에서 성금이 몰려들었다. 민족주의 계열 인사들이 충무공 유적보존회를 창립했고 1932년 5월까지 동아일보사와 충무공 유적보존회에 성금을 보낸 인원은 2만 명, 총액 17,000원에 이르렀다.

재만동포에 대한 구호[127] 등 각종 의연금에서 창기들의 참여가 확인된다. 예를 들면 삼남의 수재 소식에 대만 지우펀(九分)의 조선정이라는 창루에 있는 "농중조의 참담한 생활"을 하는 조선 여자들이 "비록 인육의 거리에 몸을 적시고 있을망정 (…) 고토와 동포를 잊지 아니하고" "동포를 사랑하는 일념에 각기 넉넉잖은 주머니를 털어 모은 돈 15원"을 구제금으로 보냈다고 보도되었다.[128] 이러한 보도는 창기들의 성금을 제시하며 조선 사회일반에 참여를 권유하려는 기자의 의도에서 비롯하기도 하겠으나, 실제 존재했던 행위에 대해 의미를 재고할 필요가 있다.

　이러한 의연금 참여 행위를 단순한 미담을 넘어서 어떻게 해석할 수 있을까. 재해나 사회적·국가적 문제가 발생했을 때 의연금 모금은 공동체의 일체감과 동일성을 확인하는 주요한 계기가 된다. 의연금에 참여하는 행동은 공동체의 구성원이라는 의식을 환기한다. 조선사회의 의연금 모금은 '국가'가 미흡한 상황에서 '대안적 공공성'을 형성했으며, 이는 정치적으로 발화할 가능성을 지녔다고도 분석된다.[129] 그런데 이런 공공에의 참여는 지주나 부호만의 것이 아니었음에 주목할 수 있다. 성산업 종사 여성들의 의연금 참여 행위란 종속적 현실 속에서의 적극적 행위로서 '사회를 위하여' 무엇인가를 할 수 있다는 연결의 확인이었으며, 나아가 "조선의 사람이 그들에게 무엇을 주었기에"와 같은 질문에 연연하지 않고 행한 자기 존중의 행위였다.[130]

---

127 「燎原의 勢로 이러나는 遭難同胞救護運動」, 『동아일보』 1931. 11. 14.

128 「臺灣地方 救濟金을 連送」, 『조선일보』 1934. 9. 18.

129 고태우, 「일제시기 재해문제와 '자선·기부문화'-전통·근대화·'공공성'-」, 『동방학지』 168, 연세대학교 국학연구원, 2014, 167쪽.

130 시기는 다르지만 1980년대 용산지역에 있었던 자치조직 '개나리회'에 대한 글에서도 이러한 '사회를 위한' 행위와 인식을 연결지어 살필 수 있다. 엄상미, 「어떤 역사: 성매매 지역 여성들의 자치조직」, 막달레나의 집 엮음, 『용감한 여성들, 늑대를 타고 달리는』, 삼인, 2002, 274~275쪽.

즉 경제적·인신적·실존적 종속의 현실 구조 속에 놓여 사회적 낙인과 차별을 받는 여성이 사회와의 연결을 만들고 연대하는 것이다. 그것은 그러한 낙인과 그 내면화에 대한 저항의 행위일 수도 있고, 세계와 단절되지 않았음을 확인하는 사회 속에서의 관계 확인일 수도 있다. 물론 이를 자족적이라 보거나 그에 대한 보도란 종속적 현실을 오히려 유지시킨다고 비판할 수도 있겠지만, 계속해서 등장하는 성산업 종사 여성들의 의연금 참여를 전하는 단신 기사들은, 공동체란 그들에게 어떻게 인식되었으며 사회란 어떻게 교차하며 연결되어 있는가를 묻게 한다.

4. 맺음말

이 글은 경제적·구조적 종속 하에서 나타났던 1920~30년대 성산업 내 조선 여성의 여러 대응을 역사적 맥락에서 해석하고, 그들 삶의 모습을 복원하려 시도했다. 본문의 내용을 요약하면 다음과 같다.

일제 식민지기 성산업에 종사한 여성들은 경제적·인신적 종속 상황에 놓여 있었다. 농촌의 빈곤을 배경으로 가족 중 가장 취약하면서도 교환가능한 몸을 가진 여성이 성산업으로 유입되었다. 여성의 몸은 선불금과 교환할 수 있는 자원이었기 때문이다. 식민지 조선의 성산업 체계는 그러한 몸의 매매를 합법적·효과적으로 운용한 시스템이었다. 가족의 생계를 위해 여성은 팔리는 대상이 되었으며, 스스로를 파는 것 역시 가족을 위한 것으로 정당화되었다. 성산업 속에서 여성의 종속은 부채의 연쇄를 통해 심화되었다. 여러 지역으로 전매되고 구타와 학대가 이뤄지는 폭력 상황에서 자살의 사례들이 나타났는데, 이 역시 다른 선택지가 차단된 세계 인식 속에서 자기의 발현이었다.

종속 상황에서 벗어나려는 여성의 대응으로, 자유폐업을 추구하거나 도주한 경우들이 있었다. 여성들은 겹겹의 구조 속에 종속되어 있었다 할지라도 무력한 존재인 것만은 아니었다. 포주에게 저항한 경우도 있었으며, 사기를 치고 도망간 사례도 있었다. 다양한 삶의 양태란 여기에서도 확인되는 것이다. 또한, 집단행동을 통해 상황개선을 모색했다. 가장 가시적으로 나타난 방식은 파업이었는데, 지식인 중심의 공창폐지운동과 다르게 파업에서 나타난 요구는 대부분 폐창이 아니라 대우개선을 목표로 했다. 현실을 인정하면서도 가능한 상황 개선을 치열하게 모색하고 요구한 것이다. 마지막으로 여성들의 대응으로 검토한 범주로 의연금 기사들이 있다. 이는 사회가 성산업 여성을 낙인찍고 차별하더라도, 여성 측에서 사회와 관계를 맺으며 자기 존재를 확인한 행위였다.

이상에서 살펴본 것처럼, 식민지 조선에서 성산업에 종사하게 된 여성에게 있어서 인간으로서의 대우나 권리는 당연했던 것이 아니었다. 그들은 자신들이 처한 세계의 상황을 인식하고 그에 대처해야 했다. 각자 다른 삶의 경험과 맥락, 대응 방식은 그들이 하나의 보편성으로 환원되지 않고 복수의 정체성을 가진다는 점을 보여준다. 이처럼 이 글은 피해자성이나 행위자성 중 하나의 규명을 넘어, 단일한 정체성으로 고정되지 않고 복합적이고 모순되게 얽혀 있는 실제 삶의 양태를 포착하려 했다. 당시의 제도적 조건 속에서 이뤄진 종속과 배제에 대해 살피면서, 성산업 종사 여성이 예속적 상황 속에서 그에 대한 대처를 개인적·집단적인 방식으로 수행한 모습들을 추적한 것이다. 다른 선택지가 없는 닫힌 세계에 처하게 되면서도, 도주나 파업 그리고 사회적 연대와 같은 행위의 열린 가능성 또한 꾀하기도 했던, 전형화할 수 없는 이들의 모습을 구체적인 사례들을 통해 연결하여 분석하였다.

성산업 종사 여성의 모습을 살핀 사례들은 물론 부분적이며 끊겨져 있다. 언론 기사를 주로 활용했기 때문에 기자의 관점에 따라 재현되거나 편집을 거쳤다는 점을 부정할 수 없다. 그렇지만 제한된 역사적 자원으로는 당사자의 목소리에 닿을 수 없다고 전제한다면 그들의 입장은 신비화되고 접근 불가능한 것이 되며, 다른 이들은 도저히 그 경험을 알 수 없다는 무관심을 만들어낼 수 있다.[131] 여기에서 그치지 않고 나아가기 위해서는 부분성을 지닌 주체들의 복수의 맥락 간의 연결에 주목하고, 이들이 처한 세계에 대한 인식과 경험이 이어지고 있으며 과거와 현재가 그리고 우리와 그들이 분리되어 있지 않다는 연관성을 성찰해야 할 것이다. 제국주의, 자본주의, 가부장제의 조건이 모두 얽힌 식민지 조선의 현실에서, 성산업 종사 여성이 처했던 종속은 간단히 '해방'될 수 있는 조건은 아니었다. 그러한 조건에 대한 자각과 대응이 역사적으로 연속된 것을 더욱 직면할 필요가 있다.

---

131 정연보, 앞의 글, 70쪽.

참고문헌

자료

『朝鮮總督府官報』,『朝鮮總督府統計年報』

『매일신보』,『동아일보』,『조선일보』,『시대일보』,『중앙일보』,『朝鮮新聞』,『朝鮮時報』,『중외일보』,『釜山日報』,『朝鮮及滿洲』,『동광』,『조선농민』,『농민』

朝鮮農村社會衛生調査會 編,『朝鮮の農村衛生: 慶尙南道達里の社會衛生學的調査』, 岩波書店, 1940.

단행본

배상미,『혁명적 여성들: 프롤레타리아 문학의 젠더, 노동, 섹슈얼리티』, 소명출판, 2019.

반성매매인권행동 이룸 기획,『불처벌: 성매매 여성을 처벌하는 사회에 던지는 페미니즘 선언』, 휴머니스트, 2022.

송연옥·김영, 박해순 옮김,『군대와 성폭력: 한반도의 20세기』, 선인, 2012.

아카마 기후, 서호철 옮김,『대지를 보라: 1920년대 경성의 밑바닥 탐방』, 아모르문디, 2016.

역사문제연구소 민중사반,『민중사를 다시 말한다』, 역사비평사, 2013.

윤명숙, 최민순 옮김,『조선인 군위안부와 일본군 위안소제도』, 이학사, 2015.

일본의 전쟁 책임 자료센터 엮음, 강혜정 옮김,『일본의 군 '위안부' 연구』, 동북아역사재단, 2011.

후지메 유키, 김경자·윤경원 옮김,『성의 역사학: 근대국가는 성을 어떻게 관리하는가』, 삼인, 2004.

小野沢あかね,『近代日本社会と公娼制度—民衆史と国際関係史の視点から』, 吉川弘文館, 2010.

山家悠平,『遊廓のストライキ』, 共和国, 2015.

논문

가게모토 츠요시,「식민지 조선의 또 하나의 프롤레타리아 문학—룸펜프롤레타리아, 농업노동자, 유곽의 여성들」,『현대문학의 연구』 61, 한국문학연구학회, 2017.

강정숙, 「대한제국·일제 초기 서울의 매춘업과 공창(公娼)제도의 도입」, 『서울학연구』11, 서울시립대학교 서울학연구소, 1998.

_____, 「일본군 '위안부'제의 식민성 연구—조선인 '위안부'를 중심으로」, 성균관대학교 박사학위논문, 2010.

강혜경, 「일제시기 성병의 사회문제화와 성병관리」, 『한국민족운동사연구』59, 한국민족운동사학회, 2009.

고태우, 「일제시기 재해문제와 '자선·기부문화'—전통·근대화·'공공성'」, 『동방학지』168, 연세대학교 국학연구원, 2014.

김은경, 「"인가된 무지"와 전략적 무시가 낳은 참사, '램지어 사태'에 대한 관견」, 『역사연구』41, 역사학연구소, 2021.

김주희, 「"무엇을 더 숨길 게 있나"—'위안부' 망언의 본질주의를 넘어」, 『여성과 역사』34, 한국여성사학회, 2021.

_____, 「한국 성매매 산업 내 '부채 관계'의 정치경제학」, 『한국여성학』31-4, 한국여성학회, 2015.

박　경, 「자매문기(自賣文記)를 통해 본 조선후기 하층민 가족의 가족질서」, 『고문서연구』33, 한국고문서학회, 2008.

박정미, 「식민지 성매매제도의 단절과 연속: '묵인-관리 체제'의 변형과 재생산」, 『페미니즘 연구』11-2, 한국여성연구소, 2011.

박정애, 「일제의 공창제 시행과 사창 관리 연구」, 숙명여자대학교 사학과 박사논문, 2009.

_____, 「법 안의 성매매—일제시기 공창제도와 창기들」, 서울대학교 여성연구소, 『경계의 여성들: 한국 근대 여성사』, 한울아카데미, 2013.

_____, 「조선총독부의 성병예방정책과 〈화류병예방령〉」, 『사림』55, 수선사학회, 2016.

_____, 「일본군'위안부' 문제의 강제동원과 성노예」, 『페미니즘 연구』19-2, 한국여성연구소, 2019.

박　현, 「일제시기 경성의 창기업(娼妓業) 번성과 조선인 유곽 건설」, 『도시연구』14, 도시사학회, 2015.

배상미, 「식민지시기 성노동자의 주체화 과정: 「어여쁜 노동자」, 「깨뜨려진 홍등」을 중심으로」, 『호원논집』20, 고려대학교 일반대학원 총학생회, 2012.

서지영, 「부상하는 주체들: 근대 매체와 젠더 정치」, 『여성과 역사』 12, 한국여성사
학회, 2010a.

_____, 「근대적 사랑의 이면: '정사'(情死)를 중심으로」, 『한국문화』 49, 서울대학교
규장각한국학연구원, 2010b.

서현주, 「일제하 예기·창기·작부 소개업의 실태와 일본군'위안부' 동원―〈조선직업
소개령〉과 소개업자에 대한 이해를 중심으로」, 『한일관계사연구』 74, 한일
관계사학회, 2021.

송연옥, 「대한제국기의 〈기생단속령〉〈창기단속령〉―일제 식민화와 공창제 도입의
준비 과정」, 『한국사론』 40, 서울대학교 국사학과, 1998.

야마시다 영애, 「식민지 지배와 공창 제도의 전개」, 『사회와 역사』 51, 한국사회사학
회, 1997.

엄상미, 「어떤 역사: 성매매 지역 여성들의 자치조직」, 막달레나의 집 엮음, 『용감한
여성들, 늑대를 타고 달리는』, 삼인, 2002.

유숙란, 「일제시대 농촌의 빈곤과 농촌 여성의 出稼」, 『아시아여성연구』 43-1, 숙명
여자대학교 아시아여성연구원, 2004,

윤은순, 「일제 강점기 기독교계의 공창폐지운동」, 『한국기독교와 역사』 26, 한국기
독교역사연구소, 2007.

이나영, 「성매매 '근절주의' 운동의 역사적 형성과 변화의 의미」, 『한국여성학』 25-
1, 한국여성학회, 2009.

이명학, 「일제시기 '유흥세' 운영의 추이와 특징」, 『한국사연구』 187, 한국사연구회,
2019.

이송순, 「일제하 1920~30년대 여성 직업의 지역별 분포와 존재양태」, 『한국사학보』
65, 고려사학회, 2016.

이아리, 「일제하 "가사사용인" 등장과 그 존재 양상」, 『한국사론』 60, 서울대학교 국
사학과, 2014.

이현정, 「중국 농촌 여성의 자살은 과연 저항인가: 서구 저항 담론에 대한 비판적 검
토와 자살행위에 관한 인류학적 사례분석」, 『한국문화인류학』 43-3, 한국
문화인류학회, 2010.

정연보, 「상대주의를 넘어서는 '상황적 지식들'의 재구성을 위하여: 파편화된 부분
성에서 연대의 부분성으로」, 『한국여성철학』 19, 한국여성철학회, 2013.

정해은, 「조선후기 빈곤층 여성의 자매(自賣) 실태」, 『여성과 역사』 20, 한국여성사
학회, 2014.

조시현, 「인신매매에 관한 국제법의 발달과정」, 『법과 사회』 46, 법과사회이론학회,
2014a.

_____, 「일본군 위안부 문제를 통해서 본 1904년 '백인노예매매'의 진압을 위한 협
정」, 『법학논고』 47, 경북대학교 법학연구원, 2014b.

_____, 「일본군 '위안부' 문제를 통해서 본 1910년 '백인노예매매'의 진압을 위한
국제협약」, 『법학연구』 42, 전북대학교 법학연구소, 2014c.

천정환, 「식민지 조선인의 자살과 '해석 갈등'」, 『자살론: 고통과 해석 사이에서』, 문
학동네, 2013.

1980년 광주항쟁과 도시 빈민
-어디서 와서 어디로 사라졌는가

이 정 선

1. 머리말

한국현대사에서 민주화운동의 주역은 흔히 학생으로 거론되곤 했다. 이는 민주화운동의 의의를 반독재에서 찾고 시민을 주체로 상정하는 시각과 관련된다. 반대로 민중항쟁론에서는 노동자계급 또는 도시빈민층을 항쟁의 주도 세력으로 본다. 민중항쟁론이 가장 주목했던 사건이 1980년 5·18 민주화운동이었다.[1] 1988년 『말』지에서는 5·18 관련 부상자·사망자·구속자

---

[1] 정해구 외, 「광주민중항쟁을 보는 관점과 쟁점들」, 『광주민중항쟁연구』, 사계절, 1990, 20~21쪽. 5·18은 '광주사태', '광주의거', '5·18광주민주화운동', '광주민중항쟁' 등으로 불리다가, 현재는 '5·18민주화운동'이 정부의 공식 명칭으로 채택되어 있다. 이러한 명칭에는 각각 민주화운동의 성격과 주체를 어떻게 볼 것인가에 대한 관점의 차이가 반영되어 있다(강현아, 「5·18 항쟁의 성격·주체」, 『민주주의와 인권』 4-2, 전남대학교 5·18연구소, 2004; 정호기, 「5·18의 주체와 성격에 관한 담론의 변화」, 『황해문화』 67, 새얼문화재단, 2010; 최영태, 「5·18항쟁의 명칭 문제」, 『민주주의와 인권』 15-3, 전남대학교 5·18연구소, 2015 등). 이 글에서는 이후 5·18을 '광주항쟁'이라고 부를 것이다. 이는 기본적으로 필자의 시각이 민중항쟁론의 영향에서 출발했기 때문이다. 그러나 이때의 민중은 계급을 토대로 결정되는 하나의 덩어리가 아니다. 역사문제연구소 민중사반이 '새로운 민중사'라는 이름으로 제안했듯이, 다성성(多聲性)을 지닌 역사적 구성물이자 다양한 차이를 기반으로 때로는 서로 갈등하기도 하고 연대하기도 하는 사람들을 가리킨다. 역사문제연구소 민중사반의 민중 인식에 대해서는 『민중사를 다시 말한다』(역사비평사, 2013)와 『민중 경험과 마이너리티』(경인문화사, 2017) 등을 참고하기 바란다.

통계를 분석한 후, 가장 큰 피해를 입은 노동자·농민(60%)이 항쟁의 주체 세력이었으며, 그중에서도 양화공, 보일러공, 미장공, 식당종업원, 노점, 행상 등에 종사하는 저임금 노동자와 빈민이 주류였다고 지적했다. "광주민중항쟁은 노동·농민·빈민 부분을 주력으로 하여 막강한 국군과 투쟁해나간 무장항쟁"이었던 것이다.[2] 변혁 주체 민중론의 퇴조와 함께 이러한 시각도 약해졌지만, 최근에는 민주화운동의 다양한 주체들에 주목하는 시각이 괄목할 만한 성과를 내었다.[3]

민주화운동의 주체와 성격 문제 이외에도 광주항쟁과 관련해서는 크게 두 가지 중요한 쟁점 때문에 도시 빈민에게 관심이 쏠렸다. 첫째, 총기를 들고 국가 권력에 저항한 무장 시위대가 누구이며 어디서 왔는가 하는 점이다. 1980년 5월 21일 전남도청 앞 집단 발포 이후 시민군이 무장하기 시작하자, 계엄사령부는 "불순분자 및 이에 동조하는 깡패 등 불량배들"이 사태를 악화시키고 있다고 발표했다. 동시에 "법을 어기고 난동을 부리는 폭도는 소수에 지나지 않고 대다수의 주민 여러분은 애국심을 가진 선량한 국민임"을 잘 알고 있다고 선을 그었다.[4] 동아일보 기자 김영택도 21일 오후 부쩍 늘어난 '복면부대' 중 일부는 "선량한 시민들"이 아니라 외부에서 들어온 "불순세력"일 수 있다고 주장했다. 그들은 한결같이 강경하게 적극적으로 시위를 선동했으며, 무기 반납을 방해했고 차량을 타고 시내를 질주하면서 과격한 언사를 거침없이 썼다는 것이다.[5] 이러한 폭도론에

2 「5월 항쟁의 주역은 누구인가」, 『말』 1988. 5, 21~22쪽(광주광역시 5·18사료편찬위원회, 『5·18 광주민주화운동자료총서』 12, 전일실업출판국, 1988, 51~52쪽. 이하 『총서』로 줄임).

3 민주화운동기념사업회 한국민주주의연구소 엮음, 『4월 혁명의 주체들』, 역사비평사, 2020.

4 「말·논평·담화·보도를 따라 엮는 5·18 10년」, 『월간예향』 1990. 5, 79쪽(『총서』 14, 324쪽).

5 김영택, 「동아일보 광주주재기자의 취재수첩: 『광주사태』 그날의 5가지 의문점」, 『신동아』 1987. 9, 388~390쪽(『총서』 14, 155~157쪽).

서 도시 빈민은 '광주사태'를 악화시키는 주범으로서, 광주시민이 아닌 외부 세력 또는 그에 동조한 불량배들로 지목되었다. 물론 폭도론은 정부가 광주항쟁을 민주화운동으로 인정한 1980년대 후반 이후 국가의 공식 기억에서는 배제되었다. 그러나 최근 5·18 왜곡 세력이 항쟁 당시의 무장 시위대를 북한에서 남파된 간첩 '광수'로 지목하면서 논란에 불을 지폈다. 이를 반박하기 위해 '광수'들을 찾아 나선 다큐멘터리의 제작 과정에서 무장 시위대의 일원으로 신원 미상의 넝마주이 '김군'이 확인되기도 했다.[6]

두 번째 쟁점은 광주항쟁의 사망자 수가 어느 정도인가 하는 문제이다. 당시 당국은 200명 내외라고 발표했지만 광주시민들은 그 말을 믿지 않았다. 1988~89년 광주청문회에 나선 증인들은 대체로 1~2천 명에 족히 달할 것이라고 추정했다. "넝마주이나 갱생원(更生院)에 수용되어 있던 사람들", 가출해서 "세차장이나 아니면 공업사 같은 데서 일을 배우면서 끼니를 이어가는 그런 사람들", 혹은 "황금동의 술집에 있는 접대부들"처럼 신고해 줄 보호자나 연고자도 없고 호적도 없는 도시 빈민 다수가 명단에서 누락되었을 것이라는 생각에서였다.[7] 항쟁 이후 광주에서 "그렇게 많던 넝마주이가 하나도 없어졌"다는 점도 심증을 굳혔다.[8] 광주시민의 시각에서 이 하층민들은 항쟁에 참여했으나 공식 문서에서는 존재조차 확인하기 어려운, 그로 인해 국가가 폭력을 은폐하기 위해 손쉽게 지워버린 희생자들이었다. 따라서 광주항쟁 이후 도시 빈민, 특히 넝마주이의 행방은 광주의 피

---

6 강상우, 『김군을 찾아서』, 후마니타스, 2020. 이후 '광수 1호', '김군'으로 지목되었던 사진 속 인물은 차복환 씨임이 확인되었다(「북한특수군 광수 1호 '김군'···평범한 시민이었다」, 『전남매일』 2022. 5. 12).

7 「제145회 국회 5·18광주민주화운동진상조사특별위원회 회의록(증인 황원길 발언)」, 65쪽 (『총서』 5, 219쪽).

8 「제144회 국회 5·18광주민주화운동진상조사특별위원회 회의록(증인 정상용 발언)」, 16쪽 (『총서』 5, 28쪽).

해 규모를 확인할 수 있는 열쇠로 간주되었다.

이 글은 이러한 쟁점들을 의식하면서, 1980년 당시 도시 빈민의 광주항쟁 참여 양상을 고아, 구두닦이, 넝마주이, 행상 등의 직업군을 중심으로 검토하고자 한다. 고아 출신이 구두닦이나 넝마주이가 되고, 폐품 수집인인 넝마주이가 고물상, 행상으로 분류되기도 한다는 점에서 이들은 하나로 묶일 수 있는 집단이다.[9] 또한 무연고자 비율이 높기 때문에, 남파 간첩이라는 의심을 받거나 항쟁 이후 행방불명·학살되었을 가능성이 높다고 거론된 집단이기도 하다. 이들과 관련해서 이 글이 해명하려는 첫 번째 과제는 이들이 어디에서 왔는지이다. 광주항쟁 당시 평범한 사람들이 국가 폭력에 저항하게 된 동기에 대해서는 여러 분석이 제기되었다. 계엄군의 무차별적인 폭력 진압이 물론 가장 압도적인 요소였다. 동시에 내적 요소로서 이웃 연결망과 고향 인맥 등 인적 네트워크도 주요 계기가 되었고,[10] 시위의 '장소성'도 영향을 미쳤다.[11] 이 글에서는 도시 빈민의 참여 동기에서도 역시 네트워크와 생활 공간이 중요했음에 착목하였다. 이러한 시각에서 먼저 2장에서 1960~70년대 도시 빈민 집단 거주지의 실태를 살펴보고, 3장에서는 그것이 광주항쟁 참여에 영향을 미쳤음을 몇몇 사례를 통해 확인한다. 두 번째로 해명하려는 과제는 도시 빈민이 어디로 사라졌는지이다. 이와 관련해서는 광주항쟁에 참여한 시민들 사이의 차이에 주목하

---

9 무직자와 실업자도 도시 빈민에 포함될 가능성이 높지만, 계층과 직업이 모호하여 분석에서 제외했다.

10 최정기, 「5·18 당시 시위대와 군중론」, 『현대사회과학연구』 19, 전남대학교 사회과학연구소, 2005.

11 임종명, 「5월 항쟁의 대중적 참여와 그 계기 및 의식성」, 『역사학연구』 32, 호남사학회, 2008. 여기서는 5월 18일과 19일 사이 학생시위가 대중항쟁으로 발전될 수 있었던 계기를 시내 중심가(공적 공간)로 시위 장소가 이동한 과정, 공수부대의 폭력 진압이 사적 공간 및 시 주변부로 확대되는 과정에서 찾았다.

고자 한다. 사실 앞에서 언급한 두 가지 쟁점은 도시 빈민을 각각 폭도 또는 희생자로 양극화하면서도, 국가 권력 또는 일반 시민들의 시각에서 그들을 타자화한다는 점에서는 공통적이다. 국가 권력, 일반 시민, 도시 빈민 사이에 작동하는 국가 폭력과 사회적 폭력, 그 사이에 존재하는 연대와 균열의 지점들을 살펴볼 필요가 있다. 3장 2절에서 이를 다룬 후, 마지막 4장에서는 항쟁 이후 도시 빈민의 행방을 추적한다.

2. 1960~70년대 도시 빈민 집단 거주지의 형성

광주에 도시 빈민의 집단 거주지가 형성된 것은 일제시기로 거슬러 올라간다. 당시의 집단 거주지는 대개 시내 중심지에 가까운 광주천변이었다. 1920년대 후반에 전남도청 인근의 광주천을 직강화하는 공사를 하면서 넓은 공터가 새로 생겼고, 전남의 농촌을 떠나 광주읍으로 유입된 조선인들이 그곳에 토막이나 불량 건축물을 짓고 살기 시작했다. 이것이 광주 도시 빈민 집단 거주지의 시작이었다. 1932년 광주읍은 읍유지를 불법 점유했다는 이유로 천정(泉町: 현재의 양동)의 궁민 가옥을 강제 철거했다.[12] 1936년에는 광주부가 광주천변을 대대적으로 정리하면서, 학강정(鶴岡町) 12,000평에 '갱생지구'를 조성해 시내의 도시 빈민들을 집단 이주시켰다.[13] 해방 이후 이 학동 팔거리 주변에는 다시 100호의 피난민 판잣집이 들어서서 '백화마을'이라고 불렸다.[14] 광주시 동구 학동은 1960~80년

---

12 정경운, 「일제강점기 광주읍 '궁민' 연구－천정 궁민가옥 철거 사건을 중심으로」, 『호남문화연구』 53, 전남대학교 호남학연구원, 2013.

13 윤현석, 「일제강점기 빈민 주거 문제에 있어서 광주의 조선인 지도층 대처에 관한 연구－광주 갱생지구의 조성과 운영 과정을 중심으로」, 『도시연구』 22, 도시사학회, 2019.

14 한승훈, 천득염, 「일제강점기 학동팔거리 갱생지구의 공간 구성에 관한 연구」, 『대한건축학

대 산업화 시기에도 농촌을 떠나온 사람들이 가장 쉽게 자리잡을 수 있는, 시내 중심지의 대표적인 빈민 밀집 거주지로 유명했다.[15]

1960~70년대에는 도시 빈민의 집단 거주지가 외곽으로 이전되었다. 도시 성장과 산업화정책에 따라 도심 지역에 불량주택지구가 양산되자, 1970년대 정부는 시내의 무허가 정착지를 철거시켜 해당 주민을 다른 지역에 이주시키거나 시민아파트를 건설해주기도 했다.[16] 광주에서도 불량주택을 철거한 후 이주시책을 시행함으로써 새로운 집단 거주지가 형성되었다. 대개 도시 중심부에서 떨어진 외곽지역이었다. 1970년에는 기존의 피난민 판자촌에 이후 들불야학의 근거지가 되는 광천시민아파트가 들어섰고, 쌍촌동(1975)과 운암동(1979)에도 주공아파트가 세워졌다. 또 IBRD 차관으로 1976년 주월동, 백운동, 월산동에 국민주택을 건설했다.[17] 그러나 공동주택에 모든 도시 하층민이 입주할 수 있을 리는 만무했다. 무등산 덕산골에 움막을 짓고 살던 박흥숙이 철거반원 4명을 살해한 세칭 '무등산 타잔 사건'(1977)은 광주 시내에서 내쫓기고 공동주택에 입주하지도 못했던 70년대 후반 도시 하층민의 모습을 잘 보여준다.[18]

이 시기 무연고자 집단 수용시설도 생겼다. 1950년대에도 국가가 걸인과 넝마주이를 수시 단속해 수용시설에 보냈지만, 박정희 정권은 근로재

회논문집』256, 대한건축학회, 2010, 159쪽.

15 한정훈, 「광주 주변부 공간의 변화와 이주민의 장소성 연구」, 『한국문학이론과 비평』 74, 한국문학이론과비평학회, 2017; 한정훈, 「빈곤의 경험과 공간의 장소화—광주 학동 사람들의 구술생애담을 대상으로」, 『호남문화연구』 63, 전남대학교 호남학연구원, 2018. 학동 갱생지구는 2008년 철거되었고, 2011년 학2마을 휴먼시아 아파트가 들어섰다.

16 김아람, 「1970년대 주택정책의 성격과 개발의 유산」, 『역사문제연구』 29, 역사문제연구소, 2013.

17 광주광역시, 『광주도시계획사』(광주광역시 홈페이지), 681~704쪽.

18 유경남, 「1970~80년대 무등산 개발사업과 그 내파」, 『지방사와 지방문화』 16–1, 역사문화학회, 2013.

건대(1962), 자활근로대(1979)라는 이름으로 집단 수용을 본격화했다.[19] 사회에서 빈곤자 또는 '사회악'을 일소하고 이들을 생산적 주체로 재탄생시키겠다는 것이 수용의 명분이었다. 5·16 쿠데타 세력은 이로써 4·19 이후 터져 나온 다양한 항쟁 주체들의 욕망을 경제성장으로 수렴시키면서 대중의 일상을 장악해나갔다.[20]

광주에서 가장 먼저 확인되는 수용시설은 월산동의 '무궁갱생원'이다. 무궁갱생원은 1956년 설립된 사설 부랑아 수용 단체로서, 1960년대에는 전라남도로부터 약간의 식량 보조를 받았다. 그런데 갱생원 간부들은 부랑아 단속이라는 미명 아래 광주역 등지에서 옷차림이 허술하거나 도민증이 없는 사람을 마구 잡아다가 강제 노동을 시켰다.[21] 1962년 신문 기사에 따르면, 당시 수용자 126명 중 절반 이상이 가족과 일정한 주거를 가진 사람들이었으며 진짜 거지, 부랑자는 10% 정도에 불과했다.[22] 그러나 불법 감금은 경찰의 협조 하에 자행되었다. 이묵기(21)는 광주역에서 어머니를 기다리다가 무궁갱생원 감찰원과 대인동파출소 순경에게 붙잡혀 구타당한 후 수용되었고, 강제 노역을 하다가 탈출했다.[23] 광주 시내에 거주하던 오복수(37) 역시 취사용 나무를 사오던 길에 거지로 몰려 순경에게 붙잡혔고, 갱생원 감찰원에게 넘겨져 몽둥이 찜질을 당한 후 수용당했다.[24] 이러

19 박홍근, 「사회적 배제의 형성과 변화—넝마주이 국가동원의 역사를 중심으로」, 『사회와 역사』 108, 한국사회사학회, 2015.

20 이상록, 「경제제일주의의 사회적 구성과 '생산적 주체' 만들기」, 『역사문제연구』 25, 역사문제연구소, 2011.

21 광주시립 광주희망원 홈페이지 연혁(http://www.광주희망원.kr/bbs/content.php?co_id=history)(최종검색일: 2022. 12. 13); 「무궁갱생원 사건을 보고」, 『동아일보』 1962. 6. 18.

22 「무허가사설단체, 도민증 없으면 덮어놓고 연행, 무궁갱생원이란」, 『동아일보』 1962. 6. 17.

23 「빗나간 불량아 단속, 묶어버린 인권」, 『동아일보』 1962. 6. 16.

24 「생지옥 무궁갱생원」, 『동아일보』 1962. 6. 17.

한 사실이 드러나서 무궁갱생원 박금현 원장(35)과 간부들이 구속되었고, 대인동파출소 순경도 입건되었다.[25] 또한 "일반 양민 또는 거지들"과 함께 한센병 및 결핵 환자 30명이 수용되어 있었음이 밝혀지면서, 당국이 주는 식량을 부정 수급했다는 의혹을 받았다.[26] 내부에서 질병도 전염되었다.[27] 상황이 이런데도 실태조사를 나온 보건사회부와 전라남도 관계자는 무궁갱생원이 해체되면 광주에 거지들이 흩어질 우려가 있다면서, 해체시키지 않고 무질서 행위만 엄단해 운영을 잘하게 하겠다고 했다.[28] 정부는 불법 행위를 근절하려는 의지보다도 거지, 부랑자를 단속하려는 의지가 더 강했다.[29]

1977년 10월 광주에서 열린 전국체전은 도시 빈민의 집단 수용, 외곽 이전을 더욱 촉진했다. 당시 무궁갱생원(=무등갱생원)은 전남의 1시 8군(광주, 화순, 곡성, 구례, 담양, 장성, 광산, 영광, 나주) 등지에서 "배회 걸식하며 거리 질서 및 도시 미관을 해치고 있는 무의무탁한 각종 불구 폐질자와 정신이상자, 부랑 걸식 행위자들을 보호하는 도 지정 특수시설"이 되어 있었다. 1977년 7월 무궁갱생원의 원장은 기존에 사용하던 시유지 439.5평(월산 2동 595) 이외에, 50여 평의 시유지를 더 사용해서 임시 막사를 증축할 수 있게 해달라고 광주시에 요청했다. 전국체전을 앞둔 도 당국의 지시에 따라 6월부터 합동 단속을 펼친 결과, 평소 300여 명으로 유지하던 수용인원이 450명에 육박했기 때문이었다. 광주시에서는 요청을 받아들여, 무궁갱생

---

25 「원장 등 5명 구속 광주 무궁갱생원」, 『경향신문』 1962. 6. 17.

26 「나환자 13명을 이송」, 『동아일보』 1962. 6. 17.

27 「결핵환자 또 6명」, 『동아일보』 1962. 6. 19.

28 「해체하지 않고 운영 잘 할 방침」, 『동아일보』 1962. 6. 21.

29 박금현 원장은 1964년 3월에도 '걸인수용소' 광주갱생원의 원장으로 신문에 등장하므로(「영화배우 박노식 군, 광주갱생원에 금품」, 『동아일보』 1964. 3. 11), 구속 기간은 길지 않았던 것으로 보인다.

원의 가건물을 기부받는 대신 월산동 1023-7번지 중 50평을 사용할 수 있도록 허가했다.[30]

1974년 설립된 넝마주이 단체 협신원(농성동 소재)의 대표도 1970년대 후반 줄곧 넝마주이의 집단 수용을 호소했다. 넝마주이는 "10대의 무단 가출 청소년과 고아 출신의 부랑아, 그리고 신체 장애 및 신체 허약자로 다른 노동에 종사할 수 없는 자" 등으로 구성되었으며, 폐품 수집을 통해 국가 경제발전에도 기여하고 있으므로 사회에서도 관심을 기울여달라는 요청이었다. 그는 수용시설을 넝마주이들이 폐품 수집하기 쉬운 장소에 후생 복지 시설을 완비하여 삶의 터전을 만들어주는 것이라고 설명하였다.[31] 1978년 12월에도 "'넝마주이'라고 하면 사회의 모든 분들이나 관계 당국에서까지도 골치 아픈 존재요, 문제아들이니 하루속히 없어져야 한다고 생각"하는 것이 상식이지만, 오히려 직업으로 인정해 집단 수용해달라고 호소했다.[32] 무궁갱생원은 수용 대상을 거리 질서 및 도시 미관을 해치는 경제적 무능력자로 이미지화한 데 비해, 협신원의 원장은 넝마주이를 생산적 주체로 인정해달라고 주장한 것이다. 이처럼 사회적 '문제아'에 대한 인식은 서로 다르더라도, 고아, 거지, 넝마주이 등 무연고자들을 집단 수용하려는 인식과 시도들이 1970년대 말 박정희 정권의 정책과 맞물려 확산되었다.

광주시도 새마을재건회(넝마주이)의 실태를 조사하고, 집단 수용 작업에 착수했다. 〈표 1〉은 「새마을재건회실태조사사항」 및 「새마을재건회실태조사표」(1979.4) 자료 중 관련 내용을 정리한 것이다.

---

30 「구무등갱생원, 지사공관도로, 어린이대공원, 안기부부지, 원호회관, 근로청소년회관(부지 취득)」(국가기록원 BA0049733).

31 「협신원 호소문(1976. 12)」, 「자활근로대 숙사 신축」(국가기록원 BA0160351).

32 「협신원 호소문(1978. 12)」, 「자활근로대 숙사 신축」(국가기록원 BA0160351).

표 1 새마을재건회 주변 여건 및 집단 수용 계획(1979. 4)

	명칭(소재지)	인원	주변 여건		특기사항
			이전필요	이전불요	
1	산수원 (문화동 376-2)	3	주택가		현상 존치, 지원불요
2	개미원 (문화동 370)	3		농가	현상 존치, 지원불요
3	공생원 (소태동 137)	3	주택가		현상 존치, 지원불요
4	사랑의집 (용산동 636-52)	6	주택가		현상 존치, 지원불요
5	신광원 제1지대 (중흥동 362-2)	4		주택가	사유지로 타 지대 합류 집단 수용 요망
6	신광원 제2지대 (임동 51-4)	23		공장가	숙소 및 식당 보수 지원 요망
7	신광원 제3지대 (중흥동 683-2)	22		상가	숙소 개조 7평 교육장 신축 요망
8	신광원 제8지대 (중흥동 10통 5반)	5		상가	집단 수용 요망
9	신광원 제9지대 (중흥동 698-2)	18		상가	브럭스레트 13.5평 숙소 식당 신축
10	신광원 제10지대 (주월동 1116)	14		공지	6지대 흡수 재편성하여 자체적으로 숙소 동 신설 중
11	신광원 제11지대 (동운동 148)	6		공지	도로변에 위치하여 있어 타 지대 통합 요망됨. 조직 관리 부실, 자가에서 생활
12	협신원 본부 (농성동 449)	19		주택가	주택가의 불량 건물로 노후 및 협소로 간이 주택 건립 지원
13	협신원 제1지대 (월산 2동 560)	20		공지	자립 의욕 왕성, 지원 불요
14	협신원 제2지대 (농성동 420-6)	12		공지	공단 내의 불량주택으로 담장 150m 보수 요망
15	협신원 제6지대 (월산 2동 621)	10		주택가	담장 80m 신설 요망(불량건물)
16	협신원 제7지대 (월산 2동 595)	25		주택가	외곽 도로변 도시 미관 저해, 담장 80m 신설

출처: 「새마을재건회실태조사사항」 및 「새마을재건회실태조사표」(국가기록원 BA0160351)에서 정리

〈표 1〉을 보건대, '새마을재건회' 또는 '새마을재건대'는 기존의 넝마주이 집단을 토대로 조직된 듯하다. 협신원 제7지대와 무궁갱생원의 주소가 일치하기 때문이다. 다만 협신원 제7지대 인원이 현저히 적으므로, 무궁갱생원의 다양한 수용자들 중 일부 넝마주이만 새마을재건회에 편입된 것으

그림 1 협신원 제7지대 전경 및 작업장 상황(1979. 4)
출처: 「새마을재건회실태조사표」(국가기록원 BA0160351)

로 추정된다. 1979년 광주시 사회과 공무원과 경찰은 이들의 실태를 조사
한 후 집단 수용 또는 환경 개선 계획을 세웠는데, '도시 미관'을 저해하는
지가 주된 판단 기준이었다. 내무부 새마을재건회 시설정비요령에 따르면,
시설이 낡고 불량하여 도시 미관을 저해하는 경우나, 공중위생, 주민 여론
등을 고려하여 필요한 경우 외곽으로 이전시킨다는 것이 기본 방침이었
다. 특히 작업장 시설은 전체를 조립식 담장으로 두르도록 했다. 회원의 사
생활을 보호하고 외부의 미관을 저해하지 않기 위해서라는 이유였지만,[33]
도시 미관에 더 관심을 두었을 것임은 충분히 짐작할 수 있다. 내무부의 방
침에 따라 〈표 1〉에서도 주택가에 있는 집단이 외곽 이전, 집단 수용, 담장
신설의 대상으로 우선 분류되었다. '이전 불요'인 집단이라도 회원이 적으
면 장차 다른 집단과 통합해 이전시키는 게 좋다고 특기사항에 메모했다.
    1979년 7월에는 이들을 "자활근로대(속칭 넝마주이)"로 불렀다.[34] 광주서

33 「새마을재건회실태조사표 작성요령(내무부)」, 『자활근로대 숙사 신축』(국가기록원
    BA0160351).
34 1979년 7월 광주경찰서 관내에는 4개 지대 15명, 서부경찰서 관내에는 12개 지대 178명,
    총 193명의 대원들이 있었다. 이 지대와 인원 수는 〈표 1〉의 새마을재건회의 수치와 동일
    하다. 「자활근로대 숙소 및 작업장 설계 협조 의뢰(1979. 7. 30)」, 『자활근로대 숙사 신축』
    (국가기록원 BA0160351).

부경찰서는 9월 1일 이들을 광주 서부 자활근로대로 통합해 발대식을 한 후 경찰서에서 관리 운영했다. 또한 곧바로 광주 북구 운암동 1082번지의 1,300평 대지에 국비와 지방비 약 7천만 원을 예산으로 막사와 부속건물 12동을 착공해서, 1980년 4월 27일부터는 72명을 입주시켰다.[35] 이처럼 빠르게 집단 수용시설을 마련할 수 있었던 배경에는 대통령 박정희가 있었다. 광주시는 9월 1일 발대식 이후 박정희가 특별히 내린 "각하 하사금"과 지방비(시비 50%, 도비 50%)를 사용해, 1979년 동절기 이전에 공사를 완료하여 자활근로대원들을 입주 완료시키고자 서둘렀다.

그런데 집단 수용시설의 건설 과정에서 넝마주이에 대한 일반 시민들의 인식을 확인할 수 있는 사례가 있어서 흥미롭다. 1979년 10월 당초 건설 예정 부지는 광주시 서구 유촌동 820의 46 외 839평이었다.[36] 1977년 협신원 대표는 넝마주이 수용시설이 완비될 때까지 유덕동 공업단지 끝 부근 시유지에 2,000평 가량의 부지를 확보해 간이 시설을 마련해주기를 희망했는데,[37] 이곳이 그곳으로 추정된다. 그런데 이 계획은 지역 주민의 반대에 부딪혔다. 유덕동 유촌마을 주민들은 자활근로자 숙소가 주택가와 너무 가깝고 농사에도 불편하며 3년 후에 다른 곳으로 옮긴다는 계획 자체가 예산 낭비라고 주장했다. 게다가 이미 유촌마을 앞에 광주시 분뇨처리장이 설치되어 악취 때문에 불편한데, 넝마주이 숙소까지 들어오면 마을 주위 환경에 문제가 있다며 강력히 반발했다.[38] 결국 수용시설의 위치는

---

35 「자활근로대 운영에 따른 협조 의뢰(1980. 6. 1)」, 『자활근로대 숙사 신축』(국가기록원 BA0160351).

36 「자활근로대 숙소 및 작업장 신축(79. 10)」, 『자활근로대 신축』(국가기록원 BA0160357).

37 「협신원 건의문(1977. 11)」, 『자활근로대 숙사 신축』(국가기록원 BA0160351).

38 「자활근로자 숙소 이전, 유촌부락 주민 반발」, 『전남매일신문』 1979. 10. 26; 「유덕동민, 시에 진정. 넝마주이 숙소 신축지 변경을」, 『전남일보』 1979. 10. 26; 『자활근로대 신축』(국가기록원 BA0160358) 스크랩 자료.

운암동으로 급변경되었다. 넝마주이 수용시설은 도시 미관을 저해한다는 이유로 외곽에 이전되었지만, 외곽에서도 기피 대상이었다.

이처럼 1970년대 경제성장에 따른 계층 분화는 도시화와 함께 도시 공간의 분할로 이어졌다. 도시 빈민은 경제 논리에 따라 외곽으로 내몰렸고, 고아 출신이 많은 넝마주이도 우범자이자 도시 미관을 해치는 존재로 경찰의 관리 대상이 되어 외곽으로 집단 수용되기 시작했다.

3. 도시 빈민의 광주항쟁 참여 양상

1) 생활 공간과 인적 네트워크의 영향

1980년 6월 광주 서부경찰서장은 운암동에 수용된 자활대원들이 광주항쟁 기간에 지도관(경찰관)의 지시와 교양으로 대내에서 생활하는 등, 새로운 생활 터전을 가졌다고 자부했다.[39] 길윤형 기자는 72명의 자활대원이 외부 출입을 금지당한 결과, 학살에서 비껴갔다는 아이러니를 지적했다.[40] 다만 1980년 5월 운암동 자활근로대에 가족과 함께 입소한 김종선은 자기 가족이 독신 남성들의 기숙사와는 별도로 민가에 거주했다고 증언했다. 또 항쟁 기간 출입이 엄격히 통제되었지만, 자신은 빵을 운반하러 나갔다거나 술집에 갔다가 시민군과 마주쳤다는 일화를 전하기도 했다.[41] 즉, 자활대에서 맡은 역할이나 거주 형태에 따라서 외부에 출입한 사람도 있을 수 있다. 게다가 운암동에 수용된 인원은 〈표 1〉 새마을재건회 인원의 37%

---

39 「자활근로대 운영에 따른 협조 의뢰(1980. 6. 1)」, 『자활근로대 숙사 신축』(국가기록원 BA0160351).

40 길윤형, 「자활근로대, 부랑아들을 짓밟다」, 『한겨레21』 573, 한겨레신문사, 2005.

41 강상우, 앞의 책, 150~156쪽.

에 불과했으므로, 문화동, 중흥동, 임동, 농성동, 월산동 등에 여전히 많은 넝마주이 집단 거주지가 있었을 것이다. 이러한 집단에 편입되지 않은 더 많은 고아와 넝마주이들이 광주천 다리 밑을 전전했음은 물론이다. 이처럼 집단 수용되지 않은 도시 빈민은 자유롭게 광주항쟁에 참여할 수 있었다. 3장에서는 이들 도시 빈민의 광주항쟁 참여 동기와 시위 양상을 살펴보기 위해, 『5·18 광주민주화운동자료총서』(광주광역시 5·18사료 편찬위원회 편, 1988~2014)에서 직업이 넝마주이, 고물상, 행상, 구두닦이 등인 사람들을 추출하여 광주항쟁 참여 양상을 검토하였다.

먼저 시위의 확산 국면인 5월 18~21일에 도시 빈민이 참여하는 계기를 살펴보자. 흥미로운 것은 시민과 계엄군의 충돌 장소가 이들의 일터 및 거주 공간과 겹친다는 점이다. 5월 18일 전남대에서 시작된 충돌 이후 시위 학생들은 광주역에서 다시 집결해서 공용터미널을 거쳐 금남로의 가톨릭센터 앞으로 이동했다. 광주역과 버스터미널 등 유동 인구가 많은 곳은 구두닦이가 주로 일하던 곳이었으므로, 이들은 비교적 일찍 시위대를 목격하거나 소식을 들었을 가능성이 높다. 화순버스터미널에서 일하던 구두닦이 박래풍도 비슷한 증언을 했다. 6살 때 아버지를 여읜 박래풍은 어머니가 재혼하면서 무등갱생원(고아원)에 맡겨졌는데, 150명에 달하는 원생들은 국민학교에 다니면서부터 구두닦이, 신문팔이 등을 하면서 자신의 학용품 값을 벌었다. 19살에 다시 어머니와 화순에서 살게 된 박래풍은 화순버스터미널에서 구두닦이를 하다 5·18을 맞았다. 그는 "터미널에 있었기 때문에 비교적 빨리 광주에서 데모하고 있다는 소식"을 듣고, 피가 거꾸로 솟아 그길로 광주행, 5월 19일 15시경 도착해 시위에 합류했다.[42]

---

42 박래풍 구술, 한국현대사사료연구소 정리·제공, 「구두닦이에서 광주투사로―한 밑바닥 인생이 겪은 5·18과 고문」, 『말』 1989. 1(『총서』 11, 153~154쪽).

광주역 부근은 넝마주이의 집단 거주지이자 일터이기도 했다. 〈표 1〉 넝마주이 집단 거주지 중 인원이 가장 많은 편인 임동의 신광원 제2지대, 중흥동의 신광원 제3지대, 제9지대는 각각 광주역에서 공용터미널을 향하는 방면의 좌우에 위치한다. 따라서 이들 역시 시위대를 일찍 목격했을 것이다. 또한 계엄군이 청년층을 무차별 구타하고 민가까지 침탈했음을 감안할 때, 시위 루트에 속하는 금남로, 버스터미널, 광주역 등에서 일하며 거주하던 도시 빈민도 피해를 입었을 가능성이 높다. 이렇게 보면 5월 19일 오후 공용터미널 전투에서 투석전이 벌어지고, 5월 20일 밤 광주역 전투가 격화되면서 최초의 집단 발포가 이뤄졌다는 사실도 예사롭지 않다.[43] 4·19에서도 낮에는 주로 민주당원과 학생들이 '평화적'으로 시위한 데 반해, 밤에는 학생으로 보기 어려운 어린 학생과 청년들이 참여하면서 과격한 양상을 보였다는 지적이 있다.[44] MBC 방송국 방화 및 광주역 전투가 벌어진 20일 밤 시위가 이와 유사하다.[45] 근현대사의 많은 운동들처럼, 광주항쟁도 도시 빈민을 비롯한 광범위한 계층이 시위에 참여함으로써 힘을 얻었고, 자신의 생활 공간에서 시위·진압과 연루된 경험이 시위 참여의 계기로 작동했다.

다음으로 5월 21일 도청 앞 집단 발포 이후 광주시민들이 무장하는 과정을 살펴보자. 전남 일대로 나가 무기를 탈취하고 차량 가두시위를 벌인 사

---

43 광주민주화운동기념사업회 엮음, 『죽음을 넘어 시대의 어둠을 넘어』, 창비, 2019, 108~115쪽, 168~171쪽.

44 오제연, 「민주화의 숨은 주역을 찾아서」, 박태균 외, 『쟁점 한국사: 현대편』, 창비, 2017, 228쪽.

45 하금철은 도시 빈민의 4·19 참여를 다룬 논문에서 학생과 도시 빈민, 또는 낮 시위와 밤 시위의 주체를 구별하면서 도시 빈민을 과격 행동의 주체로 단정해온 시각을 비판했다(하금철, 「4월혁명과 도시빈민」, 민주화운동기념사업회 한국민주주의연구소 엮음, 앞의 책, 81쪽). 이는 타당한 지적이지만, 순치되지 않은 민중의 폭력성 역시 분석될 필요가 있다고 생각한다.

람들의 사례에서 눈에 띄는 것은 전남 출신 광주시민들의 인적 네트워크이다. 계엄사로부터 김대중의 사조직이자 '복면 폭도'로 지목된[46] 김봉수(53년생)는 영암 출신으로 서울에서 구두닦이 생활을 하다가, 1980년 5월에는 광주 백운동 고물상에서 폐품을 수집하고 있었다. 그는 21일 14시경 시내버스를 운전하고 나주, 영암 일대로 가서 무기고를 탈취했다. 이 버스에는 유재홍(56년생)과 최재식(56년생)이 탑승했다. 유재홍은 강진 출신으로 서울에서 음식점 종업원을 하다 내려와 광주 중흥동 재활원에서 넝마주이로 일했던 사람이고, 당시에는 과일 행상이었다. 최재식은 광주 출신이지만 부모를 잃고 백운동 무등고아원에서 자랐고, 18세부터 공사장을 전전했다(수기동 청색아파트 거주).[47] 김봉수와 유재홍은 비슷한 시기에 상경했다가 광주로 왔고 둘 다 폐품 수집, 넝마주이 일을 한 것으로 보아 지인이었을 확률이 높다. 5월 21일 계엄군이 집단 발포하자, 이주와 직업을 매개로 알고 지내던 이들이 하나둘 모여 차를 타고 자기 고향으로 돌아가서 무기 탈취에 길잡이 역할을 한 것이다. 화순에 살던 구두닦이 박래풍도 5월 22일에 같이 있던 시민군들이 무기를 가지러 영산포 쪽으로 가자고 했지만 거부하고, 평소에 지리를 잘 아는 화순으로 갔다.[48]

23일 광주 시내에서 차량 가두시위를 벌인 구두닦이들의 사례도 도시 빈민의 네트워크를 잘 보여준다.[49] 백종인(24)이 구두닦이 조성기, 최형호, 김경식을 태우고서 총기를 실은 경찰 차량을 운행한 데는 조성기가 연결 고리가 되었다. 최형호와 김경식은 금남로 국보여인숙에 함께 살면서 버

46 「국회의 광주사태 공방」, 『신동아』 1985. 7(『총서』 14, 386쪽).
47 「전교사계엄보통군법회의 판결(1980.10.24): 〈김봉수, 유재홍, 최재식, 박윤선, 박창남, 이재관, 최성무, 박순철〉」(『총서』 45).
48 박래풍 구술, 앞의 글(『총서』 11).
49 「전남북계엄보통군법회의 검찰부 불기소사건 기록」(『총서』 37, 384~456쪽).

스공용터미널 앞 다방에서 구두닦이 영업을 했고, 조성기도 대인동 서광주다방 앞에서 구두를 닦아서 서로 알고 지냈다. 백종인은 다방을 다니며 수첩과 만년필을 팔다가 조성기와 안면을 텄다. 전남북계엄보통군법회의에서 진술한 내용에 따르면, 22일 조성기는 최형호, 김경식의 국보여인숙에서 신세진 후 도청 앞 광장에서 경찰 차량과 키를 구해 백종인에게 건넸고, 김치를 사러 나온 최형호, 김경식에게도 백종인이 운전하는 차에 탑승할 것을 권했다.

이러한 이웃 연결망과 고향 인맥은 일반인들도 시위에 참여하게 만든 중요한 계기였다. 하지만 고아와 넝마주이는 위계가 있는 공동생활을 한다는 점에서 한층 끈끈한 네트워크를 지녔다. 넝마주이 집단에서는 보통 폐품 장사의 주인 격인 '조마리'가 10~17명의 '벌이군(폐품수집인)'을 데리고 있었다. 벌이군은 17~18살에서 20살 정도의 신체 강건한 청년들이었고 조마리의 명령에 따랐다.[50] 「새마을재건회실태조사표」(1979.4)에 조사된 재건회의 대표도 대개 넝마주이 경력이 오래된 사람이었다. 다음 〈표 2〉는 「새마을재건회실태조사표」에서 재건회의 생활 양상에 관한 항목을 정리한 것인데, 이들은 연고자의 유무를 떠나서 공동 숙박, 공동 취사하는 경우가 많았다. 이를 통해 이들의 상호 의존도가 높았음을 짐작할 수 있다. 또 무학의 고아 출신이 많은 만큼 무연고자가 더 많은데, 연고가 있더라도 부양가족이 연고자의 전부였던 것으로 추정되는 집단들이 있다. 연고가 없는 독신자뿐만 아니라 부양가족이 있는 사람이었더라도, 이들에게는 새마을재건회에서 공동생활하던 사람들이 유일한 가족이었다고 할 수 있다.

---

50 윤수종, 「넝마주이와 국가」, 『진보평론』 56, 진보평론, 2013, 268~270쪽.

표 2 새마을재건회의 생활 양상(1979. 4)

	명칭	인원	숙박		취사		가족 상황						
			공동	개별	공동	개별	독신		부양가족 수				
							연고有	연고無	1인	2인	3인	4인	5인 이상
1	산수원	3	3		3		3						
2	개미원	3	3		3		3						
3	공생원	3	3		3		1	2					
4	사랑의집	6	6		6		1	5		1			
5	신광원 제1지대	4	4		4		2	2			1		
6	신광원 제2지대	23	15	8	15	8	13	5	1	3	1		
7	신광원 제3지대	22	20	2	20	2	7	17					2
8	신광원 제8지대	5	5		5		1	4					
9	신광원 제9지대	18	11	7	11	7	7	11	4	3			1
10	신광원 제10지대	14	13	1	13	1	4	10		1			
11	신광원 제11지대	6	2	4	2	4	6			1			3
12	협신원 본부	19	11	8	11	8	8	11	3		2	1	2
13	협신원 제1지대	20	15	5	15	5	3	17	2	2	1		
14	협신원 제2지대	12	7	5	7	5	5	7	1	2		1	1
15	협신원 제6지대	10	7	3	7	3	3	7		1	1		1
16	협신원 제7지대	25	20	5	20	5	5	20	1		3		1
	합계	193	145	48	145	48	72	118	12	14	9	2	11

출처: 「새마을재건회실태조사표」(국가기록원 BA0160351)
비고: 합계가 맞지 않는 부분이 있으나 원문 그대로 인용함.

하층민 사이의 네트워크는 항쟁의 마지막 날인 26~27일에도 확인된다. 공용터미널 앞에서 일하던 구두닦이 정윤식(20)의 진술에 따르면, 그는 내내 시위에 참여하지 않다가 26일 처음으로 도청에 '구경'을 나갔다. 그곳에서 경비 활동을 하던 친구 김동주를 만났는데, 그는 예전에 같이 구두 닦던 구두닦이였다. 정윤식은 그의 권유로 당일 18시부터 총과 실탄 3발을 지급받아 정문에서 보초 근무를 서다가, 27일 새벽 2시경부터는 도청 2층 식당에서 잠을 잤다고 한다. 그는 4시 30분경 계엄군에 체포되었는데, 비상이라는 소리를 듣고도 그냥 자다가 총소리에 일어나보니 총과 실탄이 없어져서 자수했다고 진술했다.[51] 정윤식은 드물게 대학교까지 졸업한 형들이 있어서 "충실하게 생활할려고 하는 빛"이 있다거나 "가정교육 면에 충실할려고 하는 정"이 보인다는 평가를 받았고,[52] 또 형들이 정윤식은 25일까지 시위에 가담한 적이 없다고 증언해주어서 불기소 처분을 받았다. 이러한 진술이 모두 사실인지는 분명하지 않다. 다만 이 글에서는 구두닦이가 무장 시위대의 일원으로 27일 도청을 사수하고 있었다는 점과 마지막 날까지 도시 하층민 간의 인적 네트워크를 통해서 시위대가 보충되었다는 점에 주목한다. 계엄군이 재진입한다는 정보가 알려진 26일, 가족을 데려가기 위해 사람들이 도청으로 찾아오고, 또 일부는 가족을 생각하며 어쩔 수 없이 도청을 떠나야 했던 모습과 대조를 이룬다.

2) 광주시민의 연대와 균열

이번에는 시민군의 무장활동을 둘러싼 연대와 균열의 양상을 살펴보자. 21일 도청 앞 집단 발포 이후 계엄군이 외곽으로 빠져나감에 따라, '해방 광주'를 방어하기 위해 시민들은 시외에서 탈취해온 무기를 가지고 광주공원에 모여 무장대를 조직했다. 22일에는 지역방위 활동을 시작해, 한일은행 건너편 치과병원 옥상, 원광대병원 옥상, 숭의실고 앞 사진관 옥상, 광천동 공업단지, 광천동 공단 입구, 화정동 잿등 부근, 학운동 배고픈 다리, 대성국교 앞 등에서 경계근무를 섰다. 이들은 도청 지도부의 결정에

---

51 「31사단보군검찰부 불기소사건 기록(제2호)/1980」(『총서』 30, 340쪽, 352쪽); 「전남북계엄보통군법회의 검찰부 불기소사건 기록/ 제31사단보군검찰부 불기소사건 기록(제2호)/1980」(『총서』 31, 453~474쪽).

52 『총서』 31, 453쪽, 455쪽.

따라 23일 오전 거의 무기를 반납하고 해체되었다. 하지만 광천동 공단 입구와 광주교도소 부근, 지원동 등 외곽지역을 순찰하던 기동순찰대는 25일까지도 활동했고, 이들을 중심으로 26일에는 다시 기동타격대가 조직되었다. 7개조로 구성된 이들은 목숨을 바쳐 싸울 것을 선서하였고, 외곽지역을 순찰하면서 계엄군의 동태를 파악하고 시내 치안을 담당하다가 27일 도청이 진압되는 마지막 순간까지 싸움을 지속했다.[53]

21일 계엄군의 집단 발포는 광주시민이 총기로 무장해야 함을 깨닫는 계기가 되었다. 계엄군에 맞서 광주를 지킨다는 지역 연대의식이 바탕에 있었다. 이는 역사적 경험과도 연결되어서, 배고픈다리를 방어했던 허춘섭(23)은 당시 동네 어른들이 "여순반란 사건 때에도 총을 반납해버린 뒤에 밀어버렸다. 너희들은 이미 총을 들었으니까 계속 싸워라"라고 총기 반납을 말렸다고 증언했다.[54] 압도적인 국가 폭력은 광주시민의 연대를 형성한 가장 강한 요인이었다.

하지만 수습위원회가 총기 회수를 결정하면서, 결정의 이행 여부와 시기를 둘러싸고 시민군 사이에서도 의견이 엇갈렸다. 그 결과 많은 사람들이 점차 총기를 반납하였고, 마지막까지 직접 총을 들고 무장 항쟁에 나선 사람들은 많지 않았다. 이러한 차이는 어디에서 온 것일까?

항쟁에 대한 신념을 차치하면, 역시 생활 공간의 차이를 생각할 수 있다. 외곽으로 철수한 계엄군이 누차 재진입을 시도하는 상황이므로, 시내보다는 외곽에서 느끼는 위기의식이 더 클 수밖에 없다. 게다가 계엄군이 자위권을 공식 발동하고 광주와 다른 지역을 연결하는 길목을 봉쇄함으로써, 시내와 달리 외곽에서는 오히려 5월 21일 이후 통행자들을 향한 계엄군의

---

53 한국현대사사료연구소 편, 『광주오월민중항쟁사료전집』, 풀빛, 1990, 346쪽.
54 한국현대사사료연구소 편, 위의 책, 426쪽.

무차별 발포와 학살이 시작되었다. 따라서 지역에 따라 무장의 필요성을 실감하는 정도는 달랐을 것이다.『죽음을 넘어 시대의 어둠을 넘어』에 따르면 '지역방위대'는 백운동 철길, 화정동 공업단지 입구, 동운동 고속도로 진입로, 서방 삼거리, 산수동, 지원동, 학운동 배고픈다리 등을 방어했는데, 학운동을 제외한 나머지는 모두 무기 회수에 반대했다.[55] 화정동 공업단지 입구나 동운동 고속도로 진입로는 서울로 향하는 길목에 위치해 계엄군도 바리케이트를 설치했던 곳이고(〈그림 2〉 좌측 상단 무등경기장 옆 ❶), 백운동 철길도 목포로 향하는 길목이었다(〈그림 2〉 아래쪽 중앙 ❷).

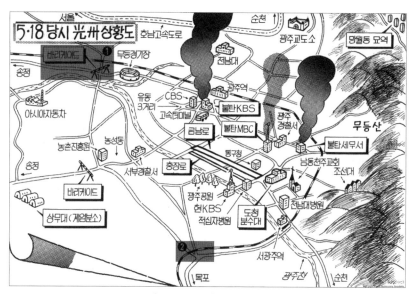

그림 2 5·18 당시 광주 상황도
출처:『경향신문』 1988. 5. 18.; 민주화운동기념사업회 오픈아카이브(사진 제공: 경향신문)

---

55 광주민주화운동기념사업회 엮음, 앞의 책, 325쪽.

이들 외곽 지역의 일부는 도시 하층민의 거주 공간과도 겹쳤다. 화순·순천으로 통하는 길목이자 지원동, 학운동, 학동과도 인접한 소태동에서 고물상(전파사)을 하던 최재남(24)은 21일 17시경 학동시장 앞에서 어떤 소년에게 소총과 실탄을 받았고, 당일 21시경부터 계엄군이 시내로 진입한다는 방송을 듣고 이웃과 지원목욕탕 2층에 올라가 다음 날 6시까지 경계근무를 섰다. 이들이 6월 29일 자택에서 검거되자, 마을 주민들은 "수년 간 같은 부락에서 생활"한 "넉넉치 못한 생활"에도 성실했던 사람이라며 선처해달라는 진정서를 제출하였다.[56] 또 고등학생 시민군 이봉형(18)은 21일 밤 백운동은 다른 지역 주민이 지역방어하는 것 같았지만, 광주역 부근의 길목들은 그곳 주민이 지키는 것 같았다고 회고했다.[57] 계엄군과 당장 대적할지도 모른다는 위기의식이 공간에 따라 달랐다면, 위기의식이 높은 지역의 상황을 체험한 사람이나 자기 마을을 방어하던 주민들이 총기 회수를 거부할 가능성이 높았다고 볼 수 있다.[58]

또 하나 문제가 되는 것은 총기를 반납한 다음의 상황이다. 시위 소식이 알려지면서 인근의 전남 및 광주 외곽에서 청년들이 광주 시내로 몰려들었고, 나가는 길은 계엄군에 의해 봉쇄되었다. 이와 관련해서 흥미로운 일화가 있다. 여러 버전이 있지만, 수습위원 윤영규의 1988년 수기가 자세하다.[59] 25일 유일하게 총기가 회수되지 않은 곳이 기동타격대와 36인조 무장조였는데, 기동타격대는 시내 외곽 순찰을 나가서 윤영규는 도청 민원

---

56 「전남북계엄보통군법회의 검찰부 불기소사건 기록」(『총서』 38).

57 한국현대사사료연구소 편, 앞의 책, 357쪽.

58 박래풍은 언제 죽을지 모르는데 "화순까지 가서 탈취해 온 총을 달라고 하니 어이가 없었다"고도 했다(박래풍 구술, 앞의 글, 『총서』 11). 무기를 직접 가져온 사람은 그에 대한 애착에서 무기 반납을 거부했을 수도 있다.

59 윤영규, 「살육의 낮과 밤, 그 암흑의 240시간」, 『엔터프라이즈』 1988. 6(『총서』 17).

실 강당에 대기하던 무장조를 설득하기 위해 나섰다고 한다. 이들은 일종의 비상대기조(기동타격대 7조로 추정)로서, 수류탄, 대검, M16 자동 소총으로 무장하고 함께 움직였다. 윤영규를 비롯하여 무기 회수를 권유하는 수습위원들에게 그들 중 한 명이 일어나 "선생들만 애국자요? 우리도 애국 한번 합시다"라고 했다. 다시 설득하는 조비오 신부에게 또 다른 사람은 다음과 같이 역설했다.

> 우리는 무등갱생원에서 나온 사람들이오. 당신들은 총을 반납하고 돌아 갈 집이라도 있소. 그러나 우리는 총을 반납하고 나면 돌아갈 집은커녕 밥 한 끼 얻어먹을 데도 없소. 그런데 이제 끝났으니 느그들 돌아가라 하면 우리는 어디로 가야 합니까?
> 당신들도 아다시피 갱생원은 공수의 포위선을 넘어야 합니다. 솔직히 우리는 총을 가지고 있어야 밥이라도 한 끼 얻어먹을 수 있습니다. 오갈 데 없는 우리에게 총을 달라는 말은 죽으라는 이야기하고 같습니다. 차라 리 죽으라면 싸우다 죽겠습니다.[60] (강조: 인용자)

인용문에서 무등갱생원이 공수부대의 포위선 밖에 있어서 갈 수 없다는 말이 눈에 띈다. 그런데 무등갱생원은 월산동에 있으므로 포위선 밖에 있다고 보기 어렵다.[61] 북한의 5·18 개입설을 주장하는 측에서는 무등갱생원의 후신인 광주희망원을 통해 당시 갱생원에 그렇게 사람이 많지 않았음을 확인했다면서, 36인조 무장조가 무등갱생원 출신이 아니라는 의혹을

---

60 윤영규, 앞의 글(『총서』 17, 93~94쪽).
61 이 글의 원본인 『역사문제연구』 수록 논문 심사 당시 한 심사위원은 1980년 당시 본인이 무등갱생원 근처에 살았으며, 그때 무등갱생원은 돌아갈 수 없는 곳도 아니었고 가는 길에 계엄군이 있는 것도 아니었다고 회고하였다. 지면을 빌어 감사드린다.

제기하기도 했다.[62] 그러나 광주 사람들은 무등갱생원 입소자뿐 아니라 월산동의 다른 넝마주이들, 나아가 고아 출신의 구두닦이, 다른 지역 넝마주이 등 주거가 불분명한 하층계급 청년 일반을 '갱생원 아이들'로 불렀다고 한다.[63] 광주에서 가장 오래된 수용시설 무등갱생원이 도시 빈민, 무연고자 일반을 가리키는 보통명사로 사용된 것이다. 또한 운암동 자활근로대 신축 수용시설은 실제로 무등경기장 뒤 계엄군의 바리케이트 너머에 있었다. 윤영규에게 무등갱생원 출신으로 기억된 사람들이 이곳 사람이었다면 포위선을 넘지 못한다는 말도 사실일 수 있다.

게다가 도시 빈민 중 상당수가 주민등록증이 없는 점도 문제였다. 회고들을 보면 공수부대의 검문에 걸린 사람들이 자신이 '양민'임을 증명하기 위해 주민증을 내보이는 장면이 자주 등장한다. 주민등록증은 고정간첩이나 불순세력이 아님을 나타내는 중요한 증거였다. 그러나 「새마을재건회 실태조사표」를 정리한 〈표 3〉에 따르면, 주민등록증을 발급받을 수 있는 연령에 도달한 179명 가운데 71명(39.6%)이 미발급 상태였다. 중흥동과 주월동에 미발급자가 특히 많은데, 주월동은 목포로 가는 길목이자 지역방위 거점이던 백운동 바로 옆이다. 1980년 5월에도 크게 달라지지 않았다면, 시위에 참여하기 위해 외곽의 거주지에서 시내 중심지로 들어온 도시 빈민은 시위가 완전히 끝나지 않는 한 돌아갈 곳도, 돌아갈 수도 없었다. 이것이 끝까지 무기를 놓지 않은 민중항쟁 주체 또는 폭력시위 세력의 또다른 모습이었다. 도시 빈민의 무장항쟁 참여는 이들의 선도성 또는 폭력성의 발로이기보다는 정황의 산물일 수도 있다.

---

62 「북한특수군과 무등갱생원」(네이버 블로그 '지만원의 시스템클럽' https://blog.naver.com/jmw8282/140181919699. 최종검색일: 2022. 1. 6).

63 강상우, 앞의 책, 160~164쪽.

표 3 새마을재건회 주민등록증 발급 상황(1979. 4)

관할	명칭	소재지	인원	주민등록 발급 상황		
				적령 미달	발급	미발급
광주 경찰서 (4)	산수원	문화동 376-2	3		2	1
	개미원	문화동 370	3		2	1
	공생원	소태동 137	3		2	1
	사랑의 집	용산동 636-52	6		6	
서부 경찰서 (12)	신광원 제1지대	중흥동 362-2	4		2	2
	신광원 제2지대	임동 51-4	23	4	10	9
	신광원 제3지대	중흥동 683-2	22		9	13
	신광원 제8지대	중흥동 10통 5반	5		1	4
	신광원 제9지대	중흥동 698-2	18		8	10
	신광원 제10지대	주월동 1116	14	1	1	12
	신광원 제11지대	동운동 148	6	1	5	
	협신원 본부	농성동 449	19	2	14	3
	협신원 제1지대	월산 2동 560	20	1	12	7
	협신원 제2지대	농성동 420-6	12	2	10	
	협신원 제6지대	월산 2동 621	10		9	1
	협신원 제7지대	월산 2동 595	25	3	15	7
합계			193	14	108	71

출처: 「새마을재건회실태조사표」(국가기록원 BA0160351)

시위의 지속과 총기 반납 여부를 결심하는 데는 광주시민 사이의 계층적·문화적 위계도 작동했다. 2장에서 본 것처럼, 1979년 말 국가와 다수의 도시 주민에게 넝마주이로 대표되는 빈민들은 거리에서 사라져야 할, 도시 미관을 해치는 존재였다. 하지만 광주항쟁에서 계엄군이라는 거대한 국가 폭력에 직면하면서, 이들은 하나의 '광주시민'으로 연대하였다. 앞의 인용문에서 36인조 무장조가 광주항쟁을 '우리도' 애국할 기회라고 말했다는 것은 도시 빈민에게 항쟁이 '시민' 또는 '국민'의 일원으로 받아들여지는 경험이기도 했음을 의미한다. 구두닦이 출신 시민군 박래풍 역시 의사가 가망이 없다며 총상 입은 어린 학생의 치료를 포기하자, 수술하다 죽더라도 최선을 다하라고 총을 들이댔다. "같은 시민으로 가질 수 있는 걱정하는 마음이 전혀 없는 것처럼" 느껴져 화가 났기 때문이었다.[64] 도시 빈민들에게 광주항쟁은 자신이 국가와 지역의 구성원임을 체감하고, 또 다른 시민들에게도 그를 증명할 수 있는 기회였다.

타인에게 환대받는 데서 오는 기쁨과 해방감은 남아 있는 증언에서도 확인된다. 전성준(19)은 3살 때 부모님이 이혼한 후 할머니 손에 자라다가 9살 때 광주역에 버려졌다. 의지할 곳 없이 방황하다 광주소년원에 입소했고, 퇴소한 후에도 광산군 신가리 보이스타운에서 생활하다가 5·18을 맞았다. 엉겁결에 트럭에 올라 시위에 참여하게 된 그는 차에 실려 있는 김밥과 음료수를 보았고 돈을 내지 않고도 식당에서 국밥을 먹었다. 또 백운동 순찰 중에 음료수를 주고 밤에 춥겠다며 겨울 점퍼를 올려주는 시민들과 만났다. 전성준은 이처럼 "시민들이 나와서 환영을 해주는 것이 자못 감격스러웠다"고 회고했다.[65] 그의 회고에는 유독 음식 이야기가 많다. 그에게 시위는 환대의 경험이었고, 총을 가지고 있어야 밥이라도 얻어먹을 수 있다는 무장조의 말도 이러한 상황과 상통한다. 목숨을 바칠 용기도 여기서 나왔는지도 모른다.

일반 시민 역시 천대당하던 이들이 시위에 동참하는 모습에 감동을 받았다. 황금동 술집 여성의 사례가 대표적이다. 이들이 헌혈에 동참하고 시신을 씻겨 입관하는 일조차 마다하지 않는 모습을 인상 깊게 보았다는 증언들이 많다. 김행주(16)도 평소에는 술집 여자들을 "낯설고 불결하게" 생각하던 사람이었다. 하지만 광주항쟁 당시 물을 나눠주는 황금동 여성들을 보고 "가슴이 뭉클하기도 하고 따뜻한 이웃"이라고 느끼며, "광주시내

---

64 박래풍 구술, 앞의 글(『총서』 11, 155쪽).

65 한국현대사사료연구소 편, 앞의 책, 479~480쪽.

사람들이 한마음이 된 것" 같다고 생각했다.[66] 넝마주이와 고아의 참여도 사람들에게 비슷한 울림을 주었을 것이다.

그러나 황금동 여성들이 평화적인 방법으로 항쟁에 참여한 것과 달리, 도시 빈민들이 무기를 들고 나섰다는 사실은 다른 한편에서 불안감과 불만을 부추기기도 했다. 도시 빈민을 일탈자 또는 잠재적 범죄자로 간주하던 1970년대까지의 인식이 새삼 겹친 것이다. 시가전에 참여하고 사람들을 실어나르는 역할을 했던 송태헌(25)은 "구두닦이, 양아치들이 총 들고 거만스럽게 돌아다니는 것을 보자 왠지 싫었다." 아무나 운전하다 사고를 내고 충장로 파출소장을 시민들이 이유 없이 두들겨 패려고 하며, 어린이에게까지 총이 넘어갔다는 "무정부 상태"에 대한 경계심이었다.[67] 조철응(18)은 22일부터 지역방위 활동을 시작했는데, "어떤 나이 드신 분이 변두리 동네에 불량한 아이들이 설치고 다닐지 모른다면서 범죄를 방지하는 의미로 지역을 지켜달라"고 해서 차량에 올랐다고 회고했다.[68] 자신이 남평 무기고를 털고 특공대로도 활동했던 최인영(17)은 5월 23일 밤 집에 돌아와서 할머니에게 "데모를 하는 사람은 순전히 깡패들밖에 없단다. 학생들은 모두 빠져나갔어."라는 말을 듣고 충격을 받았다. 광주시민인 할머니조차 정부의 폭도론에 영향을 받은 것이며, 손자도 그를 떨쳐내지 못했다. 그는 그때까지 데모하는 사람들이 대부분 대학생인 줄 알고 참여했다가, 이 말을 들은 다음부터 시위에 나가지 않았다고 했다.[69]

'양아치'와 '부랑자'의 시위 참여에 대한 사람들의 불안과 경계심은 정부

66 한국현대사사료연구소 편, 앞의 책, 464쪽.

67 한국현대사사료연구소 편, 위의 책, 457쪽.

68 한국현대사사료연구소 편, 위의 책, 398쪽.

69 한국현대사사료연구소 편, 위의 책, 380쪽.

의 불온한 폭도론과 만났다. 머리말에서 인용한 것처럼 계엄군은 시위를 조장하는 '폭도'와 선량한 일반 '국민'을 운운하며 광주시민의 분열을 책동했다. 사람들은 광주에 간첩이 있을까 서로를 의심하기 시작했고, 광주시민 전체가 '폭도'로 몰리지 않기 위해 수습위원들은 총기를 회수하고 무장 해제를 시도했다. 36인조 무장조의 입에서 "우리도 애국 한 번 합시다"라는 말이 나오게 한, 그들에게 무장 해제를 권하면서 윤영규가 한 말도 "제발 좀 너희들 때문에 광주시민이 폭도라는 누명을 쓰게 됐으니까"였다.[70] 『죽음을 넘어 시대의 어둠을 넘어』의 공동 저자 전용호는 정작 위급한 순간 피신했던 대학생이 총기를 회수하고 나선 것에 대해 고아, 넝마주이, 노동자 등 열심히 싸우던 사람들이 서운했을 것이라고 회고했다.[71] 또 여러 증언과 회고에서 21일 이후 하층민의 시위 참여가 두드러졌다는 말이 발견된다. 하지만 2장에서 봤듯이, 도시 빈민은 일찍부터 시위에 연루되었고 참여했다. 그렇다면 21일 이후 하층민의 참여가 증가했다는 말은 사실이라기보다도, 폭도론이 발표된 날 이후 일반 시민들이 하층민을 잠재적 '폭도'로 발견했음을 의미할지도 모른다.

'5·18 시위 참여자=폭도=양아치'라는 인식은 항쟁이 진압된 뒤에도 상당 기간 공식 담론으로서 사회에 유포되었다. 양아치는 넝마주이를 비하하여 부르는 말이다. 항쟁 당시 전남북계엄분소 고위 참모였던 장군은 "양아치, 일부 운전기사, 구두닦이 등"이 경찰로부터 총기를 탈취해서 "저희들끼리 마구 차 몰고 다니며 쏴 죽이고, 구경하다 맞아 죽기도 한 예가 많다"고 했다.[72] 계엄군의 진압이 아니라 무질서한 도시 빈민 때문에 광주시민이 피

---

70 강상우, 앞의 책, 157쪽.
71 강상우, 위의 책, 121쪽.
72 「15년 묵은 미공개 증언들」, 『한국논단』 1995. 5, 38쪽(『총서』 11, 484쪽).

해를 입었다는 것이다. 1989년 5·18행방불명가족회 회원들도 "광주사태 때 MBC방송국에 불 지른 놈들은 모두 양아치, 부랑아들 아니었소!"라는 말에 분노했다.[73] 자신의 가족이 '양아치', '부랑아'로 취급되었음에 분노한 것이다. 이처럼 항쟁 이후에도 정부의 폭도론은 광주항쟁에 참여했던 광주시민들을 분열시키는 효과를 가져왔다. 무장 시위를 주도한 '폭도'로 낙인찍힌 도시 빈민들과 거리를 두어야만, 나머지 광주 사람들이 그나마 선량한 '시민'으로 포섭될 수 있었기 때문이다.

4. 항쟁 이후, 사라진 사람들

많은 광주시민들은 5·18이 끝난 후 광주 시내에서 넝마주이들이 사라졌다고 말한다. 그렇다면 이들은 어디로 사라졌을까. 일반적으로 언급되는 것은 계엄군에게 희생되었을 가능성이다. 그중에는 5월 18일 할머니 제사에 참석한다고 형에게 전화한 후 행방불명된 갱생원생 김용범(24)처럼,[74] 가족이나 지인이 있어서 신원이 알려진 경우도 있다. 하지만 현재까지도 행방불명된 사람들의 신원이나 규모는 분명하지 않다. 광주시민들은 계엄군이 사망자 수를 축소하기 위해 통계를 조작했고, 특히 도시 빈민의 피해가 누락되었을 것이라고 생각했다. 정부가 발표한 사망자 198명에는 농성동 육군통합병원 사망자가 포함되지 않았다거나,[75] 일반 시민은 유족이 신고해서 알 수 있지만, 가족이 없는 넝마주이나 보호시설에 있던 사람들은

---

73 「불타는 MBC와 양아치·부랑아」, 『국민신문』 1989. 1. 10(『총서』 12, 295쪽).

74 「트럭에 싣고 어딜 갔나」, 『국민신문』 1988. 5. 13(『총서』 12, 343쪽).

75 「쟁점! 무엇이 「광주」의 진상인가」, 『신동아』 1988. 3(『총서』 11, 285쪽).

사망해도 정부에서 발표하지 않으니 숫자를 알 수 없다고도 했다.[76] 사망했지만 사망자로 집계되지 않은 이들을 계엄군이 암매장했을 것이라는 의혹도 제기되었다. '복면부대'의 순수성을 의심하는 김영택 기자는 계엄군이 사태를 악화시키기 위해서 이들을 프락치로 투입했다가 학살했다는 소문을 전하기도 했다.[77] 호적도 주민등록도 가족도 없는 도시 빈민은 처음부터 없던 것처럼 존재를 은폐시키기에 가장 좋은 조건이었다. 학살과 암매장의 규모와 진상은 여전히 미궁에 빠져있으며 이 문제를 추적하는 것은 필자의 역량을 넘어서므로 이 글에서는 생략한다.[78]

다만 넝마주이가 계엄군의 은폐 공작 때문에 사라졌다고 보는 시각에 대해서만 간단히 살펴보자. 이러한 가설은 1988~89년 국회 청문회를 통해 널리 유포되었다. 당시 공화당은 무등갱생원장 박금현을 청문회의 1차 증인으로 신청했다. 사망자가 많았음에도 신고된 숫자가 적은 것은 갱생원 수용자들이 포함되었기 때문일 가능성이 높다는 이유에서였다.[79] 이로써 도시 빈민의 희생자 이미지가 강해졌다. 하지만 결국 박금현은 증언하지 않았다. 광주청문회를 본 경주자활근로대 정학구는 1989년 신문에 투고하여 "억울하고 약하게만 살아온 그들"의 희생에 "아무도 관심 돌리지 않고 생사조차 확인할 길 없는 무정한 현실에 비통함"을 토로했다. 힘 있는

---

76 「제145회 국회 5·18광주민주화운동진상조사특별위원회회의록 제28호」(『총서』5, 219쪽).

77 「김영택 당시 동아일보 광주주재기자의 5.18 체험기」, 『펜앤드마이크』 2019. 1. 26.

78 넝마주이 수용시설이 있던 운암동도 암매장 후보지였다. 운암 주공아파트 3단지 신축 공사에 참여했던 인부는 경지 정리 작업 중 시체와 책가방을 발견했고, 청소차가 와서 3트럭을 실어갔으나 발설하면 해고당한다는 말에 침묵해왔다고 증언했다. 「추적! 암매장 장소를 찾아라」, 『국민신문』 1988. 8.(『총서』 12, 291쪽); 「쟁점! 무엇이 「광주」의 진상인가」, 『신동아』 1988. 3(『총서』 11, 288~289쪽).

79 「명단 제출 시기 약속 어겨」, 『경향신문』 1988. 7. 26; 「사망자 숫자 규명에 역점」, 『한겨레』 1988. 7. 27.

집단의 희생이 새로 밝혀졌다면 철저하게 진상을 밝히라는 목소리가 높을 것인데, 연고자 없는 넝마주이의 희생에 대해서는 이 사회가 너무나 무관심하다는 비판이었다.[80] 같은 도시 빈민의 일원으로서 정학구는 국가 폭력에 의한 희생 너머에 있는 빈민에 대한 사회적 무관심을 직감적으로 짚은 것이다. 1989년 6월에는 광주항쟁 이후 사망한 부상자 가운데, 병원 치료가 빨랐으면 치료 가능했을 부상자도 "갱생원 등을 전전하다가 스스로 목숨을 끊은 경우도 많았다"는 보도도 나왔다.[81] 어쩌면 사회적 무관심이 도시 빈민의 행방을 추적할 수 있는 또 하나의 실마리일지도 모른다.

살아남은 사람들조차 사회적 무관심 속에 사라져갔다면, 이들의 행방은 1980년대 사회정화사업과 집단 수용시설의 확충과 관련해서 추적해볼 수 있을 것이다. 영화 '김군' 제작진도 삼청교육대로 넝마주이들이 끌려갔을 가능성을 의심했다. 그러나 자칭 'A급 건달' 이성전은 삼청교육대가 창설(1980.8)되기 전에 이미 넝마주이가 사라졌고, 삼청교육대에는 "양아치 말고 동네에서 어영부영하던 사람들"만 끌려가서 양아치는 한 명도 보지 못했다고 말했다.[82] 그래서 그는 광주의 넝마주이가 모두 죽었다고 생각했다. 그에 비해 광주천 원지교 근처에 살았던 A는 넝마주이들이 사라진 이유를 5·18 이전에 이미 반강제적으로 집단 이주당해서라고 기억했다.[83] 가까이에서 지켜본 A의 말을 신뢰한다면, 넝마주이는 1970년대 말 경찰의 넝마주이 조직·통제, 집단 수용시설 신축과 집단 이주로 인해 광주 시내에서 사라졌을 확률이 높다.

---

80 정학구, 「"80년 광주서 넝마주이 사라져" 억울한 죽음 정부가 진실 밝혀야」, 『한겨레』 1989. 3. 10.

81 「광주항쟁 부상자 61명 사망」, 『한겨레』 1989. 6. 20.

82 강상우, 앞의 책, 140~141쪽.

83 강상우, 위의 책, 147쪽. 봉선동 남부경찰서 자리를 이주지로 지목했다.

물론 광주항쟁은 넝마주이의 집단 수용을 촉진한 원인이 되었다. 『5·18 광주민주화운동자료총서』에는 항쟁 당시 시위에 참여해서 체포된 사람 중 무연고자는 수용시설에 수용했다는 기록이 있다. 광주시는 1980년 6월 1차 훈방을 하면서, 훈방자 중 연고가 밝혀진 자는 담당 공무원이 책임지고 가족에게 인도한 후 보호자의 보증서를 받도록 했다. 그와 동시에 무연고자는 사회과의 협조 아래 수용시설에 입소시킨다는 방침이었다. 이 1차 훈방자 명단에 무등갱생원 소속 넝마주이 박은규(21)가 포함되어 있었다.[84] 훈방된 박은규는 무연고자로서 사회과 담당 공무원이 배정되었고, 사회과 직원이 보증서에 대신 서명했다. 백운동에 살던 구두닦이 이복남도 이때 무연고자로 분류되었는데, 무연고자는 사회과장이 군 당국에게 일괄 인수받은 다음 연고지를 추적해서 보호자에게 인계한다는 방침에 따라 나중에 형에게 인계된 듯하다.[85]

박은규를 비롯한 무연고자들은 어디로 수용되었을까. 1980년대 초반 광주에서 대폭 확충된 수용시설은 두 군데이다. 하나는 신규 조성된 운암동 1082번지 넝마주이 집단 수용시설이다. 이곳이 박정희의 관심 속에 빠르게 건축되었음은 앞에서 언급했지만, 그만큼 문제가 많아서 1980년대 초반 보수·확충 공사를 했다. 작업장은 원래 논이었던 부지를 쓰레기로 매립했기 때문에 악취 및 위생 관리에 문제가 생겨서 그 위에서 작업도 할 수 없는 지경이 되어, 1980년 6월 작업장 매립 공사를 시행했다.[86] 또 이곳이 사유지여서 소유자에게 광주시가 임대료를 지불하다가, 1983년 3월 매입

---

84 「훈방자 중 무연고자 조치계획 1980. 6. 4」(『총서』 22, 515쪽).

85 「훈방자 중 무연고자 조치계획 1980. 6. 4」(『총서』 22, 551쪽).

86 「자활근로대 작업장 부지 매립공사(1980. 6)」, 『자활근로대 신축』(국가기록원 BA0160345).

을 결정하였다. 넝마주이의 자립을 도모하고 시내에 산재해있는 12개소의 넝마주이 집단을 시외 일정 지역에 집단 수용하여 사회정화를 기하기 위함이었다. 당시에는 1,303평의 부지, 293평의 건물에 106명(남자 81명, 여자 25명/ 16가구 62명, 독신자 44명)이 거주했다.[87] 같은 해 12월에는 광주 시내 13개소의 속칭 넝마주이 126명이 서부 자활근로대원이라는 명칭으로 이곳에 거주했다고 한다.[88] 1980년 72명에서 점차 인원이 증가하는 것을 엿볼 수 있다. 이 시기 운암동 넝마주이 수용시설의 확충은 1970년대와 마찬가지로, 이들을 일반 시민들과 분리시킴으로써 도시 미관을 유지하고 사회를 정화하겠다는 명목에서 이루어진 것이다. 그로 인해 시내에는 광주역 인근 중흥 1동에 상인과의 거래에 필요한 중간하차장을 두어 몇몇 책임자만 생활했는데도, 주민들에게 불결한데다 자활근로대 청소년들이 행패를 부린다는 원성을 들었다.[89] 윤수종 전남대 교수는 운암동 수용시설에 광주 전남 지역을 떠도는 487명이 수용되었고, 이들이 1994년까지 경찰서의 엄격한 감시를 받으면서 내무반 3개 동에서 집단생활을 하거나 내무반을 개조한 1평 남짓의 판잣집에서 생활했다고 전했다.[90]

또 하나 동구 용산동에는 새로운 수용시설이 건축되었다. 광주시는 1978~79년 2개년 사업으로 부랑인 일시보호소 건립 및 무궁갱생원 이전 계획을 세웠다. 부랑 시설 집단화로 '도시를 미화'하고 아동 교육 장애 및 '주민 진정을 해소'하는 동시에, "불구 폐질 시설인 무궁갱생원을 이전 위

87 「공유재산심의회 개최」, 『자활근로대 토지매입』(국가기록원 BA0160384).

88 「자활근로대 노후 차량 교체 협조 의회(1983. 12)」, 『자활근로대 토지매입』(국가기록원 BA0160384).

89 「새마을반상회 건의사항 처리에 대한 협조의뢰(1983. 8)」, 『자활근로대 토지매입』(국가기록원 BA0160384).

90 윤수종, 앞의 글, 294쪽.

탁 운영함"으로써 예산을 절감하기 위해서였다. 봉선동 외곽에 신축 부지를 매입하고, 무궁갱생원이 사용하던 도심의 시유지 423평을 매각함으로써 예산을 절감한다는 계획이었다.[91] 이로써 1979년 동구 용산동 629번지에 광주시립 부랑인 일시보호소가 부분 신축되었으나, 무궁갱생원을 옮겨오기에는 수용실이 부족하고 식당 등 부대시설도 전무한 상태였다. 이에 광주시장은 1980년 10월 전라남도 지사에게 1층짜리 수용실을 2층으로 증축하고 취사장을 설치하기 위한 보조금을 요청했다.[92] 이 공사는 1981년 3월 시행되었다.[93] 광주시는 같은 해 10월 "현재는 도심지가 되어 인근 주민과의 관계, 도시 미관, 그리고 시설의 노후 및 협소 등"의 문제를 겪던 무궁갱생원을 이설시키는 대신에, 갱생원장이 사재를 털어 지은 건물에 대해 보상금을 지급하기로 했다.[94] 마침내 1981년 11월 광주시립갱생원 이설 개원식을 개최했을 당시, 이곳에는 350명이 수용되어 있었다. 그러나 이곳은 부랑인을 다시 살아나게 한다는 '갱생원'이라는 이름에 어울리는 곳이 아니었다. "시내에서 6km 떨어진 인적이 드문 변두리 오지에 위치"했기 때문에 긴급 환자나 수용 대상자가 발생해도 수송할 수 있는 차량이 없을 뿐 아니라, 수용자의 자립 갱생 능력을 배양할 시설도 부족하다는 문제 역시 안고 있었다.[95]

---

91 「부랑인 일시보호소 건립 및 무궁갱생원 이전 계획(1978. 3)」, 『부랑인시설보호관계(신축공사설계도)』(국가기록원 BA0160337).

92 「부랑인 일시보호소 신축비(추가공사) 보조 신청(1980. 10)」, 『시립갱생원 시설 보강(수용실 창고 식당 부대시설)』(국가기록원 BA0093607).

93 「부랑인보호소(무궁갱생원) 건축공사 시행」, 『시립갱생원증축공사시행설계도서(2층 식당 창고)』(국가기록원 BA0093605).

94 「무궁갱생원 건물 보상금 지급(1981. 8)」, 『시립갱생원 기능보강(부지정리 지하수개발)』(국가기록원 BA0093608).

95 「(2안)광주시립갱생원 이설 개원식(1981. 11)」, 『시립갱생원 기능보강(부지정리 지하수개발)』(국가기록원 BA0093608). 광주시립갱생원은 현재 노숙인 재활시설 광주희망원으

북구 운암동의 자활근로대 및 동구 용산동의 광주시립갱생원은 모두 1970년대 말에 계획·신축되었으나, 광주항쟁 이후 1980년대 초반 시설을 확충하며 제 기능을 발휘하기 시작했다. 게다가 수용자의 자립 갱생보다 도시 환경미화에 초점을 맞추었기 때문에, 도심에서 떨어진 외곽에 위치했다. 그밖에도 임동에 있던 성요한병원은 건평 200평 규모의 소년원을 지어 1975년 무등갱생원에서 19명의 고아를 데려와 생활하게 했고,[96] 농성동성당의 노엘 신부는 무등갱생원에서 버려진 장애인을 돌보다가 1985년 운암동 300평 부지에 엠마우스 복지관을 세웠다.[97] 자활근로대와 광주시립갱생원에 한정하면 그 수용인원이 급증한 것은 아니지만, 1980년대 다양한 수용시설이 생기면서 분산되었음을 알 수 있다. 또한 산업 구조의 변화로 넝마주이라는 직업도 점차 소멸되었다. 도시 빈민은 이러한 여러 과정들을 통해서 사라졌다. 도시 빈민이 항쟁 이후 사라졌다는 것은 국가 폭력에 의해 사망 또는 행방불명되어 물리적으로 사라진 것뿐 아니라, '사라졌다'고 말하는 일반인들의 시야에 단지 보이지 않게 된 것까지를 포함한다. 도시 빈민이 집단 수용되는 것을 당연시하는 사회적 폭력과 무관심이 사람들의 눈을 가린 결과, 도시 빈민은 국가 폭력에 의해 희생되었을 거라는 이야기만 부각되었을 수도 있다.

로 운영되고 있다. 광주시립 광주희망원 홈페이지 연혁(http://www.광주희망원.kr/bbs/content.php?co_id=history). (최종검색일: 2022. 12. 13)

96 「가난한 환자에 인술 20년」, 『동아일보』 1980. 3. 17.

97 「벽안의 '장애자 사랑' 34년」, 『동아일보』 1991. 11. 8; 「천노엘 신부 "아직 빚 많은데…" 인권상 거절」, 『동아일보』 1997. 12. 4.

5. 맺음말

본고는 지금까지 1970년대 경제성장에 따른 도시 공간의 분화와 광주시민 사이의 계층 분화를 염두에 두면서, 광주 도시 빈민의 1980년 광주항쟁 참여 양상을 살펴보았다. 맺음말에서는 머리말에서 제기한 질문들에 답해가는 방식으로 본문의 내용을 다시 정리해보도록 하겠다.

첫째, 총기를 들고 국가 권력에 저항한 무장시위대가 누구이며 어디서 왔는가 하는 질문은 사실 우문이다. 북한에서 보냈다거나 외부의 불순세력이 침투했다고 생각하지 않는다면, 그들 역시 이전부터 광주 전남 지역에 살던 평범한 시민이라는 점은 너무나 자명하다. 질문을 이들이 어떻게 시위에 참여해 총을 들게 되었으며, 또 왜 그중 일부는 무장 시위를 지속하고 나머지는 무장을 해제했는가로 바꿔야 한다. 우선 광주의 도시 빈민이 시위에 참여하게 된 동기는 다른 보통 사람들과 다르지 않다. 계엄군의 무차별 진압이라는 거대한 국가 폭력에 직면하여, 스스로 지역을 방위하기 위해서였다. 이 점에서 '광주시민'이 하나의 공동체였다는 해석은 타당하다. 그중에서도 도시 빈민은 학생들의 최초 시위가 자신의 일터이자 거주지인 시내에서 벌어짐에 따라 시위를 일찍 목격했고, 전남 일대에서 이주해 온 경험과 강한 인적 네트워크를 활용해 전남 일대에서 무기를 탈취해 온 후 차량을 타고 곳곳을 돌아다니며 시위에 참여했다.

둘째, 도시 빈민이 어디로 사라졌는가 하는 질문에 답하기 위해서는 국가 폭력과 함께 사회적 폭력을 시야에 넣어야 한다. 광주항쟁 당시 공동의 적인 계엄군이 외곽으로 빠져나간 후 광주시민들의 시위 경험은 분화되기 시작했다. 1970년대 말 도시 빈민은 자신들을 멸시·기피하고 단속·수용의 대상으로 경계하는 사회적 폭력에 노출되어 있었다. 그들에게 광주항쟁은 시민군의 일원으로 사회로부터 환대받음으로써, 시민 또는 국민의 일원으로 인정받는 소속감과 해방감을 느낄 수 있는 사건이었다. 다른 시민들도 처음에는 평소에 무시하고 불결하게 여기던 고아, 구두닦이, 넝마주이, 술집 여성들'까지' 시위에 참여한 것을 보고 광주시민이 하나가 되었음에 감동했다. 하지만 도시 빈민이 무기를 들고 시위에 앞장서는 것에 불안해하거나 불만을 가지는 사람들도 있었다. 이에 더하여 무장 시위를 선동하는 '폭도'와 선량한 '시민'을 구분하는 계엄군의 폭도론이 광주시민의 분열을 촉진했다. '폭도'와 거리를 두면서 무기를 내려놓은 사람들이 '양아치'가 아닌 '시민'으로 간주되었다. 도시 공간 분화에 따라 외곽으로 밀려난 하층민들이 계엄군과 더 가까이에서 대치했고, 출생 신고도 되지 않은 무적자이거나 주민등록증을 가지지 못한 경우가 많았음을 감안할 때, 이들에게는 무장 시위를 어쩔 수 없이 지속해야 했던 측면도 있다. 그렇다면 나머지 일반 시민들이 무장을 해제하는 '선택'을 할 수 있었던 이유는 그들이 상대적으로 안전한 공간에 거주했고 또 이후 국가에게 다시 받아들여질 가능성도 높았기 때문일 수 있다. 실제로 1980년대 전두환 정부는 광주항쟁 당시 폭도들 때문에 피해 입은 광주시민을 위로한다는 태도를 취했고, 무장 시위의 주동자로 찍힌 도시 빈민들은 광주 시내에서 사라졌다.

이들이 어디로 사라졌는지에 대해서는 아직도 밝혀져야 할 것이 많다. 2019년 제정된 법률 제16759호 '5·18민주화운동 진상규명을 위한 특별법'은 집단 학살지, 암매장지의 소재 및 유해의 발굴과 수습에 대한 사항(제3조 제4호) 및 행방불명자의 규모 및 소재(제3조 제5호) 등을 진상규명의 범위에 포함시켰다. 이후 진상규명조사위원회는 행방불명자 중 한 명이 민주묘지에 무연고자로 안장되어 있었음을 확인했고, 계엄군이 전남대학교 이학부 뒷산과 광주교도소 일원에 사체를 암매장한 후 다시 조직적으로 처리했다는 정황을 포착해냈다.[98] 앞으로 더 많은 진실들이 규명될 것이라고 기대한다. 하지만 도시 빈민을 포함한 행방불명자가 국가 폭력의 희생자로 밝혀져야만 의미가 있는 것은 아니다. 혹은 광주항쟁의 의의를 국가 폭력에 맞선 민주화운동에 한정한다면, 1970년대 후반부터 본격화된 하층민의 도시 외곽 이전(추방)과 집단 수용(격리)의 사실을 망각함으로써 사회적 폭력의 역사를 회피하게 할 수도 있다. 사회 양극화와 소수자 혐오가 보편적 일상이 되어버린 듯한 지금, 광주항쟁의 현재적 의미를 인권의 차원에서 되살리기 위해서는 이러한 사회적 폭력에 한층 더 주목해야 할 것이다.

---

98 5·18민주화운동 진상규명조사위원회, 『2021년 상반기 5·18 민주화운동 진상규명조사위원회 조사활동보고서』, 선인, 2021, 89~99쪽, 116~120쪽.

참고문헌

자료

『동아일보』, 『경향신문』

길윤형, 「자활근로대, 부랑아들을 짓밟다」, 『한겨레21』 573, 한겨레신문사, 2005.

광주광역시, 『광주도시계획사』 (광주광역시 홈페이지).

광주광역시 5·18사료 편찬위원회, 『5·18 광주민주화운동자료총서』, 전일실업출판국, 1988~2014(5·18민주화운동기록관 전자자료총서).

한국현대사사료연구소 편, 『광주오월민중항쟁사료전집』, 풀빛, 1990.

『구무등갱생원, 지사공관도로, 어린이대공원, 안기부부지, 원호회관, 근로청소년회관(부지취득)』(국가기록원 BA0049733).

『부랑인시설보호관계(신축공사설계도)』(국가기록원 BA0160337).

『자활근로대 신축』(국가기록원 BA0160345).

『자활근로대 숙사 신축』(국가기록원 BA0160351).

『자활근로대 신축』(국가기록원 BA0160357).

『자활근로대 신축』(국가기록원 BA0160358).

『자활근로대 토지매입』(국가기록원 BA0160384).

『시립갱생원증축공사시행설계도서(2층 식당 창고)』(국가기록원 BA0093605).

『시립갱생원 시설 보강(수용실 창고 식당 부대시설)』(국가기록원 BA0093607).

『시립갱생원 기능보강(부지정리 지하수개발)』(국가기록원 BA0093608).

단행본

강상우, 『김군을 찾아서』, 후마니타스, 2020.

광주민주화운동기념사업회 엮음, 『죽음을 넘어 시대의 어둠을 넘어』, 창비, 2019.

민주화운동기념사업회 한국민주주의연구소 엮음, 『4월 혁명의 주체들』, 역사비평사, 2020.

정해구 외, 「광주민중항쟁을 보는 관점과 쟁점들」, 『광주민중항쟁연구』, 사계절, 1990.

논문

김아람, 「1970년대 주택정책의 성격과 개발의 유산」, 『역사문제연구』 29, 역사문제
연구소, 2013.

박홍근, 「사회적 배제의 형성과 변화–넝마주이 국가동원의 역사를 중심으로」, 『사
회와 역사』 108, 한국사회사학회, 2015.

오제연, 「민주화의 숨은 주역을 찾아서」, 박태균 외, 『쟁점 한국사: 현대편』, 창비,
2017.

유경남, 「1970~80년대 무등산 개발사업과 그 내파」, 『지방사와 지방문화』 16-1, 역
사문화학회, 2013.

윤수종, 「넝마주이와 국가」, 『진보평론』 56, 진보평론, 2013.

윤현석, 「일제강점기 빈민 주거 문제에 있어서 광주의 조선인 지도층 대처에 관한
연구–광주 갱생지구의 조성과 운영 과정을 중심으로」, 『도시연구』 22, 도
시사학회, 2019.

이상록, 「경제제일주의의 사회적 구성과 '생산적 주체' 만들기」, 『역사문제연구』 25,
역사문제연구소, 2011.

임종명, 「5월 항쟁의 대중적 참여와 그 계기 및 의식성」, 『역사학연구』 32, 호남사학
회, 2008.

정경운, 「일제강점기 광주읍 '궁민' 연구–천정 궁민가옥 철거 사건을 중심으로」, 『호
남문화연구』 53, 전남대학교 호남학연구원, 2013.

최정기, 「5·18 당시 시위대와 군중론」, 『현대사회과학연구』 19, 전남대학교 사회과학
연구소, 2005.

한승훈, 천득염, 「일제강점기 학동팔거리 갱생지구의 공간 구성에 관한 연구」, 『대
한건축학회논문집』 256, 대한건축학회, 2010.

한정훈, 「광주 주변부 공간의 변화와 이주민의 장소성 연구」, 『한국문학이론과 비
평』 74, 한국문학이론과비평학회, 2017.

_____, 「빈곤의 경험과 공간의 장소화–광주 학동 사람들의 구술생애담을 대상으
로」, 『호남문화연구』 63, 전남대학교 호남학연구원, 2018.

지역 민주주의 운동 과제로서의 환경문제

-도쿄 인근의 고가네이지역을 사례로

나카지마 히사토(中嶋久人)

1. 머리말

이 글의 과제는 1960~70년대에 시작된 세계사적 환경파괴의 시대에 일본의 민주주의 운동이 어떻게 대응했는지를 전후(戰後) 민주주의 운동 가운데에서 고찰하기 위해, 도쿄(東京) 근교의 베드타운으로 개발된 고가네이(小金井) 지역의 사례를 검토해 보는 것이다.

이 글은 다음과 같은 시대 인식에 기반하고 있다. 앞으로 인류가 살아남기 위해서는 지구 온난화를 둘러싼 환경문제에 진지하게 대응해야 하는데, 그러기 위해서는 인식을 전환해야 한다. 예를 들어 경제사상 연구자인 사이토 고헤이(齊藤幸平)는 "근대화에 따른 경제성장은 분명 풍족한 생활을 약속했다. 그런데 '인류세'(人類世, Anthropocene: 노벨화학상 수상자 파울 크루첸이 제안한, 인류의 경제활동이 종래의 혹성 충돌이나 화산 폭발에 필적하는 생태계 변화 및 파괴를 지구에 가져와서 만들어진 새로운 지질시대를 뜻하는 신조어-번역자)의 환경위기로 명백해진 것은 공교롭게도 바로 그 경제성장이 인류 번영의 기

반을 무너뜨리고 있다는 점이다"라고 지적한다.[1] 이는 단순히 경제성장만
의 문제가 아니라 인류 전체의 존속을 건 민주주의 운동의 과제이기도 하
다. 또한 '이전의 민주주의 운동의 틀로써 환경문제에 대응할 수 있는가?'
라는 문제제기와도 맞닿아 있다.

환경문제가 세계사적 과제로 대두된 1960~70년대에 이미 기존의 민주
주의 운동으로 환경문제에 대응할 수 있을지 여부가 역사학적 논의의 대
상이 되었다. 경제학자 미야모토 겐이치(宮本憲一), 역사학자 미나가와 마사
키(源川真希), 정치학자 와타나베 오사무(渡辺治), 정치사회학자 신도 효(進藤
兵)[2] 등은 전후 냉전구조와 경제성장의 전성기에 형성된 일본사회당·일본
공산당 중심의 혁신세력이 선거에서 혁신지자체를 창출하고 환경 및 도시
문제에 대응했음을 강조했다. 한편 정치학자 다카바타케 미치토시(高畠通
敏), 역사학자 야스다 쓰네오(安田常雄)·아라카와 쇼지(荒川章二), 기록영화작
가 후쿠다 가쓰히코(福田克彦), 사회학자 미치바 지카노부(道場親信) 등은 환
경보호운동을 비롯한 주민운동·시민운동이 혁신지자체와 대치하는 측면
이 있었음을 지적한다.[3] 한편 역사학자 누마지리 아키노부(沼尻晃伸)는 이

1 斎藤幸平, 『人新世の『資本論』』, 集英社, 2020, 5쪽(사이토 고헤이, 김영현 역, 『지속 불가
    능 자본주의』, 다다서재, 2021).

2 宮本憲一, 『戦後日本公害史論』, 岩波書店, 2014(미야모토 겐이치, 김해창 역, 『공해의
    역사를 말한다: 전후일본공해사론』, 미세움, 2016); 源川真希, 『東京市政−首都の近現代
    史』, 日本経済評論社, 2007; 渡辺治, 「保守政治と革新自治体」, 日本史研究会·歴史学
    研究会 編, 『講座日本歴史』12, 東京大学出版会, 1985; 進藤兵, 『『開発主義国家体制』
    への対抗運動としての革新自治体」, 渡辺治 編, 『日本の時代史』, 吉川弘文館, 2004.

3 高畠通敏, 「大衆運動の多様化と変質」, 日本政治学会 編, 『年報政治学』1977年28巻,
    岩波書店, 1979; 安田常雄, 「現代史における自治と公共性に関する覚え書−横浜新
    貨物線反対運動の〈経験〉を通して−」, 『法学新報』109−1·2, 中央大学法学会, 2002;
    荒川章二, 『(全集 日本の歴史 第16巻)豊かさへの渇望: 一九五五年から現在』, 小学
    館, 2009; 荒川章二, 「地域のなかの一九六八年」, 安田常雄 編, 『シリーズ戦後日本社
    会の歴史』3, 岩波書店, 2012; 荒川章二, 「プロローグ なぜ「1968年」か」, 国立歴史民
    俗博物館 編, 『企画展示「1968年」−無数の問いの噴出の時代−』, 歴史民俗博物館振

글에서 검토할 고가네이시의 '산타마(三多摩) 문제 조사연구회'를 비롯하여 환경보호운동에서 제기된 도시의 수변공간(水辺空間) 문제를 국가와 지자체가 정책과제로 다룸으로써 수변공간 자체가 재편되어 갔다고 논한다.[4]

이 문제를 고찰하는 의의는 단순히 민주주의의 역사적 재검토에 국한되지 않는다. 인류 전체의 존속을 위해 민주주의가 어떠한 역할을 해야 할지 현재를 사는 우리들이 진지하게 생각해 보는 계기이기도 하다. 사람들이 자주적으로 실천하는 운동의 의의를 재확인하고 이러한 관점에서 '정치' 그 자체를 다시 생각하는 것, 이것이 이 글의 과제이다.

2. 제2차 세계대전 후의 민주주의 운동·경제성장·환경문제

제2차 세계대전 직후 세계는 미국을 중심으로 하는 자본주의 진영과 소련을 중심으로 하는 사회주의 진영이 대결하는 냉전구조를 이루고 있었다. 이 냉전구조는 국제관계뿐 아니라 각 국가 내 민주주의 운동의 형태를 규정하였다. 예를 들어 일본에서는 일본노동조합총평의회(이하 총평) 등의 노동조합을 기반으로 하는 사회주의 정당인 일본사회당(이하 사회당)·일본공산당(이하 공산당)이 미국과의 종속적 동맹을 맺은 자유민주당 등의 보수 정권과 대치하고 있었다. 사회당과 1955년 이후의 공산당은 의회활동, 선

興会, 2017; 福田克彦, 『三里塚アンドソイル』, 平原社, 2002; 道場親信, 「1960年代における『地域』の発見と『公共性』の再定義ー未決のアポリアをめぐって」 『現代思想』 30-6, 青土社, 2002; 道場親信, 「戦後日本の社会運動」, 大津透 編, 『岩波講座日本歴史』 19, 岩波書店, 2015. 2009년의 아라카와 쇼지(荒川章二)의 책은 일본현대사의 통사로서 특별히 각주에서 출처를 명기하지 않은 부분에서도 참고했음을 밝혀둔다.

4　沼尻晃伸, 「都市における水辺空間の再編ー1970～80年代の川をめぐる諸運動と政策ー」, 『年報·日本現代史』 23, 現代史料出版, 2018.

거운동과 같은 비폭력적 합법 활동을 주로 전개하고 있었지만, 최종 목표는 일본의 사회주의 체제 확립이었다. 그리고 총평, 사회당, 공산당은 내부 대립을 겪으면서도 좁은 의미에서의 정치운동 및 노동운동을 넘어서는 농민·시민·평화운동 등 광범위한 사회운동의 주도권을 장악하고 있었다. 이러한 운동을 담당한 자들의 관점에서 보자면 이것이야말로 민주주의 운동이자 '국민혁신운동'이었다.[5]

1950년대 중반 이후 일본의 사회당·공산당은 1956년 스탈린 비판과 헝가리 동란을 계기로 소련을 중심으로 한 기존 사회주의 진영을 비판하며 평화혁명노선을 취했다. 한편 기존의 사회당·공산당과는 달리, 사회주의 세력의 확립을 목표로 내건 '혁명적 공산주의자 동맹'(이하 혁공동), 공산주의자동맹(이하 공산동) 등 이른바 신좌익 분파가 학생운동을 기반으로 탄생했다. 이들 신좌익 분파는, 예를 들면 공산동 중심으로 1960년 안보투쟁에서 국회 돌입을 감행하는 등, 사회당이나 공산당보다 과격한 수단을 취했다. 그렇지만 이들 또한 사회주의 체제 확립이 최종 목표였다.

세계적 냉전구조 속에서 자본주의 진영과 사회주의 진영은 일본 국내에서도 대치하고 있었지만, 공통적으로 경제성장을 중요시했다. 제2차 세계대전 이후 지역마다 시간차는 있지만, 전 세계에서 이제껏 보지 못한 규모로 경제가 성장했고 지역개발이 광범위하게 추진되었다. 사회주의 국가 등장 후의 세계사를 종합적으로 서술한 『극단의 시대: 20세기의 역사』에서 필자 홉스봄은 세계적으로 경제가 성장한 1945~1973년의 시기를 '황금시대'라 불렀다.[6] 일본에서는 전후의 전재(戰災) 복구 과정이 고도경제성장

---

5   高畠通敏, 앞의 글, 324쪽.

6   エリック·ホブズボーム, 大井由紀 訳, 『20世紀の歴史—両極端の時代』 上巻, ちくま学芸文庫, 2018, 516쪽(에릭 홉스봄, 이용우 역, 『극단의 시대: 20세기의 역사』 상, 까치, 1997).

으로 이어졌고 1950년대부터 1970년대 초까지의 일시적 경기후퇴 시기도 있었지만 전체적으로는 굉장히 높은 성장률을 유지했다.

다만, 이러한 경제성장은 산업혁명 이후 심각한 환경파괴를 초래했다. 1960년대까지는 자본주의 진영에서도 사회주의 진영에서도 환경파괴를 해결해야 할 문제가 아니라 경제성장의 증거로 간주했다. 홉스봄은 "진보라는 지배적 이데올로기에서는 인간이 자연을 얼마나 지배하는지의 정도가 인간 진보의 척도 그 자체라며 당연시되었다"라고 지적하며, "사회주의 국가에서의 공업화는 철과 연기를 기본으로 삼는 상당히 원시적인 공업 체제를 대규모로 갖춤으로써 자연에게 초래될 영향에 대해 특히 맹목적이었다"라고 서술했다.[7] 그리고 "서쪽 진영에서조차 19세기 비즈니스맨의 낡은 신념인 '더러운 일이 있는 곳에는 돈 되는 것이 있다'(즉 오염은 돈을 의미한다)는 말이 아직도 설득력을 가지고 있다"라고 지적했다.[8]

일본도 마찬가지였다. 예를 들어 1896년부터 가동한 야하타(八幡)제철소는 1945년 이전부터 엄청난 대기오염을 일으켰다. 그렇지만 『야하타제철소50년사(八幡製鉄所五十年史)』(1950)에는 "반세기 동안 야하타시에서는 제철소를 상대로 한 매연문제가 일어나지 않았다. 파도를 태우는 화염도 하늘을 뒤덮는 연기도 제철소의 약진이자 동시에 야하타시의 환희였다. 야하타시와 제철소 50년의 연쇄는 유례없는 완벽을 보여주었다고 할 수 있다"라고 적혀 있다.[9] 제철소가 내뿜는 대기오염의 증거인 매연조차도 야하타시(현 후쿠오카현[福岡縣] 기타규슈시[北九州市]) 발전의 상징으로 인식한 것이다.

---

7 에릭 홉스봄, 앞의 책(일본어판), 523쪽.

8 에릭 홉스봄, 위의 책, 523쪽.

9 『八幡製鉄所五十年史』, 八幡製鉄所, 1950, 382쪽.

자본주의 진영, 사회주의 진영 할 것 없이 경제성장과 지역개발을 기대하는 인식은 이 글에서 다룰 고가네이 지역에서도 찾아볼 수 있다. 고가네이 지역에는 1889년에 고부(甲武)철도(현 JR주오선[中央線])가 부설되었는데 본격적인 도시화는 무사시코가네이(武藏小金井)역이 상설역으로 개설된 1928년부터였다.[10] 이때부터 제국 미싱(현 자노메[ジャノメ] 미싱), 요코가와(橫河)전기 등의 공장과 도쿄고등잠사학교(현 도쿄농공대학) 등의 도시 시설이 고가네이 지역으로 이전되었고 전시기(戰時期)에는 육군기술연구소도 옮겨왔다. 역 앞 중심으로 주택도 증가했다. 그렇지만 1932년에 도쿄시로 합병된 지역(현 도쿄 23구)에 비하면 인프라가 늦게 정비되었고, 인프라 정비의 격차가 1945년 이후에도 계속되었다. 이 격차는 고가네이 지역의 광역 명칭인 산타마를 붙여 '산타마 격차'로 불리기도 했다. 한편 고가네이 북부 지역은 1940년에 공습으로 인한 화재로부터 도쿄를 지키기 위해 일정 공간을 비워놓는 방공녹지(防空綠地)로 지정되면서 농지가 매수되어 녹지대로 편성되었다. 주택도 별장이 대부분이었다. 이러한 의미에서 고가네이 지역은 1928년부터 1945년까지 도시개발이 진행되면서, 한편으로는 녹지대로 지정됨으로써 개발이 억제된, 모순적 측면을 가지고 있었다.

---

10 1945년까지의 고가네이 지역을 개설하면 다음과 같다. 고가네이 지역은 도쿄도(東京都) 서부의 산타마 지역에 위치한다. 고가네이 지역의 지형은 이른바 '무사시노 대지'(武藏野 台地, 대지: 주변보다 높은 평지)에 속하는데, 북부는 물길이 없어 사람들이 이용할 수 없는 곳이었지만, 근세 시대 다마가와 상수(玉水上水, 에도[江戶]로 가는 용수로)가 설치되면서 수리를 이용한 밭과 마을(신전[新田])이 들어섰다. 남부에는 고쿠분지 절벽(國分寺 崖線, 현지에서는 '하케'라고 부름)지형이 있는데 그곳에서 샘이 여럿 솟아나, 그 아래로 이 일대에서 큰 강인 다마가와(多摩川)로 흘러가는 지류인 노가와(野川)라는 작은 하천이 흐르고 있었다. 수리를 이용할 수 있었던 남부에는 구석기시대부터 사람들이 취락을 이루고 살았고 근세 시대에는 벼농사도 가능해지면서 고가네이촌·누쿠이촌(貫井村)과 같은 촌락이 형성되었다. 이하 이 글의 고가네이시에 대한 서술은 小金井市史編さん委員会 編, 『小金井市史』 資料編 現代, 小金井市, 2016 및 『小金井市史』 通史編, 小金井市, 2019에 의거함을 밝혀 둔다.

그림 1 고가네이 지역 지도
출처: 고가네이시청

　이러한 모순은 1945년 이후의 개발에도 영향을 미쳤다. 1945년 이후 방
공녹지의 대부분은 원래 지주에게 반환되었지만, 일부 부지에 당시의 황
태자가 재학하고 있던 학습원중등부(学習院中等部)가 설치되었고 이를 기점
으로 1954년 도립(都立)고가네이공원이 들어섰다. 그리고 남부의 노가와(野
川: '가와'의 뜻이 강이므로 엄밀히 말하면 노강이라고 번역해야 하지만 고유명사로 판
단하여 이후 강 이름으로 '노가와'를 사용함―번역자) 연안에는 1964년 도립무사
시노(武藏野)공원이 조성되었다. 그리고 1956년 고가네이 지역은 수도권 정
비법에 의해 기존 시가지(도쿄 23구) 외의 근교 지대로서 시가지화 억제지
구로 지정되면서, 향후 공장이나 집합 주택을 건설할 수 없는 녹지대 즉 그
린벨트로 지정될 것으로 예견되었다. 전시기의 '방공녹지' 구상이 전후에
도 계속 이어진 것이다.

이에 고가네이 지역의 지주이기도 한 농민들이 반발했다. 농민들은 반대 운동을 조직하고 집회를 열어 의회·지자체장·관계부서의 대신 및 도지사 등과 교섭하기 시작했다. 1956년 12월 2일에 열린 '녹지대 설정에 반대하는 고가네이 정민(町民)대회'에서 "녹지대 설정은 주민의 이권을 침해하고 향후 치명적인 제약을 가한다. 고가네이 주민은 절대 반대한다"라는 취지의 결의문이 채택되었다는 기사가 『아사히신문(朝日新聞) 무사시노판』 1956년 12월 3일자에 실렸다.[11] 한편 "그린벨트가 결정되기 전에 우리 지역의 농업자(農業者)는, 대항 수단으로, 농지를 좀먹은 것처럼 군데군데 택지화시켜 버리고자 마음먹고", 녹지대로 편입될 농가는 소유한 밭의 평균 15%를 택지로 전환시키고 "총평 산하의 대기업과 교섭하여 택지 구입을 의뢰하였고, 그렇게 해서 그린벨트 문제는 소멸하게" 되었다고 한다.[12] 훗날 시장이 된 국철 노동조합원 나가토시 도모키(永利友喜)는 1976년 6월 30일에 열린 고가네이시 의회에서, 국철 노동조합의 활동으로 주택건설 생협에 참여하여 고가네이 지역의 주택건설에도 관여했다고 말했다.[13] 말하자면 노동자와 농민이 동맹을 맺어 환경보호의 성격을 지닌 녹지대=그린벨트 설정에 반대하고 난개발을 촉진시켰다고도 볼 수 있다. 이 시기 일반적으로 농민들은 자유민주당 등의 보수당을 지지했고, 총평 등 노동조합의 주도권 하에 있었던 노동자들은 사회당·공산당을 지지했다. 이러한 구조는 일본 국내의 냉전구조를 반영하는 것이었다. 그러나 고가네이 지역 사회는 그러한 국내 냉전구조를 초월하여 지역개발을 지지하고 있었던 것이다.[14]

11　小金井市史編さん委員会 編, 『小金井市史』 資料編 現代, 小金井市, 2016, 347쪽.

12　JA情報サービス 編, 『小金井市農業協同組合五十年史』, 小金井市農業協同組合, 1998, 260쪽.

13　『小金井市議会会議録』, 쇼와(昭和) 51년(1976) 제2회 정례회.

14　高畠通敏, 앞의 글, 323쪽.

3. 1960~70년대 일본의 사회변동

1) 환경파괴의 심각화

홉스봄은 앞서 말한 '황금시대' 즉 1945~1973년 세계적 경제성장의 결과로 공해와 환경문제가 일어났다고 하며 21세기 이후의 세계사에서 "중요한, 그리고 장기적 안목으로 보자면 운명을 결정할 문제는 인구와 생태계였다"라고 서술했다.[15]

전시기부터 지속적인 경제성장을 이룬 미국에서는 레이첼 카슨(Rachel Carson)이 1962년에 출판한 『침묵의 봄』에서 농약 등 화학 물질 대량 살포로 생태계가 위협받고 있음을 경고했다. 그리고 19세기 이후 희소한 자연을 지키기 위해 미국의 중상류 계층이 전개한 자연환경 보전운동에 대해 이지마 노부코(飯島伸子)는 "1960년대에 들어서면 공업화와 도시화에 기인한 환경파괴문제에 대처하는 환경운동으로 방향을 전환한다"라고 지적하였다.[16] 1972년에는 지구의 유한성(有限性)을 공통 관심으로 삼아 세계의 지식인들이 결성한 로마 클럽이 『성장의 한계』를 출판했다. 이지마 노부코는 『성장의 한계』에 대해, "만약 그 당시(1972년-인용자)와 같은 생산방식과 생활양식이 계속되고 환경과 자원 보전을 위해 노력하지 않으며, 인구 증가를 막기 위한 대책도 세우지 않는다면 20세기 말에는 지구상의 자원은 고갈하고 환경은 눈에 띄게 악화할 것이라고 경고했다"라고 서술했다.[17]

1960~70년대 일본에서도 환경문제는 심각했다. 환경문제에 관한 선구적 연구자 미야모토 겐이치는 "일본은 패전으로 초토화되었다가 4반세기

---

15 에릭 홉스봄, 앞의 책, 559쪽.

16 飯島伸子, 『環境問題の社会史』, 有斐閣, 2000, 284쪽.

17 飯島伸子, 위의 책, 170쪽.

만에 중화학 공업화와 대도시화를 진전시켜 미국에 이은 경제대국이 되었다. 그러나 이 고도성장 시기에 일본의 수많은 사회문제들이 드러났다. 특히 세계사에 남을 심각한 공해문제가 발생했다"라고 지적했다.[18] 특히 이 시기에 일본 열도의 수많은 지역에서 환경이 심각하게 파괴되었고, 4대 공해병-구마모토현(熊本縣) 미나마타(水俣)병, 도야마현(富山縣) 이타이이타이병, 니가타현(新潟縣) 미나마타병, 미에현 요카이치(三重縣 四日市) 천식-으로 대표되는 공해 피해가 속출했다.[19] 또한 자동차 보급과 도시개발로 인해, 특정 기업 때문에 발생했다고 할 수 없는 대기 및 수질오염도 일반화되었다.

2) 사회변동의 진행

한편 이 시기의 세계사적 경제성장은 심각한 환경파괴뿐 아니라 커다란 사회변동 또한 불러일으켰다. 홉스봄은 이 시기의 사회변동을 "사회혁명"이라 칭하며 ①농민층의 소멸과 대규모 도시화의 진전, ②고등교육의 대중화, ③종래 의미에서의 '노동자 계급'의 감소, ④여성의 사회 진출 등 네 가지 특징을 들었다.[20]

이 네 가지 특징을 일본의 상황에 적용시켜 보겠다. 일본의 고도경제성장은 대규모 인구이동을 초래했다. 많은 사람들이 농촌 지역으로부터 이

---

18 宮本憲一, 앞의 책, 1쪽.

19 미나마타병은 유기수은 중독으로 발생하는 병으로, 첫 발생지인 구마모토현 미나마타 지역의 이름을 붙여 미나마타병으로 불리지만, 니가타현에서도 발생했다. 이타이이타이병은 카드뮴 중독 때문에 생기는 병으로 환자들이 심한 통증 때문에 "이타이 이타이(아파, 아파)"라고 소리질렀다는 데에서 명명되었다. 요카이치 천식은 요카이치의 대규모 공장지대에서 발생한 대기오염이 원인이었다.

20 에릭 홉스봄, 앞의 책, 하권, 25~87쪽.

른바 간토(關東) 남부(도쿄와 수도권-번역자), 주쿄(中京: 나고야[名古屋]를 중심으로 한 중부 지역-번역자), 긴키(近畿: 오사카[大阪]를 중심으로 한 서부 지역-번역자) 등 대도시권으로 이주했다. 그 결과 농촌지역은 인구가 감소하여 '과소 지대(過疏地帶)'가 되었고 대도시권은 인구가 과도하게 집중한 '과밀 지역'이 되었다. 그리고 대도시권의 급격한 도시화 자체가 공해로 인한 환경파괴의 원인이 되었고, 제대로 된 도시계획이 수립되지 못한 채 무질서한 난개발이 진행되면서 주택건설이나 도로 및 교통망 정비가 지연되었다.

고등교육은 일본에서도 눈에 띄게 대중화되었다. 고등교육(대학교육)은 종래 일부의 엘리트 양성을 위한 교육이었지만 이제 보다 나은 직업을 선택하기 위해 여성을 포함한 많은 젊은이들이 대학에 진학하게 되었다. 그러나 정작 대학은 아직 교원, 시설, 커리큘럼 등 모든 부분에 있어서 준비가 되어 있지 않았다. 이 문제는 학생운동이 급진화되는 하나의 요인이 되었다.

그리고 고도경제성장으로 인해 관리직 샐러리맨 등 그때까지 '노동자 계급'으로 간주되지 않던 범주의 임금 노동자가 증가하면서 '신중간층'이라 불리게 되었다. 증가 추세였던 대학 졸업생의 대부분이 신중간층으로 편입되었다.

여성의 사회진출도 크게 증가했다. 그러나 고도경제성장기 일본에서는, 지금도 그렇듯, 여성이 전담하던 가사노동의 부담이 가전제품의 보급으로 일부 해소되었다고는 해도, 육아 및 고령자 돌봄 등의 부담을 사회적으로 지원하는 시스템과 인식은 충분하지 않았다. 농촌에서 도시로의 대규모 인구이동으로 인해 여성의 가사노동을 가족이나 친족이 도와주던 공동체적 기능은 저하되었다. 그렇기 때문에 이 시기 여성의 사회진출은 가사노동의 부담에서 자유로울 수 있는 생애 단계에 한정되는 경우가 많았다.

3) 새로운 사회운동의 전개

1960년대 말에서 1970년대 초는 그때까지와는 다른 형태의 새로운 사회운동이 전개되던 시기였다. 베트남전쟁, 중소대립, '프라하의 봄'에 대한 탄압 등 냉전구조의 양대 축이던 미소 중심의 국제질서가 동요하기 시작한 때이기도 했다. 그리고 이 시기 사회운동의 활성화는 파리5월혁명과 미국의 공민권운동 등 선진 자본주의 국가에서 일반적으로 나타난 현상이었다.

여기서는 일본의 상황을 중심으로 민주주의 운동이 어떻게 전환되었는지 일별하려 한다. 아라카와 쇼지는 "서구 세계를 중심으로 젊은이들의 사회적 항의운동이 정점에 달하고, 이에 따라 대항문화가 창출되던 시기를 상징적으로 '1968년'으로 부른다. 일본에서도 1968~69년에 전공투 운동이 전개되었고 반전 시민운동, 공해반대운동, 개발정책에 대한 반대, 다양한 주민운동이 이 시기를 전후하여 분출하여 사회운동의 고양기를 만들어 나갔다"라고 지적했다.[21]

이 가운데 환경파괴에 맞서는 주민운동이 특히 눈에 띈다. 앞서 말한 4대 공해병의 피해 주민들은 1968년 즈음 건강피해에 대한 보상을 요구하는 재판투쟁을 벌였다. 그리고 나리타시(成田市)에 건설예정이었던 신도쿄국제공항에 반대하는 농민들의 산리즈카(三里塚) 투쟁, 주택지를 가로지르는 철도 부설에 반대하는 요코하마(橫浜) 신화물선 건설 반대운동 등, 개발에 맞선 반대운동이 전국 각지로 확산되었다. 이 시기 주민운동에는 당사자인 피해 주민뿐 아니라 사회당, 공산당, 신좌익 등을 비롯한 다양한 구성원들이 지원자로 참여했다. 물론 이전에도 환경파괴에 맞서는 운동이 있었고, 생활에 기반을 둔 운동으로서 생활협동조합 등을 중심으로 대량생

---

21 荒川章二, 앞의 글, 2017, 7쪽.

산상품의 결함과 유해성에 대처하기 위한 소비자 운동도 전개되었다. 이들 운동의 주안점은 일상생활에서 주민들이 입은 피해를 보상 또는 방지하는 것이었지, 넓은 의미의 혁명을 목표로 한 것은 아니었다.

한편 사회당·공산당·신좌익 등의 각 당파와 노동조합의 주도로, 일본 국내 냉전 구조 타파를 목적으로 한 반전운동도 전환기를 맞이했다. 예를 들어 1965년에 결성된 '베트남에게 평화를! 시민연합'(약칭 베평련)은 미국의 베트남전쟁 정책과 이에 대한 일본 정부의 추종을 비판하기 위한 운동단체였는데, 정당이나 노동조합 주도가 아닌 개개인이 자발적으로 참여했고, 의사 및 행동 표현 방식에서 비폭력 원칙을 관철시켜 데모 행진을 중시했다.[22] 같은 시기 베평련과 같은 방식의 다양한 시민운동이 전개되었다.

학생운동의 경우, 1968년 무렵 니혼(日本)대학과 도쿄대학 투쟁을 중심으로 한 전공투(전학공투회의) 운동이 전국을 석권하며 많은 대학과 일부 고등학교 학생들이 학내를 점거, 봉쇄했다. 이때의 전공투 운동은 학생자치회를 기반으로 하여 사회당, 공산당, 신좌익 등의 당파가 주도권을 장악하고 사회주의혁명을 최종 목표로 삼았던 종래의 방식과는 달리, 개개인의 주체성을 기반으로 대학 측의 관리 및 억압체제를 공격하는 성격을 지녔다.[23]

---

22 베평련(ベ平連, 베헤렌)에 대해서는 荒川章二, 앞의 글, 2009·2017 및 道場親信, 앞의 글, 2015 외, 平井一臣, 「戦後社会運動のなかのベ平連: ベ平連運動の地域的展開を中心に」, 『法政研究』71-4, 九州大学法学部, 2005; 平井一臣, 「1968年のベ平連」, 『思想』2018년 5월호 등이 대표적 연구이다.

23 당시의 학생운동에 대해서는 荒川章二, 앞의 글, 2009·2017 및 道場親信, 앞의 글, 2015 외, 小熊英二, 『一九六八』上下, 新曜社, 2009; 安藤丈将, 『ニューレフト運動と市民社会』, 世界思想社, 2013 등이 대표적 연구이다.

4) 새로운 정치운동의 시도

사회운동의 이러한 전환은 새로운 형태의 정치운동으로 이어졌다. 우선 '국민혁신운동'을 조직한 총평 및 사회당·공산당 측의 대응을 살펴보자. 이 시기 이들의 정치운동은 선거 등 평화적 수단을 통해 보수 정권에 맞서 체제를 전환시키는 것을 목적으로 삼고 있었다. 그러나 보수 정권이 주도권을 장악한 지자체 중심의 지역사회 질서는 고도경제성장에 따른 환경파괴와 난개발에 대응하지 못하여, 앞서 말한 주민운동의 사례가 보여주듯, 민중의 불만 에너지가 축적되고 있었다. 이러한 상황에 대응하고자 사회당·공산당은 공동투쟁(약칭 사공공투, 혁신공투)을 통해 혁신지자체를 탄생시켰다. 1960년대 말~1970년대 혁신공투는 상당히 많은 대도시권의 지자체장을 당선시켰다. 도쿄도(東京都)에서는 국정 및 도정(都政)의 부패를 계기로 1967년 경제학자 미노베 료키치(美濃部亮吉)가 도지사에 당선되었다. 미노베의 선거 슬로건은 '도정에 맑은 하늘을' '도정에 헌법을'이었다. 이 슬로건은 추상적이기는 하나 민주주의와 환경문제를 연관시켜 표현했음을 알 수 있다.[24]

미노베 도정의 정책 이념은 "도시형 사회에서 시민이 살아가기 위한 최저한도"="시빌 미니멈(civil minimum)"으로, 이것은 미노베의 정책 브레인이기도 했던 정치학자 마쓰시타 게이이치(松下圭一)가 제창한 것이었다. 시빌 미니멈은, 단순히 급여·사회보장뿐 아니라 사회보장(건강보험·실업보험·공적부조), 사회자본(주택·시민시설·도시장치), 사회보건(공중위생·식품위생·공해억제)까지를 포괄하는 개념으로서 산업진흥 중심의 고도성장기 지방행정 재정으로부터의 전환을 의도한 것이었다. 시빌 미니멈이라는 개념은 많은

---

24 미노베의 도정에 대해서는 源川真希, 앞의 책, 261~311쪽을 참조 바란다.

혁신계열 지자체의 정책이념으로서 영향력을 행사했다. 마쓰시타 게이이치는 "임금수준의 상승이, 예를 들어 자가 주택 증가로 인한 도시 난개발 유발, 자동차 증가에 따른 교통문제·공해문제 가중, 생활수준 상승에 수반된 도시 폐기물의 대량화·다양화라는 도시문제의 격화를 야기하는 악순환을 만들어내고 있다"라고 하면서 "일본의 노동조합이 기업에 의존하여 임금 인상을 요구하는 데 그친다면, 이미 공해문제에서 날카롭게 노정된 바와 같이, 국민적 책임을 다할 수 없게 된다"라고 지적했다.[25] 이러한 문제는 고가네이 지역의 난개발에서도 드러났다. 노동조합이 노동자의 편의만을 생각하여 환경파괴를 고려하지 않은 채 개발에 가담했지만 생활수준은 개선되지 않은 것이다.

미노베 도지사는 1969년 공해연구소를 설립하고 도쿄공해방지조례를 공포했다. 이 조례는 '공해대책기본법'(1967년 제정)의 "발전과의 조화를 꾀하면서" 공해 대책을 실시한다는 '경제조화조항(經濟調和條項)'에 위배되는 것으로, 사업자에게 공해방지의무를 부과하고 도지사 명령에 따르지 않을 시에는 수도 공급을 중지하도록 되어 있어, 정부의 규제보다 한층 엄격했다. 미노베 도지사의 환경정책은, 1970년 '공해 국회' 때의 경제조화조항을 철폐한 공해대책기본법 개정과 1971년 환경청 신설 등, 국가 시책에도 반영되었다.[26]

한편 1960년대 말~1970년대 초 신좌익 운동도 활기를 띠었다. 주민운동·시민운동·학생운동 등 새로운 사회운동은 신좌익 운동과 달랐지만, 신좌익 측에서는 새로이 전개되던 사회운동을 자신들의 논리로 분석하고 혁

---

25 松下圭一, 『都市政策を考える』, 岩波書店, 1971, 106쪽.

26 미노베 도정의 환경정책의 의의에 대해서는 源川真希, 앞의 책과 宮本憲一, 앞의 책, 185~201쪽을 참조 바란다.

명 정세로 이해하며 과격한 직접행동에 나섰다. 심지어 새로운 사회운동
의 주역들이 지니고 있던 에너지를 자신의 것으로 흡수했다. 이러한 의미
에서 새로운 사회운동과 신좌익 운동은 연계되어 있었다고 볼 수 있다.[27]

5) 고가네이 지역의 상황

이제 1960~70년대 고가네이 지역의 상황을 살펴보자. 고가네이 지역은
1958년 도시 지자체인 시로 승격되었다. 승격 당시 인구는 3만 7천 명이었
는데, 1965년에 2배 가까운 7만 2천여 명, 1970년에는 약 9만 명으로 늘어
났다. 고가네이 지역은 도심으로 출퇴근하기 편한 베드타운이 되었고 농
지는 주택이나 상업지로 전환되었다. 대학은 시로 승격되기 전부터 도심
에서 옮겨왔다. 도쿄학예대학(東京学芸大学), 도쿄농공대학(東京農工大學), 게
이오기주쿠(慶應義塾)대학 공학부, 호세이(法政)대학 공학부의 각 캠퍼스가
고가네이 시내에 들어섰고, 인접한 미타카시(三鷹市)에는 국제기독교대학,
고쿠분지시(國分寺市)에는 도쿄경제대학이 들어왔다. 그리고 도심이나 다
마(多摩) 지역 소재 대학에 다니는 학생들이 고가네이에 거주하게 되었다.
이러한 요인들로 인해 급격한 도시화가 진행되었다.

이 지역에는 거대기업이 없었기 때문에 대규모 공해 문제는 표면화되지
않았다. 그러나 도쿄 근교에 위치한 고가네이 지역은 공장과 자동차에서

---

27 신좌익 운동에 대해서는 이 글의 연구과제와 직접 관계가 없기 때문에 상세한 서술은 생
략하겠다. 미치바는 "운동을 계속할 의지가 있는 학생들은 연이어 당파에 들어갔다"라고
하면서 "이러한 레닌주의적 정치조직으로 '무장' 강화를 추구하는 신좌익 당파와, 다원적
인 무당파(無黨派) 원리를 베이스로 사회변혁을 생각하는 뉴레프트 시민들 사이의 골은
깊어졌다"라고 하였다. 게다가 1972년에 발각된 동지들 간의 린치 살인사건인 연합적군
사건과 당파간 활동가들의 육체적 말살을 목적으로 한 습격인 '우치게바' 사건의 연속 발
생은 많은 뉴레프트 시민을 신좌익 당파로부터 멀어지게 했다고 서술했다(道場親信, 앞
의 글, 2015, 134쪽).

뿜어나오는 유황산화물, 질소산화물로 인한 대기 오염에 노출되었다. 도시화에 수반된 수질 오염과 수해(水害)도 발생했다. 하수도 시설이 미처 정비되지 못했기 때문에 노가와와 같은 작은 하천은 생활배수로 오염되었다. 도시화에 따라 산야 및 논밭이 개발되면서 토지가 보수력(保水力)을 상실함으로써 수해 피해가 매우 심각해졌다. 산야처럼 수해 때문에 활용 가치가 낮아 땅값이 저렴한 지역이 먼저 개발되었기 때문이기도 했다.

결국 노가와 등의 작은 하천은 평상시에도 악취를 내뿜는 '시궁창'이 되었고, 재해 시에는 그때까지 경험하지 못한 정도의 수해를 일으키는 '애물단지'가 되고 말았다. 도쿄도 등 소관 지자체는 하천 개수에 착수할 수밖에 없었다. 그러나 1968년 인근 주민들은 노가와 개수사업 계획에 항의하며 복개를 요구했다. 노가와의 강폭을 넓히고 땅을 아래로 파서 하수도 공사와 연계시키려 했던 지자체의 계획에는 주민들의 강제 철거가 상정되어 있었기 때문이다. 주민들은 복개를 요구하는 이유로 "본래 노가와는 예전부터 오염수 방류장이 되어 버렸기 때문에 노가와 정비에 하수도법을 적용하는 것이 자명한 이치"이고 "강제 퇴거는 필요 없"으며, 이것이 "예산 삭감", "수도(首都) 미화", "환경위생 정비", "신체 위험 방지", "살기 좋은 고가네이시 건설"에 도움이 되고 "주택정책에도 합치"된다는 점 등을 들었다. 그리고 니혼바시(日本橋)·야에스(八重洲) 등 도쿄 23구의 하천과 스기나미(杉並)와 나카노(中野) 사이를 흐르는 모모조노가와(桃園川) 복개공사를 참고 사례로 들었다.[28] 즉 도쿄 중심가인 23구 정도의 수준을 요구한 것이다. 그리고 주민들은 복개공사 후 노가와를 하수도로 만들고 그 위에 인도와 놀이터를 설치하고자 했다. 이 시기 고가네이 지역 북부에 위치한, 노가와보

---

28 小金井市史編さん委員会 編, 앞의 책, 2016, 526~528쪽.

다 유서가 깊고 근세 에도의 상수도로 만들어진 다마가와 상수(玉川上水)도 복개공사가 필요하다는 의견이 제기되고 있었다. 주민들이 환경파괴로 인한 생활의 어려움을 해결하기 위해 더 심한 환경파괴를 요구한 셈이다.

당시 지자체는 노가와 개수 문제와 같이 도시화 및 환경파괴와 관련된 다양한 과제를 떠안고 있었다. 그러나 앞서 말한 바와 같이 보수당 중심의 지역 사회 질서는 이러한 과제를 해결하지 못했다. 예를 들어 고가네이 지역에서는, 1965년 수도요금 인상에 반대하여 8개월 동안이나 수도요금을 내지 않은, 전국적으로도 유명한 주민운동이 전개되었다. 이러한 과제를 해결하고자 고가네이시에도 혁신지자체가 등장했다.

1967년에 선출된 미노베 도지사는 1971년 재선에 성공했다. 같은 시기 사회당 시의회 의원이자 국철노동조합원이었던 나가토시 도모키가 혁신 공투로 고가네이 시장에 당선되었다. 나가토시 시장은 미노베 도지사와 마찬가지로 환경문제에 열심이었다. 1972년에는 일정 규모 이상의 아파트를 지을 경우, 인근 주민과의 합의를 의무화하고 일조권이나 전파장애 등에 대해 고가네이 시청과 협의해야 한다는 '고가네이 택지개발 등 지도요강'을 제정했다. 이 지도요강에서 정한 규모 이하의 개발에 대해서도, 『시보 고가네이(市報こがねい)』(1973년 3월 15일자)에서, "현상태에서는 일조권을 보호할 법률을 만들어 일조권을 확보하는 데에 주민운동이 '결정타'라고 할 수 있습니다"라며, 인근 주민에게 주민운동을 권할 정도였다.[29] 이렇듯 고가네이시에서도 환경문제가 혁신지자체의 정책으로 다루어지게 되었다.

---

29 小金井市史編さん委員会 編, 앞의 책, 2016, 490쪽.

4. '산타마 문제 조사연구회'의 노가와 환경 보전 운동

1) 산타마 문제 조사연구회 결성

앞서 살펴보았듯 고가네이에서도 혁신지자체가 성립한 한편 환경보호 시민운동이 등장했다. 그 중 하나인 '산타마 문제 조사연구회'(이하 조사연구회)는 1972년에 결성되었다. 조사연구회의 모체는 1970년 사법고시 스터디로 설립된 '고가네이 사법연구회'이다. 고가네이 사법연구회 회칙 제2조에 "본회는 법조인을 꿈꾸는 사람들로 구성되며 시민으로서의 책무를 자각하고 지역 민주주의 확립에 힘쓴다"라고 명기되어 있다. 즉 지역 민주주의 확립이 연구회 목적 중 하나였던 것이다.[30] 고가네이 사법연구회는 1972년 6월 11일, 창립 2주년 사업으로 '살기 좋은 지역사회를 위해-시민의 "알 권리"와 지역정보'를 주제로 영화 상영 및 토론회를 열었다. 취지 설명문에는 "살기 좋은 지역사회를 어떻게 만들 것인가. 시민의 생활과 일상의 체험이 각기 다른 이상, 다양한 생각과 방법이 있어서 좋다. (…) 아이들의 놀이터와 교육, 환경파괴, 지방자치와 헌법문제 등에 관심 있는 시민, 동아리의 찬동을 얻어 함께 '대화의 날(語らいの日)'을 준비하고 있다"라고 쓰여 있다.[31] 조사연구회는 바로 이 영화 상영 및 토론회를 계기로 결성되었다.

그렇다고 조사연구회가 환경문제에만 관심을 가졌던 것은 아니다. 결성 2년 후인 1974년에 작성된 조사연구회 회칙 제2조에는 "(목적) 본회는 시민 스스로가 지역의 자립과 발전을 추구하고 환경, 교육, 복지, 지방자치제 등

---

30 ATT流域研究所 編, 『市民環境科学の実践-東京·野川の水系運動』, けやき出版, 2003, 16~17쪽.

31 小金井市史編さん委員会 編, 앞의 책, 2016, 529쪽.

의 조사·연구·운동을 수행한다"라고 명기되어 있다.[32] 실제로 환경문제 이
외의 것들도 의제로 다루었다. 단체 명칭에 있는 '산타마 문제'는 '산타마
격차'를 의식한 것으로 생각된다.

2) '노가와 지역개발에 관한 의식조사' 실시

조사연구회가 주로 환경문제에 관심을 가진 것은 고가네이 주민이자 도
쿄도 직원이었던 야자마 히데지로(矢間秀次郎)의 영향이 컸다고 추측된다.
야자마는 환경문제에 주목하게 된 계기에 대해 "쇼와(昭和) 47년(1972) 여
름, 노가와 강변을 산책하던 중 강에서 검은 무엇인가가 튀어오르는 것을
발견했습니다. 가까이 가서 보니 악취와 중성세제 거품 속에서 작은 붕어
와 잉어가 헤엄치고 있었습니다. 그 생명력에 감동하여 2~3시간 동안 보
고 있었습니다"라고 회상했다.[33] 그리고 "생각해보면 이 강 아래쪽에는 강
물을 생명수로 삼고 살아가는 몇 백만의 시민들이 있습니다. 섬뜩했습니
다. 이것이 다마가와(多摩川)를 오염시키고 도쿄만을 죽음의 바다로 만들어
버릴 것이라 생각하니 한 점에 지나지 않는 노가와의 원천이 갖는 의미가
상당히 크다는 것을 깨닫게 되었습니다"라는 말도 남겼다.[34] 야자마가 남
긴 문장들은 어떤 의미로는 감성적인 인상을 중심으로 보다 큰 세계를 구
상해 나가는 상상력을 보여준다고 할 수 있다. 이렇듯 물을 매개로 보다 큰
세계로 이어진다는 논리를 조사연구회에서는 '물길의 사상'이라 규정했
다. 여기에 학생운동 등이 강조하던 '자본주의', '제국주의' 등의 개념은 등

---

32 「三多摩問題調査研究会研究会会則」(야자마 히데지로 소장자료)
33 三多摩問題調査研究会 編, 『水辺の空間を市民の手に－水系の思想と人間環境』,
   1973, 53쪽(야자마 히데지로 소장자료).
34 위와 같음.

장하지 않았다는 점에도 주목하고자 한다.

창립기 주요 멤버 중 하나이자 학교 경비원에서 사법연수생이 된 마루이 히데히로(丸井英弘)는 "자신의 생활 향상만이 아니라 지역사회의 향상에도 관심을 가지고 싶었습니다. 사법연구회도 다른 사람을 밟고 올라서면서까지 합격에 목을 매는 모임으로 만들고 싶지는 않았습니다. 외부 문제에도 관심을 갖고 사회활동에 큰 의의를 두고 있었습니다"라고 하며, "야자마 씨로부터 노가와 문제를 듣긴 했습니다만, 당시엔 딱히 내가 해야 할 일이라고 느끼지는 못했습니다. 오염이 문제라고 생각은 했지만… 하나의 강의 문제라고 단순하게 생각하고 있었지요. 지역사회의 모순이 강의 문제와 어떻게 연관되는지를 파악하지 못하고 있었습니다"라고 말했다.[35] 환경보호를 지역 민주주의의 문제로서 사고하는 것이 얼마나 획기적인 것이었는지 알 수 있다.

야자마의 문제제기를 받아 조사연구회는 노가와 환경보호 활동을 급속도로 실천해갔다. "고가네이 시민이 노가와의 오염과 범람에 대한 해결책을 어디서 찾을 수 있을지 고찰하고 시민운동의 기반과 이념을 '수변 공간'을 되살리는 지역개발에 둘 것"을 주된 목표로 하여 9월에는 노가와 인근 주민을 비롯한 고가네이 시민 150명을 대상으로 '노가와와 지역개발에 관한 의식조사'라는 면접조사를 실시했다.[36] 이때 고가네이시 각 기관의 야간 경비원들이 조사원으로 크게 활약했다. 야간 경비원들은 대학·대학원에 다니는 학생으로 이미 고가네이 사법연구회에 참여하고 있었던 데다가 주간 조사활동이 수월했기 때문이었다. 1972년 7월 28일 조사연구회는

---

35 三多摩問題調査研究会 編, 앞의 책, 53~54쪽.

36 三多摩問題調査研究会 編, 위의 책, 20쪽. 조사에 관한 상세한 내용은 ATT流域研究所 編, 앞의 책을 참조 바란다.

대표 야자마 명의로 고가네이시 야간직원조합 집행위원장에게 조사 프로젝트팀으로 5명을 파견해 달라고 요청했다. 아라가키 시게오(新垣重雄) 위원장은 조합이 설립된 지 6개월밖에 되지 않았고 당시 진행 중이던 정규직화 투쟁의 타결 기미가 보이지 않는 가운데에서도 "내부의 어려운 상황을 우려하는 의견이 다수를 이루었"으나 "결과적으로는 조사 프로젝트팀 12명 중 6명"을 파견했다고 말했다.[37] 위원장 스스로도 조사원으로 참여하여 "생각해보니 노가와가 오염되면 다마가와와 도쿄만이 오염되고 태평양을 지나 저 멀리 내 고향, 오키나와(沖縄) 야에야마(八重山) 섬들의 해변까지 오염될 수 있다. 그렇다면 노가와의 오염은 전혀 남의 일이 아니다"라고 회상했다.[38] 또 조사 방법 설계는 당시 경비원이자 사회학을 전공하는 대학원생이었던 히라바야시 마사오(平林正夫)가 맡았다.[39]

조사연구회 '노가와 문제 연구반'은 이 면접조사 결과를 바탕으로 「노가와와 사회개발－"수변 공간"을 시민의 손으로(野川と社會開發－"水辺の空間"を市民の手に)」라는 논문을 공동집필했다. 그리고 『월간지역개발(月刊地域開發)』 100호 기념 현상논문에 응모하여 입선했다. 이때 받은 현상금으로, 이 논문과 전문가들의 기고문, 조사연구회 회원의 좌담회 기록 등을 수록한 『수변 공간을 시민의 손으로－물길의 사상과 인간환경(水辺の空間を市民の手に－水系の思想と人間環境)』이라는 책을 1973년 3월 1일 자비 출판했다.[40]

37　三多摩問題調査研究会 編, 앞의 책, 37쪽. 실제로는 경비원 출신인 마루이 히데히로가 의뢰한 것으로 추측된다(ATT流域研究所 編, 앞의 책, 22쪽). 조사연구회의 정확한 결성 시기는 알 수 없지만, 앞서 말한 영화 상영회·토론회가 열린 6월 11일과 조사원 파견 요청문이 작성된 7월 28일 사이였음은 분명하다. 그리고 야자마는 결성 초기에는 대표였지만 이듬해 1973년의 좌담회에서는 부대표였다. 이때 대표는 공석이었다.

38　위와 같음.

39　ATT流域研究所 編, 앞의 책, 22쪽.

40　글을 기고한 전문가들은 이로카와 다이키치(色川大吉, 역사학자)·이치카와 후사에(市川

3) 산타마 문제 조사연구회의 일상적 활동

자비출판 이후 조사연구회는 활발히 활동했다. 기관지 『연구회정보(研究会情報)』(훗날 『노가와에 맑은 물을(野川に清流を)』로 개칭)를 발행하고 집회·영화상영회·강좌·답사 등의 활동을 시작하였다. 1974년 1월 '노가와 문제 연구반'에 이어 이로카와 다이키치(色川大吉)·니시오 마사루(西尾勝)의 조언을 바탕으로 '지자체 문제 연구반'이 만들어졌다.[41] 특히 식생과 용수량 조사, 노가와 관찰회 등 시민들이 직접 자연환경을 조사하는 활동이 많았다는 점이 특징이다. 1976년부터는 고가네이 주민이자 채소를 재배하는 농부였던 회원 후루타니 하루키치(古谷春吉)를 중심으로 가족 단위의 농업 교육을 실시하는 자연교육농장 활동을 시작했다.[42]

가고시마현(鹿児島縣)의 미나마타·시후시(水俣·志布志), 나가노현(長野縣)의 이이다(飯田), 고치현(高知縣)의 우라도(浦戸) 등 일본 각지의 주민운동과 교류하면서, 산타마 지역에서는 노가와 유역 이외의 주민운동과의 연계를 꾀해 나갔다. 1972년 고쿠분지시에서 시작된 도노가야토(殿ヶ谷戸)정원 보호운동에 대해서는 고가네이 시내의 소로센엔(滄浪泉園)에서 유사한 문제가 벌어졌기 때문에 주목하고 있었다.[43] 1974년 6월 23일 조사연구회 주최로 '다마가와(多摩川) 물길에 관한 시민집회'를 다치카와(立川)교육회관 홀에서 개최했다. 이 집회에는 '다마가와 상류 자연을 지키는 모임', '다치카

房枝, 여성운동가)·야마가 세이지(山鹿誠次, 도시지리학자)·우이 쥰(宇井純, 환경학자)·시노하라 하지메(篠原一, 정치학자)·한야 타카히사(半谷高久, 지구과학자)·히야마 요시오(檜山義夫, 수산학자)·우카이 노부시게(鵜飼信成, 법학자)·무챠쿠 세이쿄우(無着成恭, 교육자)·카이노우 미치타카(戒能通孝, 법학자) 등이었다.

41 『研究会情報』 13, 1974. 7. 15(야자마 히데지로 소장자료).

42 『研究会情報』 28, 1976. 3. 15(야자마 히데지로 소장자료).

43 本谷勲 編著, 『都市に泉を―水辺環境の復活』 日本放送出版協会, 1987, 20·95~104쪽.

와의 공해를 없애는 모임', '다마가와의 자연을 되찾는 모임'이 협찬, 참여하여 각 단체의 활동을 소개했다.[44] 같은 해 12월 14일에는 다마가와 물길의 자연보호 관련 11개 단체와 함께 '다마가와 물길 자연보호단체 협의회'를 결성했다.[45] 1976년 4월 29일에는 고쿠분지근로복지회관에서 '구니타치(国立)의 마을만들기를 생각하는 모임', '현대일본을 생각하는 시민의 모임'과 공동주최로 '산타마의 하수도를 생각하는 시민집회'를 개최했다.[46] 그리고 고가네이시 공민관 활동과 연계하여 시민강좌 등을 운영했다.[47]

4) 결성 당시 산타마 문제 조사연구회의 주요 멤버

이어서 결성 당시 조사연구회의 주요멤버에 대해 살펴보자(《표 1》). 우선 전체적으로는 대학 재학 및 졸업, 대학원 재학 등 비교적 고학력의 20~30대가 과반수를 차지하고 있었는데, 여성의 참여는 많지 않았다.

비중으로 보자면, 앞서 면접조사원의 경우와 마찬가지로 야간 경비원들이 다수를 이루고 있었다. 야간 경비원은 모두 도쿄학예대학(고가네이시 소재) 및 주오(中央)대학, 도시샤(同志社)대학 등 4년제 대학의 졸업생 또는 재학생(대학원생 포함)이었다. 현상논문 집필 대표자로 조사연구회의 핵심인물이었던 마루이 히데히로는 국제기독교대학(미타카시 소재)에서 생협 설립 운동과 '대입 시험에 능력검정시험을 새로 도입하는 것에 반대'하는 등의 학생운동을 하다가 1967년 정학 처분을 받는 바람에 도쿄도 직원 채용 내정이 취소되었다. 이듬해인 1968년 졸업 후 도쿄교육대학에 입학하여 고

---

44 「研究会情報」12, 1974. 6. 1.

45 「研究会情報」18, 1975. 1. 10; 本谷勲 編著, 앞의 책, 207쪽.

46 「三多摩の下水道を考える市民集会」선전 팸플릿(야자마 히데지로 소장자료).

47 小金井市公民館 編·발행, 『公民館創立40周年記念誌「公民館40年の歩み」』, 1993, 161~167쪽.

표 1 '산타마 문제 조사연구회' 창립기 주요 멤버

이름	집필시의 역할	연령	학력	현직	연구회 내 직함	비고
마루이 히데히로 (丸井英弘)	집필자 대표	28세	도쿄교육대학 졸업	사법 연수생	법무부장	국제기독교대학 졸업 후, 도쿄교육대학 학부 입학. 학교 경비원 등 종사
히라바야시 마사오 (平林正夫)	집필자	25세	도쿄학예대학 대학원 석사 2학년 재학 중	학교 경비원	조사부장 겸 보급추진부 본부장	
나카오 요시히사 (中尾喜久)	집필자	24세	도쿄학예대학 졸업	학교 경비원	노가와 문제 특별위원회 위원	
미야타 나오요 (宮田直世)	집필자	24세	도쿄학예대학 대학원 석사 1학년 재학 중		사무국원 교육문제담당	
무카이 노부나리 (向井信也)	집필자	27세	도쿄학예대학 졸업	학교 경비원	사무국장	
야자마 히데지로 (矢間秀次郎)	집필자	32세	주오대학 졸업	도쿄도립 공해연구소 서무계장	부회장	1972년 7월 시점, 산타마 문제 조사연구회 대표
마루이 타카시 (丸井敬司)	조사원	24세	주오대학 4학년 재학 중	학교 경비원		
와카쓰키 슈우스케 (若月秀介)	조사원	21세	주오대학 4학년 재학 중	학교 경비원		
니시오 슈우지 (西尾収司)	조사원	25세	도시샤대학 졸업		법무담당	
아라가키 시게오 (新垣重雄)	조사원	25세	주오대학 2학년 재학 중	학교 경비원		고가네이시 야간직원조합 집행위원장
시미즈 레이코 (清水礼子)	조사원	20세	지바(千葉)대학 1학년 재학 중		사무국원 교육문제담당	
카미가키 유미코 (上柿由美子)	조사원	19세	도쿄도립 진다이(神代) 고등학교 졸업	미쓰비시 (三菱) 상사 근무	사무국원	
히라가 무쓰오 (平賀睦夫)		35세		변호사	참여	
요가와 사치오 (与川幸男)		32세		도쿄도청 공보실 근무	출판부장	

출처: 『水辺の空間を市民の手に』(1973). 마루이 히데히로에 대해서는 『市民環境科学の実践』
(2003)으로 보충.

가네이시 야간 경비원으로 일하면서 사법시험을 준비했고, 1971년에 합격하여 사법연수원 생활을 하던 인물이다.[48] 마루이까지 포함하면 야간 경비원 경험자의 비중이 한층 높아진다.

마루이와 유사한 경력의 인물이 적지 않았으리라 추측된다. 예를 들어 무카이 노부나리(向井信也)는 "저도 학생운동을 조금 하고 있었지만 확실히 세계정세나 국제정세에 대해서는 논하면서도 공해와 같은 구체적인 문제에 부딪치면 어떻게 해야 좋을지 몰랐습니다"라고 말했다. 히라바야시 마사오(平林正夫)는 "또 하나는 제 자신의 문제이기도 했습니다만, 지금까지는 보편적인 문제만을 다루었습니다. 천하 국가를 논한다든지⋯⋯. 하지만 이것을 지역의 문제로 좁혀서 각각 개별 문제로부터 보편성을 끌어내고자 했습니다"라고 말했다.[49] 학생운동을 비롯하여 어떠한 형태든 운동에 참여했던 인물들이 많았으리라 짐작된다.

한편, 야간 경비원은 고가네이 시청 내에 고가네이시 야간직원조합을 결성하고 경비원의 정규직화와 일자리 보장을 요구하며 시장실 앞에서 장기 연좌농성을 하는 등 나가토시 시장의 혁신 시정(市政)에 맞서 격렬한 노동운동을 펼치기도 했다.[50]

혁신 도정을 지지했던 도쿄도 직원들도 조사연구회에 참여했다. 대표적 인물로는 조사연구회 설립 당시, 대표를 맡았고 훗날 부회장이 된 야자마를 들 수 있다. 그는 도쿄도 직원이었고 연령도 높은 편이었다. 야자마는 미노베 도지사의 연설문 작성자였던 오타 히사유키(大田久行, 필명 도몬 후유지[童門

---

48 ATT流域研究所 編, 앞의 책, 149~156쪽.

49 三多摩問題調査研究会 編, 앞의 책, 55·57쪽.

50 小金井市議会史編さん委員会 編, 『小金井市議会史』, 小金井市議会, 1979, 268~273
    쪽; 自治労小金井市職員組合現業協議会十年史編集委員会 編, 『闘魂の旗のもとに
    ―現協10年の歩み―』, 自治労小金井市職員組合現業協議会, 1984, 203~218쪽.

冬二])와 함께 공보실에서 근무하다가 1972년에 승진하여 공해연구소로 이동했다. 공해연구소에서 '자주 세미나(셀프 스터디 모임-번역자)'를 운영했다고 한다.[51] 미노베 도지사의 도정을 지지했던 젊은 직원이었다고 할 수 있다. 도쿄도 직원은, 그 수가 많지는 않았지만, 환경문제를 제기했던 것이 야자마였고 이들로 인해 조사연구회가 혁신지자체와 지향점을 공유할 수 있었다는 의미에서 중요한 역할을 담당했다고 할 수 있다.

5) 산타마 문제 조사연구회의 '물길의 사상'

조사연구회가 환경보호운동을 하면서 내세운 사상이 '물길의 사상'이었다. 『수변 공간을 시민의 손으로』에는 "물은 시민 사이를 흐르고 있다. 이흐름을 지긋이 응시해 보자. 이러한 소박한 자세로부터 '물길의 사상'이 떠오른다. 노가와의 오염은 다마가와를 오염시키고 도쿄만을 죽음의 바다로만든다"라며 "살기 위해서야말로 우리는 '수변 공간을 시민의 손으로'를 호소하고 있다"라고 서술되어 있다.[52] 현상논문 「노가와 사회개발」에서는 "도시 안에 깨끗한 수변이 펼쳐지기 바라는 것은 이미 무리일까. 도시하천 위로 고속도로가 달리고 화려한 네온사인이 비치는 수면에서 이상한악취가 풍긴다"라고 당시 상황을 말한 뒤, "강은 도시에 없어서는 안 될 자연이고 시민에게 휴식과 여유로움을 주는 '물이 있는 공간'이지 않았을까. 강변에서 뛰어난 문명이 탄생했고 위대한 도시가 번창한다는 원리를 도시하천의 각종 물의 기능을 통해 재고해보는 것이 이 글의 목표 중 하나"라고, 조사연구회의 과제를 제기했다. 이어서 "논문에서는 노가와를 '살아있

---

51 矢間秀次郎, 『揺るぎの時代を生き抜く－環境運動40年の奔流』, 合同出版, 2011, 92~102쪽.

52 三多摩問題調査研究会 編, 앞의 책, 2쪽.

는 강'으로 되살릴 가능성을 찾고 그 방법을 제시하고자 한다. 이것은 시민들의 '고향' 만들기를 촉진시키고 지역 특성을 살린 사회·문화개발을 통해 '수변 공간'을 물길에 있는 모든 시민들의 손으로 되찾는 것에 다름아니다"라고 주장했다.[53]

그러나 앞서 말한 바와 같이, 노가와의 환경파괴에 직면한 인근 주민들은 환경파괴를 더욱 촉진시킬 노가와의 복개를 주장하고 있었다. 이에 대해, "강은 아름다워야 한다–'하케'(고쿠분지 절벽)에서 솟아나는 용천수가 모인 노가와의 특성을 생각하면 복개의 사상은 받아들일 수 없다"라면서도 "그래도 무엇이 주민들로 하여금 '뚜껑'을 덮어 강의 장례를 치르게끔 내몰았는지 파악할 필요가 있다"라고 할 수밖에 없었다.[54] 좌담회에서 히라바야시 마사오는 "물길의 사상은 복개의 사상에 대항하여 탄생했습니다. 복개의 사상은 지역주민의 생활 속에서 나왔습니다. 그것을 무조건 안된다고만 해서는 주민을 납득시킬 수 없습니다. 이념, 철학의 공유를 도모하고 싶습니다"라고 말했다.[55]

그때 고가네이 시민을 대상으로 '노가와와 지역개발에 관한 의식조사'가 실시된 것이다. 노가와 유역 주민뿐만 아니라 고가네이 시민의 의식을 조사함으로써 복개화 찬성 의견(24%)에 대항하는 하천 환경 보호 의식(75%)을 발굴해낸 것이었다. 더욱이 환경보호에 대해 그 해결수단을 묻고 하천문제 해결을 위한 방책으로서 시민운동 창설(32%), 주민자치회(町內会, 한국의 반상회에 해당–번역자) 활동을 주체로 할 것(50%)이라는 답변을 얻어 자발적인 운동 형태로 이어질 수 있었다. 의식조사를 통해 이해관계자만이 아

53 三多摩問題調査研究会 編, 앞의 책, 12쪽.
54 三多摩問題調査研究会 編, 위의 책, 24쪽.
55 三多摩問題調査研究会 編, 위의 책, 59쪽.

닌 이른바 '공익'을 제시하려 했다고 할 수 있다

논문 「노가와 사회개발」에는 "강은 누구의 것인가. 이 물음에 대해 주민과 함께하는 논의와 대화가 중시되어야 하지 않는가. 그러기 위해서는 단순히 강 유역 주민만이 아니라 물길 전체의 모든 시민을 포괄하여 '수변 공간'에 대한 논의를 만들어가야 한다. 여기에 토지를 빼앗겨 '고향'을 떠나는 사람도 '고향' 만들기에 참여할 가능성이 생긴다"라고 적혀 있다. 결국 '물길의 사상'을 통해 지역 주민의 합의의 장으로서 공공권(公共圈)을 형성하는 것이 과제였다고 할 수 있다.

조사연구회는 스스로를 '시민운동'으로 규정했다고 할 수 있지만, 여기에 다른 의견이 없었던 것은 아니다. 민중사 연구자 이로카와 다이키치는 인근 지역에 소재한 도쿄경제대학에서 근무하면서 조사연구회에 초기부터 참여했다. 그런데 이로카와는 『수변 공간을 시민의 손으로』에 실은 기고문에서 "공통의 목표는 인간과 자연과의 공생을 부활시키는 것이지만 방법에 대해서는 시민운동을 전개해야 한다는 시민의 논리 측과 주민자치회와 같은 단체를 주체로 삼아야 한다는 주민운동 논리의 측으로 나뉘어져 있다. 당연히 후자가 다수였다. 이 부분이 지니는 깊은 함의에 대한 성찰이 이 논문에 결여되어 있다"라고 비판했다.[56]

6) 권력과의 새로운 관계성 모색

조사연구회에 대한 이로카와의 비판은 이것이 끝이 아니었다. 『수변 공간을 시민의 손으로』 편집기획 때 미노베 도지사와 미키 다케오(三木武夫) 환경청 장관에게 집필을 의뢰하자는 의견이 나왔다. 이 소식을 들은 이로

---

56 三多摩問題調査研究会 編, 앞의 책, 5쪽.

카와는 "이 둘의 이름을 본다면 민중들은 무의식 중에 반발할 것이다. 그 것이 민중이다"라고 비판했고 집필 의뢰 문제는 편집위원회에서 협의하게 되었다.[57]

훗날 좌담회에서 마루이 히데히로는 "나도 권력 알레르기가 있어요. 하지만 반체제 운동도 말하자면 권력과 같은 레벨입니다. 상대를 극복하는 것이 아니라 단순히 '안티'인 것이죠. 이걸로는 창조적 운동이 안 됩니다. 출발점에서 이미 동일선상에 있는 셈이죠"라며, 이로카와의 비판을 반박했다.[58] 도쿄도 직원이었던 야자마는 마루이보다 훨씬 비판적이었다. 야자마는 "오늘의 권력은 내일의 시민이고, 오늘의 시민은 내일의 권력이라는 것, 바꿔 말하면 권력을 고정된 것으로 사고하는 시민의 의식 속에 하나의 환상이 있습니다. 그 환상을 교묘하게 활용함으로써 권력은 온존합니다"라고 했다. 이어서 "그렇다면 이 환상을 깨고 극복하지 않는다면 일본의 시민은 영원히 확실한 것을 얻지 못하리라 생각합니다. 권력을 지탱하고 있는 자기 자신을 직시하지 않은 채 사소한 것으로 [치부함으로써][59] 권력이라는 환상을 환상으로서 더욱 부풀려 나갑니다"라고 지적했다. 그리고 결국 시간 부족으로 미노베와 미키에게 집필을 의뢰하지 못한 것을 "유감"이라고 표현했다.[60] 야자마는 "급진적인 말을 하며 원점(原點)을 제대로 파악하고 있는 듯 보이는 사람들조차 이 권력의 환상을 꺾지 않고 있다"라는 주장까지 했다.[61] 그러나 야자마는 현실의 혁신정당·혁신지자체에 대한 환

57 三多摩問題調査研究会 編, 앞의 책, 60쪽.
58 三多摩問題調査研究会 編, 위의 책, 60쪽.
59 [번역자 주] 원문에는 이 구절이 없으나, [ ] 안의 구절이 없으면 문맥을 이해할 수 없으므로 번역자가 보충하였다.
60 三多摩問題調査研究会 編, 위의 책, 60쪽.
61 三多摩問題調査研究会 編, 위의 책, 60쪽.

상을 가지고 있지는 않았다. "복개의 논리를 펼쳐온 곳에는, 시노하라 하지메(篠原一) 선생님도 지적했듯이, 일본의 혁신정당·혁신지자체 등이 구획정리나 하천 개수 반대 운동의 선봉에 서왔다는 역사적 사실이 있습니다"라고 서술했다.[62] 야자마는 혁신지자체인 도쿄도의 직원이었지만 '혁신'이 환경파괴에 가담했다는 사실을 날카롭게 꿰뚫고 있었던 것이다.

7) 산타마 문제 조사연구회의 실천적 운동

1970년대 조사연구회의 실천적 운동은 다음과 같은 세 가지로 크게 나뉘는데, 모두 미묘한 문제를 내포하고 있었다.[63]

첫째, 1975년부터 시작된 센가와(仙川) 분수로 공사 반대운동을 들 수 있다. 고가네이 북쪽에 위치한 노가와의 지류 센가와 또한 수해로 골치를 썩고 있었다. 용지 매수를 수반한 하천 개수 공사 계획이 제대로 수립되지 못한 채, 1974년부터 노가와의 관리기관 도쿄도는 실드공법으로 터널식 수로를 만들어 분수로 삼고 노가와로 물을 흘려보내는 센가와 분수로 공사를 실시했다. 그러나 지하수맥이 잘리고 지반응고제가 유출되어 물고기가 죽는 등 피해가 속출했다. 이에 조사연구회는 분수로 인근 주민자치회와 함께 공사 반대운동에 착수하여 1977년 공사 중지 소송을 제기했다. 그러나 센가와 인근 주민은 분수로 공사 속개를 주장했고 혁신지자체장인 나가토시 시장과 미노베 도지사도 계획을 변경하지 않았다. 이때 근무 외 시간을 활용하여 재판투쟁을 하던 야자마는 소속국장에게서 "섬은 많다"

---

62 三多摩問題調査研究会 編, 앞의 책, 60쪽. 시노하라 하지메의 지적이란 같은 책에 기고한 「물길의 사상과 숲길의 사상, 그리고 시민의 논리를 어떻게 살릴 것인가(水系の思想と林系の思想·市民の論理をどういかすか)」라는 글 내용을 가리킨다.

63 세 가지 운동에 대해서는 小金井市史編さん委員会 編, 앞의 책, 2016·2019를 참고 바란다.

라며 이즈(伊豆)제도 등으로 좌천시키겠다고 협박당한 적이 있다고 회상했다.[64] 혁신지자체는 환경보호운동과 대치하는 입장을 취했던 것이다. 결국 센가와 분수로 공사는 실시되었고 소송도 기각되었다.

둘째, '소로센엔 보전운동'을 들 수 있다. 소로센엔은 고쿠분지 절벽 지형을 활용하여 조성된 별장 정원으로 노가와의 수원(水源) 중 하나인데, 1975년 생활협동조합 도쿄주택공급센터가 이곳을 주택지로 개발할 계획을 발표했다. 생활협동조합 도쿄주택공급센터는 총평의 지역조직인 도쿄지역평의회, 도쿄지방동맹 및 기타 지역생협의 주도로 만들어진 단체였다. 개발계획에서 고가네이시 측의 창구가 된 직원은 도쿄도 공무원과 생협 임원 경력이 있는 인물이었다. 바로 총평이 난개발에 가담하던 1950~60년대와 동일한 구도라 할 수 있다. 이 문제에 대해 조사연구회는 인근의 주민자치회와 부인유권자동맹 고가네이지부, 게다가 반(反) 혁신지자체를 표명하던 젊은 경영자단체 고가네이청년회의소 등과 함께 반대운동을 펼쳤다. 결국 1976년에 도쿄도가 소로센엔을 사들여 공원으로 개방하는 것으로 귀결되었다. 이른바 보수/혁신을 넘어선 주민운동이 전개되면서 도쿄도가 환경보호에 보다 더 앞장서게 되었다고 할 수 있다.

셋째, 1975년부터 시작된 '완파쿠 여름 축제(완파쿠: 개구쟁이라는 뜻-번역자)'라는 어린이 이벤트 사업에 협력한 것을 들 수 있다. 노가와에서 낚시를 하고 싶다는 아이들의 희망사항에 따라 고가네이시립 동부아동관 직원과 어린이, 부모들이 중심이 되어 도쿄도립 무사시노공원에서 '완파쿠 여름 축제' 이벤트를 개최했다. 이 이벤트에 고가네이청년회의소와 함께 조사연구회가 협력하였다. 이 행사는 현재도 개최되고 있다. 1977년 나가토

---

64 ATT流域研究所 編, 앞의 책, 20쪽; [번역자 주] 이즈제도는 남동쪽으로 길게 650km까지 뻗어있는 여러 섬들이다. 행정구역상 도쿄도에 속한다.

시 시장의 요청으로 조사연구회를 포함한 '완파쿠 여름 축제' 실행위원회는 '무사시노공원 정비와 이용에 관한 청원서'를 제출했다. 이 청원서에는 여름 축제가 열린 곳의 일부를 강이 흐르는 들판으로 남겨두어 달라는 내용이 담겨 있었다. 우여곡절이 있었지만 지금도 외형상으로는 바라던 대로 되어 있다. 결국 이 점에 있어서는 혁신지자체는 환경보호운동의 바람에 응답했다고 할 수 있다.

이와 같이 조사연구회의 실천적 운동은 여러 가지 미묘한 문제를 내포하고 있었다고 할 수 있다. 창설 멤버의 중심은 학생운동과 노동운동 경험자, 그리고 혁신지자체 직원 등이었지만 보수와 혁신을 넘은 주민운동이 성사되는 결과를 낳았다. 혁신지자체와의 관계도 미묘했다. 센가와 분수로 공사와 같이 전면적으로 대립하기도 했고 소로센엔 문제와 같이 도쿄도가 해결에 앞장선 경우도 있었으며 '완파쿠 여름 축제'와 같이 환경보호에 대한 바람을 혁신지자체가 받아들이는 경우도 있었던 것이다.

5. 맺음말

1960~70년대 현대 세계는 큰 전환기를 맞이했다. 그때까지의 고도경제성장은 인류사회의 지속가능성을 뒤흔들 정도의 환경파괴를 초래했고 도처에서 농민층의 소멸과 대규모 도시화의 진전, 고등교육의 대중화, 기존 의미에서의 '노동자 계급'의 감소, 여성의 사회진출 등 사회변동을 낳았다. 더욱이 일본 사회에서는 종래 냉전구조에 뿌리를 두던 사회운동과는 다른, 주민운동·시민운동·학생운동이 탄생했다.

이 글에서 살펴본 고가네이 지역은 이러한 1960~70년대의 상황을 지역에서 체현했다고 할 수 있다. 1960년대 후반 이후 도시화에 따른 고가네이 지역의 환경파괴는 지역사회가 이 문제에 대응하게 만들었다. 혁신지자체와 환경보호를 내건 시민운동이 성립할 수 있었던 원동력이 된 것이다. 그리고 각각의 사적 이해관계를 넘어선 새로운 공익을 제시하기 위한 모색이 시작되었다. 조사연구회의 '의식조사'는 이를 위한 수단이었고 시민 합의의 장으로서 새로운 공공권을 형성하고자 했다고 할 수 있다.

조사연구회는 학생운동·노동운동·시민운동·주민운동 등의 사회운동과 전혀 무관하게 성립한 것은 아니다. 종적으로도 횡적으로도 다양한 운동의 네트워크가 교차하는 지점에서 성립된 운동이었다. 그렇지만 적어도 조사연구회의 활동으로 한정시켜 본다면, 혁신지자체 및 당파의 운동과는 구별되는 무당파 운동이라고 할 수 있다. 이러한 의미에서 사안에 따라서는 기존의 보수적인 지역 사회 질서를 대표하는 주민자치회나 반(反) 혁신지자체를 표방하는 젊은 경영자단체인 청년회의소와 공동으로 싸우기도 했으며 보수/혁신을 넘어서는 새로운 운동을 전개하기도 했다. 이는 경제성장과 냉전구조를 기반으로 한 사회주의/자본주의의 대립 구조 속에서 전개되었던 종래의 민주주의 운동으로부터 탈피하는 것을 의미하기도 한다.

한편 '오늘의 권력은 내일의 시민이고 오늘의 시민은 내일의 권력'이라는 것, 즉 기존의 시민과 권력의 관계성을 되묻기도 했다. 혁신지자체와 조사연구회의 관계는 미묘하여 개별 사안에 따라 대응이 달랐다. 혁신지자체는 주민의 요구를 체현하는 존재라고 자인하면서도 주민과 대립하며 개발정책을 추진하는 주체이기도 하다는 모순을 내포하고 있었다. 이 모순은 혁신지자체와 대립관계에 있었던 국가 및 보수지자체도 방식은 다를지언정 공유하고 있었다고 할 수 있다. 그렇기 때문에 혁신지자체 하에서도 이와는 선을 긋는 운동이 필요했던 것이다. 이 지점에서 환경문제라는 범주를 넘어 민주주의 하에 있어서의 정치와 운동 각각의 존재가 표출되었다고 볼 수 있다.

그런데 미노베 도정과 나가토시 시정은 1979년에 종지부를 찍었고 이후 보수진영 단체장들의 당선이 이어졌다. 보수시정 시기였던 1985년 12월 2일에 개최된 고가네이시의 장기계획심의회 필드조사에 초대받은 마쓰시타 게이이치는 소로센엔과 고쿠분지 절벽, 노가와 다마가와 상수 등의 '초록 재산'이 보전된 점을 높이 평가하며 "행정기관의 돈의 사용처—시빌 미니멈적인 의미에서 어떻게 해서든 주민과의 관계 때문에 서둘러 만들 수밖에 없는 측면이 있는데, 고가네이시는 이 단계가 이미 끝났다고 할 수 있습니다"라며 "돈의 사용처가 무엇인지 말씀드리자면 환경(원문: 綠—번역자)과 재개발입니다. 환경과 재개발이, 앞서 말한 단계를 끝낸 지자체 행정의 중추 과제입니다"라고 말했다. 나아가 "그렇다면 중점은 아무래도 환경 방향으로 나아가야 하지 않겠는가. 이러한 점에서 고가네이시도 도시의 성숙단계에 접어들었다고 생각합니다"라고 했다.[65] 마쓰시타의 발언은 이중의 의미에서 흥미롭다. 그는 혁신지자체 측의 브레인이었는데, 환경보호뿐 아니라 지역의 재개발까지 주장했다. 보수계열 지자체장들도[66] 장기적 정책을 고려할 때는 마쓰시타의 의견에 귀를 기울였다. 이러한 움직임은 혁신이라는 틀을 넘어 환경보호가 운동뿐 아니라 정책까지 포함하는 넓은 의미에서 민주주의 과제의 하나로 정착되어갔다고 할 수 있다.

그러나 이 글에서 환경보호가 정책과제가 되었다는 점만 높이 평가하는 것은 아니다. 환경보호가 정책이 되는 전제로서는, 혁신지자체를 포함하여

---

65 小金井市史編さん委員会 編, 앞의 책, 2016, 693~697쪽.

66 당시 고가네이 시장은 자유민주당·공명당·민사당 등의 추천을 받아 입후보하여 당선된 호타테 아키라(保立瓏, 재임기간 1981~1987)였다.

국가와 지자체의 환경보호정책이 불충분하다는 점을 계속 지적한 조사연구회와 같은 시민운동의 존재가 있었다.

현대 일본사회에도 민주주의를 표방하는 자유민주당 정권 하에서 그 원자력발전소 정책에 맞서 반원전운동이 벌어지고 있다. 전세계적으로는 유엔이 환경보호를 포함한 SDGs(지속 가능한 발전 목표)라는 정책 과제를 제기했고, 지금의 환경보호정책으로는 충분치 않다고 비판하는 그레타 툰베리 등의 운동이 일어나고 있다.[67]

마지막으로 이 글을 읽어주신 한국 분들에게 메시지를 전하고자 한다. 이 글의 원형을 한·일 워크숍에서 발표했을 때 한국 측 참가자들이 민주주의를 표방하는 정권 및 지자체에서 독자적인 민주주의 운동이 존재할 필요성을 제기했던 것을 기억하고 있다. 필자는 한국의 민주주의 운동과 환경문제를 충분히 알고 있지는 못하나, 한국 분들이 이러한 문제를 고민할 때 이 글이 조금이나마 도움이 되길 진심으로 바라는 바이다.

---

67 SDGs에 대해서는 南博·稻葉雅紀, 『SDGs−危機の時代の羅針盤』, 岩波書店, 2020, 그레타 툰베리에 대해서는 マレーナ·エルンマン他, 羽根由他 訳, 『グレタ たったひとりのストライキ』, 海と月社, 2019(그레타 툰베리 외, 고영아 옮김, 『그레타 툰베리의 금요일: 지구를 살리는 어느 가족 이야기』, 책담, 2019)를 참조하였다.

참고문헌

자료

『小金井市議会会議録』

矢間秀次郎 소장자료:

「三多摩問題調査研究会研究会会則」

三多摩問題調査研究会 編, 『水辺の空間を市民の手に−水系の思想と人間環境』, 1973.

『研究会情報』

「三多摩の下水道を考える市民集会」 선전 팸플릿

단행본

荒川章二, 『(全集 日本の歴史 第16巻)豊かさへの渇望: 一九五五年から現在』, 16, 小学館, 2009.

安藤丈将, 『ニュ−レフト運動と市民社会』, 世界思想社, 2013.

飯島伸子, 『環境問題の社会史』, 有斐閣, 2000.

ATT流域研究所 編, 『市民環境科学の実践−東京·野川の水系運動』, けやき出版, 2003.

エリック·ホブズボ−ム, 大井由紀 訳, 『20世紀の歴史−両極端の時代』上巻, ちくま学芸文庫, 2018.

大津透ほか 編, 『岩波講座日本歴史』19, 岩波書店, 2015.

小熊英二, 『一九六八』上下, 新曜社, 2009.

小金井市議会史編さん委員会 編, 『小金井市議会史』, 小金井市議会, 1979.

小金井市公民館 編·発行, 『公民館創立40周年記念誌「公民館40年の歩み」』, 1993.

小金井市史編さん委員会 編, 『小金井市史』資料編 現代, 小金井市, 2016.

_____, 『小金井市史』通史編, 小金井市, 2019.

国立歴史民俗博物館 編, 『企画展示「1968年」−無数の問いの噴出の時代−』, 歴史民俗博物館振興会, 2017.

斎藤幸平, 『人新世の『資本論』』, 集英社, 2020.

自治労小金井市職員組合現業協議会十年史編集委員会 編, 『闘魂の旗のもとに−

現協10年の歩み−』, 自治労小金井市職員組合現業協議会, 1984.

JA情報サ−ビス 編, 『小金井市農業協同組合五十年史』, 小金井市農業協同組合, 1998.

日本史研究会・歴史学研究会 編, 『講座日本歴史』12, 東京大学出版会, 1985.

日本政治学会 編, 『年報政治学』1977, 岩波書店, 1979.

福田克彦, 『三里塚アンドソイル』, 平原社, 2002.

松下圭一, 『都市政策を考える』, 岩波書店, 1971.

マレ−ナ・エルンマン他, 羽根由他 訳, 『グレタ たったひとりのストライキ』, 海と月社, 2019.

源川真希, 『東京市政−首都の近現代史』, 日本経済評論社, 2007.

南博・稲葉雅紀, 『SDGs−危機の時代の羅針盤』, 岩波書店, 2020.

宮本憲一, 『戦後日本公害史論』, 岩波書店, 2014.

本谷勲 編著, 『都市に泉を−水辺環境の復活』, 日本放送出版協会, 1987.

矢間秀次郎, 『揺るぎの時代を生き抜く−環境運動40年の奔流』, 合同出版, 2011.

安田常雄 編, 『シリーズ 戦後日本社会の歴史』3, 岩波書店, 2012.

八幡製鉄株式会社八幡製鉄 編, 『八幡製鉄所五十年史』, 八幡製鉄所, 1950.

渡辺治 編, 『日本の時代史』, 吉川弘文館, 2004.

논문

沼尻晃伸, 「都市における水辺空間の再編−1970〜80年代の川をめぐる諸運動と政策−」, 『年報・日本現代史』23, 現代史料出版, 2018.

道場親信, 「1960年代における『地域』の発見と『公共性』の再定義−未決のアポリアをめぐって」, 『現代思想』30-6, 青土社, 2002.

_____, 「戦後日本の社会運動」, 大津透 編, 『岩波講座日本歴史』19, 岩波書店, 2015.

平井一臣, 「戦後社会運動のなかのベ平連−ベ平連運動の地域的展開を中心に」, 『法政研究』71-4, 九州大学法学部, 2005.

_____, 「1968年のベ平連」, 『思想』2018년 5월호, 岩波書店, 2018.

安田常雄, 「現代史における自治と公共性に関する覚え書−横浜新貨物線反対運動の〈経験〉を通して−」, 『法学新報』109-1・2, 中央大学法学会, 2002.

제2부

민주주의와 소수자 정치

'재외동포'와 '민족자결'을 통해 본 민주주의의 범위와 주체

–패전 직후의 오키나와를 사례로[1]

우에치 사토코(上地聡子)

1. 머리말

이 글의 연구 주제는 1945년 일본 패전으로부터 샌프란시스코 강화조약이 체결된 1951년까지의 오키나와 귀속 문제이다.

오키나와는 일본 열도와 타이완 사이에 있는 도서현(島嶼縣)으로 1879년 일본에 병합될 때까지 류큐국(琉球國)으로서 동아시아 화이질서 속에 편입되어 있던 지역이다. 태평양전쟁 말기인 1945년 3월 오키나와에서 펼쳐진 지상전(地上戰) 이후 미군이 직접 점령했고, 일본의 항복 후에도 연합국 최고사령관 총사령부(이하 GHQ)가 간접통치한 일본 본토와는 별도의 점령체계가 지속되었다. 1972년 5월 오키나와의 시정권(施政權)은 미국에서 일본으로 넘어갔지만, 이 글의 연구대상 시기 동안 오키나와의 처우는 미국의 대일강화(對日講和)에서 최종 결정되어야 할 영토문제의 핵심 이슈 중

---

1   이 글에서 다루는 오키나와는 오키나와섬과 그 주변 섬들을 지칭한다. 미야코(宮古) 및 야에야마제도(八重山諸島)를 포함한 연구는 향후 과제로 삼고자 한다.

하나였다. 그리고 미국이 오키나와를 '신탁통치'할 가능성은 패전 직후부터 꾸준히 보도되었다.[2]

이렇듯 오키나와는 일본 병합의 과거를 가진 채로 미군 점령기에는 일본 본토에서 분리되어 신탁통치를 받을 것이라 예견되었는데, 샌프란시스코 강화 직전 오키나와 현지에서는 일본 본토 복귀를 호소하는 서명운동이 전개되어 유권자 72%의 서명이 모였다. '독립'이나 '신탁통치'를 주장하는 지식인들도 있어 오키나와 현지의 신문지상에서는 일본 '복귀'파와 '복귀' 반대파 간의 논쟁이 벌어지기도 했지만 이는 소수에 불과했다.[3]

이러한 경위에서 필자는 '패전 직후의 몇 년 사이에 오키나와의 일본 '복귀' 지향이 왜 전경화(前景化)되었나'라는 물음을 중심으로, 오키나와섬과 그 주변의 섬들, 일본 본토(도쿄와 오사카·효고[兵庫]), 하와이(호놀룰루) 세 지역의 오키나와 출신자가 고향의 미래에 대해 어떠한 태도를 취했고, 무엇을 어떻게 발신했는지를 연구해왔다. 그렇기 때문에 '민주주의'라는 주제를 의식한 연구를 하지는 않았다. 다만 지금까지의 연구에 '민주주의'를 접

---

2 일본 본토에 사는 오키나와인의 전국조직을 목표로 1945년 11월 결성된 오키나와인연맹의 기관지 『자유 오키나와(自由沖縄)』와 패전 전에 규슈(九州)지방으로 피난간 오키나와인에게 정보를 전달하기 위해 후쿠오카(福岡)에서 발행된 『오키나와신민보(沖縄新民報)』는 1947년부터 1948년 초반까지 여섯 차례에 걸쳐 오키나와의 신탁통치를 암시하는 기사를 게재했다. 「오키나와의 장래는/미국의 신탁통치인가(沖縄の将来は／米国の信託統治か)」(『沖縄新民報』 1947. 6. 15), 「유엔 하에 신탁통치/미국, 적극적 요구도 준비(国連下に信託統治／米国、積極的要求も用意)」(『自由沖縄』 1948. 2. 20) 등을 예로 들 수 있다. 그리고 오키나와에서도 지방지인 『우루마신보(うるま新報)』가 1946년 11월 8일에 「오키나와의 신탁통치/미국의 의사 표시인가/미 대표 워싱턴에 청훈/유엔 총회(沖縄の信託統治／米が意志表示か／米代表ワシントンに請訓／国連総会)」라는 기사를 실었고 이후에도 「특히 오키나와섬에 관심/전략적 신탁이 희망/미국이 구상하는 대일조약(特に沖縄島に関心／戦略的信託が希望／アメリカの構想する対日条約)」(『うるま新報』 1947. 8. 8) 등의 기사가 확인된다.
3 상세한 내용은 上地聡子, 「競われた青写真－1951年の帰属議論における「復帰」支持と, 論じられなかったもの」, 『琉球·沖縄研究』 2, 早稲田大学琉球·沖縄研究所, 2008를 참조 바란다.

목시켜보면 연구의 연장선상에서 민주주의가 실천되는 공간과 실천하는 주체에 대해 고찰해볼 여지를 발견할 수 있다.

아래에서 개관하듯, 1945~1951년 미군 점령 하의 오키나와 외에도 각지에 많은 오키나와인들이 거주하고 있었다.[4] 태평양전쟁 종료 후 각 지역의 오키나와인은 지상전의 무대가 된 고향의 정보를 얻고자 서로 연락하며 고향 돕기 활동을 시작했다. 도쿄와 하와이에 거주하던 일부 오키나와인은 샌프란시스코 대일강화회의에서 결정될 것으로 예측되던 고향 오키나와의 장래에 대해, 현지 언론이나 오키나와의 신문에 기고문을 실어 자신의 의견을 표명하였다. 오키나와 출신자들이 오키나와 귀속에 대해 자신의 의사를 표명하는 행동, 이것을 민주주의 실천의 한 예로 간주한다면, 미군 점령 하 오키나와라는 공간 밖에 있던 오키나와 출신자-'재외동포' 및 '해외동포'-가 일본 '복귀' 지지를 표명하거나 오키나와 현지 언론매체에 투고하는 등의 행동은 어떻게 생각해야 할까. 서로 연락을 취하는 과정에서 '오키나와인'이라는 일체성을 서로 확인하던 그들은 오키나와라는 공간에 거주하지 않는 '외야(外野)'였으니 그들의 의사 표명 또한 어디까지나 외야의 퍼포먼스로 치부해버려야 할까.

민주주의를 실천하는 주체에 대해서는 오키나와인이라는 집합체가 있다고 가정할 경우, 그 애매한 정치적 입장에서 연구 관심이 야기된다. 주지하듯 제1차 세계대전 이후 '민족자결'은 국제사회에서 하나의 커다란 조류가 되었다. 제2차 세계대전 직후 아시아 각국에서도 그 기운이 고조되었다. 오키나와 현지 언론 『우루마신보(うるま新報)』도 「불어오는 "아시아의 바람"과

---

4   당시 신문을 보면 오키나와 출신자들은 스스로를 지칭하는 일인칭 복수명사로서 오키나와인, 오키나와현인, 오키나와 민족 등 여러 명칭을 혼용하고 있었다. 이 글에서는 기본적으로 오키나와인과 오키나와 출신자라는 단어를 사용하겠다. 명칭의 정치성에 대해서는 별도 논문에서 논하고자 한다.

식민지의 정치동향」[5]이라는 제목 하에 인도와 인도네시아, 조선, 베트남 등 아시아 각국의 전후 동향과 일부 지역의 독립 기운을 보도하였다.

그러나 샌프란시스코 강화회의 당시, 오키나와에서 '독립'을 주장하는 의견이 공식적으로 표명되지는 않았다. 독립하여 자신들의 국가를 건설하려는 '민족자결'을 민주주의를 실천하는 하나의 사례로 본다면, 일본으로 병합된 이후 일본 '국민'이라는 법적 지위를 가지면서도 일본으로부터 지속적으로 차별받은 오키나와 내부에서 패전 후 수년 만에 일본 '복귀'를 다시 희망하고 주장하기 시작한 현상을 어떻게 해석해야 할까. 후술하듯 패전 후 일본에서 '해방'되었다는 감각을 지닌 오키나와인도 존재했다. 다만 스스로를 전쟁의 패배자라고 생각하는, 즉 일본인의 한 사람으로 자리매김하는 자기인식이 주류였고 이 글의 연구대상 시기인 패전 후 수년간의 오키나와인의 자기인식은 매우 다층적이었다. 종주국 측의 일본인인가, 해방된 민족인가. 1950년 즈음까지의 오키나와를 사례로 '민족자결'이라는 주제를 들여다보면 이러한 이분법적 분석 자체에 의문이 든다.

안타깝게도 이 글의 현 단계에서는 이러한 모든 의문에 답할 준비가 되어 있지 않다. 대신 두 가지 의문을 품게 된 경위로서 지금까지의 연구 성과를 정리하고, 이러한 연구 관심이 어떠한 과제와 연결되는지에 대해 의견을 내려 한다.

---

5 「巻き起る"亜細亜の風"と植民地の政治動向」, 『うるま新報』 1947. 11. 14.

2. 오키나와와 '민주주의' : 선행연구로부터

민주주의라는 관점에서 패전 직후 오키나와를 생각해보면 와카바야시 치요(若林千代)가 제시한 '민주'와 '자치'라는 키워드가 먼저 떠오른다. 패전 직후 5년 동안의 오키나와 정치사회를 고찰한 와카바야시는 당시 식량과 주거, 교육, 노동 등의 생활적 측면에서 제기된 개별적이고 다양한 문제제기가 "점령 하의 '무권리상태'라는 조건 하에서 필연적으로 '민주'라는 물음으로 향했다"라면서, '민주'와 '자치'는 삶의 조건 향상을 총체적으로 나타낸다는 의미에서 "둘이지만 하나의 물음"이라고 논했다.[6]

와카바야시가 주목한 패전 후 오키나와의 생활을 조건지은 것은 역시 지상전과 미군 점령이었다. 미군이 오키나와섬 근방에 상륙한 1945년 3월 하순부터 약 반년에 걸쳐 계속된 지상전에서 비전투원인 주민과 오키나와현 출신의 군인·군속 등 약 30%의 주민이 희생되었고 오키나와섬 중남부 일대는 철저히 파괴되어 낯익던 풍경이 변모했다. 전장에서 살아남은 사람들은 미군이 섬 내 12곳에 설치한 수용소에 수용되어 물물교환과 군 작업, 배급을 통해 생활필수품을 입수했다. 이러한 무화폐시대는 이듬해 1946년 중반까지 계속되었다.[7] 일본의 시정권은 미군이 상륙 시 포고한 '니미츠 포고'[8]로 정지되었고, 오키나와 현청 역시 철수하는 일본군과 함께 섬을 남하하는 과정에서 조직으로서의 기능을 잃었다. 1945년 8월 미군은

---

6 若林千代, 『ジープと砂塵: 米軍占領下沖縄の政治社会と東アジア冷戦 1945−1950』, 有志舎, 2015, 13쪽.

7 牧野浩隆, 『戦後沖縄の通貨 上』, ひるぎ社, 1987, 17~18쪽.

8 [번역자 주] 1945년 4월 1일, '미국태평양함대 및 태평양구역 사령장관 겸 남서제도 및 그 근해 군정부 총장'이었던 C.W.니미츠(Chester William Nimitz) 명의의 미국 해군군정부 제1호 포고로 일본의 권한 정지와 점령 개시를 담고 있다.

각 수용소에서 선출된 대표자로 구성된 '오키나와 자순회(沖縄諮詢会)'를 결성하고 본격적인 점령 통치를 시작했다.[9]

이러한 전후 경험을 지닌 오키나와를 '민주'나 '자치'라는 관점에서 고찰하는 것은 이미 가노 마사나오(鹿野政直)와 가베 마사오(我部政男)에게서 제시된 바 있다.[10] 패전 직후의 오키나와섬은 정치, 사회, 경제상의 막대한 결손 상황에서 출발했고 점령자인 미군이 의식주를 비롯한 모든 것을 관리했다. 오키나와 현대사를 이러한 상황에서 살펴본다면 패전 이후 미군 점령 하의 오키나와 사람들이 보였던 판단과 행동을 '민주'와 '자치', 즉 민주주의의 실천이라는 관점에서 고찰하는 것은 중요하고도 정당한 연구자세라고 할 수 있다.[11]

다만 이들 선행연구는 모두 공간적으로는 '미군 점령 하'의 '오키나와'를 주된 대상으로 삼고 그 공간 속에서의 미군과 오키나와인의 행위에 초점을 맞추고 있다.[12] 패전 이후 오키나와는 GHQ가 점령한 일본과 분리되어 미군의 배타적인 통치 하에 놓여 있었고 자유로운 이동이나 외부와의 물자교역은 공식적으로 금지되어 있었다. 그러나 후술하듯 패전 당시 오키

---

9 다만 이러한 전후의 경험은 오키나와섬과 그 주변 지역만이 공유하는 것이다. 지상전이 없었던 미야코제도와 야에야마제도 경우, 수용소는 없었지만 물자운송이 두절되어 심각한 물자 부족으로 화폐경제와 물물교환이 병존하던 상황이었다. 미군정은 모두 1945년 12월부터 시작되었다.

10 若林千代, 앞의 책, 5쪽; 鹿野政直, 『戦後沖縄の思想像』, 朝日新聞社, 1987 및 我部政男, 「占領初期の沖縄における政軍関係」, 『年報政治学』 40, 日本政治学会, 1989.

11 앞에서 소개한 와카바야시의 연구뿐 아니라 도리야마 아쓰시(鳥山淳)의 연구 또한 이 글의 연구대상 시기 오키나와와 '자치'를 고찰하는 데에 중요한 선행연구이다. 鳥山淳, 『沖縄/基地社会の起源と相克: 1945-1956』, 勁草書房, 2013. 단 이 연구 또한 오키나와섬이라는 공간 내에 중점을 두고 있다.

12 와카바야시는 동아시아 냉전상황을 고려하면서 오키나와인연맹과의 관련성도 일부 다루고 있다(若林千代, 앞의 책, 122~123쪽). 이 글의 물음이 오키나와의 정치사회상황에 대한 와카바야시와 도리야마 등 선행연구자들의 치밀한 분석이 있었기 때문에 가능했음은 새삼 말할 필요도 없다.

나와 외 지역에도 오키나와 출신자들이 많이 거주하고 있었고, 오키나와 사람들이 통신 및 교통을 통해 이들 재외 오키나와인들과 적극적으로 소통하며 다양한 방법으로 정보를 교환하고 있었던 것 또한 사실이다.

오키나와를 중심으로 전후사(戰後史)를 쓸 경우 이러한 '재외동포'의 존재와 영향은 어떻게 다룰 수 있을까. 오키나와 전후사와 이민사를 유기적으로 연결짓기 위해서는 어떻게 기술해야 할까. 양자를 넘나드는 역사 서술이 가능하다 하더라도 미군 점령 하의 오키나와에서 오키나와인들이 직면한 '민주'와 '자치'를 고찰할 때 바다 건너의 '재외동포'를 전혀 상관없는 조연으로 다룰 수밖에 없을까. 당시 자료와 정보의 흐름을 좇는 가운데 연구의 시야가 오키나와뿐 아니라 도쿄, 오사카, 하와이, 심지어 북미와 남미의 브라질까지 확대된 필자는 오키나와와 민주주의라는 문제를 생각할 때 위와 같은 의문을 떨칠 수가 없다.

3. 근대 오키나와 사람들의 이동

1) '이민현(移民縣)' 오키나와발 해외이민

근대 시기 오키나와 사람들은 어떻게 바다 건너로 이동했을까. 우선 이점을 확인해보고자 한다.

1879년 폐번치현(廢藩置縣)으로 일본의 현이 된 후 오키나와 최초의 이민은 1899년 하와이 이민이었다. 일본에서는 1885년 관약이민(官約移民)이 시작된 이래[13] 정부 주도 아래 하와이나 북미로의 이민이 전개되었다.[14]

---

13 [번역자 주] 일본 정부가 처음으로 공식 인정한 이민으로, 1885년부터 1894년까지 10년간 총 26회에 걸쳐 2만 9천여 명의 일본인이 하와이로 이민했다.

14 伊佐由貴,「沖縄移民のなかの『日本人性』: 近代化と徴兵制から移民を考える」, 近藤

오키나와는 20세기 초 하와이를 비롯한 다양한 지역으로 이민자를 송출하는 '이민현'이 되었다. 1904년 하와이 이민이 증가하는 한편 멕시코와 필리핀으로의 이민이 시작되었고 1905년에는 프랑스령 뉴칼레도니아, 1906년 페루, 1908년 브라질로 점차 확대되었다. 1908년에는 미·일신사협정으로 인해 일본인의 하와이 및 미국 본토로의 이민이 제한되고 오키나와로부터의 이민도 제한 대상이 되면서 대신 남미로의 이민이 증가했다. 1920년대에는 북미로의 도항이 불가능해졌지만 사이판·팔라우 등 남양군도, 필리핀·싱가폴·보르네오 등 동남아시아, 일본 제국 내의 타이완, 만주로의 이민 및 식민이 활발해졌다.[15]

1940년대 초반까지의 오키나와인의 주요 해외거주지역은 아래 〈표 1〉과 같다. 북남미, 동남아시아, 하와이 등 환태평양을 사이에 두고 광범위한 지역에서 거주했음을 알 수 있다.

전후 이들 지역 중 태평양전쟁 전투의 무대가 된 사이판과 팔라우의 오

표 1 오키나와 출신자 해외 거주 상위 10지역(1940~42년)

순위	지역	인구 (명)	순위	지역	인구 (명)
①	사이판	34,396	⑥	필리핀 군도	9,899
②	브라질	16,287	⑦	아르헨티나	2,603
③	팔라우	15,827	⑧	영국령 말레이	1,095
④	하와이	13,146	⑨	중화민국(타이완)	883
⑤	페루	10,717	⑩	미합중국 본토	854

출처: ①③: 浅野豊美, 「米国施政権下の琉球地方への引揚-折りたたまれた帝国と重層的分離」, 『社会科学研究』 26-1, 中京大学社会科学研究所, 2006, 93쪽.
②④⑤⑦⑩: 島田法子, 『日系アメリカ人の太平洋戦争』, リーベル出版, 1995, 5~6쪽.
⑥⑧⑨: 「沖縄移民関係資料(統計·図表·地図)」, 『新沖縄文学』 45, 沖縄タイムス社, 1980, 149쪽.
위의 각 자료를 바탕으로 필자 작성.

健一郎 編, 『方言札: ことばと身体(沖縄·問いを立てる 2)』, 社会評論社, 2008, 189쪽.
15 伊佐由貴, 위의 글, 190~191쪽.

키나와인 인구는 연합군의 수용과 귀환으로 인해 점점 감소했다. 반면 미국 본토와는 달리 일본계 주민의 극히 일부만 강제수용된 하와이와, 일본계 주민이 그대로 체류할 수 있었던 브라질 등지에는 오키나와인의 대규모 커뮤니티가 존속되었다.

2) 오키나와와 일본 본토 간의 이동

오키나와에서 일본 본토로의 이동은 고등교육기관으로의 진학 등 일부 엘리트 중심이었다가 1920년대 이후 한신(阪神: 오사카와 고베-번역자) 지역의 공업지대로 일하러 가는 노동자들의 이동이 증가했다.[16]

태평양전쟁 때에는 징용공이나 노무자 또는 피난을 위한 대규모 이동이 이루어졌다. 1944년 7월 사이판 함락 이후에는 일본 정부의 결정에 따라 타이완으로 약 2만 명, 규슈를 포함한 일본 본토로 약 6만 명의 오키나와인이 피난을 떠났다.[17] 일본 패전 당시, 규슈 지역에는 구마모토(熊本)와 미야자키(宮崎)를 중심으로 약 4만 7천여 명의 오키나와 피난민이 생활하고 있었다. 게다가 패전 직후 오키나와 출신자로서 남방에서 돌아온 귀환민이나 전장에서 돌아온 복원병(復員兵)은 미군 점령 하의 오키나와에 갈 수 없었다. 이 때문에 외지에서 규슈로 돌아와 그대로 체류하는 오키나와인이 5만 명을 넘을 정도였다.[18] 다음의 〈표 2〉는 아사노 도요미(浅野豊美)가 정리한 것으로 앞서 소개한 수치와 약간 다르기도 하지만, 패전 당시 일본 본

---

16 伊佐由貴, 앞의 글, 191쪽; 冨山一郎, 『近代日本社会と「沖縄人」-「日本人」になるということ』, 日本経済評論社, 1990, 123~124쪽.

17 浅野豊美, 「米国施政権下の琉球地方への引揚-折りたたまれた帝国と重層的分離」, 『社会科学研究』 26-1, 中京大学社会科学研究所, 2006, 85쪽.

18 山城善光, 『続·山原の火 火の葬送曲』, 火の葬送曲刊行会, 1978, 286쪽.

표 2 태평양전쟁 종료 시 일본 본토 각 지역의 오키나와인 인구

피난·귀환민		원래 거주한 인구		기타 이동 인구	
지역	인원 (명)	지역	인원 (명)	지역	인원 (명)
구마모토(熊本)	15,000	도쿄	21,900	홋카이도(北海道 '개척민')	400
미야자키(宮崎)	15,000	오사카	68,400	전국('징용공원')	17,000
오이타(大分)	9,800	효고	29,800	전국('노무자')	15,000
가고시마(鹿兒島)	7,420	기타	59,900	규슈('복원[復員] 군인')	3,000
기타	5,780				
규슈 합계	53,000	전국 합계	180,000	기타 합계	35,400
총합계	268,400				

출처: 浅野豊美, 앞의 글, 90쪽으로부터 필자 작성.

토에 전쟁 이전부터 거주하던 주민, 피난민, 그 외 경우를 합쳐 25만 명이
넘는 오키나와 출신자가 존재했다는 것은 명백한 사실이다.

이들 중 일부는 GHQ의 송환계획에 따라 점령 하 일본에서 오키나와로
돌아왔다. 1946년 3월 당시 약 20만 명의 오키나와 출신자가 일본 본토의
각지에 체류하고 있었으나,[19] 1946년 말까지 약 14만 명, 1949년 말까지
약 2만 명이 GHQ의 송환으로 오키나와섬을 포함한 류큐 각 지역에 돌아
왔다.[20]

3) 오키나와인 간의 연락과 정보 공유

GHQ의 송환계획에 따라 많은 오키나와인이 오키나와로 돌아온 것은
사실이나, 일본 본토에는 수만 명의 오키나와인이 계속 거주하고 있었다.[21]

---

19 金英達, 「(資料)1946年3月の朝鮮人, 台湾人, 中国人, 琉球人についての人口調査お
よび帰還登録の集計結果」, 『人権問題研究室紀要』 32, 関西大学人権問題研究室,
1995, 89~90쪽.

20 天川昇他 編, 『GHQ日本占領史 第16巻 外国人の取り扱い』, 日本図書センター,
1996, 35·41쪽.

21 1949년 말 일본 본토에 거주하는 오키나와 출신자의 수는 분명하지 않으나 1946년 말에

앞서 말했듯 점령 하 일본과 오키나와 사이의 교통과 연락은 금지되어 있었지만 밀항과 미군을 매개로 한 이동 및 정보의 공유는 행해지고 있었다.

전쟁 전 오키나와 현청에서 근무하다가 패전 후 도쿄의 외무성에서 오키나와의 '복귀'운동을 펼친 요시다 시엔(吉田嗣延)은 1946년 7월부터 8월 동안 후쿠오카 소재 오키나와현 사무소의 임무로 오키나와에 밀항하여[22] 오키나와 민정부('오키나와 자순회'의 후신으로 설치[1946년 4월~1950년 11월]된 행정기구-번역자)의 대표와 교섭하여 5천 통의 편지를 지니고 돌아갔다.[23] 또한 패전 직후에는 오키나와에서 일본계 2세 미군 병사가 도쿄의 오키나와인연맹을 자주 방문하여 도쿄 거주 오키나와인에게 오키나와 현지 소식을 전했던 것도 회고록을 통해 알 수 있다.[24]

외부와의 이동과 통신에 큰 제약이 있었던 오키나와에서는 밀무역을 통한 사람과 물건의 왕래 외에, 귀환자의 화물을 쌌던 신문을 회람하며 일본 본토의 정보를 얻기도 했다. 1947년 5월에 시행된 신(新)헌법과 관련하여 천황제에 대해 논의하기도 했다.[25]

1946년에는 사회운동가인 도쿄의 나가오카 지타로(永丘智太郎) 앞으로

62,202명의 잔류자가 있었음은 확인된다(天川昇他 編, 위의 책, 35쪽). 1945년 말 전국 조직을 목표로 결성된 '오키나와인연맹'의 회원수는 1947년 당시 65,643명이었다(冨山 一郎, 앞의 책, 264쪽).

22 오키나와현 사무소는 오키나와 전투 직전까지 규슈로 피난갔던 4만 6천여 명의 오키나와인에 관한 행정사무를 위해 설치된 조직이다.

23 吉田嗣延追悼文集刊行委員会編集本部 編, 『回想 吉田嗣延』, 吉田嗣延追悼文集刊行委員会, 1990, 79~83쪽.

24 山城善光, 앞의 책, 182~183쪽. 오키나와인연맹은 1945년 11월 도쿄에서 결성되어 1946년 이후 전국적인 조직이 되었고 1948년에 '오키나와연맹'으로 개칭, 1951년 8월에 해산되었다.

25 전후 오키나와 최초의 정당인 민주동맹의 청년부장을 역임했던 우에하라 노부오(上原信夫)의 인터뷰 조사(2007년 12월 19일 와세다대학 가쓰카타(勝方)=이나후쿠(稲福)연구실에서).

오키나와에서 보낸 「오키나와의 현상 보고(沖縄の現状報告)」와 편지가 도착했다. 1947년에는 그해 5월에 오키나와에서 열린 재야 유지의 '오키나와 건설간담회'의 기록 역시 도쿄로 전달되었다. 「오키나와의 현상 보고」에는 오키나와 민정부 및 오키나와 의회의 활동, 민정부가 미군정에 시종일관 비굴한 태도로 임하고 있는 것에 대한 불만과 민중들의 희망사항 등이 담겨 있었다. 보고서를 보낸 나카소네 겐와(仲宗根源和)는 5년 후 샌프란시스코 강화 때 오키나와의 독립을 주장하는 인물인데, 이미 보고서에서 "오키나와의 집주인은 우리다. 미국이 세들어 오든 일본이 세들어 오든 다만 집세를 비싸게 받는 것을 잊어서는 안 된다"라는 지론을 펼쳤다.[26] 편지의 내용은 발신자인 마타요시 고와(又吉康和)가 부지사로 근무하던 민정부와 미군과의 양호한 관계를 과시하며 군정부 측의 지도자를 찬양하는 것이었고, '오키나와 건설간담회'의 기록은 "민의를 대표하는 기관 설치 문제", "도의(道義) 고양 문제", "생활안정 문제" 등에 대해 교섭한 내용을 보고하는 내용이었다. 오키나와에서 보내온 이러한 우편물은 받은 개인만 읽은 것이 아니라 오키나와 출신자들까지 회람하며 정보를 공유하고 있었다.[27]

이러한 개인 우편물을 통한 연락 외에 오키나와에서 탈출해온 사람들이 강연회를 열거나 탈출자 체험담이 일본 본토에서 발행되던 오키나와 언론에 게재되는 형식으로, 본토에 거주하는 오키나와인들이 고향의 소식을

---

26 戸邉秀明, 「戦後沖縄における政治活動の出発 - 比嘉春潮文庫資料 『沖縄の現状報告』の意義と射程 -」, 『民衆史研究』 60, 民衆史研究会, 2000, 42~43쪽.

27 「오키나와의 현상 보고」는 오키나와 현립도서관 소장의 히가 슌쵸(比嘉春潮) 문고 자료(청구번호 SK312·N42)에 수록되어 있다. 이 자료는 나카소네와 마타요시가 나가오카에게 보낸 편지와 '오키나와 건설간담회' 기록을 전쟁 이전부터 도쿄에 살던 히가 슌쵸가 수기로 베낀 자료이다. 이 사례를 통해 오키나와의 정보가 회람되거나 손으로 베낀 자료가 도쿄 거주 오키나와인 커뮤니티 간에 공유 및 유통되고 있었던 것을 알 수 있다. 이상 본 자료 및 그 배경에 대한 고찰은 戸邉秀明, 위의 글, 2000을 참조했다.

알게 되기도 했다.

강연회의 예를 들면, 1945년 12월 9일 도쿄에서 개최된 오키나와인연맹 창립대회인 '귀환민 구제 오키나와현인 대회'에서 오키나와 출신 '탈출 병사' 우에치 헤에(上地平栄, 이후 우에치 사카에[上地栄]로 개명)가 '오키나와 전투의 진상'이라는 제목의 보고를 한 바가 있다.[28] 보고의 내용은 알 수 없으나,[29] 오키나와의 정보에 굶주려 있던 "천여 명의 참가자"들이 열심히 귀를 기울였고 들은 이야기를 단편적으로나마 주변 사람들에게 전달했으리라는 것은 충분히 추측 가능하다. 그리고 나카요시 료코(仲吉良光)는 오키나와 전투에서 살아남은 후 1946년 7월 첫 귀환선을 타고 가고시마에 상륙하여 도쿄로 건너가 같은 해 8월 14일 교바시(京橋)공회당에서 '최근 오키나와 사정'에 대한 강연회를 열었다. 이 강연회에 대해 후쿠오카의 오키나와현 사무소가 1946년 1월부터 발행한 『오키나와신민보(沖縄新民報)』는 당일 "정각 전부터 1500명의 참석자들이 장내를 메우고" "오랜만에 듣는 고향 소식에 일동 만족하며 해산했다"라고 전했다.[30]

이 『오키나와신민보』나 오키나와인연맹의 기관지 『자유 오키나와(自由沖縄)』는 창간 당시부터 오키나와 정보를 전달했는데 보도의 정보원은 미

---

28 「決議に、報告に、多数の收穫！／沖縄縣人大会」, 『自由沖縄』 1946. 1. 1; 개최지에 대해서는 『自由沖縄』 창간호의 「一人残らず參加せよ！引揚民救済沖縄県人大会」(1945. 12. 6)를 참조.

29 오키나와에서 귀환한 사람들의 증언을 모은 『자유 오키나와』〈호외〉(1946. 2. 10)의 편집언에 "우에치 헤에 군의 『오키나와 전투의 진상』도 □록할 계획이었지만 새로 간행되는 『민중의 깃발(民衆の旗)』지에 발표하기로 했기 때문에 생략했다"라고 쓰여 있다(□는 판독 불가능-필자). 그러나 필자가 확인한 일본민주주의문화연맹의 『민중의 깃발』 제1권 제1호(1946. 2. 20)부터 제2권 제5호(1947. 9. 1)까지의 총 12호(1947년 8월 1일 발행된 제2권 제4호 이후 『민중의 벗(民衆の友)』으로 개칭)에는 게재되지 않았다. 현 시점에서 우에치 사카에 보고의 상세한 내용은 확인되지 않는다.

30 「東都で沖縄事情講演／仲吉氏の第一声」, 『沖縄新民報』 1946. 8. 25.

군의 통역이나 오키나와에서 귀환한 사람들의 이야기가 대부분이었다.

한 예를 들면 『자유 오키나와』 1946년 2월 10일자 〈호외〉는 「미군정 하의 오키나와−오키나와 전투와 그 후−(米軍政下の沖縄−沖縄戦とその後−)」라는 제목으로 오키나와에서 귀환한 여러 사람들의 이야기를 담고 있다. 같은 〈호외〉의 「1 불타버린 황량한 들판」 및 「2 한 발 앞서 부인참정권」은 '미군 제8군의 통역'으로 오키나와에 열흘간 체류한 '호놀룰루의 미국시민 도마 마사오(當間正雄)'의 이야기를 소개한 것임을 말머리에서 밝히고 있다. 도마의 글은 오키나와섬 남부와 중부의 전투가 얼마나 격렬했는지에 대해 "함포 사격을 받아 지형이 완전히 변한 것 같다"라고 전하며 너무 많은 남성이 전사했기 때문에 1946년 9월 14일 오키나와에서 실시된 선거에서 부인참정권이 실현되었다고 설명했다. 같은 〈호외〉의 「옥쇄전(玉碎戦)의 보고를 듣는다」는 '오키나와현 경찰부 경방과(警防課)에 근무한 경부보(警部補) 미야사토 도쿠에(宮里德英)'의 이야기를 빌어 4월부터 오키나와에서 탈출한 7월 21일까지 미야사토가 전장에서 보고 들은 상황을 전사자, 자결자, 부상자 등 개개인의 이름을 들어 전했다.

오키나와에서 발행되던 신문도 하나의 정보원이었다. 1945년 7월부터 오키나와에서 발행되던 『우루마신보』도 당시 동중국해를 왕래하기 시작한 밀무역선이나 '탈주'한 일본병사, 또는 귀환자 등 사적인 이동을 통해 일본 본토로 전달되었으리라 추측된다. 『자유 오키나와』 1946년 1월 1일자 기사는 말머리에 "오키나와 본섬에서 발행되고 있는 우루마신보의 보도에 따르면"이라고 적어 『우루마신보』의 기사를 옮겨적었음을 밝혔다.[31]

---

31 「沖縄を十一市に」, 『自由沖縄』 1946. 1. 1. 그 외에 『우루마신보』를 정보원으로 든 기사로 「군정에서 민정으로/신생 오키나와의 역사를 만든다/오키나와인 자신의 손으로 민정부 수립(軍政から民政へ／新生沖縄の歴史は創る／沖縄人自身の手による民政府誕生)」(『自由沖縄』 1946. 6. 15), 「봄의 신생 야에야마에/자주 재건의 낭화/오키나와부 야에

4) 재외동포와의 연락과 통신

오키나와는 재외동포와도 정보를 교환하고 있었다. 앞서 말한 오키나와
인연맹은 결성 직후인 1945년 11월 24일 GHQ 맥아더 사령부에 청원서를
제출하여 고향으로 돌아오지 못하고 있는 오키나와인의 귀환 및 오키나와
전투의 조사 허가 외에 '오키나와 및 남양, 하와이 등과의 통신 연락, 송금,
구원 물자 송부'를 요청했다.[32] 이 오키나와인연맹에, '원폭피해민정조사
단'의 일원으로 일본 방문 중이던 북미 이민 1세 고치 신세(幸地新政)와 나
카무라 신기(仲村信義)가 접촉하여, '북미, 남미, 하와이 동포'들에게 구원물
자 지원을 호소하겠다고 다짐했다.[33] 두 사람은 미국으로 돌아간 후 「종전
직후 일본에서의 오키나와현인 정세보고(終戦直後の日本における沖縄県人情勢
報告)」라는 책자를 작성하여 "현인의 북미 각지와 하와이, 남미 각국, 멕시
코, 캐나다 각지"에 배포했다.[34] 국제전도활동을 하는 승려인 개교사(開教
使)로서 전쟁 전 하와이로 건너가 하와이의 오키나와인 사회에서 적극적으
로 활동했던 다마요세 호운(玉代勢法雲)은 1950년대 초반 도쿄에서 발행된
책자 『오키나와(おきなわ)』에 기고한 글에서 고치 신세와 나카무라 신기가
'전후 일본에서의 오키나와현인 정세보고'라는 4쪽 가량의 인쇄물을 보내

야마/미야라 지청장의 첫 소식(春の新生八重山に／自主再建の狼火／沖縄府八重山
／宮良支庁長の初便り)」(『沖縄新民報』 1946. 3 . 25) 등이 있다.

32 「マ·司令部へ請願書提出-早急帰還許可を懇願-」, 『自由沖縄』 1945. 12. 6. 다만 인쇄
상태가 좋지 않아 판독이 어려운 부분에 대해서는, 이 청원서를 수록했다고 추측되는 北
米沖縄人史編集委員会 編, 『北米沖縄人史』, 北米沖縄クラブ, 1981, 196쪽의 「맥아더
사령부에 대한 청원서-일어나는 재건의 외침!(マ司令部への請願書-起き上る再建の
叫び!)」을 참고하였다.

33 「北米より感激の朗報／難民救済に在米同胞活躍す／連盟を通じて救援品配給を
請願」, 『自由沖縄』 1946. 6. 15.

34 北米沖縄人史編集委員会 編, 앞의 책, 198쪽.

왔다는 사실을 밝혔다.[35]

하와이 현지의 일본어 신문에는 오키나와에서 전투가 벌어졌을 때부터 미군의 일원으로 오키나와에 재류하던 일본계 이민 2세 병사들의 리포트가 기고, 게재되고 있었다. 예를 들어 오키나와계 2세 병사 토머스 히가 다로(比嘉太郎)는 『하와이 타임즈(ハワイタイムス)』에 「전화의 오키나와에서(戦渦の沖縄より)」라는 공통 제목 하에 「신속한 부흥 모습에 놀라다(迅速な復興振りに驚く)」(5월 31일), 「주인을 그리워하는 청소의 집(主人を偲ぶ清掃の屋敷)」(6월 14일, '청소의 집'이란 집주인이 피난가면서 깔끔하게 청소해둔 것으로 보이는 무인의 민가-필자), 「유언비어에 떨며 무덤 속으로 잠복(デマに戦き墓内に潜伏)」(7월 3일), 「아무 것도 남지 않은 슈리와 나하(何も残らぬ首里と那覇)」(8월 4일)라는 소제목의 리포트를 기고했다. 『하와이 타임즈』는 사진과 기사로써 오키나와 전투와 현지의 상황을 하와이의 오키나와인들에게 전했다.[36]

2세 병사의 보고 등을 통해 오키나와의 처참한 상황을 안 하와이에서는 1945년 11월 말부터 '오키나와 전재민(戰災民) 구제 의류모집운동'을 펼쳐 1946년 2월까지 총 1769상자의 의류를 오키나와로 보냈다.[37] 고치 신세와 나카무라 신기가 지원을 호소한 북미에서는 1946년 6월 로스앤젤레스에

---

35 玉代勢法雲, 「布哇に於ける沖縄救済事業」, 神村朝堅 編, 『おきなわ』 2(3), 1951, 31쪽.

36 일본군의 조직적 저항이 끝난 1945년 6월 22일까지 2주간 『하와이 타임즈』는 거의 매일 오키나와의 전황을 영어와 일본어로 독자들에게 전했다. 주요 기사로 "Japanese Open Death Stand in South Okinawa"(6월 8일 1면); 같은 기사 일문판 「沖縄最後の防戦／日本守備軍が開始す／米軍、猛抵抗に会い乍ら進出」(같은 날); "U.S. Troops in Vital Gains On Okinawa / Marines Reach Top Of Kunishi Ridge by Surprise Attack"(6월 13일); 같은 기사 일문판 「米軍／沖縄で重要進出／国吉稜線頂上占領」(같은 날); "Admiral Ota Is Found Suicide in Okinawa Cave"(6월 18일); 같은 기사 일문판 「沖縄島小録半島で／大田提督自害／洞窟で遺骸発見さる」(같은 날) 등이 있다.

37 玉代勢法雲, 앞의 글, 29~31쪽.

서 '재미 오키나와 전재구원연맹'이 결성되었고,[38] 북미 이외에서는 1947년 6월 브라질 상파울로에서 제1회 오키나와현인 유지대회가 개최되어 '오키나와 구원연맹'이 결성되었다.[39] 오키나와에서 직접 정보를 얻을 수 있었던 하와이가 재외동포 중에서 오키나와 구원활동의 선구적 역할을 했음을 알 수 있다. 그리고 브라질의 오키나와 구제연맹의 핵심 인물이었던 오나가 조세(翁長助成)는 1946년 9월 로스앤젤레스 재미 오키나와 구원연맹에 브라질의 구원활동에 참고하고자 연맹의 규칙 등을 알려달라고 요청한 바 있다.[40]

고향을 구하려는 목적 아래 서로 연락을 취하기 시작한 각지의 오키나와인들은 입수한 신문이나 책자 등을 서로 주고받으며 오키나와 정보를 적극 공유하려 했다. 하와이에서 발행되던 『갱생 오키나와(更生沖縄)』 제2호(1947년 12월)는 "갱생회 본부에는 북미, 남미, 일본 등 각지의 고향 구제 뉴스와 보고서가 속속 모여들고 있다"라고 보도했다. 그 리스트에는 미국 본토의 법인단 재미 오키나와 구제연맹 보도부의 『구제 뉴스』 제5, 6호 합병호(소텔Sawtelle, 시카고 특집호), 브라질의 『종전 후의 오키나와 사정』 제6호와 재브라질 오키나와 구원연맹 「회보」 제1~4호, 오키나와의 『우루마신보』가 거론되어 있다.[41] 『우루마신보』는 북미, 남미로 보내진다고 적혀 있다. 『갱생 오키나와』 제3호(1948년 5월)에 별도 마련된 '최근 도착한 간행물' 란은 오키나와로부터 『우루마신보』 외에 『자유 오키나와』(오키나와민주동맹 기관지), 『정보(情報)』(오키나와 민정부 지사관 발행) 제1~3호, 『데일리 오키나완

38 北米沖縄人史編集委員会 編, 앞의 책, 199~201쪽.

39 「いづこも同じ……/難航の救援運動/ブラジル同胞の苦行」, 『更生沖縄』 1948년 4월호.

40 田港朝和, 「翁長助成書簡について－知識人移民の軌跡」, 『沖縄史料編集所紀要』 6, 沖縄県沖縄史料編集所, 1981, 78쪽.

41 「救援ニュース」, 『更生沖縄』 1947년 12월호.

지(デイリ―・オキナワン紙)』(오키나와 주재 미군 기관지), 『류큐 미국군정부 시정
개보(琉球米国軍政府施政概報)』(영문) 제1~8호, 일본 본토로부터 『오키나와신
민보』와 『자유 오키나와』, 남미의 『남미시사(南米時事)』(재브라질 나카마 미도
리[仲真美登利] 편집), 『종전 후의 오키나와 사정(終戰後の沖縄事情)』 제7~11호
및 『회보(会報)』(브라질 오키나와 구제위원회) 제5, 8, 9호가 각각 호놀룰루에
도착했음을 알렸다.

각지에서 발행된 오키나와계 신문은 위와 같이 전송받은 다른 신문이나
책자에서 기사를 발췌하여 자신이 발행하는 미디어에 전재 또는 인용함으
로써 오키나와의 정보를 독자들과 공유하였다. 호놀룰루의 『갱생 오키나
와』(제2호, 1947년 12월 발행)가 후쿠오카에서 발행되던 『오키나와신민보』의
기사를 바탕으로 「잿더미 속에서 일어서는 나하/토지조사도 진척(灰燼の中
から立ち上る那覇 / 土地調査も進捗)」, 「자본금 2백만 엔의 수산어업회사/초대
사장은 고가 씨(資本金二百万円の水産漁業会社 / 初代社長は呉我氏)」라는 오키나
와 및 일본의 오키나와인 커뮤니티 뉴스를 게재한 사실을 기사 말미의 '오
키나와신민보 소재(所載)'라는 표현으로 알 수 있다. 『갱생 오키나와』 제3
호는 오키나와의 『우루마신보』 기사를 옮겨실어 「반년치 여러 세수입/불
과 6백여 만엔(半歲の諸税収入 / 僅か六百余万円)」이라는 기사로 오키나와의
재정 사정을 알리고, 『브라질 오키나와 구원위원회 회보(伯国沖縄救援委員会
会報)』 제9호를 발췌하여 「오키나와전재민 구원 바이레/브라질 재주 2세/
남녀청년의 활약(沖縄戦災民救援バイレ / ブラジル国在住二世 / 男女青年の活躍)」
기사로 브라질의 오키나와인 정보를 게재하였다.

5) '오키나와인'이라는 일체감의 양성

위와 같은 오키나와 거주 오키나와인과 외부의 오키나와 출신자를 잇는 네트워크는 '오키나와인'이라는 집단 정체성을 양성하여 동향 출신자로서의 일체감을 구현했다고 할 수 있다. 패전 이후 수년간 오키나와, 일본, 하와이에서 발행되던 오키나와계 미디어의 기사를 통해 일인칭 복수형으로 '오키나와 민족', '(현인[縣人]/재외)동포', '오키나와인' 등을 다양하게 사용하며 각지의 오키나와 출신자들이 서로를 동포로 인식하고 칭하는 모습을 엿볼 수 있다.[42]

고치 신세와 나카무라 신기가 1946년 1월 미국으로 돌아가면서 '조국의 동포'에게 남긴 메시지를 예로 들어보자. 이 메시지는 오키나와를 이번 전쟁의 희생자로 규정하고 '우리들은 신생 오키나와의 재건을 위해 미국에 있는 모든 현인에게 호소하여 하와이, 남미, 일본 모두가 일치단결하여 민주적 갱생활동에 작은 힘이나마 다 쏟아부을 것이다, 고국의 모든 현인에게 마음에서 우러나온 인사와 협력을 다짐한다'는 문장으로 맺어져 있다. 오키나와인연맹이 두 사람 편에 보낸 「해외 각지의 오키나와 출신 동배 제언(諸彦)에게 호소한다」에서도 "북미, 남미, 하와이 기타 지역에 거주하는 동포 제언"에게 향토 오키나와의 재건과 신(新)일본을 위한 협력을 당부했다.[43] 『갱생 오키나와』 창간호(1947년 11월)는 로스앤젤레스에서 보내온 "우리들이 민족의 멸망과 노예화에서 벗어나려 한다면 지금이야말로 안팎이 호응하여 전 오키나와 민족이 일체가 되어 정정당당히 당연한 권리인 민주자유 오키나와 재건을 주장하고 세계 정의에 호소해야 합니다"라는 문

---

42 「祖国の同胞に心からの挨拶と協力を誓うメッセージ」, 『自由沖縄』 1946. 1. 25. 등.

43 北米沖縄人史編集委員会 編, 앞의 책, 191~193쪽 중 「海外各地に於ける沖縄出身の同輩諸彦に訴ふ」.

장을 게재했고, 12월호는 브라질에서 온 "신문지상에서 본 하와이 거주 동포의 구원활동 기사에 힘을 얻었고 또 북미에도 오키나와 구원연맹이 결성되었음을 알고(…)"라는 목소리를 전했다.

이러한 호소와 더불어 각지의 책자와 신문 지면이 시각적으로 전하는 '동포'의 활동 또한 독자들에게 일체감을 부여하는 하나의 요인이 되었으리라 생각된다. 예를 들어 호놀룰루의 『갱생 오키나와』 창간호는 「재미 연맹의 메시지」 외에 로스앤젤레스의 고치 신세의 창간 축하 기고문을 실었고, 오키나와인연맹은 회장 나카하라 젠추(仲原善忠)의 서명이 들어간 기사를 통해 일본에서의 활동을 호놀룰루의 독자들에게 전했다. 그리고 오키나와 민정부 지사였던 시키야 고신(志喜屋孝信)은 『갱생 오키나와』를 발행하는 오키나와 구제갱생회의 대학설립계획에 대해 "감격해 마지않는다"라는 메시지를 보냈다. 태평양을 사이에 두고 분산되어 있던 오키나와인들이 지면을 통해 하나의 목적 아래 집결한 이미지를 엿볼 수 있다.

후쿠오카에서 발행되던 『오키나와신민보』 또한 세계 각지 동향인들의 고향 구제활동을 동시대, 동시다발적 시각이미지로 전달하였다. 예를 들어 1948년 1월 5일자 지면에는 「동포애, 해외에서 들끓다/따뜻한 사랑의 방사선/태평양을 넘어/오키나와 사람들에게 집중(はらからの愛·海外にうづまく / 暖い愛の放射線 / 太平洋をこへて / 沖縄の人々に集中)」이라는 큰 제목 하에 미국(「고향에 대한 애정/로스앤젤레스에서 타오른다/오키나와법인단 탄생(家郷への愛情 / 羅府に燃ゆ / 沖縄法人団生る)」), 하와이(「전후 오키나와 동포의/지위 약진하다/대학 기증운동 전진(戦後沖縄同胞の / 地位躍進す / 大学寄贈運動前進)」), 아르헨티나(「즐겁게 협력하여/오키나와를 원조/현인의 세력은 압도적(ララと協力して / 沖縄を援助 / 県人の勢力は圧倒的)」), 브라질(「오키나와 구제연맹에/총력을 결집/2만 동포 결속하다(沖縄救済聯盟に / 総力を結集 / 二万同胞結束す)」) 등 구체적 지명을 들어

해외동포의 적극적 구원활동을 독자들에게 전하고 있다.

그렇지만 이러한 낙관적인 보도 모두가 현실을 반영한 것은 아니다. 실제로는 하와이나 브라질의 구제활동은 종전 후에도 일본의 승리를 믿어 의심치 않는 '승리파'들의 방해에 종종 골머리를 앓고 있었다. 예를 들어 상파울로에 거주하는 오나가는 하와이의 갱생회 고문에게 보낸 편지에서 상파울로 거주 오키나와인의 "95%나 일본의 대승리를 맹신하고 있고 향토를 구원하자는 이야기 따위는 꺼내지 않는 상태"임을 전했다.[44] 1948년에 들어서도 이러한 상황이 지속되었다는 사실을 『갱생 오키나와』 창간 2년 제2호(1948년 4월)의 기사 「어디나 마찬가지······/난항의 구원운동/브라질 동포의 고행(いづこも同じ······ / 難航の救援運動 / ブラジル同胞の苦行)」에서 알 수 있다. "어디나 마찬가지"라는 표현은 브라질만큼은 아닐지 몰라도 당시 하와이에서도 일본의 승리를 믿는 세력이 존재했음을 보여준다.

그렇다고 오키나와인의 고향 구원활동이 하와이를 비롯해 브라질처럼 먼 남미에까지 확산되며, 각 지역의 오키나와인이 서로 연락을 취하며 고향의 소식이나 서로의 상황을 공유하는 모습을 전한 언론 보도나 지면 구성, 이들이 독자들에게 부여한 심리적 효과를 무시할 수는 없다. 그리고 동중국해에 떠 있는 작은 고향 오키나와를 그리워하며 각지에서 분투 중인 동향인의 이미지가 마음 속에 새겨진 것은 앞서 소개한 『갱생 오키나와』나 『오키나와신민보』의 독자들만은 아니었을 것이다. 북미나 중남미에서 오키나와계 미디어를 접한 오키나와인들도 같은 이미지를 떠올릴 수 있을 만큼의 충분한 정보가 공유되고 있었으리라 생각된다. 각지에서 전개된 고향 구제 운동을 펼치고 관련 정보를 공유하는 실천이 일체적인 우리 오

---

44 「ブラジル便り／更生会の事業にも／是非参加したい」, 『更生沖縄』 1950. 9. 25.

키나와인이라는 상상을 가능케 했을 것이다.

1950년에 미국을 시찰차 방문했던 오하마 신센(大浜信泉, 와세다대학 교수)은 미국 체재 중에 "현인(縣人) 동포 제위에게서 과분한 환대를 받고 시찰의 편의를 받아", "오키나와 동포와 만날 때마다 오키나와에서 태어난 행복을 절실히 느꼈다"라고 서술했다.[45] 이 환대는 오하마가 대학 교수의 직함을 지닌 재일 오키나와 유력자였기 때문에 가능했겠지만, 고향을 구하겠다는 목적 하에 패전 후 수년간 오키나와인들 사이의 연락과 정보 공유로 일구어진 일체감과 동포감 또한 작용했음은 쉬이 상상할 수 있다.

6) 오키나와의 장래에 대한 관심

이러한 '재외동포' 특히 도쿄 거주 오키나와인 중에는 오키나와의 귀속 문제에 관한 논의에 적극적으로 참여한 사람도 있었다. 오키나와의 『우루마신보』와 마찬가지로 1949년에 오키나와에서 창간된 『오키나와 타임즈(沖縄タイムス)』에는 1951년 2월부터 8월까지 일본 본토로의 '복귀'와 '복귀' 반대(신탁통치 또는 독립) 지지자가 단속적으로 의견을 투고했다. 도쿄 거주 오키나와인 다카미네 메이타쓰(高嶺明達)와 가미야마 세료(神山政良)도 각각 수차례의 기고문을 통해 전후 일본의 쇄신과 교육의 계속이라는 점에서 일본 '복귀'를 호소했다.[46] 특히 다카미네는 1951년 2월 류큐대학 개교식에 참석하기 위해 오키나와를 방문하여 현지 상황을 시찰하고 나서 '복귀' 지

---

45 「沖縄の有難さを滞米中に痛感」, 『沖縄新民報』 1950. 9. 25.

46 가미야마 세료는 『우루마신보』 1951년 2월 10일, 11일, 13일에 「일본복귀제창(日本復歸提唱)」(상·중·하)를, 다카미네 메이타쓰는 1951년 7월 10일부터 13일까지 『우루마신보』와 『오키나와 타임즈』에 「오키나와여, 어디로 가는가(沖縄よ何処へゆく)」(1~4)를 기고했다. 가미야마는 외무성 등에서 경력을 쌓고 1936년 퇴임 후 도쿄 거주 오키나와 현인회 회장을 지낸 인물이었고, 다카미네는 전전(戰前) 상공성, 군수성 등에서 근무했던 관료였다.

지 입장을 밝혔다.

반대로 '복귀'운동을 위해 오키나와에서 도쿄로 건너간 인물도 있었다. 나카요시 료코는 '복귀'운동을 위해 1946년 7월 일본 본토로 건너가 도쿄의 오키나와인 유지들과 오키나와제도(諸島) 일본 복귀 기성회를 결성하고 일본 정부와 GHQ, 미 국무성 고관 등을 대상으로 '복귀'진정 활동을 활발히 전개했다.[47] 나카요시는 오키나와에도 자신의 입장을 전했다. '복귀' 지지자였던 오키나와군도(群島)정부(오키나와 민정부의 후신. 1950년 11월~1952년 4월) 다이라 다쓰오(平良辰雄) 지사에게 편지로 '복귀' 서명운동을 촉구하거나, 1950년 오키나와 주민들에게 「오키나와 동포에게 호소하여 일본 복귀운동에 협력을 바람」이라는 글을 보냈다.[48] 오키나와 현지 언론에 '복귀' 의견을 게재한 가미야마와 다카미네는 나카요시의 진정서에 여러 차례 이름을 올린 동지이기도 했다.[49] 오키나와 측에서 도쿄 거주 오키나와인에게 정보 제공을 요청하는 사례도 있었던 것으로 보아, 두 지역의 정치지도자 간에는 의견을 교환할 수 있는 통로가 존재했음을 엿볼 수 있다.[50]

하와이에서도 오키나와의 귀속 문제는 관심사였다. 『갱생 오키나와』

---

47 나카요시의 진정활동에 대해서는 外務省管理局総務課, 『沖縄諸島日本復帰運動概要』, 1950; 仲吉良光, 『陳情続けて二十余年 われら沖縄復帰期成会の歩み』, 沖縄タイムス社, 1971; 「仲吉良光関係文書」(沖縄県那覇市企画部編集室所蔵) 등을 참조하였다.

48 外務省管理局総務課, 위의 책, 54~55쪽; 納富香織, 「仲吉良光論-沖縄近現代史における「復帰男」の再検討」, 『史論』 57, 東京女子大学, 2004, 56쪽.

49 예를 들어 1946년 9월 요시다 시게루(吉田茂) 수상에게 제출된 「오키나와의 일본 복귀에 관한 청원(沖縄日本復帰につき請願)」에 두 사람의 이름이, 1950년 6월에 '관계 각성의 대신, 중의원 및 참의원의 의장 및 외교위원장' 앞으로 제출된 서면에는 다카미네의 이름이, 1951년 6월 23일 GHQ에 제출된 "Petition concerning the Question of Okinawa"에는 가미야마의 이름이 쓰여 있다(「仲吉良光関係文書」, 문서별 넘버링 없음).

50 1949년 9월 오키나와 민정부의 시키야 고신(志喜屋孝信) 지사는 오키나와의 귀속을 포함한 정치경제상 문제에 대한 "교시와 원조"를 청하면서 "중앙에 계시는 귀하가 소식을 들어 아시는 것이라도 얻어들을 수 있게끔 해주시길 청하는 바입니다"라는 내용의 편지를 가미야마에게 보낸 바 있다(納富香織, 앞의 글, 56쪽).

1948년 2월호는 「여전히 명료하지 않은 오키나와의 귀속문제/미·영·중 삼국의 태도는 어떠한가/주워모은 뉴스 모음(依然明瞭を欠く沖縄の帰属問題 / 米, 英, 支三国の態度如何 / 拾い集めたニュース一束)」이라는 제목 하에 미국의 신탁통치의 가능성, 영국 의원단의 '즉시 반환 반대' 의견, 중화민국 국부(國府)행정원장이 과거에 발표한 류큐 반환에 관한 성명 등을 보도했다. 그해 정초 호놀룰루의 일본어 신문에 요시모토(吉本)라는 인물이 쓴 「오키나와 귀속문제(沖縄帰属問題)」라는 글이 실렸다. "현 안팎에 있는 전 오키나와 현인이 귀속 투표를 실시하고 이를 강화회의에 제출할 수 있기를 바란다"라는 내용이었다. 이 글에서 오키나와현의 바깥에 거주하는 오키나와 출신자들에게도 오키나와의 귀속에 관해 의사표시를 할 권리가 있다는 의식을 찾아볼 수 있다.

의사표시를 할 권리가 있다는 의식은 1951년 3월 22~24일 『하와이 타임즈』에 게재된 요세모리 지로(与世盛智郎)의 기고문 「오키나와의 귀속문제에 대해(沖縄の帰属問題に就て)」(1~3)에서도 엿보인다. 요세모리는 (1)에서 강화회의가 얼마 남지 않은 지금, 자신뿐 아니라 재류동포 중에도 "마음에 초조함을 느끼는 자"가 많으리라고 하면서 "오키나와 및 오키나와인의 영원한 운명을 결정할 귀속문제"에 대해 당연히 "우리들이 희망하는 합리적 해결을 위해 조력"할 수 있다고 하였다. (2)에서는 "우리들이 자신의 생활에 중대한 영향을 끼칠 오키나와의 귀속문제"에 대해 "투명한 한 표와 동등한 발언은 당연히 고려되어야 한다"라는 말을 덧붙이며 일본 '복귀' 지지 입장을 표명했다. (3)에서는 "오키나와는 오키나와에서 꿋꿋이 살아온 90만 오키나와인의 것"이라고 선언하면서 "오키나와는 어디까지나 미국을 신뢰하고 데모크라시가 알려주는 민족자결주의에 따라 오키나와인의 자주성에 의한 해결을 강조하고 싶다"라고 하며 일본 '복귀' 의사 표명

은 어디까지나 미국이 신봉하는 데모크라시와 민족자결주의 사상에 부합하여 자주성을 발휘하는 행위라고 말했다. 요세모리의 논리는 실질적으로 오키나와의 장래가 미국에 맡겨져 있는 상황에서 일본으로의 '복귀'를 표명하기 위한 고육지책으로 볼 수 있다.

요세모리의 글이 실린 이틀 후, 3월 26일 『하와이 타임즈』에 게재된 다마요세 호운의 기고문 「오키나와의 귀속문제에 대해(沖縄の帰属問題に就て)」도 역시 일본 '복귀' 지지를 표명하고 있다. 이 기고문은 도쿄에서 발행되던 잡지 『오키나와』 호놀룰루 특집호(1951년 3월)의 권두언으로 게재된 후 『하와이 타임즈』에 옮겨실렸다는 점이 흥미롭다. 다마요세는 1950년 4월에 창간된 『오키나와』 6월호에도 짧은 글을 항공편으로 보내 실었고, 같은 해 10월호의 편집후기에 따르면 스스로 이 잡지의 하와이 선전담당자를 자처했다고 한다. 1951년 3월의 하와이 특집호 때에는 다마요세가 원고 취합을 맡았다.[51]

위와 같은 하와이의 사례는 도쿄 거주 오키나와인과는 달리 오키나와의 귀속 논의에 직접 개입하지는 않지만, 관련 인물들의 글에서 오키나와의 장래 문제에 직접 참여하겠다는 의지를 느낄 수 있다.

7) 민주주의의 범위 · '재외동포' · 민족 정체성

여기에서 오키나와라는 공간 바깥에 있으면서 오키나와의 장래에 적극

---

51 『오키나와』 1951년 1월호의 편집후기에 "하와이 특집호는 해외특집호 제1탄으로 현재 호놀룰루에 거주하는 다마요세 호운, 히가 세칸(比嘉静観) 두 사람이 중심이 되어 원고를 모집하고 있습니다"라는 문장이 실려 있다. 그리고 이 특집호에 게재된 미야기 이에(宮城伊栄)의 「초기 오키나와 이민의 고투 이야기(初期沖縄移民の苦闘物語)」와 고하쓰 고슈(小波津幸秀)의 「하와이에 있어서 오키나와인 2세의 교육(布哇に於ける沖縄人二世の教育)」 등 글의 말미에도 다마요세로부터 원고집필 의뢰를 받았음이 명기되어 있다.

적으로 관여하고자 한, 적어도 관여하고 싶다는 의지를 보여준 오키나와 출신자들의 존재를 오키나와의 민주주의, 혹은 '민주'와 '자치'의 희구(希求)라는 틀 속에서 어떻게 다뤄야 하는가라는 문제를 제기하고자 한다. 일반적으로 특정 집단에 의해 실천된 '민주'와 '자치'를 다룰 경우, 일정한 공간이 분리되고 그 공간 내부에 있는 사람들이 당사자라고 전제한다.[52] '민주'와 '자치'의 실천이 "지금 이곳에 사는 사람"들에게 중요하다는 것은 직감적으로 납득 가능하다. 시민권이나 선거권과 같은 멤버십의 범주의 문제로도 생각할 수 있을 것이다.

그러나 GHQ 점령 하의 일본 및 타지에서 생활하는 오키나와 출신자와 오키나와에 사는 오키나와인 사이에 서로를 '동포'라고 호칭하는 관계성이 상상 가능한 단계에 접어들고 있던 당시의 상황을 생각할 때, 정보의 교환 및 사람의 이동이 초래한 요인이나, 동일한 정체성을 표명하는 집단 바깥으로부터의 관여('개입'?)라는 요인 등을 해당 공간과 완전히 분리시켜버려도 무방할까? 막 형성되고 있던 '오키나와인 정체성' 및 '복귀' 지지 호소라는 구체적인 행위와 거주공간을 달리하는 오키나와 '동포' 간의 차이가 혼재된 상태를 어떻게 해석해야 좋으며, 어떻게 기술해야 유의미할까.

52 이러한 전제는 '민주'와 '자치'의 범위를 고찰하는 연구자뿐 아니라 이 글의 연구대상 시기에 살던 사람들도 인식하고 있었다. 앞서 말한 다카미네는 오키나와 현지 신문에 기고한 글에서 오키나와의 귀속 문제는 도쿄에 거주하는 우리보다 우선은 오키나와에 있는 제군(諸君)들의 문제이며 오키나와 대다수 사람들이 일본 귀속에 이의가 있다면 눈물을 머금고 물러나겠다며, 도쿄에 거주하는 본인의 입장을 의식한 발언을 남겼다(高嶺明達, 「沖縄よ何処へ行く(一)」, 『うるま新報』 1951. 7. 10). 또한 오키나와군도(群島)의회에서 한 의원의 "재일 오키나와인이 이구동성으로 서명운동을 하고 있지만, 그 사람들은 우리 오키나와 출신이기는 하지만 사실은 일본인이다. 진심으로 고향을 사랑하고 우리의 고생을 헤아릴 수 있다면, 우리 오키나와로 와서 우리 오키나와 현실의 노고를 실제로 체득하고 돌아가서 일본 정부와 사령부에 맨몸으로 부딪치는 것이 당연하다고 생각합니다"(沖縄県祖国復帰闘争史編集委員会 編, 『沖縄県祖国復帰闘争史 資料編』, 沖縄時事出版, 1982, 1358쪽)라는 발언에서도 같은 공간의 공유 여부가 오키나와 귀속문제에 관여할 자격을 좌우한다는 의식을 엿볼 수 있다.

이 문제를 규명한다면, '동포' 의식과 각 거주지의 정치사회적 조건(예 컨대 GHQ 점령 하의 일본이나 미국 준주[準州]인 하와이) 속에서 살고 있다는 입장이 보여주는 정체성의 중층성, 그리고 민주주의가 실천되어야 할 공간과 정체성 범위 간의 차이를 되묻는 실마리를 찾을 수 있지 않을까 생각한다.[53]

4. '민족자결'과 주체의 문제

머리말에서 제기한 '패전 직후의 몇 년 사이에 오키나와의 일본 '복귀' 지향이 왜 전경화되었나?'라는 물음은, 바꿔 말하면 '과거에 일본으로부터 차별받았으면서도 왜 다시 '복귀'를 지향하는가?', '왜 독립, 또는 일본으로부터의 이탈을 지향하지 않았는가?'라는 물음이기도 하다. 이 물음은 구 식민지 지역이 종주국으로부터 독립한 제1차 세계대전 이후 '민족자결'의 국제적 풍조 속에서 오키나와를 식민지적 상황으로 규정하고 일본을 종주국으로 대치시키고자 하는 필자 자신의 애초의 전제에서 비롯된다.

옛 류큐왕국의 판도는 1879년 일본으로 병합된 이래 오키나와'현'으로 1945년까지 존재하였으며, 일본제국 하의 타이완과 조선과는 법적으로 다른 지위를 지녔다. 그러나 동시에 혼인과 취직, 출세 등에서는 일상적으로

---

53 해외 이민자가 모국의 과민한 내셔널리스트의 활동을 지지하는 현상을 가리켜 앤더슨이 '원격지 내셔널리즘'이라 칭하고 시민권이 없는 사람들의 정치활동에 경종을 울린 지 이미 오래되었다. 앤더슨이 상정한 것은 '팩스'를 통해 고향과의 관계를 긴밀히 유지할 수 있게 된 시대 이후의 상황이었기 때문에 필자의 연구대상이나 시기와는 맞지 않는다. 그러나 완전히 관계없는 논의라고도 생각하지 않는다. 본 절에서 필자가 생각한 것이 앤더슨의 기우와 어떠한 관련이 있는지에 대해서는 향후 연구과제로 삼고자 한다. (Benedict Anderson, "The New World Disorder", *New Left Review*, No. 193, 1992 May/June.

차별받는 상황이 존재했다. 전전(戰前)부터 도쿄에서 살고 있었던 히가 순초(比嘉春潮)는 '한국병합'(1910년 8월)에 대해 9월 "일한병합, 만감이 교차하는 것을 글로 다 표현할 수 없다. 알고 싶은 것은 우리 류큐의 진상이다. 사람들이 말하기를, 류큐는 장남, 타이완은 차남, 조선은 삼남이라 한다. (…) 류큐인이 류큐인이라고 경멸당할 이유는 없다. (…) 그런데 우리가 이른바 선배들은 왜 다른 부현(府縣)에 있을 때 자신이 류큐인이라는 사실이 알려지기 두려워하는 것일까? (…)"[54]라고 하며, 조선의 처우에 자신이 놓인 현실의 차별적 입장을 덧대어 보고 있었다. 이러한 차별적인 시선과 대우는, 훗날 현지 신문에 게재되는 '복귀'에 반대하는 내용의 투서가 시사하듯, 동시대의 경험으로 기억되고 있었다.[55]

1) 오키나와 거주 오키나와인과 자기인식

그러나 일본 패전 당시의 오키나와인에 관해 연구하다 보면, 스스로를 '전쟁으로 해방된 사람'으로 규정하는 의식은 어디서 패전을 맞이했는지에 따라 미묘하게 달라진다는 생각이 든다.

오키나와에서 스스로를 해방된 인간으로 인식하고 적극적으로 행동한 사례는 드물다. 전후 오키나와에서 자신을 타지역 사람들과 구별하는 호칭으로 '재패니(ジャパニー)'라는 단어가 한때 유행했고,[56] 재야 정치가들이 1947년에 개최한 '오키나와 건설간담회'에서는 오키나와의 재정 안정을

---

54 比嘉春潮, 『沖縄の歳月』, 中央公論社, 1969, 37쪽.

55 比嘉幸一, 「沖縄の帰属問題に就て(2)」, 『うるま新報』 1951. 4. 17. 이 글은 훗날 다시 일본에게 배신당할 것이라 생각하는 근거로서 전전(戰前)과 전시(戰時) 중에 오키나와인을 이민족으로 보고 멸시했던 발언과 일본 군인에게서 받았던 '모욕'에 대해 열거하고 있다.

56 新崎盛暉, 『戦後沖縄史』, 日本評論社, 1976, 59쪽.

위해 일본 정부에 배상금을 청구하겠다는 발언이 나오기도 했다.[57] 이러한 사례는 일본이라는 국가와 오키나와 사이에 거리가 생겼다는 심리가 반영된 것으로 해석할 수 있다.

다만 지상전으로 인해 물리적으로 파괴된 후 점령자에게 의식주를 의존할 수밖에 없었던 사람들이 전승국인 미국의 군인들과 일상적으로 마주치는 상황에서 해방을 실감하기는 상당히 어려웠으리라 추측할 수 있다. 그리고 "모두가 몹시 갈팡질팡하던 시대였다. 특히 익찬회(翼贊會, 전시동원조직－필자) 관계자 및 교육계 사람들은 매우 깊이 사상적으로 고뇌하고 있었다"[58]라는 표현은 일본에서 미국으로 '세상이 바뀌었다'는 현실과 자신의 입장 및 가치의 연속성이 충돌하고 있는 상황을 짐작 가능케 한다.

앞서 말한 일본과의 심리적 거리는 미군의 방침에 기인하는 부분이 있다. 1944년 6월 미 군사전략국이 발행한 대(對)오키나와 심리작전계획안 『류큐열도의 오키나와인(琉球列島の沖縄人)』과 1944년 11월 15일 미 해군작전본부 사령부가 발행한 군정·민정의 기초자료 『민사 핸드북(民事ハンドブック)』은 오키나와인과 일본인 사이의 감정의 골을 전략적으로 활용할 가능성을 찾고 있다.

두 자료 모두 일본인과 오키나와인의 신체와 언어에 일정 정도 근접성을 인정하면서도 중국으로부터의 영향, 오키나와에 대한 일본인의 차별의식, 오키나와 측의 반발을 중시한다. 전자는 "오키나와인은 짓밟혀왔다는 생각을 증폭시키고, 그리고 일본인 전체와 대비시켜 오키나와인으로서의 자각을 갖도록 방향을 잡는 선전활동, 즉 회유책은 결실을 맺을 가능성이

---

57 沖縄タイムス社 編, 『沖縄の証言 上』, 沖縄タイムス社, 1971, 201쪽.
58 仲宗根源和, 『沖縄から琉球へ』, 評論社, 1955, 58쪽.

있다"[59]라고 결론지었다. 후자 또한 "류큐인과 일본인과의 관계에 고유한 성질은 잠재적 불화의 씨앗이며 그 속에서 정치적으로 이용가능한 요소를 만들 수 있을지도 모른다"라고 예측했다.[60] 앞서 말한 '재패니'라는 단어의 유행, 일본으로부터 전쟁 배상금을 받겠다는 발상의 바탕에는 이러한 점령자 측의 오키나와 인식 및 전략이 작용했을 가능성도 부정할 수 없다.

해당 시기 오키나와인의 자기인식을 한 마디로 설명하기는 어렵다. 미군이라는 압도적 전승자에게 점령당하고 있던 현실이 오키나와인의 '패배자' 인식을 더욱 날카롭게 만들기도 했을 것이다. 점령자의 '일본인과는 다른' 취급에 일본인으로부터 분리된 오키나와인으로서의 자기인식이 형성되는 경우도 있었을 것이다. 와카바야시가 수 페이지에 걸쳐 면밀히 묘사한 바와 같이, 절대적 권력자인 미군과의 관계성 속에서 자주와 자치를 모색하는 움직임은 매우 복잡하여 안이하게 요약할 수 없다.[61] 이미 일본으로부터 분리된 상황에서 눈앞의 점령자와 협력하여 재건하는 길 외에는 살아나갈 도리가 없었던 환경 속에서, 오키나와에 살던 오키나와인들은 과거의 일본인 의식을 견지하면서도 새로운 환경에서 재건의 방도를 모색하고 있었다는 점만 여기서 확인해 두고자 한다.

---

59 沖縄県立図書館史料編集室 編, 『沖縄県史資料編2 琉球列島の沖縄人・他 沖縄戦 2(和訳編)』, 沖縄県教育委員会, 1996, 113쪽.

60 沖縄県立図書館史料編集室 編, 『沖縄県史資料編1 民事ハンドブック 沖縄戦1(和訳 編)』, 沖縄県教育委員会, 1995, 75~76쪽.

61 若林千代, 앞의 책, 제1, 2장은 패전 초기 민주와 자치를 바라는 낙관적인 분위기가 미군 의 태도로 인해 수정될 수밖에 없었던 상황을 세밀하게 묘사하고 있다.

2) 일본 본토 거주 오키나와인과 자기인식

(1) '해방'감과 '분리'의 수용

일본에 있던 오키나와인(전쟁 전에 건너가 거주 중이었거나 지상전 직전에 피난 갔던 사람, 외지에서 돌아와 본토에서 체류 중인 사람)으로 눈을 돌려보자. 피난지였던 규슈에서 패전을 맞은 전(前) 오키나와현립도서관 사서 미야자토 에이키(宮里栄輝)는 자신과 같은 인식은 소수였을 것이라고 하면서 "오키나와가 해방되었다는 기쁨에 앞"서, "앞으로는 우리들이 해야 한다는, 우리가 나설 차례"라고 생각했다고 증언한 바 있다.[62] 1946년 2월 일본공산당이 '오키나와 민족 독립을 축하하는 메시지'를 오키나와인연맹에 보냈다.[63] 이 메시지에 감격한 미야자토는 1946년 5월 26일 구마모토에서 개최된 오키나와인연맹 규슈본부 설립 총회에서 "이제 오키나와인은 3백 수십 년의 오랜 정치적, 경제적, 사회적인 압박에서 해방되었다. 평화와 문화의 밝고 아름다운 오키나와를 건설할 때가 왔다"라고, 격려의 인사말을 전했다.[64]

총회에서는 오키나와 민정부에 보내는 메시지가 '류큐문(琉球文)'으로 발표되었다. "오키나와는 야마토(大和: 일본—번역자)가 무리한 전쟁을 일으켰기 때문에 처참한 상황에 빠졌습니다"라는 문장으로 시작되는 이 메시지는 오키나와 재건에 힘쓰는 현지 사람들에 대한 감사와 재회를 바라는 내용이 담겨 있다.[65] 전쟁 전 사용이 금지되었던 오키나와의 언어로 의사를 표명하는 행위는 종전처럼 스스로를 일본의 하나의 현민으로 규정하는 것

---

62 新崎盛暉 編,『沖縄現代史への証言 上』, 沖縄タイムス社, 1982, 59쪽.

63 小熊英二,『<日本人>の境界: 沖縄·アイヌ·台湾·朝鮮 植民地支配から復帰運動まで』, 新曜社, 1998, 478쪽.

64 「沖縄人解放と生活確保へ巨歩／九州本部大会賑ふ」,『自由沖縄』九州版第一号, 1946. 6. 15.

65 中野好夫 編,『戦後資料沖縄』, 日本評論社, 1969, 6~7쪽.

이 아니라 다른 관점에서 자화상을 그리고자 하는 시도로 볼 수 있다.

이러한 해방감은 "오키나와의 귀속은 (…) 강화회의에서 정식으로 결정될 테지만" "다시 일본의 판도로 돌아갈 일은 절대 없으리라 생각한다"라는 『오키나와신민보』의 기사가 보여주듯 패전 당시의 예감에서 비롯되었음이 분명하리라.[66]

이렇듯 일본으로부터의 분리를 긍정적으로 받아들이는 심성은 당시 오키나와인에게서 종종 찾아볼 수 있다. 한 예로 야라 조친(屋良朝陳)의 '조건부 복귀 또는 독립'과 '영세중립국' 의견을 들 수 있다. 피난지였던 나라현(奈良縣)에서 패전 후 농아학교를 경영하면서 '문화류큐인회'를 설립한 야라는 자신이 발행하는 잡지 『대류큐(大琉球)』 1946년 7월호에 「류큐인의 입장(하나의 희망)」을 게재했다. 이 글에서 야라는 "모국 일본"으로 돌아가는 것은 "우리들의 이념"이기에 감사와 진심에서 우러나오는 존경·애정을 담아 "일본의 정치가"들에게 "오키나와현민을 맞아들일 마음의 준비를 부탁드립니다"라고 전했다. 그러나 다른 한편으로, 새로이 창설된 국제연합을 지칭하는 듯한 "국제연합회" 앞으로는 "대의사(代議士)의 5분의 1을 류큐에서 선출할 것" "문화대신 및 국무대신의 2, 3인은 영원히 류큐인일 것" "외교관 및 문교관(文敎官)의 약 반수는 류큐인일 것" 등의 조건을 내세우며 일본으로 돌아가고 싶기는 하나, 앞의 조건이 받아들여지지 않을 시에는 "예전처럼 독립을 바라마지 않는다"라고 단언했다.[67]

이어서 야라는 1946년 3월 『류큐사극 파기의 새벽(琉球史劇 巴旗乃曙)』을, 이듬해 1947년 3월에는 앞 책을 가필 수정한 『류큐비사극 파기의 새벽(琉

---

66 「帰るか、残留かの調査/三月十八日一斉に実施/洩れなく登録しよう」, 『沖縄新民報』 1946. 3. 5.

67 屋良朝陳, 「琉球人の立場(一つの希望)」, 文化琉球人会, 『大琉球』 2, 1946, 3~4쪽.

球秘史劇 巴旗の曙)』을 출판했다.[68] 이 책은 19세기 말 메이지(明治)정부의 류큐병합 위기에 직면하여 일본으로의 귀속을 지지하던 개진당(開進黨)과 청나라와의 관계 지속을 바라는 수구파가 대립하는 가운데 그때까지 중립을 지키고 있던 주인공이 "영세중립"국을 꿈꾸는 파당(巴黨)이라는 제3의 가능성에 끌린다는 내용의 희곡이다. 픽션이기는 하지만 일본으로부터 분리된 후의 오키나와의 미래를 상상하는 야라의 지향성이 엿보이는 작품이라 할 수 있다.

『자유 오키나와』가 1946년 11월에 보도한 것처럼 오키나와의 장래에 대해서는 일본 복귀 외에 미국으로 귀속하거나 독립을 원하는 의견도 존재했다.[69] 그리고 패전 직후 가고시마에서 발행되던 소책자 『신오키나와(新沖縄)』는 1947년 12월에 발행된 제5호에 "최근 들어 일본 귀속 청원운동을 하는 유지가 있는 것 같다. 우리는 청원운동을 하면서까지 일본으로 귀속되어야 하는가. 전혀 납득이 안된다. 과거를 반성하라"라는 한 독자의 기고문을 게재했다.[70] 이 글은 1947년 말 일본 '복귀'를 바라며 구체적 운동을 전개하려 한 사람들의 존재를 보여주고 있지만, 동시에 일본 귀속에 대한 글쓴이의 회의적 심정을 솔직히 전하고 있다.

(2) '비(非)일본인'이라는 취급

패전 직후 일본에 살던 오키나와 출신자들이 오키나와의 '해방'을 어느 정도 의식하거나, 일본으로부터의 '분리'를 부여받은 것으로 받아들였던

---

68 屋良朝陳, 『琉球秘史劇 巴旗の曙(再版5千部): 付普天間権現 琉球王代記略表』, 文化琉球人会, 1947.
69 「帰属問題を転機に／沖縄人連盟再発足／近く全国大会開催」, 『自由沖縄』 1946. 11. 15.
70 「電波は踊る」, 『新沖縄』 1947. 12. 5.

것에는, GHQ의 방침도 영향을 끼쳤으리라 생각된다. GHQ는 1946년 1월 29일자 「약간의 외곽지역을 정치상 행정상 일본에서 분리하는 사항에 관한 각서」에서 "북위 30도 이남의 류큐제도(남서제도)"를 일본으로부터 분리시키겠다는 방침을 정식 발표하고[71] 이어서 동년 2월 17일자로 일본 정부에 SCAPIN 제746호 「조선인, 중국인, 류큐인 및 타이완인의 등록」 지령을 내렸다. '등록 지령'의 목적은 GHQ의 귀환정책 대상 중 '비(非)일본인' 각 집단을 대상으로 귀환희망자 유무를 조사하는 것이었다.[72]

　GHQ의 지령을 받은 일본 정부는 같은 해 3월 13일 「조선인, 중화민국인, 본도인(本島人) 및 본적이 북위 30도 이남(구치노시마[口之島] 포함)의 가고시마현 또는 오키나와현에 있는 자 등록령 시행에 관한 건」(후생성·내무성·사법성령 제1호)을 통달하고, 3월 18일 조선인(Koreans), 타이완인(Formosans), 중국인(Chinese) 그리고 류큐인(Ryukyuans)을 대상으로 일제히 인구조사를 실시했다. 이 등록령은 1945년 10월 당시 일본에 남아 있던 약 115만 명의 조선인을 주 대상으로 삼은 것이었지만,[73] 동시에 오키나와인도 '비일본인'으로 간주되어 동일한 조사대상이 되었다.

　오키나와를 일본으로부터 분리시키겠다는 GHQ 사령부의 발표, 그리고 뒤이은 대규모 등록 및 귀환희망자 조사에서 당시 최대 규모의 귀환대상 그룹이었던 조선인과 마찬가지로 '비일본인' 대상이 되었다는 것. 이 두 가지는 일본인 사회가 재일 오키나와인을 자신과는 다른 집단으로 간주하는 관점을 형성시키는 데에 영향을 끼쳤다. 1946년 3월 귀환조사 즈음부터

71　天川昇他 編, 앞의 책, 14쪽.

72　金英達, 앞의 글, 85~86, 112쪽.

73　鄭栄桓, 『朝鮮独立への隘路: 在日朝鮮人の解放五年史』, 法政大学出版会, 2013, 54쪽(정영환 지음, 임경화 옮김, 『해방 공간의 재일조선인사: '독립'으로 가는 험난한 길』, 푸른역사, 2019).

오사카와 아마가사키(尼崎)에서 "너희들은 미국의 영토가 되면 바로 돌아가는 거지. 잠깐 머물겠다는 생각은 안돼"라는 이유로 취직이 거부되는 사례가 효고현 오키나와인연맹의 기관지로 추정되는 『간사이 오키나와신보(関西沖縄新報)』에 보고되었다.[74]

귀환업무가 어느 정도 마무리 단계에 접어든 1947년 6월 말 맥아더 사령관의 "류큐는 우리 자연의 국경이다. 오키나와인이 일본인이 아닌 이상 미국의 오키나와 점령에 반대하지는 않는 것 같다" 라는 발언이 위와 같은 일본 사회의 인식을 더욱 강화시켰음은 쉬이 상상할 수 있다.[75]

(3) 다양한 신분의 활용

그러나 일본 정부의 견해는 대일강화에서 오키나와인의 신분을 최종 확정지으니 그때까지 오키나와인은 일본인이라는 것이었다.[76] 즉 당시의 오키나와인들은 일본인이면서 일본인이 아닌 이중의 신분을 가지고 있었던 것이다.

『자유 오키나와』 1946년 6월 15일자 사설 「연맹의 깃발 아래(聯盟の旗の下に)」는 이러한 이중의 신분을 적극적으로 활용하려는 의지를 표명했다. 오키나와인이 '일본인'과 '비일본인'의 두 가지 얼굴을 지녔음을 인정하고 권리 확보를 위해 두 신분을 활용하자는 내용이다. 그리고 오키나와현이라는 일본의 행정기구에 종지부가 찍힌 이상 '비일본인'이 되겠지만, 오키

---

74 新垣正美, 「沖縄人連盟 本土在住沖縄出身者の運動とアイデンティティ」, 神戸大学 大学院総合人間科学研究科1999年度修士論文, 1999, 43쪽. 인용 기사는 『関西沖縄新報』 제1호(1946년 3월 발행).

75 「今旬の主張: 帰属問題と新沖縄の途」, 『沖縄新民報』 1947. 7. 16.

76 外務省特別資料課 編, 『日本占領及び管理重要文書集: 朝鮮人, 台湾人, 琉球人関係』, 1950, 7쪽.

나와의 귀속문제가 결정되는 강화회의까지는 일본인으로 대우받아야 한다고 호소했다. "일본 정부에는 일본인으로서의 균등한 생존권을 요구"하고 "연합군 총사령부에는 '비일본인'으로서의 비호를 요청해야 하는 입장에 놓여 있다"라며, 오키나와인의 이중의 입장을 인식하고 생활을 위해 전략적으로 이 두 가지 신분을 활용하려는 자세를 읽어낼 수 있다.

GHQ에 의해 한반도와 타이완 출신자들과 함께 '비일본인'으로 분류된 오키나와인이 이러한 신분을 역으로 이용해 생활 자원을 얻으려 한 사례도 확인된다. 1946년 4월 오사카에서 '남도회(南島會)'라는 현인회를 조직한 도모리 닌자부로(友利仁三郎)는 오사카시 기타구(北區)에서 토지를 불법점거한 '지나인(중국인—번역자)'을 내쫓으며 "우리는 오키나와인이다. 일본은 미국에 진 것이지 너희들에게 진 것이 아니다. 오키나와는 미국 땅이 되었으니 우리는 미국인이다. 그러니까 너희들은 우리 동생뻘이다"라는 논법을 구사했다고 증언했다. 그리고 "미국의 권위를 이용하는 것에 맛을 들여 바로 'OKINAWA USA'라고 쓰인 뱃지를 만들어야지 생각"하고는 1946년 5월경 실제로 제작했다. 그 뱃지를 달고 있는 사람은 공짜로 전철을 탈 수 있도록 미 진주군에게 공문서를 발급하게 했다고 회상했다.[77] '오키나와는 미국 땅이 되었다'는 말은 앞서 소개한 취직 거부 사례 때의 "너희들은 미국인이 될 테니까"라는 말을 연상시키는데, 일본인이 아닌 신분을 활용해 권위자의 힘을 빌어 권익을 확보하려는 전략이라고 할 수 있다.

맥아더 사령부로부터 '인정'받은 '류큐인 피난민'이라는 직함을 생활 자원 확보를 위해 최대한 이용하려는 모습도 남아 있는 기록에서 찾아볼 수 있다. 맥아더 사령부는 1946년 1월 2일 일본 정부에 "일본 정부는 궁핍한

---

77 石原昌家,「日本本土在沖縄県人の出稼と定住生活の研究 [生活記録編 - 2]」,『沖縄国際大学文学部紀要社会学科篇』19(1·2), 1992, 169~170쪽.

류큐 피난민들에게 지체 없이 충분한 식량, 주택, 치료, 침구, 의료 등을 지급해야 한다"는 지령을 포함한 각서를 내렸다.[78] 훗날 효고현 의회 의원과 아마가사키 시의회 부의장을 역임한 인물도 이 지령을 "오키나와 출신자들은 한 사람도 남김없이 각서에서 말하는 궁핍한 류큐인 피난민에 해당한다고 해석했다. 맥아더 지령을 최대한 이용하려 했다"라고 회상했다. 아마가사키 오키나와인연맹의 청년부장이었던 인물도 "맥아더 지령을 쓴 종이를 소중하게 들고 걸었다. (…) 미토코몬의 인로(水戸黄門の印籠: 암행어사 마패와 유사-번역자) 정도의 효과가 있었다"라고 회고했다.[79]

이렇듯 오키나와인이 맥아더의 지령과 점령군의 권위를 이용하는 사례는 지바현(千葉縣) 산리즈카(三里塚)에 들어가 개척민으로 생활하는 것에 대한 대응에서도 찾아볼 수 있다. 패전 후 일부 오키나와인들은 궁내청과 지바현에 지바현 도야마무라(遠山村) 산리즈카 소재의 시모후사(下総) 고료목장(御料牧場: 일본 황실용 목장-번역자)을 개방해 달라고 요청하여 100정(町: 약 30만평-번역자)의 토지를 불하받게 되었다. 그러나 1946년 3월 30명의 오키나와인이 마을에 들어갔을 때 불하받은 땅에는 마찬가지로 개방을 요구했던 전재자(戰災者)동맹 사람들이 이미 들어와 있었고, 관계 각 단체 간의 토지 분할 조정은 같은 해 8월까지 계속되었다.[80] 『자유 오키나와』 1946년 5월 5일 독자투고란에서 한 독자는 이 산리즈카 정착 문제에 대해, 지바현

---

78 「マ司令部の指令 "窮乏せる沖縄避難民に対し政府は十分な食糧と住宅、衣料寝具等を支給すべし"／沖縄本島への帰還可能性調査中／連盟の請願を認め暖かい処置」,『自由沖縄』1946. 1. 25.

79 沖縄県人会兵庫県本部35年史編纂委員会,『ここに榕樹あり: 沖縄県人会兵庫県本部35年史』,沖縄県人会兵庫県本部, 1982, 135~136쪽.

80 村上庸子,「成田の戦後開拓と沖縄人移民」,『環境情報研究』9, 2001, 116쪽; 神田文人·高澤美子,「戦後の三里塚牧場の開拓と沖縄·久米島」,『環境情報研究』8, 2000, 19~23쪽.

'재외동포'와 '민족자결'을 통해 본 민주주의의 범위와 주체   175

지사와 궁내청에 "지금부터라도 좋으니까 맥아더 사령부가 내린 여러 지령을 다시 읽어봐라"라며 불만을 표출했다.

산리즈카에 들어간 30명의 오키나와인을 이끌었던 인물은 훗날 『하와이 타임즈』에서 일본 '복귀' 입장을 표명한 요세모리 지로였다. 요세모리는 1894년 오키나와현 구메지마(久米島)에서 태어나 1926년 니시혼간지(西本願寺) 계열의 승려로 하와이에 건너갔다가 태평양전쟁 직전 1941년 6월에 '여름 모국견학단'을 인솔하여 일본에 와 있었고 패전도 일본에서 맞이했다. 그가 1946년 3월에 산리즈카에 있었던 것은 이러한 경위 때문이었다.

이미 점령당한 토지를 돌려받기까지, 하와이 경험이 길어 미 진주군 병사 중에 지인이 있었던 요세모리의 인맥이 활용되었다. 요세모리의 조카로 그와 함께 산리즈카에 들어온 우에즈 도모아키(上江洲智昭)는 1997년 인터뷰에서 삼촌 요세모리의 진주군 친구를 데리고 와서 그에게 "이곳은 오키나와 사람들에게 부여된 땅이니까 당신들은 나가야 한다"라는 말을 하게 했다고 회고했다. 그때 "맥아더가 후생성에 오키나와 사람들에게는 의식주를 제공하라는 지령을 내렸단 말이야"라는 말도 덧붙였다고 했다.[81] 맥아더 지령을 언급한 말은 요세모리 측이 미군 병사인 이민 2세 친구에게 말하게 했던 것인지 어떤지, 정확히 확인할 수는 없으나, 적어도 당시 '오키나와인=GHQ가 인정한 특별히 의식주를 제공해야 할 집단'이라는 도식은 충분히 활용되었고 효력 또한 발휘했다는 방증으로 볼 수 있는 에피소드이다.

---

81 村上庸子, 앞의 글, 116쪽. 단 간다 후히토(神田文人)와 다카자와 요시코(高澤美子)는 요세모리가 "점령군에 있던 지인을 통해 이 땅은 점령군이 승인했다는 문서를 입수하여 그 문서를 보여주면서 다테(伊達) 일파(전재자동맹의 일부-필자)를 추방하는 데에 성공했다"라고 했다(神田文人·高澤美子, 앞의 글, 23쪽).

(4) '일본인'임을 관철시킨 사람들

다만 스스로를 '해방'된 자로 간주하는 태도, 또는 '비일본인'으로 행동하는 태도를 옳지 않다고 보는 사람들도 있었다. '복귀'운동을 위해 오키나와에서 도쿄로 온 나카요시 료코는, 규슈와 오사카, 요코하마(橫浜)와 도쿄의 동포 현인 가운데 오키나와가 '미국의 보호국'이 되었다거나 '조선처럼 독립할 수 있다'고 믿는 사람이 일부 있다고 말하면서 그 이유 중 하나로 재일본 오키나와인의 일부 지도자가 "현(縣) 출신 대중을 조선과 똑같다고 생각하도록 하"기 때문이라는 추측을 피력했다.[82]

요시다 시엔은 1946년 3월 남방에서 본토로 돌아와 앞서 말한 바와 같이 후쿠오카의 오키나와현 사무소에서 근무하고 있었을 때 오키나와로 밀항한 인물이다. 요시다는 오키나와인연맹과 조선인연맹을 중첩시켜 이해하는 것은 "일본인임을 스스로 포기하는 것으로, 부여받은 것을 버리고 얻을 수 없는 것을 요구하려는, 사려가 부족한 위험한 사상이다"라고 하며 "단호"히 반대했다고 회상했다.[83] 오키나와현 사무소의 요청을 받아 1946년 1월부터 『오키나와신민보』를 발행한 전 오키나와신보사 취체역의 오야도마리 세하쿠(親泊政博) 또한 "조선인의 흉내를 내는" 오키나와인연맹에 비판적 인물이었다.[84]

---

82 仲吉良光, 「同心同調の鍵で沖縄の運命を開け(1)」, 『沖縄新民報』 1946. 10. 25.

83 吉田嗣延, 『小さな闘いの日々－沖縄復帰のうらばなし』, 文教商事株式会社, 1976, 24쪽.

84 新崎盛暉 編, 『沖縄現代史への証言 下』, 沖縄タイムス社, 1982, 61쪽. 1947년 6월 나카요시 료코가 참의원 민주당에 제출했다고 추정되는 오키나와 '복귀' 진정서 말미에 요시다의 이름도 적혀 있다. 오야도마리가 주재한 『沖縄新報』 1946년 3월 25일자에 게재된 「최신 주장(今旬の主張)」은 같은 달 18일의 등록령이 한반도 및 타이완 출신자와 함께 오키나와인을 대상으로 삼은 것에 대해, "이 등록령은 조선인이나 중화민국 타이완인을 가까운 시일 내에 각각 귀국시키는데 그 김에 오키나와현인도 조사해 두려는 정도"의 내용으로 "오키나와현인에게는 불똥이 튄 형국"이라는 표현을 썼다. 오키나와인을 조선인,

오키나와인연맹의 '좌경화'나 '해방'자에 동조하는 경향에 대해, 결성 초기부터 비판한 인물들도 요시다와 오야도마리와 같은 의견이었다. 오하마 신센은 오키나와인연맹의 발기인이었으나 1945년 12월 일찌감치 연맹을 탈퇴했다. 오하마는 1950년에 미국을 시찰하러 갔을 때 현지의 '현인 동포 각위'로부터 받은 환대에 감격했던 인물이다. 탈퇴 동기를 뒤로 하고 오하마는, 일본이라는 조국을 고발하는 오키나와인연맹의 GHQ 청원서에 대해, "제3국인의 경우"라면 모를까 오키나와 출신자가 작성, 제출하는 것은 "무식하기 짝이 없다"라며 오키나와인연맹의 활동에 대한 비판적 입장을 회고했던 바 있다. [85]

이러한 대립의 이면에는 사회주의나 공산주의에 대한 동조 여부 등의 정치적 측면과, 당시 '공산주의'나 '제3국인'으로 칭해졌던 사람들에 대한 편견·선입관과 같은 동시대적 요인도 함께 작용했음을 고찰할 필요가 있다. 나카요시를 비롯해 이러한 입장을 관철한 사람들은 대부분 미국의 대일강화 때에도 일본 '복귀'를 주장하게 된다.

3) '일본인'으로서의 강조와 조선인의 존재[86]

패전 당시 재일본 오키나와인들은 '일본 이탈'을 부여받은 것으로 받아

타이완인과는 다른 위상에 두려는 심성을 엿볼 수 있다. 나카요시 료코의 진정서는 「仲吉良光関係文書」 소장 「沖縄の日本復帰方陳情」이라는 제목의 9장의 사료(넘버링 없음), "불똥" 발언은 「今旬の主張 受入れ町村にお願い」, 『沖縄新民報』 1946. 3. 25.를 참조 바란다.

85 新垣正美, 앞의 글, 42쪽.

86 이 절은 上地聡子, 「在日沖縄人の『日本主権』希求と朝鮮人－GHQ占領下の生存権という視座からの一考察」, 『アジア民衆史研究』 20, アジア民衆史研究会, 2015 및 上地聡子, 「サンフランシスコ講和会議前における沖縄『日本復帰』の同時代的要因」, 『한림일본학』 33, 한림대학교 일본학연구소, 2018에서 논한 내용과 중복됨을 밝혀둔다.

들이고 '비일본인'이라는 신분을 활용하려는 태도도 보였지만, 샌프란시스코 강화회의 개최 시기가 다가옴에 따라 '해방' 민족 측에 동조하며 일본과의 분리를 적극적으로 긍정하는 의견은 후퇴하고, 일본인성(日本人性)을 전면에 내세우는 경향이 뚜렷해졌다.

설립 당시 조선인의 전국조직인 조선인연맹(재일본조선인연맹)을 연상시킨다고 일부 오키나와인으로부터 비판받았던 오키나와인연맹은 1948년 여름, 전쟁 전의 관료이자 나카요시 료코의 진정서에 이름을 올렸던 가미야마 세료를 회장으로 맞았다. 이 조직개혁의 배경에는 우파와 좌파 이데올로기 간의 대립뿐 아니라 횡령이나 물자 빼돌리기와 같은 조직 내부의 부패도 있었다. 가미야마는 회장 취임 조건으로 조직의 회계 청산과 더불어 임원에서 공산당원을 축출할 것을 요구했다.[87] 1949년에는 조직명에서 '인(人)'을 뺀 '오키나와연맹'으로 개칭했다가, 대일강화회의 직전인 1951년 8월에 해산했다. 해외동포에게 전송되어 '일본인'과 '비일본인'의 이중성을 권리 확보에 활용하자고 호소했던 『자유 오키나와』도 축쇄판에 수록되어 있는 것은 1949년 1월의 제33호가 마지막이다.

오키나와인에게 조선인과 같은 등록령을 적용시키려는 것을 '불똥'이라고 표현하던 『오키나와신민보』는 1950년 6월 25일자에 "본토 거주 오키나와 출신자"는 선거권, 권리, 의무, 그리고 신(新)헌법 하 생활권에 이르기까지 모두 일본인임을 강조하는 글을 게재했다.[88] 일본인임을 강조한 것은 오키나와가 외국 취급을 받은 결과로서, 일본에 있는 오키나와 출신자들도 외국인 취급을 받고 있던 현실을 반영하고 있다. 실제로 이 기사에는 오키나와인들에게 "선거 투표는 자제해 달라, 초등학생은 외국인 등록을 하

---

87 新垣正美, 앞의 글, 75쪽.

88 「本土在住沖縄人の三国人扱いは不当／倭島局長見解を表明」, 『沖縄新民報』 1950. 6. 25.

라, 초중등 학교 교직원의 본적은 소재현(所在縣)으로 옮겨라, 일반인은 소재 행정구역으로 본적을 옮겨라"라는 '몰이해한 권고'가 행해지고 있음을 열거하였다. 이어 "대학 등 입시시험에서 오키나와 출신자들의 자제는 한국인과 같은 외국인 취급을 받는다, 불공평한 조치다"라며 곤혹스러운 마음을 드러냈다.

위 기사의 취지는 외무성 관리국장에게 이러한 일상생활 상의 '불만'을 호소하기 위해 열리는 좌담회를 알리는 것이었는데, 앞서 검토한 기사의 내용에서 두 가지를 지적할 수 있다. 하나는 실제 빈번히 외국인 취급을 받았다는 현실이고, 둘째는 비교 및 참고 대상이 조선인이라는 점이다.

오키나와인의 조선 및 조선인에 대한 언급은 1950년 이전에도 종종 확인된다. 앞서 살펴보았듯 일본 '복귀'를 지지하는 나카요시는 일본 거주 오키나와인 중에 오키나와가 '미국의 보호국'이 되거나 '조선처럼 독립할 수 있다'고 믿는 사람들이 있다고 하면서, 그 원인으로 일부 지도자가 오키나와인을 "조선동포와 같다고 생각하게 한다"라는 점을 들은 바 있다. 『자유 오키나와』에 다수의 기고문을 실은 나가오카 지타로는 1946년 5월 5일자 지면에 실린 「□□인연맹 성격에 대해(□□人聯盟の性格に就て)」(□□는 탈자—필자)에서 오키나와의 장래는 미국의 단독 신탁통치일 것이라는 예상 하에 미군의 '존 하지 중장'(John Reed Hodge)이 조선민중에게 실시한 신탁통치의 설명을 예로 들며 "오키나와에서의 신탁통치도 점차 자치가 부여되어" "우리들의 총의(總意)가 원한다면 독립도 부여받을 수 있을 것이다"라는 예측을 피력했다. 그리고 오키나와인도 조선인도 일본 국내 최대 커뮤니티를 형성하고 있던 지역은 오사카와 효고를 비롯한 간사이(關西)지역이었는데,[89] 간사이 지역 거주 오키나와 출신자의 생활 인터뷰조사 기록에는 '조

---

89 1946년 3월에 실시된 등록령 결과를 보면 등록수가 가장 많았던 곳은 조선인과 오키나와

선인'이 종종 등장한다.[90] 오키나와인과 조선인은 전후 함께 '비일본인' 취급을 받는 존재였다.

이러한 '조선인'에 대한 GHQ 점령 하 일본 사회의 눈초리는 부당하고 냉엄했다. 주지하듯 GHQ 점령 하 일본의 처음이자 마지막 비상사태선언이 선포된 것은 1948년 4월 일본 정부의 '조선인학교 폐쇄령'에 맞선 대규모 항의운동, 바로 한신(阪神)교육사건이었다. 1948~49년 『아사히신문(朝日新聞) 오사카판』의 조선인 관련 기사를 검색하면 1948년 4~5월 고베의 조선인학교, 1948년 후반 북한 국기 게양, 1948년 후반에서 1949년 전반에는 밀주(密酒)단속, 1949년 후반에는 조선계 학교의 폐쇄와 이에 맞선 조선인들의 저항 등, 재일조선인 관련 보도가 계속되었음을 확인할 수 있다. 보도의 논조는 결코 호의적이지 않았다. 「도쿄에서 조선인 날뛴다(東京で朝鮮人暴れる)」(1949년 4월 8일)에서는 조선인을 '질서를 어지럽히는 존재'로 보는 냉담한 시선이 간토 지역에도 존재했음을 알 수 있다. 주일 한국대사도 GHQ 참모장 앞으로 보낸 서한(1949년 4월 21일)에서 조선인에 관한 일본의

인 모두 오사카로 조선인 102,262명, 오키나와인 40,845명이었다. 두 번째로 많은 곳은 효고로 각각 63,990명, 32,143명이다. 간사이 3현(오사카, 효고, 교토(京都))과 간토(關東) 4현(도쿄, 가나가와(神奈川), 사이타마(埼玉), 지바)을 비교하면, 조선인 합계가 각각 212,608명/79,755명, 오키나와인 합계가 73,935명/21,410명으로 간사이 쪽에 집중되어 있음은 명백하다(金英達, 앞의 글, 89~90쪽).

90 예를 들어 이시하라 마사이에(石原昌家)의 앞의 논문과 이 논문의 전편에 해당하는 石原昌家, 「日本本土在沖繩縣人の出稼と定住生活の研究 [生活記錄編 - 1]」, 『沖繩国際大学文学部紀要社会学科篇』 18 - 2, 1992는 1979년부터 1980년까지 간사이에 거주하던 20명 이상의 오키나와 출신자들을 인터뷰한 기록이다. 논문에는 전쟁 전에 구직활동을 하던 때 "'조선인 류큐인 사양'이라고 써붙인 종이를 실제로 봤다"(石原昌家, 「生活記錄編 - 1」, 78쪽)라는 증언, 자신이 속한 부두 하역업체의 하청 그룹에는 조선인이 많았다(石原昌家, 「生活記錄編 - 2」, 147쪽)는 발언이 수록되어 있다. 그리고 패전 직후 한 오키나와인이 양돈업을 하는데 밀주(소주)를 만들던 조선인에게 술지게미를 받아 사료로 썼다는 발언도 있다(石原昌家, 「生活記錄編 - 1」, 103쪽).

부정적인 언론 보도를 문제삼았다.[91]

　오키나와인은 일본 사회에서 조선인과 동일한 취급을 받는 리스크를 감지하기 시작했다. 1948년 7월 오이타현에서 개최된 오키나와인연맹 중앙위원회에서는 같은 해 4월 '고베의 조선인학교 문제'에 대해 조선인을 격려하는 내용의 연설을 한 인물의 언행을 "대외적 영향이 중대한 일"로 문제 삼는 의견이 제출되었다. "공산당원으로 지목되"는 그 인물의 언행에 대한 의견이 속출했고 연맹 내에 조사위원회를 설치하는 사태가 벌어졌다.[92] 이러한 인식은 나카요시 료코와 가미야마 세료 등 '보수계' 유력자뿐 아니라 1950년 즈음 일본에서 생활할 수밖에 없었던 일반 오키나와인들도 어느 정도 공유하고 있었으리라 생각된다. 앞서 말한 『오키나와신민보』 1950년 6월 25일 기사가 특히 주장한 선거권, 권리, 의무, 그리고 신헌법 하의 생활권까지 본토에 사는 오키나와 출신자들은 "모두 일본인이다"라는 선언은 이러한 인식을 방증한다.

　일본에서 계속 생활하는 오키나와인 사회 내부에서 초기의 '일본 이탈'의 예감이 완전히 무너지고 샌프란시스코 강화까지 일본 '복귀'가 전경화된 데에는 '비일본인'으로 탄압을 받는 한반도 출신자의 처우가 거울 이미지(mirror image)로 작용한 것으로 보인다.

4) 애매한 입장에 대한 해석과 의미 부여

　여기서 구 제국과 구 식민지, 어느 쪽이든 몸을 의탁하고 상황에 따라 스스로의 위치를 바꾸는 이러한 오키나와의 '위치 선정'은, 제국과 식민지라는 양극 사이에 일종의 그라데이션이 존재함을 보여주고 그 존재를 인식

91　金太基, 『戦後日本政治と在日朝鮮人問題』, 勁草書房, 1997, 537~538쪽.
92　「沖縄人連盟の別府大会賑う/問題の解明に真剣」, 『沖縄新民報』 1948. 7. 5.

할 필요성을 시사하고 있다는 문제의식을 제기하고자 한다. 이러한 애매한 입장성은 샌프란시스코 강화까지 귀속이 결정되지 않는다는 외적 요인에도 기인할 테지만, 동시에 식민지와 제국의 문제를 생각할 때 연구자가 쉽게 전제로 삼는 '지배/피지배'의 구조를 상대화시키고 '민족자결' 너머에 독립과 해방을 기대하는 제삼자의, 또는 연구자의 시선을 되묻는 계기로 이어지리라 생각한다.

다음으로 샌프란시스코 강화 시기의 오키나와의 사례를 '민족자결'이라는 키워드로 고찰할 때 오키나와에 '스스로 결정한다'는 의식이 총체적으로 약했던 점을 어떻게 볼 것인지를 확인하고자 한다. 물론 자신을 '해방된 자'보다도 '무조건 항복한 자'에 동일시하는 자세는 '스스로 결정한다'는 의식으로 연결되지 않는다. 하와이의 일본어 신문이 1948년 정초에 "현 안팎에 거주하는 모든 오키나와인이 귀속 투표를 실시하여 이를 강화회의에 제출하자"라는 의견을 게재한 것은 앞서 살펴본 바와 같으나, 이러한 능동적 제안은 산발적인 것으로 필자가 확인한 범위 내에서는 커다란 목소리로 발전하지는 않았다. 일본에서의 이탈에 대해, 부여받는 것으로서 긍정적으로 받아들이는 태도는 찾아볼 수 있지만, 전쟁으로 해방된 민족으로서 적극적으로 결정권의 행사를 요구하는 움직임은 전혀 없다.

필자는 언젠가, 이러한 '스스로 결정한다'는 의식이 약하고, '해방된 자'와 '구 종주국' 사이에서 흔들리던 당시 오키나와의 태도를, 주체성이 결여되어 있었다든지 기회주의적이었다는 식의 평가와는 다른 각도에서 검토해 볼 예정이다. 주체적이지 않다, 또는 독립적이지 않은 '민족' 그룹은 '동화되었다'라는 등 부정적 평가를 받기 일쑤지만, 여기서 합의된 '주체'란 대체 무엇인지 재검토할 힌트를 오키나와의 사례에서 찾을 수 있으리라 생각한다.

이 점을 생각할 때, 당시 형성 중이던 동아시아 냉전구조가 오키나와의 처우를 결정한다는 인식이 널리 공유되어 있었다는 점도 중요하다. 일본 '복귀' 희망을 『하와이 타임즈』에 투고한 요세모리 지로는 "우리가 자신의 생활에 중대한 영향을 끼칠 오키나와 귀속 문제에 대한 투명한 한 표와 동등한 발언은 당연히 고려되어야 할 문제"이지만 "다만 이러한 언론이 오늘날 준전시체제 하에서 미국의 치안을 해치거나 점령정책에 반하는 것이라면" 아무 말도 하지 않겠다는 전제를 두고 '복귀' 지지를 표명했다.[93] 도쿄에서 오키나와를 향해 기탄없는 일본 '복귀' 의견을 표명할 것을 호소하기도 했지만, 도쿄에서조차 1950년 4월에 창간된 잡지 『오키나와』의 창간 목적에 오키나와의 귀속은 "소위 '두 세계'에서 빚어내는 분위기가 결정할 사항"이며, '그때'가 올 때까지 "우리 오키나와인은 충분한 지식을 쌓고 마음을 기울여 기다려야 한다"라고 쓰여 있다. 강대국 간 동서 냉전의 추세를 엿보면서 운명의 강화회의를 기다리겠다는 자세는 스스로의 장래를 결정할 민족집단이라는, 민주주의의 일반적인 주체의 이미지와는 동떨어져 있다.[94]

그러나 역사적으로 본다면, 민족자결이 문제가 되는 국면에서 어떤 집단이 자결권을 행사할 때, 국제정세나 강대국의 의중과 같은 외부 요인 사이에 끼어 있지 않은 상태에서, 그러니까 외부권력의 영향이 없는 상태에서 선택·결정할 수 있는 사례는 오히려 적지 않을까. 그렇다고 한다면 강대국의 추세를 살피는 소수 그룹이라는 주체의 존재 방식과 '민족자결'이라는 관념의 관계 또한 재고해야 할 주제가 되지 않을까.

---

93 与世盛智郎,「寄書 : 沖縄の-帰属問題に就て(2)」,『ハワイタイムス』1951. 3. 23.
94 한 가지 덧붙이자면 연합국에서 오키나와에 의견을 표명하라는 요구도 거의 없었다. 이러한 의미에서 이 시기 오키나와의 일본 '복귀'는 어디까지나 희망을 표명하는 것에 불과했다.

5. 맺음말

마지막으로 '민족자결'과 배후의 국제정세라는 관점에서 일본 '복귀' 주장의 함의를 지적하고자 한다. 앞서 제기한 '과거에 일본으로부터 차별받았으면서도 왜 다시 '복귀'를 지향하는가?', '왜 독립, 또는 일본으로부터의 이탈을 지향하지 않았는가?'라는 물음은 일본 '복귀'와 독립이라는 눈앞에 제시된 두 가지 선택지 중 하나를 고르는 능동적인 선택행위를 상정하고 있다. 적어도 본 연구를 시작할 무렵 필자는 이렇게 상정하고 있었다.

그러나 논지를 전개하면서 명백해진 것은 당시 오키나와는 강화회의의 결과가 어떻든 간에 미군은 오키나와에서 떠나지 않을 것이라는 예감으로 가득차 있었다는 점이다. 1946년 오키나와에서 도쿄로 보내진 「오키나와의 현상 보고」에서 나카소네 겐와는 "미국은 아마 오키나와를 손에서 놓지 않을 것이다. 명목상으로는 유엔의 신탁으로서, 그 신탁을 미국이 받는 형식을 취할 것으로 생각되나, 실질적으로 손을 놓는 일은 절대 없을 것이다"라고 예상했다.[95] 특히 오키나와 거주 오키나와인은 패전 직후 수년간 미국의 자금과 자본이 대량으로 투입되어 군사기지를 중심으로 사회와 경제가 부흥해 가는 것을 목격한 바로서, 미군이 이대로 떠나지 않을 것이라는 예감은 생활 속에서 느껴지는 것이었다. 강화회의 시기가 다가올수록 일본 '복귀' 지지의 방침을 명백히 표명하던 『오키나와신민보』도 오키나와의 신탁통치는 거의 결정되었다는 기사를 거듭 게재했다.[96]

---

95 戸邉秀明, 앞의 글, 42쪽.

96 「解説／沖縄の運命と／台湾の信託問題／三巨頭会談が鍵」, 『沖縄新民報』1950. 6. 5; 「『対日講和』で米当局重大言明／米の講和草案／沖縄は国連信託／然し事実上は併合」, 『沖縄新民報』1950. 9. 25; 「信託沖縄の防衛は米国がやる」, 『沖縄新民報』1951. 3. 15. 등.

이러한 가운데 오키나와 현지 언론에서 1951년 전반에 일어났던 귀속 논의에서는, '복귀' 지지파는 눈앞의 미군은 언급하지 않고 '전쟁 이전의 오키나와'의 이미지를 미래상으로 내세웠고 '복귀' 반대파는 '계속 미군이 있는' 상황을 예견하고 미군기지가 존속하는 채로 일본에 재귀속되는 상황을 우려했다.[97] 구체적인 분석까지는 하지 않겠으나, '복귀' 지지를 표명한 사람도 그러한 논조의 신문 기사를 읽는 독자도 공유하고 있는 '미군'이라는 현실적 존재가 '복귀' 주장 안에는 부재했다. 이에 대해서는, 오키나와 사람들이 문자 그대로 일본으로의 재귀속을 희망했다는 가능성 외에 경제와 산업이 미군기지로 편중된 부흥으로 인해 급격히 변화하는 사회에 대한 불안·불만 때문이라는 해석도 가능하리라 생각한다.[98]

반대로 일본에 있는 오키나와 출신자들의 '복귀' 지지 논리는, 미군이 오키나와에 일정 기간 주둔하는 것은 어쩔 수 없겠지만 오키나와에 대한 일본의 주권은 인정받고 싶다는 것이었다.[99] 외무성 외교위원회에서 이러한 의견을 피력한 도쿄의 '복귀' 지지파의 논리는 오키나와 현지에서 표명된 '복귀' 지지 논리와는 다른 해석을 필요로 한다. 일본 '복귀'가 어떠한 동시대 상황에서 누구의 어떠한 요청이 받아들여져서 주목받았는지를 고찰한다면, 일본 '복귀'는 정말 선택된 것인지, 여기서 말하는 오키나와인이란 대체 어디의 누구인지를 물어야 한다.

---

97 이 점에 대해서는 上地聡子, 앞의 글, 2008에서 논한 바 있다. 이 글에서는 지면 관계상 생략한다.

98 미군기지로 인한 급격한 사회변동이 일본 '복귀' 지지를 끌어모으는 토양이 되었다는 점은 鳥山淳, 「復興の行方と沖縄群島知事選挙」, 『一橋論叢』 125(2), 2001 및 鳥山淳, 앞의 책, 2013의 제4장 「기지 확충과 그 영향(基地の拡充とその影響)」 및 제5장 「일본복귀운동과 자치의 굴절(日本復帰運動と自治の屈折)」에서 상세히 논하고 있다.

99 「今旬の主張」, 『沖縄新民報』 1951. 1. 25.; 「今旬の主張」, 『沖縄新民報』 1951. 2. 5; 「軍租借地になっても／沖縄は復帰を希望／参院外務委で仲吉氏等発言」, 『沖縄新民報』 1951. 2. 15. 등.

이 글은 명확한 결론이라기보다 연구 과정에서 필자를 찾아온 새로운 의문들을 민주주의와 연결짓는 과제에 따라 재배치한 내용이라 할 수 있다. 이 의문들을 직시해 나가는 것이 향후 과제이다. 다만 이러한 의문 하나하나는 결코 패전 직후 오키나와(여기서는 일부러 집합적 표현으로 오키나와를 사용하겠다)라는 하나의 사례에 국한되지 않을 것이라는 예감이 든다. 태평양전쟁 직후 수년간의 오키나와의 경험을 언젠가 타 지역의 사례와 연결지어 새로운 틀을 만들어보고자 한다.

참고문헌

자료

『自由沖縄』,『沖縄新民報』,『うるま新報』,『おきなわ』,『ハワイタイムス』,『更生沖縄』,
　　　『沖縄タイムス』,『大琉球』,『新沖縄』

比嘉春潮 문고 자료(오키나와현립도서관 소장)

「仲吉良光関係文書」(沖縄県那覇市企画部編集室 소장)

단행본

天川昇・荒敬・竹前栄治・中村隆英・三和良一 編,『GHQ日本占領史 第16巻 外国人の
　　　取り扱い』, 日本図書センター, 1996.

新崎盛暉,『戦後沖縄史』, 日本評論社, 1976.

新崎盛暉 編,『沖縄現代史への証言』上下, 沖縄タイムス社, 1982.

沖縄県人会兵庫県本部35年史編纂委員会,『ここに榕樹あり: 沖縄県人会兵庫県本
　　　部35年史』, 沖縄県人会兵庫県本部, 1982.

沖縄県祖国復帰闘争史編集委員会 編,『沖縄県祖国復帰闘争史 資料編』, 沖縄時事
　　　出版, 1982.

沖縄県立図書館史料編集室 編,『沖縄県史資料編1 民事ハンドブック 沖縄戦1(和
　　　訳編)』, 沖縄県教育委員会, 1995.

沖縄県立図書館史料編集室 編,『沖縄県史資料編2 琉球列島の沖縄人・他 沖縄戦
　　　2(和訳編)』, 沖縄県教育委員会, 1996.

沖縄タイムス社 編,『沖縄の証言 上』, 沖縄タイムス社, 1971.

小熊英二,『〈日本人〉の境界: 沖縄・アイヌ・台湾・朝鮮 植民地支配から復帰運動ま
　　　で』, 新曜社, 1998.

外務省管理局総務課,『沖縄諸島日本復帰運動概要』, 1950.

金太基,『戦後日本政治と在日朝鮮人問題』, 勁草書房, 1997.

島田法子,『日系アメリカ人の太平洋戦争』, リーベル出版, 1995.

_____,『戦争と移民の社会史 ハワイ日系アメリカ人の太平洋戦争』, 現代史料
　　　出版, 2004.

鄭栄桓,『朝鮮独立への隘路: 在日朝鮮人の解放五年史』, 法政大学出版局, 2013.

冨山一郎, 『近代日本社会と「沖縄人」−「日本人」になるということ』, 日本経済評論社, 1990.

鳥山淳, 『沖縄／基地社会の起源と相克 1945−1956』, 勁草書房, 2013.

仲宗根源和, 『沖縄から琉球へ』, 評論社, 1955.

中野好夫 編, 『戦後資料沖縄』, 日本評論社, 1969.

仲吉良光, 『陳情続けて二十余年 われら沖縄復帰期成会の歩み』, 沖縄タイムス社, 1971.

北米沖縄人史編集委員会 編, 『北米沖縄人史』, 北米沖縄クラブ, 1981.

比嘉春潮, 『沖縄の歳月』, 中央公論社, 1969.

牧野浩隆, 『戦後沖縄の通貨 上』, ひるぎ社, 1987.

若林千代, 『ジープと砂塵: 米軍占領下沖縄の政治社会と東アジア冷戦1945−1950』, 有志舎, 2015.

山城善光, 『続·山原の火 火の葬送曲』, 火の葬送曲刊行会, 1978.

屋良朝陳, 『琉球秘史劇 巴旗の曙(再版5千部): 付普天間権現 琉球王代記略表』, 文化琉球人会, 1947.

吉田嗣延, 『小さな闘いの日々−沖縄復帰のうらばなし』, 文教商事株式会社, 1976.

吉田嗣延追悼文集刊行委員会編集本部 編, 『回想 吉田嗣延』, 吉田嗣延追悼文集刊行委員会, 1990.

논문

浅野豊美, 「米国施政権下の琉球地方への引揚−折りたたまれた帝国と重層的分離」, 『社会科学研究』26−1, 中京大学社会科学研究所, 2006.

新垣正美, 「沖縄人連盟 本土在住沖縄出身者の運動とアイデンティティ」, 神戸大学大学院総合人間科学研究科, 1999年度提出修士論文, 1999.

伊佐由貴, 「沖縄移民のなかの『日本人性』: 近代化と徴兵制から移民を考える」, 近藤健一郎 編, 『方言札: ことばと身体(沖縄·問いを立てる 2)』, 社会評論社, 2008.

石原昌家, 「日本本土在沖縄県人の出稼と定住生活の研究 [生活記録編−1]」, 『沖縄国際大学文学部紀要社会学科篇』18−2, 1992.

_____, 「日本本土在沖縄県人の出稼と定住生活の研究 [生活記録編−2]」, 『沖縄国際大学文学部紀要社会学科篇』19−1·2, 1992

上地聡子, 「競われた青写真−1951年の帰属議論における「復帰」支持と, 論じられなかったもの」, 『琉球·沖縄研究』2, 早稲田大学琉球·沖縄研究所, 2008.

_____, 「ハワイと東京をつなぐ試み−与世盛智郎と玉代勢法雲の1951年「復帰」支持を中心に−」, 『琉球·沖縄研究』4, 早稲田大学琉球·沖縄研究所, 2013.

_____, 「在日沖縄人の『日本主権』希求と朝鮮人−GHQ占領下の生存権という視座からの一考察」, 『アジア民衆史研究』20, アジア民衆史研究会, 2015.

_____, 「サンフランシスコ講和会議前における沖縄『日本復帰』の同時代的要因」, 『한림일본학』33, 한림대학교 일본학연구소, 2018.

神田文人·高澤美子, 「戦後の三里塚牧場の開拓と沖縄・久米島」, 『環境情報研究』8, 2000.

金英達, 「(資料)1946年3月の朝鮮人, 台湾人, 中国人, 琉球人についての人口調査および帰還登録の集計結果」, 『人権問題研究室紀要』32, 関西大学人権問題研究室, 1995.

B.アンダ−ソン, 関根政美 訳, 「〈遠隔地ナショナリズム〉の出現」, 『世界』586, 岩波書店, 1993(Benedict Anderson, "The New World Disorder", *New Left Review*, No. 193, 1992 May/June).

田港朝和, 「翁長助成書簡について−知識人移民の軌跡」, 『沖縄史料編集所紀要』6, 沖縄県沖縄史料編集所, 1981.

戸邉秀明, 「戦後沖縄における政治活動の出発−比嘉春潮文庫資料『沖縄の現状報告』の意義と射程−」, 『民衆史研究』60, 民衆史研究会, 2000.

鳥山淳, 「復興の行方と沖縄群島知事選挙」, 『一橋論叢』125(2), 2001.

納富香織, 「仲吉良光論−沖縄近現代史における「復帰男」の再検討」, 『史論』57, 東京女子大学, 2004.

村上庸子, 「成田の戦後開拓と沖縄人移民」, 『環境情報研究』9, 2001.

민주주의 국가에서 소수자 권리를 둘러싼 여러 문제
-나리타공항문제의 역사에서 얻는 교훈

아이카와 요이치(相川陽一)

1. 머리말

1) 이 글의 목적

이 글은 '민주주의 국가에서 소수자의 권리를 어떻게 지킬 수 있을 것인가'라는 상당히 보편적인 문제의식에서 출발한다. 이 출발선상에서 일본 고도경제성장기 때의 대규모 개발에 저항한 최대 규모의 분쟁 사례로서 나리타(成田)공항 건설반대운동(=산리즈카[三里塚]투쟁)을 분석의 소재로 삼았다. 나리타공항의 건설을 저지하려 했던 지역주민들의 동향을 바탕으로 고도경제성장기 일본사회의 공공사업 및 대규모 개발 구상과 실시를 둘러싼 여러 문제를 민주주의의 관점에서 고찰하고자 한다.[1]

산리즈카 투쟁은 1966년에 시작되었다. 이때 퇴거를 강요당한 주민들은

---

1 이 글은 2020년 2월 1일 개최된 제19회 한일민중사워크숍(호세이대학 이치가야캠퍼스)의 발표문을 가필·수정한 것이다. 제2장부터 제9장까지는 相川陽一, 「三里塚闘争における主体形成と地域変容」, 『国立歴史民俗博物館研究報告』 216, 国立歴史民俗博物館, 2019를 바탕으로 새롭게 분석한 내용을 요약적으로 기술했다.

연대를 위해 찾아온 외부 지원자들과 함께 가능한 모든 수단을 동원하여 수십 년간 저항했다. 그중 하나인 언론을 이용한 저항 속에서, 1990년대에는 국가가 주민에게 강요한 '공익 vs 사익'이라는 도식에 근본적인 반론을 가하여 공항 건설 방침을 일부 수정하는 성과를 이끌어냈다.

반세기 이상 지속된 분쟁으로 부상자와 사망자가 다수 속출했고 최근에는 세계화의 흐름 속에서 공항 확장안까지 대두되고 있기 때문에 2020년 단계에서도 이 문제가 최종적으로 해결되었다고는 할 수 없다. 그렇지만 산리즈카 투쟁은 민중의 저항이 국가의 공공성 독점을 재고(再考)하게 만든 사례로서 민중의 창의적인 아이디어로 가득 찬 저항의 가능성을 보여준다. 동시에 무력 행사를 수반하는 민중운동에 대한 엄중한 문제 제기는 지금도 여전히 유효하다. 이 글에서는 산리즈카 투쟁의 전사(前史)에 해당하는 1960년대 초반부터 2010년대까지 약 반세기를 대상으로 지역주민 저항운동의 측면을 중점적으로 다루고자 한다.

어디까지나 이념형(理念型)이지만 민주주의(데모크라시의 동의어로 간주)에 관한 개괄적인 정의를 해두겠다. 미국의 정치학자 로버트 달(Robert Alan Dahl)은 데모크라시의 여러 기준을 설정하였다. "데모크라시는 아래에서 제시한 항목을 실행하기 위한 기회를 제공한다"라는 전제 하에 ①실질적인 참가 ②평등한 투표 ③정책과 그 대안을 이해할 가능성 ④아젠다의 최종 조정 ⑤모든 성원의 포괄적 참가라는 다섯 가지 기준을 제시했다.[2] 각 기준을 간략하게 보충설명하면 ①은 "집단의 정책이 결정되기 전에 그것이 어떠한 정책이어야 하는지에 대해서 모든 멤버가 자신의 견해를 다른

---

2 ロバート·A. ダール, 中村孝文 訳, 『デモクラシーとは何か』, 岩波書店, 2001, 50~52쪽 (Dahl, Robert. A., *On Democracy*, Yale University Press, 1998; 로버트 달, 김왕식·장동진·정상화·이기호 옮김, 『민주주의』, 동명사, 2018).

멤버에게 알리는 기회가 평등하고 실질적으로 확보되어야 한다", ③은 "시간적으로 타당한 범위 내에서 각 멤버가 대안으로서 유효한 정책과 그에 따른 결과를 알 기회가 평등하고 실질적으로 열려 있어야 한다", ④는 "각 멤버가 아젠다(회의의 의제와 의사일정)를 어떻게 설정할지 결정할 기회에 전면적으로 관여할 수 있도록 해야 한다"라는 것이다. 이러한 기준들은 어디까지나 이념형이며, 사실 판단의 표명이 아닌 도덕적 판단의 표명이다.[3]

앞서 제시한 데모크라시의 구성 기준에 비추어 볼 때, 고도경제성장기 일본의 공공사업에 관한 의사결정은 데모크라시의 이념에서 크게 벗어난 것이었다. 후술하겠지만, 수도권에 국제공항을 새로 건설하는 계획 수립 과정에서 후보지를 선정하고 위치를 결정할 권력을 가진 주체는 정부 관련부처의 정치가와 관료들이었다. 후보지의 주민들은 물론이거니와 선거를 통해 선출된 지자체장조차도 위치에 관한 결정권이나 의사 결정을 위한 논의에 참여할 기회를 갖지 못했다. 이러한 의미에서 전후(戰後) 일본의 데모크라시에는 민주주의 국가라고 하기에는 부족한 요건들이 여럿 있었다.[4] 이러한 부족함 또는 미숙함을 수반한 강권적인 개발 프로젝트에 대해 주민 측이 "이 나라는 법치국가이지 않은가"라며 이의를 제기한 것이 산리즈카 투쟁의 한 측면이다.

2) 주민운동이 제시한 대항적 공공성—1960~1970년대의 주민운동이 남긴 것

산리즈카 투쟁은 한 지역의 토지 투쟁에 국한되지 않았다. 개발 예정지에 토지를 소유하지 않은 사람들도 대거 지원자로서 함께 했다. 긴 투쟁 기

3 　로버트 달, 앞의 책(일본어판), 88쪽.
4 　모든 성인의 포괄적 참가라는 선거의 기초적 요건만 보더라도 영주자인 재일한국·조선인의 선거권을 지금까지도 인정하지 않고 있다는 문제가 있다.

간과 지원의 공간적 확산 등으로 인해 산리즈카 투쟁은 전후 일본에서 가장 긴 주민운동으로 일컬어진다.[5]

토지 소유나 소음 피해 등 직접적 이해관계가 없는 주체들의 지원활동이 어떻게 형성되고 전개되었는지를 확인하고 지원자들이 공간이나 이해관계와 상관없이 모일 수 있었던 논리와 그 과정을 밝히는 것은 산리즈카 투쟁뿐 아니라 여타 대규모 주민운동에도 응용할 수 있는 연구과제이다. 필자는 현재 산리즈카 투쟁이 국지적 토지 투쟁에서 국내외의 지원자들과 함께 하는 투쟁으로 전개해나간 과정을 공동연구하고 있다. 한 예로, 1960년대 후반부터 1970년대 중반까지 산리즈카에 살면서 기록영화 '산리즈카 시리즈'를 제작하여 국내외에서 상영한 영화제작집단 오가와(小川) 프로덕션과 그 지원자들의 자주(自主)상영운동의 역사를 연구하고 있다.[6] 산리즈카 투쟁을 조직적으로 지원했던 일본사회당과 일본공산당, 신좌익의 여러 당파 및 무당파층에 관한 연구도 필요하여 남아 있는 자료를 정리하면서 분석하고 있다.[7] 그러나 산리즈카 투쟁의 지원운동에 관한 연구는 현재진행형이므로 이 글에서는 지역주민의 동향에 중점을 두고 고찰하고자 한다.

---

5   荒川章二, 『(全集 日本の歴史 第16巻)豊かさへの渇望: 一九五五年から現在』, 小学館, 2009.

6   相川陽一·森脇孝広, 「戦後日本における記録映画の上映運動に関する資料収集と整理について: 松本市における小川プロダクション作品の上映運動を中心に」, 『記録と史料』31, 全国歴史資料保存利用機関連絡協議会, 2021; 相川陽一, 「地方都市における自主上映者の肖像: 長野県松本市における映画上映運動の個人資料を手がかりにして」, 『社会運動史研究 3(メディアがひらく運動史)』, 新曜社, 2021.

7   현재 일본 문부과학성 및 일본학술진흥회가 교부하는 과학연구비보조금을 활용한 산리즈카 투쟁 공동연구가 진행 중이다. 「20世紀後半の社会運動の形成─展開過程の解明に向けた領域横断的な資料学的研究」(https://kaken.nii.ac.jp/ja/grant/KAKENHI-PROJECT-21H00569/), 「20世紀後半の日本における社会運動の記憶の構造把握および継承に向けた資料学的研究」(https://kaken.nii.ac.jp/ja/grant/KAKENHI-PROJECT-18K00969/)(최종열람일: 2021. 11. 7).

지역주민들은 나리타공항 건설을 둘러싸고 개발주체와 대립하는 가운데, 전후 개혁의 성과였던 각종 지방자치제도를 날카롭게 비판했다. 그 비판의 화살은 국가를 향하기도 했다. 국제공항과 같은 고속교통망 건설은 퇴거나 소음 피해를 입게 될 지역주민의 의사와 의견을 배제하는 폐쇄성을 지닌다. 이러한 폐쇄성은 국제공항이나 신칸센(新幹線)과 같은 고속교통 분야에 한정되는 것이 아니라, 댐이나 원자력발전소와 같은 에너지 개발 분야에서도 공통적으로 나타난다.[8] 국가가 직접 통제하는 대규모 공공사업의 특징인 것이다. 이와 같은 자존적(自存的), 폐쇄적인 의사결정 시스템은 지금도 크게 바뀌지 않았다. 주민의 집약적 대변기관인 지자체와 대의제 민주주의에 기반한 지방의회 등 각 제도는 처음에는 국가의 공공사업에 대한 지역주민의 이의제기의 버팀목 역할을 하다가, 개발이익을 둘러싸고 주민이 분열하거나 특정 기업이 지역의 사회·경제를 지배하게 되자 스스로가 개발 추진 주체의 일원이 되면서 주민운동의 장애물이 된 사례도 많다.

그리고 하나의 지자체 내부에 개발로 이익을 얻는 구역과 피해를 입는 구역이 병존하고 전자의 세력이 후자보다 우세일 때, 또는 피해를 입는 지역도 개발 이익 때문에 개발에 호응할 때, 지자체 내부에서 주민의 분열이 일어나고 피해는 심각해지며 방치된다. 이러한 현상을 동시대 일본 사회의 연구주제로 삼은 사회학 분야에서 수익권(受益圈)−수고권론(受苦圈論), 피해구조론 등의 개념이 탄생했다.[9] 고도경제성장기 및 이후 시기에 관한 사회학 연구의 성과는 고도경제성장기를 본격적으로 연구하기 시작한 역

---

8   舩橋晴俊 등, 『高速文明の地域問題: 東北新幹線の建設·紛争と社会的影響』, 有斐閣, 1988.

9   梶田孝道, 『テクノクラシーと社会運動: 対抗的相補性の社会学』, 東京大学出版会, 1988; 飯島伸子, 『環境問題と被害者運動』, 学文社, 1984.

사학 연구에도 활용 가능한 학문적 유산이다.[10] 법학 분야에서는 1950년대 후반 규슈(九州)의 시모우케(下筌)댐을 둘러싼 분쟁과정에서 일방적으로 수몰지로 지정된 지역의 주민들이 소송을 여럿 제기하고 망루를 쌓는 등 직접행동도 불사하며 항의한 것에 관한 방대한 자료집이 간행되었다.[11]

하지만 앞 시대의 분쟁경험이 산리즈카 투쟁에 활용되었다고는 할 수 없다. 앞으로 이러한 식견을 특정 학문 분야의 틀을 넘는 학제간 연구를 통해 밝혀야 할 것이다.

국가와 작은 지역이 의견과 이해를 달리하여 충돌했을 때, 양측이 동원할 수 있는 자원의 규모에는 압도적 격차가 존재한다. 작은 지역의 주민들은 인생을 걸 각오로 이의제기에 참여하여 숱한 유형·무형의 비용과 희생을 치른다. 한 번밖에 없는 인생에서 대단히 큰 결단이다. 반면 관료기구는 대량의 자원으로써 인원을 끊임없이 교체투입시키며 영속적인 개발을 추진할 수 있다. 이러한 비대칭적 관계 하에서, 그럼에도 불구하고 이의제기의 길을 택한 사람들의 움직임에서 동시대의 민주주의와 사회적 합의 형성이 지니는 여러 문제를 찾아볼 수 있지 않을까 생각한다.

1990년대, 산리즈카 투쟁에서 지역주민과 지원자의 목숨을 건 항의행동으로도 쉽게 바꿀 수 없는 경직되고 강권적인 공공사업의 방식, 주민이 배제된 의사결정, 초기 단계에서의 졸렬한 절차를 비판하고 논의하기 위해

---

10 이 글에서는 주민운동을 고도경제성장기의 농공간(農工間) 격차나 도시 과밀문제에 대해 한 지역을 생활의 본거지로 삼는 사람들이 재지성(在地性)에 기반하여 이의를 제기하는 집합행위라고 느슨하게 정의한다. 주민운동 연구는 사회학 분야에서 시작되었는데, 대규모 개발에 이의를 제기한 주민운동은 사회학 연구 주제의 하나였다. 이제 고도경제성장기를 본격적으로 연구하기 시작한 역사학 연구에서는 고도경제성장기의 사회문제를 당대 또는 가까운 과거의 사회문제로서 다뤄온 사회학의 성과를 선행연구로 다룰 필요가 있다.

11 下筌·松原ダム問題研究会 編,『公共事業と基本的人権-蜂の巣城紛争を中心として-』,ぎょうせい, 1972.

지역주민들이 주체가 되어 토의의 장을 마련했다. 나리타공항 건설에 관한 분쟁의 기억과 기록을 수집하고 보존하는 작업은 지역주민과 개발주체가 1990년대에 대립의 역사적 근원을 상호 검증하면서 시작되었다. 이러한 의미에서 기억과 기록을 계승하려는 노력과 운동사는 양쪽 모두 관련되어 있다.

1970년대에 일본 각지에서 전개된 주민운동은 대립관계에 있는 국가나 지자체뿐 아니라 때로는 연구자에게까지 '지역이기주의'라고 비판받았다. 이러한 비판에 대해 ①'오히려 주민 측에 공공성이 있다'며 국가가 강요한 공공성을 되물었던 대항운동과 ②철저한 '지역이기주의'로써 공공성을 되물었던 대항운동, 두 가지 운동이 존재한다. ①은 산리즈카 운동, ②는 요코하마(横浜) 신화물선(新貨物線) 반대운동이다.[12] 산리즈카와 요코하마 운동의 리더층은 상호연대와 우호관계를 쌓아왔다. 공공사업을 강행하며 공익을 강요하는 국가에 대해, 농업의 공공성을 앞세우며 '대항적 공공성'을 내건 대항운동과 '지역이기주의'를 오히려 적극적으로 평가하며 대항했던 운동에서는 지금도 배울 점이 많다. 무엇보다 이러한 대항운동이 민중 내부로부터 자생적으로 탄생했다는 점이 중요하다.

위와 같은 문제의식을 바탕으로 나리타공항 건설을 둘러싼 분쟁의 역사적 추이를 확인하고 민주주의의 관점에서 문제점을 지적하고자 한다.

---

12 道場親信, 「宮崎省吾: 住民自治としての地域エゴイズム」, 杉田敦 編, 『ひとびとの精神史: 第6巻 日本列島改造1970年代』, 岩波書店, 2016, 70~98쪽; 宮崎省吾, 「いま、「公共性」を撃つ: 「ドキュメント」横浜新貨物線反対運動』, 新泉社[2005년에 創土社에서 재간행], 1975; 宮崎省吾, 「私の(住民運動)思想史における一橋大学時代(1957−1961)」, 『一橋大学創立150年史準備室newsletter』 4, 2018.

2. 연구대상의 정의

이 글의 연구대상을 다음과 같이 정의하겠다. 우선 나리타공항문제는 '신도쿄(東京)국제공항(현 나리타국제공항, 이하 나리타공항)의 계획·건설·가동· 확장을 둘러싼 분쟁의 총체'라고 정의한다. 그리고 이 분쟁을 반대운동과 개발문제라는 두 가지 문제 계통으로 나누어 파악한다. 전자에 대해서는 '나리타공항의 계획·건설·가동·확장에서 발생한 피해와 피해의 예측에 근거해 실행되어 온 공항반대운동'을 운동의 관습적 명칭인 '산리즈카 투쟁 (나리타공항 반대운동)'이라고 칭한다. 후자는 '나리타공항의 계획·건설·가동· 확장에서 발생한 공항 경영과 지역사회의 자치 및 지역 유지 간에 벌어진 이해대립과 조정행위의 총체'라고 정의하고, 이를 '개발문제로서의 나리 타공항문제'라고 칭하겠다.

'산리즈카 투쟁'과 '개발문제로서의 나리타공항문제'는 하나의 현상을 보는 관점에 따라 '보이는 방식'이 달라지기 때문에 서로 다르다. 또한 이 글에서 주목하고자 하는 주체가 서로 다르기 때문에 차이점이 생긴다. '신 도쿄국제공항의 계획·건설·가동·확장을 둘러싼 분쟁의 총체' 가운데 어느 주체에 중점을 두고 역사 과정을 기술할 것인가, 이 선택에 따라 역사상(歷 史像)은 달라진다. 나리타공항문제, 산리즈카 투쟁, 개발문제로서의 나리타 공항문제라는 문제 계통으로 나누어 대상을 파악함으로써, 지역 안팎에서 다양한 주체들이 참여하여 반세기 이상에 걸쳐 전개해 온 분쟁의 총체적 실상에 접근하여 주체별로 구축되었을 리얼리티의 다양성을 드러낼 수 있을 것이다.

위와 같은 정의에 기반하여 이 글에서는 산리즈카 투쟁의 역사적 추이를 중심으로 검토하겠다.

3. 인문과학 및 사회과학은 나리타공항 반대운동을 어떻게 파악해 왔는가-국내외 주요 선행연구

1) 정치학 및 사회학 분야의 선행연구

선행연구의 범위를 학술연구에 국한시키지 않고 반대운동이나 분쟁 조정에 관여했던 사람들이 직접 발표한 논고까지 포함시키면 나리타공항문제에 관한 선행연구는 적지 않다. 하지만 그 역사과정과 분쟁의 특징을 언급한 학술연구는 어느 분야든 간에 아직 진행 중에 있으며 본격적인 연구는 지금부터다.

나리타공항문제에 관한 학술연구는 데이비드 앱터(David Ernest Apter)와 사와 나가요(沢良世)의 저서로 거슬러 올라간다.[13] 이 책은 1984년 영문판, 1986년에 일본어판이 간행되었는데, 산리즈카 투쟁에 비중을 두면서 개발문제로서의 나리타공항문제도 언급하고 있다. 두 저자는 1980년대에 나리타공항 인근지역에서 단기체재하며, 현지 주민과 지원자, 정치가들을 인터뷰 조사했다. 이 저서는 모노그래프적 가치를 가진 연구이다. 하지만 미치바 지카노부(道場親信)가 지적했듯,[14] 운동의 의미에 관해서 제시한 이론의 도식과 실제 운동과정 사이에 괴리가 있고 운동의 의미 해석이 지나치게 도식적이다. 두 저자는 산리즈카 투쟁에서 '정치가', '농민', '신좌익 활동가'라는 세 주체를 설정하고 각각 면접조사를 했다. 그러나 세 조사 내용이

---

13 Apter, David. and Sawa Nagayo, *Against the state: politics and social protest in Japan*, Harvard University Press, 1984(D. アプター・沢良世, 沢良世 訳, 『三里塚―もうひとつの日本』, 岩波書店, 1986).

14 道場親信, 「三里塚闘争への社会運動的アプローチのために: 『三里塚アンドソイル』への応答として」, 『社会学論叢』 144, 日本大学社会学会, 2002a; 道場親信, 「戦後開拓と農民闘争: 社会運動の中の『難民』体験」, 『現代思想』 2002년 11월호, 青土社, 2002b.

유기적으로 연결되지 않고 개별 주체의 특성을 나열하는 것에 머물렀다. 다만 일본 국내 연구자의 학술연구가 거의 없었던 1980년대 초반(반대동맹 분열의 혼란기)에 세 주체를 조사한 모노그래프는 지금도 이어받아야 할 연구성과이다.

1970~80년대 나리타공항문제 및 산리즈카 투쟁에 관한 일본 국내 연구자의 학술논문은 많지 않다. 그 중 하나가 가지타 다카미치(梶田孝道)의 수익권-수고권 모델을 이용한 연구이다.[15] 가지타는 나리타공항문제에서 수익권-수고권 개념을 도출하였는데, 이는 일본의 사례를 통해 탄생한 사회학 개념이었다. 수익권은 어떤 개발행위로 인해 이익을 얻는 사람들의 거주 범위를, 수고권은 개발행위로 인해 피해를 입는 사람들의 거주 범위를 가리킨다. 양자가 어떻게 중첩되거나 분리되는지에 따라 문제 해결의 어려움과 대립의 심각성이 규정된다. 수익권-수고권 모델은 공공사업에 의한 지역 변용을 분석하는 데 범용성이 높은 개념으로서 지금도 환경사회학 분야에서 활용되고 있다. 그 출발점에 나리타공항문제 연구가 자리잡고 있다. 가지타는 수고권을 나리타공항 건설지 인근으로 한정시키지 않고 보다 넓은 지역으로 설정했다. 공항을 가동시키기 위한 항공연료 파이프라인 부설예정지 연선의 주민들을 언급하며 공항건설 예정지 인근 주민 이외에도 피해가 미친다고 지적함으로써, 공항 건설이 진행됨에 따라 수고권 거주자라는 의미에서 나리타공항문제의 당사자가 다양해진다는 사실을 밝혔다. 이는 1970년대 이후의 나리타공항 개항을 둘러싼 분쟁과정을 논하는 데에 시사하는 바가 크다. 그러나 나리타공항문제를 산리즈카 투쟁의 관점에서 볼 때, 수익권-수고권 개념만으로 직접적 피해를 입지

---

15 梶田孝道, 「国家·地域社会問題の日本的展開: 地域紛争としてみた成田空港問題」, 『経済評論』29-6, 1980; 梶田孝道, 앞의 책, 1988.

않는 사람들이 대거 지원자로 참여한 배경과 동기를 설명할 수는 없다. 산리즈카 투쟁의 역사적 추이를 설명하기 위해서는 지원자들이 어떻게 대규모, 장기적으로 참여할 수 있었는지를 밝혀야 한다. 이 문제는 미완의 물음으로서 지금도 해명되지 못한 과제이다.

나리타공항문제를 산리즈카 투쟁의 관점에서 다룬 연구는 2000년대 이후 사회학자이자 사회운동사 연구자인 미치바 지카노부에 의해 본격적으로 진행되었다. 미치바는, 산리즈카 투쟁을 주민의 생활세계를 기록, 표현하고자 한 기록영화작가 후쿠다 가쓰히코(福田克彦)의 미완의 유작 『산리즈카 화산흙(三里塚アンドソイル)』의 서평을 집필했다. 그는 이 서평에서 '주민운동으로서는 파격적인 공동 투쟁 체제', '운동의 규모', '운동의 기간', '투쟁전술의 다양성', '다양한 주체', '사망자 수', 1990년대 국가와의 대화를 통한 강제수용권한 포기와 주민에 대한 사죄 등 '투쟁의 "성과"'를 산리즈카 투쟁의 특징으로 들었다.[16] 그리고 "앞서 말한 특징은 모두 산리즈카 특유의 현상이라고 단언할 수는 없지만, 이들 특징을 보다 상세히 해명·분석할 때 산리즈카 투쟁의 고유성이 밝혀질 것이다"라고 했다.

미치바는 산리즈카 투쟁 및 기타 주민운동의 전사(前史)에 전후 개척의 경험이 존재함을 지적하고,[17] 1960~70년대에 광범위한 지원운동이 전개된 산리즈카 투쟁과 미나마타(水俣)병 환자투쟁을 비교연구했다.[18] 그리고 '지역이기주의'를 긍정적으로 활용한 요코하마 신화물선 반대운동을 연구

---

16 道場親信, 앞의 글, 2002a; 같은 해 미치바는 전후 개척사의 관점에서 산리즈카 투쟁과 농민의 하쿠리기지(百里基地: 이바라키현 항공자위대 기지—번역자) 반대운동을 다룬 논문도 발표하였다(道場親信, 「戦後開拓と農民闘争—社会運動の中の「難民」体験」, 앞의 책).

17 道場親信, 앞의 글, 2002b.

18 道場親信, 「地域闘争: 三里塚·水俣」, 岩崎稔·上野千鶴子·北田暁大 등 編著, 『戦後日本スタディーズ』, 紀伊国屋書店, 2009, 103~124쪽.

하면서[19] 주민운동이 지니는 고유 원리를 탐구하고자 힘썼다. 사회당·공산 당 및 노동조합 등 관련조직이 주도한 혁신국민운동과도, 혁신국민운동을 비판하면서 탄생한 신좌익운동과도 다른 논리를 지닌 주체로서 주민운동 을 파악하고자 한 것이다.[20]

미치바는 1998년에서 2009년에 걸쳐 기록영화작가 후쿠다 가쓰히코, 일본근현대사 연구자 아라이 가쓰히로(新井勝紘) 등과 함께 산리즈카 투쟁 에 관한 자료와 증언 수집에 진력했다. 후쿠다는 와세다대학에서 가노 마 사나오(鹿野政直)에게 일본근현대사를 배운 후 앞서 말한 오가와 프로덕 션의 일원으로 산리즈카 투쟁에 관한 기록영화를 제작했다. 그리고 오가 와 프로덕션이 1970년대 중반 야마가타현(山形縣)으로 거점을 옮긴 후 혼 자 산리즈카로 돌아가서 부인과 함께 기록영화「산리즈카 노트」를 제작했 다. 후쿠다는 산리즈카 투쟁에 관한 역사연구 거점인 나리타공항지역공생 위원회 역사전승부회(歷史伝承部会)[21]의 조사연구원을 맡아 이로카와 다이 키치(色川大吉)에게 사사한 아라이 가쓰히로와 함께 '역사전승의 장' 만들 기에 주력했다. 그러나 후쿠다는 대작『산리즈카 화산흙』을 집필하던 중 1998년 1월에 갑자기 사망했다.[22] 미치바도 가노 마사나오에게 배운 학생 으로 1997년 말에 후쿠다를 만났고, 후쿠다의 사후 '역사전승의 장' 만들 기에 참여하여 아라이 가쓰히로와 함께 핵심인물이 되었다.[23] 여기서 산리

---

19 道場親信, 앞의 글, 2016, 70~98쪽.

20 道場親信,「戦後日本の社会運動」, 大津透·桜井英治·藤井譲治 등 編,『岩波講座日本 歴史 第19巻 近現代5』, 岩波書店, 2015, 113~148쪽.

21 1990년대 초반, 뒤에서 서술하는 나리타공항문제 심포지엄 등이 열린 후에 설치된 지바현 (千葉縣) 관할 제3자 조직의 한 부국(部局)이다.

22 福田克彦,『三里塚アンドソイル』, 平原社, 2001.

23 新井勝紘,「成田の現代史の「歴」と「史」:「成田空港問題」の歴史伝承」,『成田市史研究』 32, 成田市史編さん委員会, 2008, 16~34쪽.

즈카 투쟁 연구는 민중사 연구 경험이 있는 사람들이 개척했다는 점을 알수 있다. 필자도 미치바와 함께 조사, 연구활동을 하며 국립역사민속박물관의 기획전시 '1968년' 준비에 참여했다. 그러나 전시가 본격적인 준비단계에 접어들고 산리즈카 투쟁의 본격적 연구가 시작되려 하던 찰나, 미치바는 병으로 쓰러졌다.

미치바가 남긴 학술상의 유산은 많다. 이 글의 참고문헌 리스트는 그 일단을 보여준다. 그리고 2011년 나리타공항 근처에 개관한 '나리타공항 하늘과 대지의 역사관(成田空港空と大地の歴史館)'도 그중 하나다. 현재 이 역사관은 아라이 가쓰히로가 명예관장을 맡고 있다. 필자도 아라이의 학은(學恩)을 입어 이 역사관을 거점으로 산리즈카 투쟁에 관한 공동연구를 진행하고 있다.

2) 역사학 분야의 선행연구

최근에는 일본 통사 서술에서도 산리즈카 투쟁이 언급된다. 고도경제성장기 일본의 대표적인 주민운동 또는 지역분쟁으로 자리매김되었음을 알수 있다. 또한 통사 서술에는 1960년대 말 산리즈카 투쟁과 학생운동의 연계도 등장한다. 예를 들어 미야케 아키마사(三宅明正)는 고도성장기 노동·시민운동에 관한 통사 서술에서 한 절을 할애하여 산리즈카 투쟁을 다루면서 전후 농민운동의 계보 속에 위치짓고, 공항건설에 반대했던 농민의 주장·내용과 아시오(足尾) 광독(鑛毒)사건에 대한 다나카 쇼조(田中正造)의 주장이 유사함을 지적했다.[24] 고도성장기라는 동시대성뿐만 아니라, 전후

---

24 三宅明正, 「労働運動·市民運動」, 朝尾直弘·網野善彦·石井進 등 編, 『岩波講座日本通史 第20巻 現代1』, 岩波書店, 1995, 113~145쪽.

사 혹은 근현대사 속에서 산리즈카 투쟁의 의미를 고찰하려는 연구는, 상대적으로 많은 연구가 축적된 농민운동사와 산리즈카 투쟁의 접속이라는 관점에서 중요한 과제를 제시한다. 또 앤드루 고든(Andrew Gordon)도 고도성장기 사회운동에 관한 통사 서술에서 산리즈카 투쟁을 언급하며 일본 정부의 거대 공항건설 프로젝트에 교훈이 되었다고 평가했다.[25]

현 시점에서 통사 서술 중에 산리즈카 투쟁을 가장 잘 정리하고 고찰한 연구자는 아라카와 쇼지(荒川章二)이다. 아라카와는 산리즈카 투쟁을 1966년에 시작되어 지금도 완전히 해결되지 못한 전후 최장기간 사회운동으로 규정하고, '경제성장형·도시형 사회에 심도 있는 문제를 계속 던져온 운동'으로서 전후 민주주의와 전후 농정(農政)에 대한 문제제기를 고찰하였다. 아라카와가 말하는 전후 민주주의란 전후 의회제 민주주의와 지방자치를 가리킨다. 후술하듯, 아라카와는 공항건설에 따른 거주지 이전 및 소음 피해의 당사자인 지역주민이 공항건설의 의사결정 과정에서 배제되고 지방의회와 관료제 시스템 내에서 완결되어버린 절차에 의해 공항이 건설되는 것에 대한 문제제기와 분노가 공항반대운동의 바탕에 깔려 있다고 지적했다. 또한 산리즈카 투쟁이 대안적 농정을 제시한 측면이 있다는 사실을 밝혔다.[26]

1990년대 우자와 히로부미(宇沢弘文)나 스미야 미키오(隅谷三喜男) 등이 대립의 역사적 근원을 찾는 나리타공항문제 심포지엄을 준비, 개최했다. 이 심포지엄에서도 주민들은 절차상의 하자는 없다는 운수성(運輸省)의 주

---

25 ゴードン, アンドルー, 「五五年体制と社会運動」, 歴史学研究会·日本史研究会 編, 『日本史講座10 戦後日本論』, 東京大学出版会, 2005, 253~289쪽.

26 荒川章二, 앞의 책.

장을 비판하며 농업이 가지는 공공성을 제시했다.[27] 필자는 산리즈카 투쟁을 대안적 농정을 제시한 운동으로 보는 관점에서 산리즈카 투쟁 중 지원자를 매개로 산리즈카 지역에 도입된 유기농업 운영에 착목하여, 산리즈카 투쟁에서의 유기농업 도입과 전개과정을 연구한 바 있다.[28] 가토 다이스케(加藤泰輔)는 '나리타공항 하늘과 대지의 역사관' 소장자료를 활용하여 지역주민과 지원자 간 상호작용의 역사적 전개를 다루었다.[29] 그리고 앞서 말한 오가와 프로덕션의 「산리즈카 시리즈」 상영운동에 관한 사례연구를 통해 지원운동을 다룬 논문도 발표되었다.[30]

왜 산리즈카 투쟁은 국지적 주민운동으로 끝나지 않고 폭넓은 지원자들을 확보하며 반세기 이상이나 계속되었을까. 산리즈카 투쟁과 동시대에 발생한 여러 사회운동은 어떠한 공통점이 있을까. 학생운동을 비롯한 신좌익운동은 산리즈카 투쟁과 어떻게 연대 또는 대립했을까. 산리즈카 투쟁이 국내외 사회운동이나 공공사업에 미친 영향은 무엇일까.[31] 일본 국내

27 宇沢弘文, 『「成田」とは何か: 戦後日本の悲劇』, 岩波書店, 1992; 隅谷三喜男, 『成田の空と台地』, 岩波書店, 1996; 福田克彦, 앞의 책.

28 相川陽一, 「成田空港建設と地域社会変容: 巨大開発下における農民主体の形成と展開」, 地方史研究協議会 編, 『北総地域の水辺と台地: 生活空間の歴史的変容』, 雄山閣, 2011, 201~222쪽. 이외에도 산리즈카 투쟁 관련 선행연구로는 아베 마크 노네스가 오가와 프로덕션에 관해 분석한 영화학 분야 연구가 있다(Nornes, Abé Mark, *Forest of Pressure: Ogawa Shinsuke and Postwar Japanese Documentary*, University of Minnesota Press, 2007). 오가와 프로덕션은 세계적으로도 높은 평가를 받는 영화작가집단이기에 예술학 분야와의 학제간 연구도 필요하다.

29 加藤泰輔, 「三里塚闘争史論: 支援勢力と運動主体としての「住民」像」, 伊藤睦 編, 『三里塚燃ゆ: 北総台地の農民魂』, 平原社, 2017, 149~281쪽.

30 相川陽一·森脇孝広, 앞의 글; 相川陽一, 앞의 글, 2021.

31 예를 들어 미나마타병 환자투쟁과 비교하면, 해당 문제에 직접적 이해관계가 없는 사람들이 지원자로 참여하여 정착하는 현상은 미나마타에서도 찾아볼 수 있다. 미치바도 산리즈카 투쟁과 미나마타병 환자투쟁의 비교연구를 통해 해당 지역의 역사적 고유성을 중시하면서 동시대성과 공통점, 학생운동과의 연관관계 등을 고찰하는 것이 전후 일본의 사회운동사 연구에서 중요한 과제라고 했다(道場親信, 앞의 글, 2009). 예를 들어 이로카와 다이

에서 산리즈카 투쟁이 널리 알려져 있기는 하지만 이러한 물음은 여전히 답을 찾지 못한 채 지금도 유효하다. 한 사람의 연구자 인생을 모두 바친다고 하더라도 이러한 물음에 모두 답할 수는 없을 것이다. 연구자 개인의 생명에는 한계가 있다. 그러나 연구는 세대를 넘어 계승된다. 필자는 산리즈카 투쟁에 관한 공동연구를 계속함으로써 앞서 말한 물음들이 이어져 국내외의 다양한 운동사례와의 비교연구 축적에 작게나마 기여하고자 한다. 이 글은 이를 위한 첫걸음이다.

키치의 시라누이카이(不知火海: 미나마타 소재의 질소 공장이 메틸수은을 흘려보내 오염된 바다, 구마모토현[熊本縣]과 가고시마현[鹿兒島縣]에 걸쳐 있다—번역자) 종합조사에서 사회학자 쓰루미 가즈코(鶴見和子)는 지역주민을 세 가지 유형으로 나누었다. 세 가지 유형이란, 토착민인 '지고로(じごろ)', 근대 이후에 정착한 '나가레(ながれ)', 공해문제 발생 이후 지원자로 참여하다가 정착한 '신인(新人)'이다. 쓰루미는 세 주체들 간의 협력관계가 내발적(內發的) 지역 만들기로 전개되어 갔다는 사실을 밝혔다(鶴見和子,「多発地区の構造変化と人間群像: 自然破壊から内発的発展へ」, 色川大吉 編,『水俣の啓示－不知火海総合調査報告』, 筑摩書房, 1983).

4. 산리즈카 투쟁의 전사(前史)

제4장 이하는 아래 〈표 1〉에 정리한 【전사】, 【진정·청원투쟁기】, 【실력투쟁기】, 【대화의 시도】의 구분에 따라 산리즈카 투쟁의 역사적 추이를 서술하겠다.

표 1 산리즈카 투쟁사에 관한 약식 연표(1961~2002년)[32]

	【전사】
1961	운수성, 하네다(羽田)공항의 처리능력 10년 이내에 한계에 이를 것으로 예측. 신공항 검토 개시.
1962	이케다(池田) 내각, 제2국제공항 건설을 각의결정.
1963	항공심의회, 지바현 도미사토무라(富里村, 당시 명칭), 이바라키현(茨城縣) 가스미가우라(霞ヶ浦)를 후보지로 선정. 해안안[灣岸案]과 내륙안(內陸案)이 대립.
1965	가스미가우라안 부적합 판정에 따라 도미사토로 각의내정(사토 에이사쿠[佐藤榮作])내각). 도미사토무라·야치마타마치(八街町)에서 대규모 반대운동 발생.
	【진정·청원투쟁기】
1966. 6	산리즈카안 제시. 지바현 지사 승인. 산리즈카안 예정지 내 시모우사고료목장(下総御料牧場) 이전 결정.
1966. 7	산리즈카에 신도쿄국제공항을 건설하는 방침을 각의결정, 신도쿄국제공항공단 발족. 주변 시정촌(市町村) 지역 주민의 반대운동 발생. 나리타시와 시바야마마치(芝山町)에서 각각의 반대운동조직이 결성된 후에 산리즈카 시바야마 연합 공항반대동맹(이하 반대동맹)으로 합류.
	【실력투쟁기】
1967	반대동맹이 측량 저지. 신좌익의 지원 활발화. 초기부터 지원했던 공산당과의 관계가 악화하여 공산당은 반대운동에서 배제됨. 기동대의 대규모 투입으로 반대운동이 실력투쟁으로 전환.
1969	시모우사고료목장 이전. 건설성, 토지수용법에 근거하여 특정 공공사업 인정신청 허가.
1970	7천명 규모의 집회 개최. 제2회 강제측량 실행. 나리타공항 건설에 특정 공공사업 인정.
1971. 2~3	제1차 강제집행.
1971. 9	제2차 강제집행. 경찰관 3명 사망.
1971. 10	반대동맹원 청년 자살.
1977	비행저지 철탑투쟁에서 기동대와의 충돌로 지원자 청년 사망. 보복으로 보이는 습격으로 경찰관 1명 사망.
1978. 3	관제탑 점거투쟁. 지원자 청년이 화상을 입고 후일 사망.

---

32 〈표 1〉은 成田空港問題シンポジウム記録集編集委員会 編, 『成田空港問題シンポジウム記録集』, 成田空港問題シンポジウム記録集編集委員会, 1995 및 신문기사를 참조하여 작성했다.

	【실력투쟁기】
1978. 5	나리타공항 부분개항. '신도쿄국제공항의 안전확보에 관한 긴급조치법(나리타 신법[新法]' 시행.
1983	반대동맹 아쓰타파(熱田派), 기타하라파(北原派) 2파로 분열. 이후 기타하라파에서 오가와파(小川派)가 다시 분열, 3파로 나뉨(1987).
1989	반대동맹(아쓰타파) 운수성에 공개질문장 제출. 용지문제를 대화로 해결하자는 정부 성명 발표.
1990	에토(江藤) 운수대신, 현지에서 반대동맹 아쓰타파 농민과 회견.
	【대화의 시도】
1991	공개 심포지엄 개최 제안에 정부가 참가 결정. 무라오카(村岡) 운수대신 "어떠한 상황에서도 강제적 수단을 쓰지 않겠다"라는 성명 발표. 제1회 공개 심포지엄 개최.
1993	제15회(최종회) 심포지엄 개최. 운수성, 수용 채결 신청 취하, 사업인정 실효(失效). 제1회 나리타공항문제 원탁회의 개최.
1994	제12회(최종회) 나리타공항문제 원탁회의 개최.
1995	나리타공항지역 공생위원회 개최. '지구적 과제를 위한 실험촌' 구상 구체화 검토위원회 개최(운수성 주최).
1996	운수성, "평행활주로는 대화를 통해 2000년도 완성을 목표로 삼겠다" 발표
1998	'지구적 과제를 위한 실험촌' 구상 구체화 검토위원회, 최종보고서 발표 후 해산.
1999. 3	'지구적 과제를 위한 실험촌' 준비회, 제1회 심포지엄.
1999. 4	나리타공항 조기완성 촉진협의회 10만인 서명, 최종 26만 명 서명 취합.
1999. 5	운수성, 평행활주로 2000년도 완성 단념.
1999. 9	공항공단, 운수성에 공사계획 변경인가 신청(북쪽으로 이동시킨 잠정활주로안).
1999. 10	나리타공항 잠정활주로 정비에 관한 공사실시계획 변경인가 신청에 따른 공청회 개최.
1999. 12	잠정활주로 공사 착공.
2000. 4	도호(東峰)부락에서 잠정활주로 공사 개시.
2001. 2	'나리타공항 강제수용 소송'에서 원고 고이즈미 요네(小泉よね)의 유족에게 국가 사죄, 화해의 움직임.
2001. 6	공항공단, 공항 인접구역 내 신사의 입목(立木)을 주민 합의 없이 벌채, 항의 중이던 주민 체포.
2002. 4	잠정활주로 사용 개시.

1) 나리타공항이 구상·계획되었던 시대적 배경

나리타공항 건설이 시작된 국가적 차원의 배경에는 패전 직후의 자원개발기(1950년대)부터 전국종합개발계획에 따른 거점개발기(1960년대)를 거쳐 고속교통망 건설을 내건 신(新)전국종합개발계획(1969년)으로 나아가는 국토개발 정책의 흐름이 있었다. 일본에서는 1960년대 중반 도카이도(東

海道) 신칸센이나 고속도로를 비롯한 고속교통망 건설이 추진되었고 도쿄 올림픽이 열리던 1964년에 해외 도항이 자유화되었다. 고도성장기 지바현 은 농업현(縣)에서 공업현으로 전환되면서 지역개발의 대상지가 서쪽 해안 부의 게이요(京葉)공업지대에서 동쪽 내륙부로 바뀌었다. 나리타공항 건설 각의결정 3년 후에 책정된 지바현 신(新)장기 개발계획(1969년)에서는 현내 인구분포와 동서부 지역 간의 산업 밀집도 격차가 문제시되었다. 이를 극 복하고자 호쿠소(北總)지역에서 나리타공항 건설을 중심으로 관련 사업인 뉴타운, 내륙공업단지, 고속도로 등의 개발사업이 국가, 현, 지자체 단위로 추진되었다.[33]

1960년대 초반의 신도쿄국제공항(나리타공항) 건설 구상으로부터 1966 년 공항 건설이 각의결정되기까지의 과정을 개관하면 다음과 같다.[34] 1960년대 초반 운수성 항공국은 하네다공항의 항공기 처리능력이 1970년 도에 한계에 달할 것이라는 예측을 내놓았다. 이즈음부터 운수성 항공국 과 정부는 수도권에 하네다공항을 대체할 제2국제공항을 건설하고자 움 직이기 시작했다. 미·일안보조약에 대한 대규모 항의운동이 전개된 1960 년 안보투쟁 이후 '국민소득 배증(倍增)계획'을 내걸며 등장한 이케다 하야 토(池田隼人) 내각은 1962년 11월 16일, 수도권의 제2국제공항 건설방침을 각의결정했다. 이후 정·관·재계 사이에서 건설 후보지를 둘러싼 공방전이 벌어졌다.

---

33 宇沢弘文 編, 『三里塚アンソロジー』, 岩波書店, 1992에 수록된 자료에서 다음의 자료 를 참조했다. 小川プロダクション, 「千葉県新長期計画と北総開発計画: 三里塚新空 港の隠された意味」, 小川プロダクション 編, 『日本解放戦線·三里塚 シナリオ全編』, たいまつ社, 1970.

34 역사적 추이에 관한 기술 중 출전을 별도 밝히지 않은 경우에는 다음의 문헌에 근거했음 을 밝혀둔다. 宇沢弘文, 앞의 책, 73~78쪽; 成田空港問題シンポジウム記録集編集委 員会 編, 앞의 책, 140~143쪽; 隅谷三喜男, 앞의 책, 12~16쪽.

이 공방전은 도쿄만 해안부를 무대로 시작되어, '해안안 vs 내륙안'의 양상을 보였다. 1963년 6월 아야베 겐타로(綾部健太郎) 운수대신은 우라야스(浦安) 앞바다 매립안을, 고노 이치로(河野一郎) 건설대신은 기사라즈(木更) 앞바다 매립안을 각각 제시했다. 같은 해 7월 4일 운수대신, 건설대신, 국무대신, 지바현지사의 4자회담이 열렸다. 이 회담에서 신공항은 도쿄만 내 지바현 쪽에 건설한다는 합의가 이뤄졌다. 하지만 합의가 이루어진지 채 한 달도 되지 않은 7월 30일, 각 부처 연락회의에서 운수성이 우라야스·기사라즈 앞바다는 항공관제상 어렵다며, 도쿄만 내 지바현 쪽의 건설은 곤란하다고 주장했다. 8월 20일 아야베 운수대신은 항공심의회에 '신도쿄국제공항의 후보지 및 그 규모'에 대한 자문을 구했다. 항공심의회는 12월 11일 제1후보지로 도미사토무라(현 도미사토시) 부근, 제2후보지로 이바라키현 가스미가우라 주변이 적당하다는 답신을 보냈다. 이튿날, 아야베 운수대신은 도미사토안에 반대를 표명하였고, 사토 에이사쿠 총리대신은 각의에서 재조정을 지시하였다. 그 후 1965년 11월 18일 관계 각료간담회에서 신공항 건설지는 지바현 도미사토무라 부근으로 내정되었다.[35] 사토 총리대신과 고노 건설대신의 대립, 지바현에서 선출된 자민당 부총재 가와시마 쇼지로(川島正次郎)의 영향력 등 정치 역학이 후보지 선정에 작용했음을 추정할 수 있다. 산업계획회의 등의 경제단체까지 뛰어들어 후보지는 단기간에 몇 번이나 바뀌었다.

공항 건설지 선정에서 재일미군 및 자위대의 공역(空域)도 문제가 되었다. 재일미군 및 자위대의 공역이 간토(關東)지방 상공에 있었기 때문에 후

---

35 산리즈카 지역뿐 아니라 공항 후보지였던 도미사토무라 및 인근 야치마타마치(현 야치마타시), 가스미가우라에서 신공항 건설 반대운동이 일어났다. 또한 1964년 3월에는 일본사회당 지바현 본부가 신공항설치 반대결의를 했다.

보지 선정에 제약요인이 되었다. 1963년 12월, 항공심의회가 아야베 운수 대신에게 보낸 답신 중 '신공항 후보지' 항목에 다음과 같이 쓰여 있다. "신 공항 후보지 선정 시 최우선으로 고려해야 할 것은 공역의 문제이다. 항공 기의 안전과 공항의 사용효율에 중대한 영향을 끼치기 때문이다. 수도권 상공은 여러 기설 비행장이 이미 점유하고 있다. 특히 수도권 상공의 서부 일대는 이루마가와(入間川), 요코타(橫田), 다치카와(立川), 아쓰기(厚木)의 군 용 비행장이 완전히 점유하고 있기 때문에 현시점에서는 고려의 여지가 없 다."[36] 군사기지의 존재가 공항의 위치결정에 커다란 영향을 끼쳤음을 알 수 있다. 한편 나리타공항 건설이 논의된 시기는 베트남전쟁이 전개되던 때 로 혁신정당도 신좌익 당파도 공항의 군사적 이용에 반대하는 군사공항론 적 인식을 가지고 있었다.

2) 후보지의 반대운동 전개

후보지가 된 지역에서는 어민, 농민을 중심으로 반대운동이 일어났다. 1963년 우라야스 앞바다 매립안에는 어민들이 반대운동을 전개했다.[37] 1963년에 도미사토무라·야치마타마치·산부마치(山武町) 일대의 공항건설 안(이하 도미사토안)이 대두되자 농민 중심으로 격렬한 반대운동이 벌어졌 고 사회당·공산당의 지원을 받으며 점차 확산되었다. 1965년 관계 각료회 의에서 도미사토안이 각의내정된 후 운동이 한층 격화되어 농민들이 지바 현청으로 밀고 들어가기도 했다. 극심한 반대운동에 직면한 지바현지사가 '사태 추이를 조용히 지켜보겠다'는 이른바 정관성명(靜觀聲明)을 발표하면

---

36 成田市史編さん委員会 編, 『成田市史: 現代編 史料集』, 成田市, 1984, 667쪽.

37 우라야스 앞바다 안에 대한 어민의 반대운동 동향에 대해서는 若林敬子, 『東京湾の環境 問題史』, 有斐閣, 2000, 356~359쪽을 참조.

서 사태는 교착상태를 맞이했다.

정책 담당자나 후보지로 선정된 지역뿐만 아니라 지바현 전체가 신국제공항 건설의 옳고 그름 및 건설지 선정을 주목하게 되었다. 1966년 6월 『지바일보(千葉日報)』사가 간행한 『신국제공항: 그 고뇌와 희망(新国際空港: その苦悩と希望)』에 수록된 현내 각 지자체장들의 의견 조사에 따르면, 회답자 87명 중 찬성 46명, 조건부 찬성 15명, 중립 8명, 조건부 반대 9명, 반대 9명이었다.[38] 대다수가 공항건설에 찬성했지만 공항예정지와 막대한 소음 피해가 예상되는 지역의 지자체장들은 모두 반대했다. 농업 중심의 산업 구조를 가진 지바현 남부의 지자체장들 중에도 조건부 반대나 중립을 취한 자가 많았다.

이러한 경과를 거쳐 지바현 나리타시와 시바야마마치(芝山町) 일대에 공항을 건설하겠다는 계획이 1966년 6월말에 갑자기 부상하더니 같은 해 7월 4일 상부에서 결정해 내려보내는 톱다운 방식으로 각의결정되었다. 신국제공항은 어떤 역사적 배경이나 특징을 지닌 지역에 건설되었는지 다음 장에서 살펴보자.

---

38 千葉日報社 編, 『新国際空港: その苦悩と希望』, 千葉日報社, 1966.

5. 지역 개황

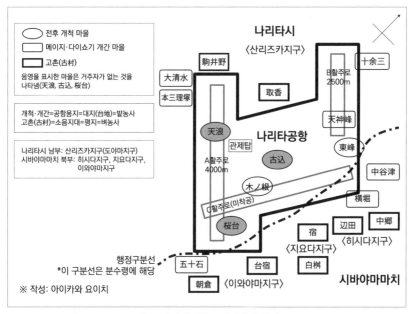

그림 1 나리타공항 주변지역의 개념도

나리타공항이 건설된 지역은 지바현 북동부에 위치한 시모우사 대지(꼭대기가 평탄한 고지대-번역자)였다. 〈그림 1〉에 제시했듯 이 지역은 각 마을의 성립 시기에 따라 고촌(古村), 개간, 개척의 세 가지 유형으로 나뉜다. 훗날 건설된 나리타공항을 중심으로 이 지역을 조감해 보면, 공항용지가 된 민유지의 대부분은 전후(戰後)의 개척 마을과 메이지(明治, 1868~1912)·다이쇼(大正, 1912~1926) 시기의 개간 마을이다. 메이지 이전부터 있었던 고촌은 대부분이 용지 바깥의 소음지대에 속했다. 대지 위쪽의 개간·개척지는 밭농사, 저지대의 고촌은 논농사 지대였다. 고촌의 논은 계곡이 대지에 파고들어 야쓰다 (谷津田) 지형(골짜기의 다랑논-번역자)을 형성하고 있는 곳도 많다.

개척·개간지와 고촌의 경계는 지자체의 구분선과 겹친다. 전자는 나리타시 도야마(遠山)지구, 후자는 시바야마마치 히시다(菱田)지구와 지요다(千代田)지구, 이와야마(岩山)지구이다.[39] 고촌과 개간·개척지의 경계, 가즈사노쿠니(上総國)와 시모우사노쿠니(下総國)라는 옛 지역의 경계, 그리고 나리타시와 시바야마마치라는 현재 지자체의 경계가 중첩되어 있다. 이 경계는 분수령이기도 하여 자연지리적으로도 구분된다.

6. 각의결정 직후의 지역 동향

1) 단명으로 끝난 '마치구루미(まちぐるみ: 마을 전체)'의 반대운동

공항건설이 각의결정된 직후, 나리타시와 시바야마마치에서는 각각 공항건설에 반대하는 주민조직이 결성되었다. 두 조직은 1966년 여름 무렵 산리즈카 시바야마 연합공항반대동맹(이하 반대동맹)으로 합류했다.

각의결정 직후 산리즈카안에 관련된 각 지자체 의회는 반대결의를 했다가 얼마 지나지 않아 백지철회로 의사를 번복했다. 1966년 7월 각의결정 직후에는 인근 지자체 의회에서도 공항설치 반대결의가 줄을 이었다. 그러나 수개월 후 반대결의의 백지철회가 잇달았다. 나리타시 의회는 각의결정일인 7월 4일에 공항설치 반대결의를 가결했지만 한 달 후인 8월 2일에 철회했다. 시바야마마치 의회는 7월 20일에 가결된 반대결의를 12월 27일 주민의 방청을 허락하지 않고 회의를 열어 철회했다.[40] 반대동맹 명의

---

39 여기서 말하는 지구는 초등학교 학군 구역을 가리킨다.

40 시바야마마치는 당초 공항반대로 가결되었던 결의를 "강하게 반대하는 결의안"이라는 표현으로 바꾸면서 반대의 정도를 단계적으로 약화시키다가 결국 백지철회했다.

로 같은 해 12월 30일에 발표된 성명서에 따르면 이 때 90여 명의 경찰이 회의장에 투입되었다고 한다.[41]

2) 반대동맹의 형성과 제도 내의 저항

반대동맹은 1966년 말 즈음부터 각 지역에 운동거점을 마련했다. 각 거점에서는 이미 형성되어 있던 지역의 다양한 자원이 운동체(運動體)로 투입되면서 지역집단이 운동체로 재편되었다. 지자체 단위의 하나인 부락(촌락)[42]이 반대동맹의 기초단위가 되고 실행임원이라는 명칭의 간부가 각 부락에서 선출되었다. 공항용지로 선정된 마을에는 반대운동의 지휘소 역할을 하는 현지투쟁본부나 반대운동 관련회의 개최장소로서 '단결 고야(小屋: 아지트와 같은 작은 공간-번역자)'가 만들어졌는데 종래의 마을회관을 이용하는 경우도 있었다. 시바야마마치 반대운동의 거점은 사회당 세력이 강했던 북부의 지요다 농협(현 산부군시[山武郡市] 농업협동조합 지요다지소)에 마련되었다. 반대동맹은 촌락 단위로 편성되었다. 성립 시기는 각각 다르지만, 노인행동대, 부모동맹, 청년행동대, 부인행동대, 산리즈카고교생 협의회, 소년행동대 등 속성별 행동대 조직이 촌락 내부 또는 촌락 간 횡단조직으로 편성되었다.[43]

---

41 芝山町空港反対同盟, 「声明書」, 1966년 12월 30일('나리타공항 하늘과 대지의 역사관' 소장자료).

42 여기서 말하는 부락은 농촌의 사회적 공동생활을 지탱하는 기초단위인 촌락의 관습적 호칭이다. 피차별부락과는 의미가 다르다.

43 각 행동대 관련 자료는 간행시기 순으로 보면, 청년행동대원 좌담회집(のら社同人, 『壊死する風景: 三里塚農民の生とことば』, のら社, 1970), 소년행동대 자료집(三里塚芝山少年行動隊 編, 『戦うぼくらの砦』, 合同出版, 1971), 마키세 기쿠에(牧瀬菊枝)의 부인행동대 구술자료집(牧瀬菊枝, 『土着するかあちゃんたち: 聞き書三里塚』, 太平出版社, 1973) 등이 있다. 노인행동대의 명부와 자료는 宇沢弘文 編, 앞의 책에 수록되어 있다. 지바현 시바야마마치 소재 '나리타공항 하늘과 대지의 역사관'에는 반대동맹과 지원자

각의결정 이듬해인 1967년, 공항건설이 본격화되면서 반대동맹의 조직적 저항운동이 전개되었다. 1967년 1월 10일 신도쿄국제공항 공사실시계획에 관한 공청회가 열렸을 때 반대동맹원 360명이 공청회 입장을 요구했지만 허가받지 못했다.

시바야마마치 반대동맹은 마치(町)의회의 공항설치반대결의 백지철회에 찬성한 의원소환(해직 청구)운동을 시작했다. 1967년 1월 21일에는 공항 찬성파 의회의원 소환서명이 규정 수를 채웠다. 하지만 선거관리위원회가 소환 절차 작업을 부당하게 늦추고 위원들이 사임함으로써 서명이 규정 수를 채웠음에도 불구하고 소환은 실현되지 못했다. 이는 각의결정으로부터 얼마 지나지 않아 공항건설을 추진하려는 세력이 의회 등 지역의 요직 내부에 형성되어 있었음을 의미한다.[44]

정당한 절차를 밟은 항의가 부당한 방해로 인해 성립될 수 없었던 그때, 개발 주체는 본격적으로 매수에 나섰다. 지바현은 각의결정 이틀 후인 1966년 7월 6일, 국제공항상담소를 설치하며 나리타시내에 거점을 만들었다. 7월 30일, 신도쿄국제공항공단이 발족하여 용지 매수에 나서기 시작했다.

에 관한 자료가 다수 소장되어 있다.

44 당시 시바야마마치 의회의원인 오가와 에이(小川英) 씨는 훗날 『아사히신문(朝日新聞)』 취재에 "말하기 조금 어렵지만, 우리는 선관위원에게 '서명부 심사는 하루에 유권자 5명만 해' 등의 말을 하며 압력을 가했다. 1년 후에 있을 마치의회 선거까지 시간을 끌면 된다고 생각했지"라고 답했다(朝日新聞成田支局[石毛博道 述], 『ドラム缶が鳴りやんで : 元反対同盟事務局長石毛博道成田を語る』, 四谷ラウンド, 1998, 24쪽). 정식 절차를 거친 소환 서명에 대한 방해공작이 있었던 것이다.

7. 진정·청원형 저항에서 실력저지로(1967년 10월~1971년 9월)

1) 용지 매수와 토지수용법에 의한 수속 진행

초기의 반대운동은 청원활동이나 진정을 주된 항의수단으로 삼았다. 그러다 1967년 10월 10일 시작된 공항 외곽측량에 기동대 2000명이 투입되고 연좌시위를 벌이던 반대동맹원들이 끌려 나간 것을 계기로, 농민들이 온몸으로 맞서는 실력투쟁으로 바뀌었다. 시바야마마치의 의회의원 선거에 반대동맹이 추천한 후보가 다수 당선되면서, 의회를 통한 반대운동과 의회 밖에서 스크럼을 짜며 온몸으로 항의하는 실력행사가 병행되었다. 실력투쟁으로의 이행은 전면적인 이행이 아니라 의회제 민주주의의 발상에서 지자체(의회)를 움직여 공항건설을 저지하려는 시도와 병존하는 가운데 내려진 결정이었다.

한편 신도쿄국제공항공단(이하 공항공단)은 공항기본계획을 작성하였고, 각 지자체 의회는 앞서 살펴보았듯 반대결의를 백지철회하였다. 1967년 8월 21일 도모노(友納) 지바현지사는 토지수용법에 따라 공항공단 사업 준비를 위한 토지 직접측량을 공시했다. 토지수용법에 근거해 사유지의 토지 직접 측량과 강제수용에 나서기 시작한 것이다.

토지수용법은 나리타공항을 둘러싼 분쟁에서 쟁점이 된 법률이다. 일본국헌법 제29조에 따르면 "재산권은 이를 침해해서는 안 된다"라고 하지만, 제29조 제3항에는 "사유재산은 정당한 보상 하에 이를 공공을 위해 이용할 수 있다"라고 정해져 있다. 토지수용이란 공공복지의 논리를 바탕삼아 공공사업 등을 추진할 때 토지소유권 등의 권리를 국가나 지방공공단체가 강제로 취득하는 행위를 가리킨다. 지권자(地權者)의 동의 없이 공공단체의 토지 취득을 가능케 하는 토지수용의 절차에는 직접 측량 및 특정 공공사업인정 등의 여러 단계가 있다.

토지수용법으로 인해, 공공단체가 사유지를 강제로 취득할 수 있을 뿐 아니라 토지수용의 전 단계로 특정공공사업인정이 고시된 지역의 가옥 및 토지의 개변(改變)이 불가능해짐으로써 사적(私的) 권리가 제한받는 등, 시민생활에 미치는 영향이 작지 않다. 1991년부터 시작된 나리타공항문제 심포지엄 때, 주민 측에서 토지수용법이 본래 이렇게까지 장기간 사적 권리 제한을 상정한 법은 아니었을 것이라고 지적하기도 했다.

2) 외곽측량에서 특정공공사업인정으로—실력투쟁으로 전환

1967년 10월 10일을 경계로 하여 반대동맹은 온몸으로 맞서는 저지행동을 전개하기 시작했다. 〈표 2〉는 나리타공항 건설을 위한 토지수용 절차와 반대동맹의 저지행동을 시계열적으로 정리한 것이다. 반대동맹이 토지수용 절차가 진행되는 각 단계에 맞춰 저지행동을 전개했음을 알 수 있다.

1967년에는 반대운동의 지원구조가 변화한다. 8월 16일의 반대동맹 정례집회에서 도무라 잇사쿠(戶村一作, 나리타시 도야마지구 농기구상·기독교인) 위원장은, 도쿄의 다치카와 기지에 반대하는 스나가와(砂川) 기지확장 반대동맹[45]의 미야오카 마사오(宮岡政雄) 부행동대장의 소개장을 지참한 삼파계(三派系) 전학련(全學連)[46] 대표와 회담을 가졌음을 밝히고 '모든 민주세력과

---

45 [번역자 주] 다치카와 기지는 1972년까지 주일미군 공군기지로 사용되었다. 1955년 일본 정부가 다치카와 기지에 인접한 스나가와 지역 농민들의 땅을 수용해 활주로를 연장한다는 확장계획을 발표했다. 농민들이 토지수용에 강하게 반발하며 노동자, 학생 등과 함께 투쟁함에 따라 정부는 일단 기지 확장계획을 포기하기에 이르렀다. 이후 베트남전쟁 당시였던 1967~1968년 일본 정부가 다시 추진한 기지 확장 역시 제2차 스나가와투쟁으로 불리는 주민 반발에 부딪혔다.

46 [번역자 주] 전학련은 전일본학생자치회총연합(全日本学生自治会総連合)으로 1948년 결성되어 1960년대에 안보투쟁의 방침을 두고 분열했다. 1966년 12월 전국 35개 대학 71

의 공동투쟁'을 전개한다는 기본방침을 재확인하며 지금까지의 '무저항의 저항' 노선을 변경해야 한다고 호소했다. 9월 11일에는 기타후지(北富士) 연습장에 반대하는 야마나시현(山梨縣) 오시노무라(忍草村)의 '오시노 어머니 회'가 나리타를 방문하여 반대동맹과 교류집회를 열었고, 같은 달 13일에는 스나가와 기지확장 반대동맹의 미야오카 부행동대장과 나리타시내에서 교류집회를 개최했다. 25일에는 노인행동대가 결성되어 '결사 단결'의 머리띠를 둘러맨 130명의 고령자들이 모였다.

표 2 공항건설 과정과 반대운동의 동향 (1966년~1971년)

1966. 7. 4.	공항건설 각의결정 ⇒ 반대동맹이 지자체, 국가에 진정·청원
1966. 12. 13.	공사실시계획 작성·인가 신청(공항공단)
1966. 12. 27.	시바야마마치 의회 공항 반대결의 백지철회 ⇒ 반대동맹 항의
1967. 1. 10.	공청회 개최 ⇒ 반대동맹, 공청회에서 반대의견 진술
1967. 1. 23.	공사실시계획 인가 ⇒ 반대동맹, 인가처분 취소 소송(1967. 4. 22)
1969. 9. 13.	특정공공사업 인정 신청(공항공단)
1969. 12. 16.	특정공공사업 인정 고시 ⇒ 반대동맹, 사업인정 취소 소송(1970. 2. 18)
1970. 2.~10.	직접측량·토지물건조서 작성 ⇒ 반대동맹, 측량 및 조서서명 거부(1970. 1~)
1970. 5. 14. ~1973. 5. 11.	조서 대리서명(지자체장)
1970. 3. 3.	제1차 수용 재결 신청(공항공단)
1970. 6. 12. ~10. 23.	제1차 심리(지바현 수용위원회)
1970. 12. 26.	제1차 심리(지바현 수용위원회), 수용 재결 강행
1971. 3. 20. ~5. 4.	긴급재결 신청 심리
1971. 6. 12.	긴급수용 재결(지바현 수용위원회)
1971. 2.~9.	강제대집행(代執行)(지바현)

출처: 相川陽一, 앞의 글, 2019. 게재 그림에 필자가 가필, 재게재.
비고: 航空科学振興財団歴史伝承委員会 編, 『土·くらし·空港: 「成田」40年の軌跡 1966-2006』, 航空科学振興財団歴史伝承委員会, 2006. 게재 자료 참고.

개 자치회의 결집으로 재결성된 것이 통칭 '3파 전학련'으로 불리며 당시 학생운동을 견인했다.

1967년 8월 10일, 조건파 단체인 '나리타공항 대책 부락협의회'가 공항 공단의 직접 측량조사를 받아들이면서 10월 10일 측량 작업이 시작되었다. 반대동맹은 측량을 저지하고자 온몸으로 저항했지만 기동대원 2천여 명에게 끌려나갔고 체포자까지 발생했다. 이 무렵부터 신좌익 여러 당파의 지원·참여가 활발해졌고 삼파계 전학련이 지원·참여하기 시작했다. 이 지점에서 동시대 베트남전쟁 및 학생운동과의 영향 관계를 찾아볼 수 있다.

신좌익 세력이 지원·참여함으로써 이들 세력과 초기부터 지원했던 사회당·공산당, 특히 공산당이 대립하게 되었다. 1967년 12월 15일 반대동맹은 공산당을 배제한다는 성명을 발표했다. 공산당이 허위 정보를 유포하였기 때문에 "공산당이 이러한 태도를 고치지 않는 한, 지원에 대한 일체의 개입은 단호히 배제할 것입니다"라는 내용이었다.[47] 이후 지원자의 주력은 신좌익 세력으로 옮겨갔다.

1968년에는 2월부터 3월에 걸쳐 기동대와 반대동맹·신좌익 세력 간에 격렬한 충돌이 일어났고 그 과정에서 다수의 체포자가 나왔다. 2월 26일에는 반대동맹 주최의 '산리즈카공항 실력분쇄 현지 총결기집회'가, 3월 10일에는 '산리즈카공항 분쇄·베트남 침략반대 3·10 나리타 청년집회'가 개최되었고, 이때 집회 참여자들과 기동대가 충돌하면서 부상자, 체포자가 속출했다. 2월 집회에서는 도무라 위원장도 중상을 입었고 반대동맹 측 33명, 기동대 측 19명이 입원했다. 3월 집회 때는 데모를 종료하고 해산집회를 하던 중 기동대가 돌입하여 198명이 체포되었다. 1968년을 기점으로 100명이 넘는 체포자나 부상자가 속출하는 충돌이 반복된다.

---

47 のら社同人, 『壞死する風景: 增補版』, のら社, 1971, 383~385쪽.

반대동맹은 집회 등의 현지행동뿐 아니라 진정 및 청원활동도 계속했다. 1968년 4월 18일 반대동맹 노인행동대는 고료목장(御料牧場, 일본 황실용 농축산물을 생산하는 목장)의 존속을 관할부처인 궁내청(宮內廳)에 청원했다. 노인행동대의 상소문은 "세상(원문 '靑生'은 '靑世'의 오류—인용자) 안녕과 행복을 제일로 여기시는 천황폐하의 인자하심에 기대어 불경함을 무릅쓰고 정부로 하여금 신도쿄국제공항 건설지 선정을 재검토하게 하여주시옵기를 청합니다"로 시작되어, "메이지 대제(明治大帝)가 창립한 산리즈카 고료목장은 80여 년의 역사를 거쳐, 그 시간대와 함께 수많은 변천을 거듭하며 지금도 변함없이 건재하여 궁중의 용도에 쓰이는 한편 지방 축산진흥에 기여한 것을 우리들 인접주민으로서 더없는 기쁨으로 여기는 곳입니다"라고 쓰여져 있었다.[48] 노인행동대의 이러한 사고방식은 지원자로 참여했던 혁신정당이나 신좌익 세력과는 다르다. 메이지 시대에 태어난 노인행동대원들은 이러한 집단 심성에 기반하여 실력 저지행동에 참여하고 신좌익 당파와 공동투쟁했다. 이른바 전후 민주주의와는 다른 이념과 행동원리가 촌락에 존재하고, 그 이념과 원리가 근대 이전부터 공동성을 유지해온 촌락을 기초단위로 조직된 반대동맹의 자율적 활동을 지탱한 측면이 있다. 혁신정당과 신좌익 당파가 농민을 지도하려 한 반면, 농민들은 스스로의 논리로 반대운동을 전개하려 했다. 노인행동대의 고령자들은 이데올로기 면에서 혁신정당과도 신좌익 당파와도 다른 동기를 가지고 있었던 것이다. 이처럼 산리즈카 투쟁은 여러 주체와 동기가 혼재된 운동으로서 실력투쟁으로 접어들었다.

1968년 4월 20일 이후 토지매도 동의서를 제출한 약 300호 가옥의 직접조사가 시작되었고 이에 맞서 반대동맹은 7월 19일까지 연일 저지행동을

---

48 のら社同人, 앞의 책, 391~392쪽.

펼쳤다. 4월 21일에는 토지수용 대상지의 땅을 1평씩 쪼개어 다수의 사람이 등기부상 토지 소유자(지권자)가 됨으로써 매수를 막고자 했던 1평 공유 등기운동이 펼쳐졌다. 6월부터 7월 사이에는 공항공단의 조건파 농가 재산사정 저지 활동이 전개되었다. 나리타공항의 기본계획은 예정보다 4개월 늦은 8월에야 결정되었다. 그 계획에 따르면 1963년 활주로 5개의 거대공항이었던 애초의 구상에서 4000m 활주로 하나로 대폭 축소되었다.

노인행동대의 상소는 결실을 맺지 못했고, 1969년 7월 고료목장은 도치기현(栃木縣) 다카네자와(高根沢)로 이전이 결정되면서 벌채가 시작되었다. 9월 13일, 공항공단은 토지수용법에 근거한 사업인정 신청을 건설성에 제출하여 강제수용을 위한 본격적인 절차를 밟기 시작했다. 10월에는 보링과 불도저를 동원한 부지공사를 시작했고, 11월에는 고마이노(駒井野)에서 반대동맹원들이 불도저 앞에서 연좌농성을 하던 중에 도무라 위원장 등이 체포되었다. 같은 해 12월 16일, 건설성이 토지수용법에 근거한 사업인정 신청에 대하여 인정 고시를 내렸고 연말에 사업인정이 공시되었다. 이 사업인정 공시에 따라 공항 예정지 내의 반대동맹원 소유지가 측량대상지에 포함되었다.

3) 공항건설의 '스케줄화'와 실력투쟁을 동반한 반대운동의 본격적 전개

1970년에는 전년도 말에 사업인정을 받은 공항 건설예정지 내의 반대동맹원 소유지에서 3회의 강제측량이 실시되었다. 이에 앞서 반대동맹은 덴나미(天浪)와 고마이노에 만들어진 '단결 고야' 주변을 바리케이트로 둘러싸고 강제 출입측량에 대비했다. 2월 19~20일, 5월 14일, 9월 30일~10월 2일의 세 번에 걸쳐 반대동맹원 소유지의 강제측량이 실시되었다. 측량을 강행하려는 기동대, 경비원, 공항공단과 측량을 막으려는 반대동맹·지원자 쌍방이 격렬하게 충돌했다. 반대동맹은 스크럼을 짜고 죽창을 들었으며, 말뚝을 박을 포인트 지점에 몸을 포개어 눕고, 분뇨를 사용한 '황금폭탄'을 자신의 몸에 끼얹는 등 다양한 방법으로 측량을 저지하려 했다.[49]

1970년 6월 12일, 9월 1일, 9월 2일, 10월 22일에 지바현 수용위원회가 개최되어 '공공용지 취득에 관한 특별조치법'(이하 특별조치법)을 근거로 한 긴급채결(採決) 절차를 밟기 시작했다. 11월 4일 공항공단은 건설대신에게 특정 공공사업 인정을 신청했다. 건설대신은 특별조치법에 근거하여 12월 28일, 나리타공항 제1기 공사사업에 대하여 특정 공공사업의 인가를 내렸다.

1971년 두 번의 강제대집행 때 양측이 가장 크게 충돌하여, 다수의 부상자와 체포자, 그리고 사망자가 나왔다. 이해에 공항공단은 특정 공공사업 인정을 근거로 4000m 활주로 예정지 내 반대동맹원 토지의 긴급채결을 지바현 수용위원회에 신청했다. 지바현 수용위원회는 수용대상지의 권리 취득 및 명도를 채결하고, 대상이 된 토지의 명도 기한을 1971년 1월 31일로 정했다. 반대동맹은 활주로 예정지와 인근 토지에 바리케이트를 치고 그 주변에 수로를 파고 망루를 지었으며, 수용대상 지점에 땅굴을 파고 들어가 농성하였다. 다수의 지원단체와 비조직 개인들까지 합류하여 대규모 공방전이 펼쳐졌다.

수용대상지는 1971년 2월 1일을 기해 공항공단 소유지가 되었다. 2월 1일 도모노 지바현지사의 행정대집행이 행해져, 이를 막고자 제1차 대집행 저지투쟁이 2월 22일부터 3월 6일까지 벌어졌다. 기동대와 경비원들은 망루에서 실력행사에 나섰다. 그때 동원된 기동대는 2, 3천여 명이었다. 반대

---

49 이 모습은 기록영화 『산리즈카: 제3차 강제측량 저지투쟁(三里塚: 第三次強制測量阻止 闘争)』에 생생하게 기록되어 있다.

동맹도 대규모 동원을 통해 저지행동을 펼쳤다. 반대동맹은 2월 22일 '무저항의 철저항전'을 전 동맹에 지시했지만, 3월 5일에 처음으로 화염병을 사용했다. 제1차 강제대집행은 3월 6일에 종료되었고 반대동맹이 지은 핵심 망루가 파괴되었다. 이튿날 하시모토(橋本) 운수대신은 "이걸로 반대파 농민도 아무리 저항해봤자 안 된다는 것을 알았겠지"라며 주민의 항의를 무시하는 발언을 하여 반대동맹의 분노를 불러일으켰다.[50]

제1차 강제대집행 후에도 수용대상지에 남은 망루 등 투쟁거점을 둘러싼 공방이 계속되어 결국 1971년 7월에 모두 철거되었다. 4월 27일에는 제2차 강제수용 대상지에 대한 수용위원회 심리가 개시되었고, 덴나미 '단결 고야', 돗코(取香) 마을 반대동맹원이었던 오오기 요네(大木ょね. 본명 고이즈미 요네[小泉ょね])의 집, 덴나미 마을 공동묘지 등이 수용대상이 되었다. 9월 16일부터 20일에 걸쳐 제2차 강제대집행이 실시되었다. 9월 16일, 3명의 기동대원이 나리타시 도호 네거리 부근에서 누군가에게 습격당해 사망하는 사건이 발생했다. 국내 지역개발을 둘러싼 분쟁에서 사망자가 나온 것은 극히 이례적이다. 그리고 제2차 강제대집행 때에는 가옥이 수용대상에 포함되면서 9월 20일 오오기 요네는 가옥과 논밭을 잃었다. 대집행 때의 극렬한 충돌로 인해 지역주민들은 동요하기 시작했고, 같은 해 10월 1일 시바야마마치 헤타(辺田) 마을의 청년행동대원이었던 산노미야 후미오(三宮文男)가 "이 땅에 공항을 가져온 자를 증오한다"라는 문장으로 시작하는 유서를 남기고 마을의 신사에서 목매어 자살했다. 12월 8일에는 청년행동대원들이 체포되기 시작했고 이듬해 10월까지 지원자와 청년행동대원이 다수 체포되었다.

---

50 『朝日新聞』1971. 6. 7. (成田空港問題シンポジウム記録集, 앞의 책에서 재인용)

8. 대립의 격화와 장기화(1971년 10월~1990년)

1) 토지수용을 둘러싼 충돌 후에도 희생자가 속출

1971년 9월의 도호 네거리사건 관련 재판은 약 15년 동안이나 계속되었다. 1971년 말부터 시작된 청년행동대원과 지원자들의 대량 체포 끝에 청년행동대원 30명, 지원자 27명이 기소되었다. 반대운동은 긴 법정투쟁의 길로 들어섰다.

강제수용 이후, 반대동맹은 공항 건설공사를 막기 위해 1972년 3월 12일 시바야마마치 이와야마 마을에 높이 62.26m의 이와야마 철탑을 세웠다. 이와야마는 공항 남단의 A활주로(4000m) 바로 아래에 위치했고, 그곳에 세워진 철탑은 비행을 저지하는 동시에 반대운동의 상징물이 되었다.[51]

1971년에는 반대운동의 무대가 나리타시 및 시바야마마치 일대를 넘어 공항에 항공연료를 공급하는 파이프라인 부설계획지로 확대되었다. 두 번의 강제수용 이후 나리타공항 제1기 공사는 진행되고 있었다. 한편 지바항(港)에서 공항으로 항공연료를 공급하는 파이프라인 부설계획이 공개된 1971년 8월 19일 직후, 파이프라인 연선에 거주하는 주민들의 부설반대운동이 시작되었다. 그 결과 공항은 완성되었지만 가동은 못하는 상황이 발생하여, 공항공단은 당초 예정했던 개항 시기를 연기했다.

같은 시기, 공항예정지 주변의 반대운동은 재판이 시작되고 장기화하는 가운데 새로운 운동 형태를 모색하기 시작했다. 반대동맹 농가 가운데 자신의 영농기반을 되짚어보고 지속적인 농업경영을 위해 유기농업을 도입하

---

51 철탑 건설은, 다카기 진자부로(高木仁三郎)가 재판투쟁으로 침체된 반대운동을 타개하고자 제안하고 사가미하라(相模原)에서 베트남 반전운동을 하던 시민운동조직 '보통 시민이 전차를 멈추는 모임(ただの市民が戦車を止める会)'이 협력하여 진행했다는 사실이 관계자에 의해 밝혀졌다(『市民の意見30の会ニュース』64, 2002. 2. 1).

는 농가가 나타났다. 이 시기부터 지원자들에게 유기농산물을 판매함으로써 유기농업을 매개로 한 동원 구조가 형성되기 시작했다.[52] 이때의 유기농업 도입은 나리타시와 시바야마마치를 유기농의 선진지대로 만들었다.

2) 파이프라인 부설반대운동으로 인한 개항의 연속 지연
—토지수용 긴급성에 대한 의심

특별조치법을 이용하여 강제수용을 실시했음에도 불구하고 공항 완성 시기는 몇 번이나 늦춰졌다. 당초 공항공단은 '46·4'라는 목표를 세우고 1971년(쇼와 46년) 4월 개항을 목표로 삼았지만 이 목표는 달성하지 못했다. 1972년 1월 이마이(今井) 공항공단 총재는 "6월 안에 개항 가능하다는 전망이 섰다"라고 기자회견에서 말했다. 하지만 나리타시와 지바항을 연결하는 파이프라인 부설계획이 반대에 부딪치자 12월 21일에는 1973년 3월로 늦춰진 개항 계획까지 단념하기에 이르렀다. 공항공단은 당초의 파이프라인 부설계획을 실행할 수 없게 되자 가시마항(鹿島港)에서 탱크로리나 화물차로 연료를 수송할 잠정계획을 세웠으나, 이번에는 사와라시(佐原市), 가시마마치(鹿島町), 가미스마치(神栖町), 이타코마치(潮來町)의 각 의회가 반대결의를 했다. 이처럼 연료공급을 둘러싼 연선지역 주민의 반대운동에 직면하며 공항건설 전망의 허술함과 관계 주민과의 합의 형성의 불충분함이 드러났다.

이 무렵 반대동맹은 이와야마 철탑 공유화 운동을 시작하여(1973년 10월 5일) 나리타시 및 시바야마마치 내의 반대동맹 마을에 지원자의 상주 거점인 '단결 고야'가 다수 건설되었다. 1974년 도무라 위원장이 참의원 의

---

52 相川陽一, 앞의 글, 2011.

원 선거에 전국구로 출마하여 23만 표를 획득했지만 당선되지는 못했다. 1975년에는 지바시에서 파이프라인 공사 중지 소송이 제기되었지만, 가시마·가미스마치의 의회가 잠정연료수송의 조건부 찬성으로 입장을 바꾸면서 반대동맹은 이와야마 철탑 철거 저지 준비를 시작했다.

3) 무장투쟁 하에서의 개항연기와 개항

1976년부터 1983년까지의 시기에는 반대동맹·지원자와 기동대가 또다시 충돌하여 사상자가 속출했다. 1976년 10월 3일 반대동맹은 '철탑 결전 총결기집회'를 개최했고, 이듬해 4월 17일 '철탑 결전 전국총결기집회'에는 반대운동 사상 최대 규모인 2만 3천여 명이 참가했다(주최자 추산). 하지만 5월 6일 공항공단의 가처분에 따른 기동대의 기습으로 이와야마 철탑이 무너졌다. 같은 날 반대동맹은 항의집회와 데모를 했는데, 상주 지원자였던 청년 히가시야마 가오루(東山薰)가 기동대의 가스총 수평사격으로 머리에 가스탄을 직격당해 5월 10일에 사망했다. 5월 9일에는 신좌익 세력이 시바야마마치 정장(町長) 집 앞의 경찰관 대기소를 습격했다. 이때 화염병으로 경찰관 1명이 사망하고 5명이 중경상을 입었다. 12월에는 1971년에 가옥을 강제수용당한 오오기 요네[53]의 밭이 고속도로 건설지로 강제명도가 집행되었다.

1977년 11월 28일 공항공단은 1978년 3월 30일을 공항 사용 개시일로

---

53 자택과 농지를 수용당한 후 보상금 수령을 거부하고 도호 마을 시마무라(島村)의 가택 부지에 작은 건물을 짓고 생활하다가 1974년에 사망하였다. 오오기 요네의 생애와 강제대집행 후의 삶에 대해서는 양자가 된 고이즈미 히데마사(小泉英政)가 많은 저작을 발표하였다(小泉英政, 『百姓物語』, 晶文社, 1989; 小泉英政, 『みみず物語: 循環農場への道のり』, コモンズ, 2004; 小泉英政, 『土と生きる: 循環農場から』, 岩波書店, 2013; 小泉英政, 「大木よね: 三里塚の一本杉」, 杉田敦 編, 『ひとびとの精神史: 第6巻 日本列島改造 1970年代』, 岩波書店, 2016).

고지하고 마무리 작업에 들어갔다. 1978년 2월 반대동맹은 요코보리(橫堀) 마을에 콘크리트 요새를 짓고 옥상에 철탑을 세웠다. 공항공단이 이 철탑을 항공법 위반으로 고발하면서 공방이 계속되었다. 반대동맹은 3월 26일부터 개항저지투쟁을 전개했다. 첫날 신좌익 당파가 관제탑을 점거했다는 소식은 국내외 언론을 통해 보도되었다. 3월 28일 관계 각료회의는 개항일 연기를 결정, 4월 4일 각료회의에서 5월 20일 개항을 결정했다.

관제탑이 점거당하자 '신도쿄국제공항의 안전 확보에 관한 긴급조치법'이 의원입법으로 5월 13일에 공포, 시행되었다. 이 법률은 운수성 소관으로 나리타공항에서 일정 거리 내에 존재하는 건조물 가운데 공항의 운용을 방해한다고 판단되는 시설을 사용금지시킬 수 있는 것으로, 긴급조치법이었음에도 불구하고 지금까지 존치되고 있다. 이 법률을 근거로 공항 주변에 있는 지원자 조직의 '단결 고야' 사용금지 등의 법적 조치가 가능해졌다. 1978년 5월 20일, 나리타공항은 4000m 활주로 하나로 부분 개항했다.

4) 개항 후의 반대운동과 반대동맹의 분열

개항 후, 반대운동의 목표에는 종래의 목표였던 공항 폐항(廢港)에 2기 공사 착공저지가 추가되었다. 그러나 공항 측과 반대운동 측의 대립이 심화되면서 한편으로는 반대동맹원과 정부 관계자가 물밑 교섭을 통해 공항 문제의 정치적 결착을 꾀하려 하는 움직임도 일어났다. 물밑 교섭을 한 사실이 알려지자 반대동맹 안팎에서 옳고 그름을 둘러싼 논의가 벌어졌고 반대동맹 간부와 사무국원이 사임했다.

그 후 1980년대 초반의 반대운동은 운동체의 분열이라는 새로운 시기를 맞이한다. 분열의 원인은 복합적인데, 선행연구에서도 지원 당파 간의 주도권 싸움이 원인이라고 하는 연구[54]와 공항용지 안에 거주하는 농민과 용지 바깥의 소음지역에 거주하는 농민 사이의 이해 대립이 원인이라고 하는 연구[55] 등 다양하게 진단하고 있다. 이 시기 반대동맹 내부의 이해 대립부터 살펴보겠다.

1980년대 초반부터 반대동맹 내부에서는 나리타공항 주변 농지 기반정비 사업을 받아들일 것인지, 반대운동 초기의 1평 공유운동을 다시 한 번할 것인지를 둘러싸고 격렬한 논쟁이 벌어졌다. 2기 공사 착공을 둘러싸고 반대동맹과 공항공단·운수성 간 대립이 심화되는 상황에서 국가나 지자체로부터 자금을 지원받으면서 반대운동을 한다는 것이 가능할지가 쟁점이었다. 또한 공항용지 내 부락이 농지 기반정비 사업 대상지에서 누락된 것에 대해서도 공항용지 안과 밖의 농민 사이에 의견 충돌이 발생했다. 그리고 1982년 2월 9일에는 다시 진행 중이던 물밑 교섭이 실패하면서 교섭을 맡고 있었던 반대동맹 간부가 사임했다. 앞서 말한 농지 기반정비 사업에 찬성했던 반대동맹원은 신좌익 지원 당파나 용지 내 농민으로부터 항의를 받았고, 반대동맹 안팎의 대립은 깊어져만 갔다.

이렇게 하여 1983년 반대동맹은 아쓰타파(熱田派)와 기타하라파(北原派)의 두 파로 분열했고, 1987년 기타하라파에서 용지 내 농민이 중심인 오가와파(小川派)가 분열하면서 세 파가 병립하게 되었다. 이전부터 반대동맹의 청년행동대와 신좌익 당파의 하나인 중핵파는 대립하고 있었지만, 반대동맹의 분열을 계기로 지원 당파도 아쓰타파 지원, 기타하라파 지원으로 나뉘면서 어느 쪽을 지원하는지를 따져묻는 일종의 '후미에(踏絵: 에도 시대 기독교신자를 색출해낸 방법으로 일종의 사상검증을 뜻함–번역자)' 상황이 벌어졌다.

---

54 D. アプター–沢良世, 앞의 책.
55 福田克彦, 앞의 책.

반대동맹이 지원 당파 간의 대립 및 충돌을 억제하고 있던 구도가 붕괴되면서 지원 당파 간의 폭력다툼이 일어났다. 다른 지역에서는 이미 10년 전부터 발생하고 있던 '우치게바(内ゲバ: 신좌익 당파 간의 무력 다툼—번역자)'의 구조가 산리즈카로 스며든 것이다. 밖으로는 공항 폐항과 2기 공사착공 저지라는 과제를 안고 있었고, 안으로는 농민 및 지원자 내부의 대립구조가 생기면서 반대동맹은 곤경에 빠졌다.

위와 같은 분열이 있은 지 3년 후, 1986년 12월 4일에는 1971년부터 계속된 도호 네거리 재판의 판결이 지바지방법원에서 내려졌다. 이 판결에서는 피고였던 반대동맹원과 지원자 55명 가운데 3명에게 무죄, 다른 피고들에게는 집행유예가 선고되었다. 수감자는 1명도 없었다. 한편 사건의 사실 및 추이는 명확히 밝혀지지 않은 채로 오늘날에 이르고 있다. 사회운동을 둘러싼 폭력의 행사와 제어에 대한 무거운 물음은 지금까지 남겨져 있다.

9. 대립의 역사적 근원을 찾는 대화의 시도

1) 공개토론을 위한 움직임

도호 네거리 재판 판결 직후, 1986년 11월 26일에 2기 공사가 착공되었다. 착공과 같은 시기, 용지 내의 부락에는 철조망이 온통 둘러쳐져서 마을을 드나드는 주민까지 검문을 받는 상황이 계속되었고, 반대동맹 각파와 공항공단·운수성 사이의 긴장관계는 지속되었다.

이러한 가운데, 기나긴 무력충돌의 시대를 거쳐 1980년대 말부터 세 파로 분열되는 상황에서도 반대동맹 아쓰타파는 청년행동대원과 상주 지원자 유지들과 함께 무력에 기대지 않는 해결책을 모색했다. 한편 신좌익 당파인 중핵파가 주력 지원단체였던 반대동맹 기타하라파는 공항 폐항이라는 반대운동 종래의 목표가 분열된 후에도 지원 당파를 중심으로 실력투쟁을 계속했다. 1985년 10월 20일 기타하라파의 지원 당파가 공항 돌입을 시도하면서 기동대를 상대로 격렬한 무장투쟁을 벌였다. 1988년 9월 지바현 수용위원회의 오가와 회장이 신좌익 당파에게 습격당했고, 9월 24일 수용위원 전원이 사임하는 사태가 발생했다. 토지수용법에 기반한 강제대집행을 발동시킬 권한은 각 지자체의 수용위원회에 있기 때문이었다. 이후 지바현 수용위원회는 2000년대까지 한 번도 꾸려지지 않았다.

반대동맹 아쓰타파는 2기 공사 착공 이후에도 온몸으로 맞섰다. 동시에 20년에 걸친 사업 인정은 이미 효력을 잃었다는 법리론을 만들어내어 정부 당국 및 언론과의 대치를 준비했다. 아쓰타파는 1969년에 공시된 사업 인정은 공항이 완성되지 않은 이상 이미 효력을 잃었다는 논거에 근거하여, 지원자와 함께 사업 인정 실효론을 구축하여 공항공단·운수성을 상대로 법리론 투쟁을 시작했다. 그리고 1989년 3월 26일 사업 인정 실효론을 다룬 『시간의 폭탄(時間のバクダン)』이라는 제목의 팸플릿을 발행했다. 1969년 12월의 인가로부터 20년이 경과한 사업 인정은 이미 효력을 잃었으며 토지수용법으로는 정당한 보상이 불가능하다는 내용이었다.[56]

이듬해 1990년 1월 30일, 에토(江藤) 운수대신이 산리즈카를 방문하여 요코보리 집회소에서 아쓰타파와 공개회담을 가졌다. 에토 대신은 역대 운수대신 가운데 분쟁 현지에서 공개회담을 연 첫 번째 인물이었다. 하지만 그는 "있잖아, 39개국의 대표가 오면 말이야, 이렇게 말하지요. 우리나라였다면 탱크 몰고 가서 1시간 만에 이런 것들은 정리할 거라고"라고 발

---

56 成田空港問題シンポジウム記録集編集委員会 編, 앞의 책, 74~75쪽; 福田克彦, 앞의 책, 381쪽.

언하여 격론을 불러일으켰다. 그곳에 있었던 후쿠다 가쓰히코에 따르면, 에토 운수대신이 그 자리를 떠나며 했던 "여러분도 제가 성심성의껏 드린 말씀을 한 번 되새겨 받아들여 주길 바란다"라는 발언에 대해서, 청년행동대원 야나가와 히데오(柳川秀夫)가 "대신 개인의 말이네, [개인] 성의의 문제가 아니라 정책의 성의 문제라고요"라고 반론했다고 한다.[57]

그 후 아쓰타파는 5월 15일에 소책자『20년이 지난 나리타 사업 인정: 우리들은 정부와 공개토론을 계속하고 있습니다(20年が過ぎた成田事業認定: 私たちは政府と公開討論を続けています)』를 발행했다. 6월 4일에는 지역재건을 위한 구상을 의논하며, 청년행동대원 야나가와의 "이제부터는 지구(地球) 규모"라는 발언에 착안하여 '야나가와 구상'이라는 명칭으로 검토하기 시작했다. 11월에는 아쓰타파 동맹원의 제안으로 지바현 및 공항 주변 지자체를 주요 구성원으로 하는 '지역진흥연락협의회'(이하 지연협)를 발족했고 아쓰타파 동맹원이 사무국장과 부회장에 취임했다. 12월 8일 아쓰타파는 항공행정 스터디를 시작하고 공개토론이나 법리론, 지역재건을 검토하는 모임을 열었다. 그러나 기타하라파의 관련 시설에 '나리타신법'이 연속 적용되면서 기타하라파 지원자와 기동대 사이에 무력충돌이 계속 발생했다.

2) 나리타공항문제 공개심포지엄, 나리타공항문제 원탁회의 개최

1991년 4월 9일 지연협은 운수성, 공항공단, 지바현, 반대동맹 3파에 공개심포지엄을 제안했다. 같은 날 아쓰타파는 '강제적 수단을 동원한 공항건설은 하지 않는다' 등 5개 항목의 조건을 지연협으로 보냈고, 10일 운수성과 공항공단, 지바현은 참가를 결정했다. 기타하라파는 '심포지엄에 협

---

57 福田克彦, 앞의 책, 352~353쪽; [번역자 주] 원문에는 없으나 [ ] 안의 말을 추가했다.

력하는 탈락파를 철저히 규탄한다'라는 성명을 냈고, 오가와파는 불참가를 표명했다. 아쓰타파는 5월 28일 무라오카(村岡) 운수대신이 지연협 앞으로 보낸 "어떠한 상황에서도 강제적 수단은 취하지 않을 것을 확약(確約)한다"라는 문서회답을 받고 참가를 결정했다.

나리타공항문제 심포지엄은 우여곡절 끝에 1991년 11월부터 1993년 5월까지 15회에 걸쳐 개최되었다. 이 일련의 심포지엄은 대립관계에 있던 여러 주체가 공식석상에서 대립의 역사적 근원이 어디에 있는지 상호 검증하는 자리였다. 심포지엄의 결론이 나온 후 1993년 6월 13일 운수성이 강제수용 재결(裁決) 신청을 취하하면서 오랫동안 지역주민을 강제수용 발동에 옭아매었던 상황은 해제되었다.

심포지엄에서 주민 측이 제기했던 논의에는 여러 가지 논점이 있다. 그중에서 역사학의 민중운동사 관점에서는, 본래 토지란 공적 성격(원문: 公性 –번역자)을 갖는 것으로서 면적이나 가격으로 따질 수 없는 것인데, 국가가 그 토지를 '사적 개인의 것인 양 마음대로 사용했다'는 취지의 문제제기에 착목하고자 한다. 일찍이 1970년대에 반대동맹은 '토지(土地)가 아니라 흙(土)'이라는 생각으로 망루를 세우고 굴을 파서 강제수용을 막으려 했다. 반대동맹의 농민과 함께 심포지엄에 관한 일련의 문서작성에 종사했던 기록영화작가 후쿠다 가쓰히코는 유작 『산리즈카 화산흙』에서 '토지가 아니라 흙'이라는 발상과 심포지엄에서 표명되었던 농지의 공적 성격이라는 발상에는 연속성이 있음을 지적했다. '토지가 아니라 흙'이란, 토지는 면적이나 가격으로 일률적 값어치가 매겨지는 것이 아니라, 농민이 쉼없이 일궈온 흙이라는 발상이다. 여기서 국가 측에 공익을 무조건 따르게 하는 발상이 아니라, 공공성을 가진 행위를 민중 측에 귀속시켜 나가고자 하는 사

상의 심화를 볼 수 있다.[58]

그리고 나리타공항문제 심포지엄에 이어서 나리타공항문제 원탁회의가 1993년 9월부터 1994년 10월까지 총 12회에 걸쳐 개최되었다. 회의 결과, 반대동맹(아쓰타파)은 2기 공사 예정지 내의 활주로 예정지에 '지구적 과제를 위한 실험촌'(이하 실험촌) 조성을 제안하여 실험촌 구상 구체화 검토위원회가 설립되었다. 동시에 주민과 공항공단 양쪽의 상호감시기관으로서 나리타공항지역 공생위원회가 발족했다.

3) 반대동맹의 결말과 재점화

나리타공항문제 심포지엄 및 나리타공항문제 원탁회의 종료 후, 아쓰타파의 주력인 청년행동대에서 이탈자가 발생했다. 나리타공항문제 원탁회의 후 1995~1998년에 걸쳐 운수성에 설립된 '지구적 과제를 위한 실험촌' 구상 구체화 검토위원회에서 실험촌을 활주로터(심포지엄에서 백지화된 후 '활주로터'로 불림)에 조성할지 다른 장소에 건설할지에 관한 논쟁이 발생했다. 게다가 운수성 측이 심포지엄과 원탁회의 때의 저자세를 뒤집고 실험촌을 조성하는 대신 반대운동을 그만두고 1평 공유지를 없애달라는 등의 교환조건을 제시함으로써 내분이 발생하여 검토위원회는 결론을 내지 못하고 해산했다. 그 후 실험촌 구상을 둘러싼 국가와 아쓰타파 간의 논의는 평행선을 달렸고, 아쓰타파와 전(前)아쓰타파 사이에도 의견 차이가 발생했다. 실험촌은 그 후 아쓰타파 멤버 중심의 임의단체로 재출발하여 NGO와 연계하면서 지금에 이른다.

원탁회의에서 '의논을 통한 해결'로 결론지어진 B활주로의 확장 계획

---

58 福田克彦, 앞의 책.

은, 1990년대 말 나리타공항과 하네다공항 사이의 경쟁이 과열되는 가운데, 직접 소음 피해를 입는 도호지구 주민들의 동의를 얻지 않은 채 착공되었다. 국제공항의 기능이 나리타에서 하네다로 넘어가는 것에 위기감을 느낀 지역 재계가 주도한 조기 건설 서명 캠페인은 나리타시 총인구를 넘는 수의 서명을 모았다. 주변 지자체도 여기에 보조를 맞췄다. 이러한 지자체의 동향을 발판 삼아 공항공단은 B활주로 공사 착공을 골자로 한 본래 기본계획을 변경했다. 활주로를 북쪽으로 비켜가게 하여 본래 계획보다도 350m 짧은 2150m의 '잠정활주로' 건설계획을 제시했다.

1999년에는 2기 공사예정지 내 반대동맹 각파의 소유지를 피하는 모양으로 잠정활주로를 건설하는 계획이 제안되었다. 같은 해 말에 공사가 착공되어 2002년 4월 18일 사용이 시작되었다. 사용 개시 무렵 도호지구 내 신사의 숲이 항공법상 높이 제한에 저촉된다는 이유로 주민에 대한 사전통고 없이 벌채가 이뤄졌고, 잠정활주로는 건설된 후에 북쪽으로 연장되었다. 2010년대에는 공항 확장 계획에 대한 현지주민 합의를 둘러싼 논의가 이어지고 있고, 새로운 활주로를 건설하려는 시도 또한 존재한다.

나리타공항문제 심포지엄에서 잠정활주로 사용 개시까지의 기간 동안 공항용지 안팎에는 간헐적이기는 하나 이사를 할 수밖에 없는 주민들이 존재했다. 2018년 현재, 활주로 바로 아래 지역에서는 90데시벨을 넘는 심한 소음(전철 선로 바로 아래와 같은 수준) 속에서 주민이 생활하고 있다. 일상생활에 지장을 일으키는 상태가 장기간에 걸쳐 지속되고 있는 것이다. 새로운 활주로가 건설되면 소음피해지역이 다코마치(多古町), 요코시바히카리마치(横芝光町)로 확대되기 때문에 해당 지자체에서 논의가 진행되고 있다. 산리즈카 투쟁사를 역사적으로 되돌아보는 것은 지금도 진행 중인 공항건설을 둘러싼 분쟁을 직시하면서 그 역사적 근원을 찾아 기록하는 것이다.

10. 맺음말

이상, 반세기에 걸친 산리즈카 투쟁을 개괄함으로써 분쟁이 장기화되고 심각해진 요인으로 몇 가지 논점을 도출할 수 있다.

첫째, 공공사업을 구상하거나 계획을 세울 때 의사결정기구의 폐쇄성 때문에 피해주민의 의사결정 참여기회가 근본적으로 박탈당해 왔다는 점, 둘째, 그럼으로써 피해 주민의 생계와 생활이 걸린 중대한 사안을 타자(他者)가 일방적으로 결정하고, 사전설명이나 경과설명, 논의의 여지도 없이 그 결정을 강제로 밀어붙임으로써 지역 주민의 분노와 정치·행정시스템에 대한 근본적인 불신을 일으켰다는 점이다. 첫째와 둘째 요인은 초기단계 절차의 졸렬함을 보여준다.

셋째, 피해 주민을 지키고 보호해야 할 지자체가 주민의 권리를 보장하는 주체가 아니라 개발추진 주체의 일각을 점하게 되었다는 점, 넷째, 전후 개혁 속에서 주민의 권리로서 보장된 지방자치 관련 여러 제도가 거대개발의 현장에서 기능부전을 일으켰다는 점이다. 셋째와 넷째 요인은 일본의 전후 민주주의를 지탱하는 제도가 고도경제성장기에 한계를 드러냈음을 보여준다.

다섯째, 실질적으로는 논의의 여지없이 결정된 공항건설 각의결정 등을 뒤집기 위한 수단이 피해주민에게 남아 있지 않았다는 점이다. 이러한 다섯 가지 요인들이 얽히면서 지역 주민이 실력투쟁을 선택할 수밖에 없는 상황으로 내몰렸던 것이다.

마지막으로 여섯째, 피해 주민의 저항운동에서는 지자체 등의 행정단위가 아니라 메이지 이전부터 존재하는 촌락(마을)이라는 자치 단위가 중요한 생활단위이자 심적으로 믿고 의지하는 곳, 그리고 저항의 최소단위로서 겹겹의 의미와 가치를 부여받았다는 점이다. 이 점은 국가가 강요하는 공공성에 대항하여 주민들이 1990년대에 또 하나의 공공성(대항적 공공성)으로써 언론에 대항할 수 있는 논거를 제공했다. 근대 기술의 상징이라고도 할 수 있는 거대 공항에 맞서, 촌락을 기초로 한 반대운동이 장기간 전개될 수 있었던 의미를 생각할 필요가 있다. 촌락도 불변의 존재는 아니고, 운동의 주체도 지역에서 맡은 역할도 시대에 따라 다르다. 산리즈카 투쟁에서는 다양한 경력을 지닌 지원자들이 모이면서 촌락 사회의 형태를 변화시켰다고 상정할 수 있다. 고도경제성장기에 거대개발에 직면한 촌락이 어떻게 대응하고, 외부자나 외래 사상을 어떻게 받아들여 저항의 양식으로 삼았을까. 현지주민과 지원자들 간의 상호작용의 관점으로 산리즈카 투쟁을 바라보면서 전후 일본에서 다른 형태로도 존재할 수 있었을지 모르는 다양한 민주주의 또는 현장 밀착형 민주주의의 가능성을 고찰하는 작업은 오늘을 사는 우리들에게 유익하리라 생각된다.

참고문헌

단행본

アプター,デヴィッド・沢良世, 沢良世 訳, 『三里塚−もうひとつの日本』, 岩波書店, 1986(Apter, David. and Sawa Nagayo, *Against the state: politics and social protest in Japan*, Harvard University Press, 1984).

荒川章二, 『(全集 日本の歴史 第16巻)豊かさへの渇望: 一九五五年から現在』, 小学館, 2009.

千葉日報社編, 『新国際空港: その苦悩と希望』, 千葉日報社, 1966.

ロバート・A. ダール, 中村孝文 訳, 『デモクラシーとは何か』, 岩波書店, 2001(Dahl, Robert. A., *On Democracy*, Yale University Press, 1998).

舩橋晴俊ほか, 『高速文明の地域問題: 東北新幹線の建設・紛争と社会的影響』, 有斐閣, 1988.

福田克彦, 『三里塚アンドソイル』, 平原社, 2001.

飯島伸子, 『環境問題と被害者運動』, 学文社, 1984.

小泉英政, 『百姓物語』, 晶文社, 1989.

_____, 『みみず物語: 循環農場への道のり』, コモンズ, 2004.

_____, 『土と生きる: 循環農場から』, 岩波書店, 2013.

実川清之, 『農魂: 実川清之自伝』, 千葉県農業協同組合中央会・編集委員会, 1979.

梶田孝道, 『テクノクラシーと社会運動: 対抗的相補性の社会学』, 東京大学出版会, 1988.

牧瀬菊枝, 『土着するかあちゃんたち: 聞き書三里塚』, 太平出版社, 1973.

宮崎省吾, 『いま、「公共性」を撃つ: 「ドキュメント」横浜新貨物線反対運動』, 新泉社(2005년에 創土社에서 재간행), 1975.

成田空港問題シンポジウム記録集編集委員会, 『成田空港問題シンポジウム記録集』, 成田空港問題シンポジウム記録集編集委員会, 1995.

Nornes, Abé Mark, *Forest of Pressure: Ogawa Shinsuke and Postwar Japanese Documentary*, University of Minnesota Press, 2007.

のら社同人, 『壊死する風景: 三里塚農民の生とことば』, のら社(2006년에 創土社에서 증보판 간행), 1970.

三里塚芝山少年行動隊 編, 『戦うぼくらの砦』, 合同出版, 1971.

隅谷三喜男, 『成田の空と台地』, 岩波書店, 1996.

宇沢弘文, 『「成田」とは何か: 戦後日本の悲劇』, 岩波書店, 1992.

宇沢弘文 編, 『三里塚アンソロジ―』, 岩波書店, 1992.

若林敬子, 『東京湾の環境問題史』, 有斐閣, 2000.

航空科学振興財団歴史伝承委員会 編, 『土・くらし・空港: 「成田」40年の軌跡 1966–
　　　2006』, 航空科学振興財団歴史伝承委員会, 2006.

논문

相川陽一, 「成田空港建設と地域社会変容: 巨大開発下における農民主体の形成
　　　と展開」, 地方史研究協議会 編, 『北総地域の水辺と台地: 生活空間の歴
　　　史的変容』, 雄山閣, 2011.

_____, 「「1968年」の記録と記憶」, 『現代思想』 2018년 2월호, 青土社, 2018.

_____, 「三里塚闘争における主体形成と地域変容」, 『国立歴史民俗博物館研究
　　　報告』 216, 国立歴史民俗博物館, 2019.

_____, 「地方都市における自主上映者の肖像: 長野県松本市における映画上
　　　映運動の個人資料を手がかりにして」, 『社会運動史研究3(メディアが
　　　ひらく運動史)』, 新曜社, 2021.

_____・森脇孝広, 「戦後日本における記録映画の上映運動に関する資料収集と
　　　整理について: 松本市における小川プロダクション作品の上映運動を
　　　中心に」, 『記録と史料』 31, 全国歴史資料保存利用機関連絡協議会,
　　　2021.

新井勝紘, 「成田の現代史の「歴」と「史」: 「成田空港問題」の歴史伝承」, 『成田市史研
　　　究』 32, 成田市史編さん委員会, 2008.

ゴードン, アンドル―, 「五五年体制と社会運動」, 歴史学研究会・日本史研究会 編,
　　　『日本史講座10 戦後日本論』, 東京大学出版会, 2005.

加藤泰輔, 「三里塚闘争史論: 支援勢力と運動主体としての「住民」像」, 伊藤睦 編,
　　　『三里塚燃ゆ: 北総台地の農民魂』, 平原社, 2017.

小泉英政, 「大木よね: 三里塚の一本杉」, 杉田敦 編, 『ひとびとの精神史: 第6巻 日
　　　本列島改造 1970年代』, 岩波書店, 2016.

梶田孝道, 「国家·地域社会問題の日本的展開: 地域紛争としてみた成田空港問題」, 『経済評論』 29-6, 1980.

道場親信, 「三里塚闘争への社会運動的アプローチのために: 『三里塚アンドソイル』への応答として」, 『社会学論叢』 144, 日本大学社会学会, 2002a.

＿＿＿＿, 「戦後開拓と農民闘争: 社会運動の中の『難民』体験」, 『現代思想』 2002년 11월호, 青土社, 2002b.

＿＿＿＿, 「地域闘争: 三里塚·水俣」, 岩崎稔·上野千鶴子·北田暁大 等 編著, 『戦後日本スタディーズ』, 紀伊国屋書店, 2009.

＿＿＿＿, 「戦後日本の社会運動」, 大津透·桜井英治·藤井譲治 等 編, 『岩波講座日本歴史 第19巻 近現代5』, 岩波書店, 2015.

＿＿＿＿, 「宮崎省吾: 住民自治としての地域エゴイズム」, 杉田敦 編, 『ひとびとの精神史: 第6巻 日本列島改造1970年代』, 岩波書店, 2016.

三宅明正, 「労働運動·市民運動」, 朝尾直弘·網野善彦·石井進 等 編, 『岩波講座日本通史 第20巻 現代1』, 岩波書店, 1995.

宮崎省吾, 「私の(住民運動)思想史における一橋大学時代(1957-1961)」, 『一橋大学創立150年史準備室newsletter』 4, 2018(URL: https://hermes-ir.lib. hit-u.ac.jp/ir/da/HU150NEWSL/HU150NEWSL00004.pdf 최종열람일: 2021. 11. 7).

鶴見和子, 「多発地区の構造変化と人間群像: 自然破壊から内発的発展へ」, 色川大吉 編, 『水俣の啓示』, 筑摩書房, 1983.

山口幸夫·福富節男·河邊岸三, 「三里塚の出会い: 鼎談 高木仁三郎さんを追悼して」, 『市民の意見30の会·東京ニュース』 64, 2000(URL: http://www1.jca. apc.org/iken30/News2/N64/N64-18.htm 최종열람일: 2018. 9. 27).

마이너리티의 민주주의 경험
―재일대한기독교회(KCCJ)의
사회운동을 중심으로

정 계 향

1. 머리말

2020년 3월 COVID-19가 한창 확산되고 있을 때, 일본 사이타마시(埼玉市)에서 관내 어린이집, 유치원, 방과후교실, 고령자 시설 등에 마스크를 배포하면서 조선학교 유치원을 그 대상에서 제외하는 일이 있었다. 사이타마시는 조선학교 유치원이 감독시설이 아니라서 "부적절한 일이 일어나도 감독할 수 없으니 배포할 수 없다"는 말을 했다가 사과를 하기도 했다. 이 소식이 알려지자 일본인 주민들과 재일조선인들이 마스크, 휴지, 손소독제를 유치원에 전달했다. 결국 사이타마시는 조선학교 유치원에 마스크를 배포하기로 방침을 변경했다.[1]

2020년 5월 일본정부는 대학생을 대상으로 '학생지원긴급급부금' 20만 엔을 지급했다. 일본인을 비롯하여 외국대학의 분교 학생들, 유학생도 지급대상에 포함되었지만, 조선대학 학생들은 제외되었다. 이에 대해 유엔

---

1 「마스크 못 받았던 조선학교에 마스크 보낸 일본 시민·동포들」, 『한겨레』 2020. 3. 13.

인권이사회 특별보고자 4명이 차별우려가 있다며 일본정부에 시정을 권고했지만, 일본정부는 조선대학이 각종학교(各種學校)이기 때문에 제외했고 차별이 아니라는 반론을 제기했다.[2] 같은 해 11월 일본의 대학교수 709명이 조선대학 배제를 항의하는 성명을 문부성에 전달했고, 2021년 9월 7일에는 조선대학 관계자들이 일본정부에 항의서한을 전달했다.[3] 일본 정부의 답변은 이전과 같았다. 지원 대상에 해당하는지의 여부는 제도 요건과 관련된 문제이지 차별이 아니라는 것이다.

재일조선인에 대한 사회적 차별은 어제오늘 일은 아니었다. COVID-19는 단지 하나의 계기였을 뿐이다. 욕설과 폭력 같은 직접적이고 노골적인 차별만이 아니라, '합법'의 영역 안에서 이루어지는 제도적 차별 역시 심각했다. '외국인'이라는 이유로, 외국인등록증을 갱신할 때마다 지문날인을 해야 했고, 공무원이 될 수 없었으며, 연금 가입, 유치원 입학, 시영주택 입주 등에서 차별을 받았다. '조선학교'에 다닌다는 이유로 무상교육 혜택에서 제외되기도 했다. 그동안의 차별반대투쟁을 통해 많은 부분이 개선되었지만, 여전히 배제되는 재일조선인을 보면, '마이너리티에게 민주주의란 무엇인가' 라는 질문을 던지게 된다.[4]

---

2 임영언·김한수, 「코로나·팬데믹과 재일외국인의 사회적 영향: 재일동포사회를 중심으로」, 『재외한인연구』 55, 재외한인학회, 2021, 41~42쪽.

3 「"의도적인 정치적 배제" 日대학생 지원, 재일조선대학 제외」, 『서울신문』 2020. 11. 27; 「재일 조선대학교, 日정부에 '코로나 지원금 차별' 시정 촉구」 『연합뉴스』 2021. 9. 7.

4 이런 질문은 한국도 예외가 아닐 것이다. 2020년 3월 서울시와 경기도에서는 각각 '재난긴급생활비', '재난 기본소득'이라는 이름으로 현금지원정책을 마련했는데, 이 과정에서 결혼이민자, 영주권자를 제외한 외국인 주민들은 지급 대상에서 배제되었다. 양쪽 모두 외국인은 가구구성이나 소득 등 생활상의 현황 파악이 어렵다는 점을 이유로 들었다. 이에 대해 국가인권위원회는 '합리적 이유가 없는 차별'이라고 판단했다("외국인 주민에도 재난지원금 줘야" 인권위, 정책 개선 권고」, 『경향신문』 2020. 6. 11). 이후에도 정부 혹은 지자체에서 각종 지원정책을 실시할 때마다 외국인을 포함시킬 것인지의 여부가 쟁점이 되었다.

근대국민국가의 성립과 함께 도입된 제도적 민주주의는 '국가'라는 틀 안에서 작동했고, 주요 의사결정방식으로 다수결을 따르면서 소수자를 소외시킬 수밖에 없는 한계를 가지고 있었다. 특히 외국인은 국가의 영역 내에서 생활하고 있어도 이질적인 존재로 여겨졌다. 재일조선인의 경우, 유학이나 결혼, 취업 등의 목적으로 일본으로 이주한 여타의 외국인과 달리, 일제의 식민지 지배 과정에서 탄생했고, 2세부터는 일본에서 태어나고 자랐다는 점에서 상당히 독특한 위치에 있었다. 사실상 일본인과 크게 다르지 않음에도 불구하고, 일본국민이 아니었기 때문에 대의제 민주주의를 체험할 수 없고, 정부의 정책 결정 과정에 영향력을 행사하기도 어려웠으며 각종 사회보장정책의 혜택을 받을 수 없었다. 그러면서도 일본 정부의 관리와 통제를 받아야 했고, 지역사회에서 생활하는 중에도 크고 작은 차별을 경험했다.

그렇다면 마이너리티로서의 재일조선인은 민주주의와 무관한 존재였을까. 그렇지는 않았다. 1960~70년대 일본에서 신안보투쟁과 베평련(ベ平連, 베헤렌) 투쟁, 전학공투회의(全学共闘会議) 등이 전개되면서 시민사회가 성장하고 개인들의 민주적 권리의식이 높아졌다. 일본의 변화는 재일조선인 사회에도 영향을 미쳤다. 일본의 사회운동 세력들이 마이너리티 문제에 관심을 가지기 시작했고, 재일조선인 역시 '재일(在日)'을 현실로 받아들이며 차별철폐투쟁을 전개했다. 차별에 대한 문제제기는 일본인과 동등한 사회구성원으로서의 자기를 주장하는 것이었고, 마이너리티의 민주주의 경험이었다. 이런 활동을 조직적으로 주도하고 실행한 기관 중 하나가 재일대한기독교회(Korean Christian Church in Japan, 이하 KCCJ)였다.

재일조선인 교회에 대한 연구는 2000년대 이후 본격적으로 진행되었다. 한국의 연구자들은 주로 재일조선인 교회의 기원 문제에 관심을 기울였고, 식민지 시기 교회의 성립과정에 대한 연구가 많이 이루어졌다.[5] 최근 '코리안 디아스포라'라는 관점에서, 재일조선인 교회의 문화적 갈등 양상을 다루는 연구도 있다.[6] 일본에서는 교회 신도의 의식 차이에 관한 연구, 식민지 시기 여성전도사에 관한 연구 등이 발표되었다.[7] 연구 성과가 축적되고 있지만, 다루는 시기나 내용이 상당히 제한적이다. 주로 신앙의 관점에서 연구가 진행되면서 일본사회의 소수자라는 재일조선인의 역사적 맥락보다는 '선교'의 양상과 이에 따른 '교회'의 성립과정에 주목했던 것이다. 재일조선인의 사회운동사에서 재일조선인 교회가 중요한 일익을 담당했음에도 불구하고 그에 대한 연구는 거의 이루지지 않았다.

여기에서는 종교조직이었던 KCCJ가 사회운동 조직으로 변모한 과정을 살펴보고 실제로 KCCJ가 실행했던 재일조선인의 인권운동 및 생활권 개선 운동의 양상이 어떻게 변화해 갔는지를 분석하고자 한다. 이를 통해 마이너리티와 민주주의의 상관관계를 규명할 수 있을 것이다. KCCJ 사회 운동의 구체적인 모습을 확인하기 위해 문헌자료 외에도 관련자들의 증언도 주요 자료로 활용했다.[8]

---

5 이상규, 「한국교회의 재일(在日) 한국인 선교와 한인교회의 기원」, 『고신선교』, 고신대학교 선교연구소, 2001; 이상훈, 「'헌법'제정과정을 통해 본 재일본조선기독교회 설립의 의미」, 『한국기독교와 역사』 49, 한국기독교역사연구소, 2018; 이상훈, 「조선 장로회와 감리회에 의한 재도쿄 조선인에 대한 공동선교—1920년대 후반부터 1930년대 후반까지를 중심으로—」, 『신학논단』 96, 연세대학교 신과대학·연합신학대학원, 2019; 백종구, 「도쿄 요츠야선교회와 재일 한국인교회: 미가와지마(三河島)조선기독교회의 개척과 성장(1901-1947)」, 『한국교회사학회지』 53, 한국교회사학회, 2019.

6 이상훈, 「재일대한기독교회에서 한국교회 파견목사의 지위 변천 과정」, 『한국기독교와 역사』 42, 한국기독교역사연구소, 2015.

7 飯田剛史, 「在日大韓基督教会における民族と人権」, 『在日コリアンの宗教と祭り―民族と宗教の社会学』, 世界思想社, 2002; 中西尋子, 「民族と教会ー在日大韓基督教会の事例」, 宗教社会学の会 編, 『宗教を理解すること』, 創元社, 2007; 呉寿恵, 「在日朝鮮基督教会の女性伝道師たち―七七人のバイブル·ウーマン―」, 新教出版社, 2012.

8 논문에서 인용한 구술인터뷰 자료는 2017년 국사편찬위원회의 구술자료수집사업 '재일

2. 해방 후 재일조선인 교회의 재건과 에큐메니칼 운동

1) 재일조선인 교회의 재건 과정

일본에 조선인 교회가 처음 만들어진 것은 1908년이다. 평양에서 정익노(鄭益魯) 장로가 일본으로 건너와 도쿄교회 설립을 추진하고, 조선의 장로교회에 목사를 파견해줄 것을 요청하면서부터이다. 식민지 시기 일본으로 이주하는 조선인이 증가하면서 요코하마, 고베, 오사카, 교토, 나고야 등 조선인 밀집지역에 교회가 설립되기 시작했다. 1934년에는 일본 전역에 45개의 교회가 만들어졌고, 신자수는 2300여 명이었다.[9] 이때의 조선인 교회는 신앙의 공간이면서 커뮤니티센터였다. 조선인들은 교회에 모여서 기도를 하고, 고향 소식과 일자리 정보를 공유했다. 조선어와 조선 역사, 일본어도 배웠다. 1930년대 말 일본이 전쟁을 일으키면서 재일조선인 교회는 일본기독교회에 통폐합되었다.[10]

해방 이후 재일조선인의 고국귀환과 함께 신도와 목사의 수가 큰 폭으로 감소했다. 일본에 남은 사람들은 교회의 재건을 시도했다. 1945년 10월

조선인 기독교 커뮤니티의 활동과 성립에 관한 연구'(공동연구원으로 참여)의 결과물이다. 본문에서 인용한 인물은 이청일, 최충식, 김성원이다. 이청일 목사는 1942년 교토에서 출생했고, 연세대 신학대학원을 졸업, 재일한국기독교회관(KCC)의 간사 및 관장을 역임했다. 2017년 당시 교회의 목사로, 재일외국인주민기본법 제정 운동에도 참여하고 있었다. 최충식 목사는 1938년 교토에서 출생했고, 도시샤대학 신학부를 졸업하고 교회 목사가 되었다. 2017년 당시 희망의집 보육원 원장직에 있었다. 김성원 장로는 1951년 오사카 이쿠노구(生野区)에서 태어났고, 일본대학의 경제학부를 졸업한 후 재일한국인문제연구소(RAIK)의 간사, KCC의 간사를 거쳐 2017년 당시 KCC의 관장직을 맡고 있었다.

9 在日大韓基督教会 歴史編纂委員会, 「総会歴史 1883年-1939年」, 『総会概要』, 在日大韓基督教会, 2015.

10 1939년에 제정된 '종교단체법'에 따라, 일본 정부는 종교 조직의 설립과 운영에 관여하고, 종교단체 통폐합뿐만 아니라 종교단체를 전쟁에 활용할 수 있게 되었다. 재일조선인 교회는 일본기독교회의 신조에 복종하고, 포교할 때도 일본어를 사용해야 했다(渡辺信夫 외, 『教会の戦争責任·戦後責任』, いのちのことば社, 2008, 158~159쪽).

30일 오사카교회(大阪敎會)에서 재일본조선그리스도교연합회창립준비위원회를 개최하고, 같은 해 11월 25일 교토교회(京都敎會)에서 재일본조선기독교연합회 창립총회를 개최했다.[11] 총회에서는 연합회의 창립, 규칙 제정, 일본기독교단으로부터의 탈퇴, 교회 통폐합 등을 결의했다.[12] 재일조선인 교회의 독자적 부활을 알리는 신호탄이었다. 동시에 교파를 초월해서 일본 내 재일조선인 교회를 모두 통괄할 수 있는 중앙조직이 탄생했다. 한국의 교회가 장로교, 감리교 등 다양한 교파로 구성되어 있는 것에 비해, 재일조선인 교회는 일종의 합동교회의 성격을 가지게 되었다.

1948년 10월 제4회 정기총회에서 명칭변경에 대한 논의가 있었다. 투표 결과 '재일본조선기독교총회'를 '재일본대한기독교총회'로 변경했다.[13] 단 1표 차이로 '조선'이 '대한'으로 교체된 것인데, 사실 이것은 단순한 명칭변경이 아니었다. 정기총회 개최 직전인 1948년 8월 대한민국 정부가 수립되었고, 9월에는 조선민주주의인민공화국 정부가 수립되었다. 남북분단이 기정사실화된 시점에서 '대한'이라는 명칭을 선택한 것은 재일조선인 교회의 지향을 드러낸 것이라고 할 수 있다. 투표 진행 과정에서 어떤 이야기들이 오고갔는지는 자료의 부족으로 확인하지 못했으나, 재일조선인의 다수가 한국 출신이라는 것, 사회주의 국가인 북한보다는 한국과 관계를 맺는 것이 더 낫다고 판단했을 가능성 등에 대해서 생각해 볼 수 있을 것이다. 명칭변경에 반대하는 이들은, 교회가 조국의 분단에 그대로 편승함으로써 향후 '화해의 복음'을 전할 수 있는 사명을 스스로 포기한 것이라

---

11 在日大韓基督教会 歴史編纂委員会,「総会歴史 1940年-1969年」,『総会概要』, 在日大韓基督教会, 2015.

12 在日大韓基督教会 宣教100周年記念事業実行委員会,『祈りと共に―写真で見る宣教100年の歩み』, 在日大韓基督教会, 2008, 10쪽.

13 李清一,『在日大韓基督教会宣教100年史(1908-2008)』, かんよう出版, 2015, 173쪽.

고 비판했다.[14] 표 차이가 단 1표였던 것을 보면 내부의 의견 대립이 매우 팽팽했음을 짐작할 수 있다.

KCCJ는 1949년 10월에 개최된 제5회 정기총회에서 재일조선인 교회 관계자의 한국파견을 결정하고 이듬해 4월 4일 한국을 방문해서 한국기독교협의회에 준회원으로 가입했다. 이후 외무부를 비롯해 대한예수교장로회, 대한성서공회, 대한감리회 등을 차례로 방문해 목사와 전도사 파견에 관한 지원을 약속받는 등 한국의 교계, 한국 정부와 친밀한 관계를 구축하고자 했다. 명칭 변경 이후 KCCJ가 한국 지향을 강력하게 드러내는 것을 보면 내부의 의견 대립이 일단락된 것으로 보인다. 눈길을 끄는 것은 한국 내 모든 교파를 방문해서 선교 협력 관계를 만들려고 했다는 점이다. 앞서 언급했듯 KCCJ의 초교파적 성격이 반영된 것이라고 할 수 있는데, KCCJ의 이런 특징은 에큐메니칼(Ecumenical) 운동의 전개에도 영향을 주었다.

2) 에큐메니칼 운동과 KCCJ의 행보

한국의 교계와 긴밀한 관계를 맺고자 했던 KCCJ의 시도는, 한국전쟁과 뒤이은 분단, 한일관계의 경색 속에서 결실을 맺지 못했다. 오히려 한국과의 연결이 일시적으로 단절되면서 독자적인 길을 모색해야 했다.

1956년 KCCJ는 '일본기독교협의회(National Christian Council in Japan, 이하 NCCJ)'에 가입했다. NCCJ는 에큐메니칼 운동에 관여하고 있었다. 에큐메니칼 운동은, 기독교의 다양한 교파를 초월하여 모든 교회의 보편적인 일치결속을 도모하는 경향을 가리킨다. NCCJ는 활동의 기본 자세로 두 가지를 제시했다. 첫째는 일본이 과거에 저지른 식민지 지배와 침략전쟁

---

14 李清一, 앞의 책, 174쪽.

을 반성하고 아시아 태평양 지역의 사람들과 평화 관계를 구축하는 것, 둘째는 약자에게 공감하고 배려하는 삶을 사는 것이다.[15] NCCJ에는 KCCJ와 함께 일본기독교단, 일본성공회, 일본침례연맹, 일본복음루터교회, 일본침례동맹이 가맹교단으로 참여했다.

KCCJ는 1946년 일본기독교단으로부터 탈퇴를 선언하며 독자적인 길을 모색했다가, 10년 만에 다시 일본 교단의 소속이 되었다. 태평양전쟁 시기에 '종교단체법'에 의해 강제적으로 일본교회에 통폐합됐던 상황과 비교하면, 이는 자발적 선택이었다. NCCJ에 참여한 이유는 무엇일까? 당시 KCCJ 내부에서는 NCCJ에 가입함으로써 한일 양국 기독교단의 사이에서 가교 역할을 해야 한다는 목소리가 있었다.[16] 그러나 한국과의 교류가 불분명한 상황에서 오직 중간자적 역할만을 위해서 NCCJ에 가입한 것은 아니었다.

KCCJ는 NCCJ의 가맹교단이었지만, 다른 가맹교단과는 그 입장이 달랐다. 피식민지 출신이자 일본사회의 소수자로 구성된 KCCJ는, 그 존재 자체가 에큐메니칼 운동의 중요한 상징이었다. KCCJ가 결합하면서, NCCJ는 소수자 문제에 당사자성을 반영할 수 있게 되었고, 1967년 6월 NCCJ 산하에 '소수민족문제위원회'가 만들어지기도 했다. KCCJ 역시 NCCJ에 가입함으로써 에큐메니칼 운동에 적극적으로 참여하고 재일조선인 인권에 대해 문제제기를 할 수 있는 일본 내 창구를 확보할 수 있었다. 또 KCCJ는 NCCJ를 단초로 삼아, 1958년 세계개혁교회연맹(WARC)의 회원이 되었고,[17] 1962년에는 세계교회협의회(WCC)의 준회원이 되었다.[18]

---

15 NCCJ 홈페이지(https://ncc-j.org/)

16 李清一, 앞의 책, 184쪽.

17 세계개혁교회연맹은 1875년 만들어진 세계 개혁파교회의 포괄조직이었는데, 2010년 개

1964년에는 아시아기독교협의회(CCA)에 가입했다. 1970년 WCC 내에 '인종차별과 싸우는 프로그램 위원회'가 설치될 때, KCCJ의 이인하(李仁夏) 목사가 위원과 부위원장을 약 12년 동안 역임하기도 했다.[19]

1973년에는 일북미선교협력회(日北美宣教協力會, 이하 JNAC)의 준회원으로 가입했고, 5년 후에 정회원이 되었다. JNAC는 북미지역의 7개 교회와 일본의 4개 교단이 참여한 조직으로, 처음 KCCJ가 가입하려고 할 때 일본 측의 반발이 있었다. JNAC는 일본 교회와 북미 교회의 조직인데, KCCJ가 들어오는 것이 타당하지 않다는 것이다.[20] 그러나 KCCJ는 캐나다와 미국 선교사의 조선 활동을 언급하며, JNAC의 구성원이 될 만한 충분한 역사적 근거가 있고, 억압받는 소수민족의 인권을 위한 연대라는 측면에서도 KCCJ의 참여가 필수적임을 강조했다.

결성 당시만 하더라도 KCCJ는 에큐메니칼 운동을 적극적으로 논의하지 않았다. 당시에는 한국과 협력 관계를 구축하는 것이 중요했다. 그러나 국내외의 정세 변화 속에서 재일조선인의 일본 정착은 기정사실이 되었다. 조직의 이름에서 '조선'을 제거하고 '대한'을 붙인 것이 무색하게도, 1950년대 KCCJ의 활동은 세계적 연대를 향했다. KCCJ가 탄생부터 초교파적인 성격을 가지고 있었고, 이 조직의 기반이 마이너리티인 재일조선인이라는 현실을 고려할 때 이러한 변화는 자연스러운 일일지도 모른다. 이와 함께 KCCJ는 종교조직뿐만 아니라 점차 사회운동조직으로서의 역할을 모색하기 시작했다.

혁파 에큐메니칼 협의회와 통합해서 '세계개혁교회커뮤니언(WCRC)'이 되었다.

18 WCC에 가입하려면 신자수가 1만이 넘어야 하는데, KCCJ는 그 조건을 충족시키지 못해 준회원으로 가입했다.

19 李仁夏, 「歷史の狹間を生きる」, 日本キリスト教団出版社, 2006, 228쪽.

20 국사편찬위원회(OH_17_014_이청일_06); 2017. 4. 14, 1차 인터뷰, 오사카 KCC 회의실.

3. 선교 방향의 변화와 북미시찰

1) 선교60주년과 재일조선인 사회의 변화

KCCJ의 역사에서 1968년은 매우 중요한 해이다. 선교60주년이면서 동시에 활동의 전환기를 맞이한 때이다. 1967년 선교60주년 기념행사준비위원회에 참여했던 이인하 목사는, 교회가 세상과 동떨어져 선교활동만 하던 것을 반성하고 교회를 혁신해야 한다고 주장했다.[21] 교회 관계자들도 이런 문제의식에 동의하고, 향후 10년의 선교방침을 '그리스도를 따라 세상으로(キリストに従ってこの世へ)'로 결정했다. 선교의 3대 목표와 11개의 실천목표도 제안했다. 구체적인 내용을 보면 자립교회를 늘리고 개척전도에 힘쓰는 한편, 동포사회 및 세계에 기여하기 위해 한반도의 통일과 한일관계의 개선을 위해 노력할 것, 재일한국조선인과 지역사회를 위해 유아원과 학생센터, 지역사회센터, 양로원 등을 만들 것, 민족공동체 및 세계에 봉사할 수 있는 인재를 육성할 것 등이다.[22]

이런 변화는 이 무렵 KCCJ의 위기 의식으로부터 비롯되었다. 1958년 KCCJ는 선교50주년을 맞아 '우리의 살 길은 예수'라는 슬로건 하에 교회의 재건·설립과 전도활동을 본격적으로 전개했다. 이런 활동은 어느 정도 효과가 있었을까. 1948년부터 1967년까지 교회의 수, 교회 관계자 및 신자의 수를 정리하면 다음의 〈표 1〉과 같다.

---

21 李仁夏, 『寄留の民の叫び』, 新教出版社, 1979, 49쪽.
22 『在日本大韓基督教總会 第23回總会録』, 1967, 94쪽.

표 1 교회의 규모 변화(1948~1967)

연도	1948	1952	1955	1958	1961	1964	1967
교회	16	26	28	34	34	38	41
목사	4	10	12	18	23	21	27
전도사	6	11	16	16	11	3	10
선교사		4	2	1	1	7	7
세례회원	479	1081	1231	1402	1417	1180	1886
신도총수	577	1313	1502	1731	1691	1412	2089

출처: 李清一, 「在日大韓基督教会宣教100年史(1908-2008)」, かんよう出版, 2015, 187·203쪽.

20년 사이에 교회의 수는 약 2.5배가 늘었고, 목사의 수는 약 6.7배, 총 신자수는 3.6배가 증가했다. 시기마다 늘어난 속도는 다르고 줄어든 경우도 있지만, 전반적으로 증가세를 보이고 있다. 그러나 본격적인 교회재건 활동을 전개했던 1958년 이후의 증가세는 그다지 인상적이지 못하다. 1948년에서 1958년까지 10년 동안 약 1200명 증가한 신자는, 다음 10년 동안에 겨우 300여 명이 늘었을 뿐이다. 교회 재건 운동이 별다른 효과를 내지 못했던 것이다. KCCJ는 교회가 재일조선인의 요구를 제대로 반영하지 못했기 때문이라고 분석했다. 1973년 제29회 정기총회에서 채택된 '선교기본정책'에 이와 관련된 내용이 등장한다.

(…) 우리 교회에 있는 이러한 병적인 자기보존의 자세 때문에, 동포들의 삶의 영역으로부터 교회가 소외되었고 민족을 위해 지어진 교회가 동포사회의 고뇌의 중심으로부터 눈을 돌려버린 것도 사실이었다. (…) 여기에서 우리는 상술한 것 같은 종말론적인 역사관에 서서 그리스도에 의한 구원, 우리 동포의 인권옹호와 복지문제가 복음선교의 역사와 전적인 관계를 가져오는 것이라는 이해를, 우리 총회에 있어서의 선교기본정책의 기본적인

자세로서 취하는 것이다.[23]

선교기본정책은 자기반성에서 출발했는데, 교회가 재일조선인들이 겪고 있는 현실적 어려움을 외면했기 때문에 재일조선인이 교회를 떠나고 있다고 진단했다. 해결책으로 제시된 것은 재일조선인의 권리 옹호, 복지 확보 등이었고, 이런 활동을 복음선교와 연결시켰다. 즉, 재일조선인의 생활을 개선하기 위한 활동이 곧 신앙의 증명과 일치한다는 결론을 내린 것이다. 이제 교회는 종교조직이면서 사회운동도 함께 전개해야 했다. 이런 결정의 바탕에는 재일조선인의 정주화가 진전되었음에도 사회적 차별이 여전했던 현실이 놓여 있었다.

1960년대 후반 일본에서 태어나고 자란 재일조선인 2세가 사회의 전면에 등장했다. 이들은 일본에서 '자이니치(在日)'로 살아가는 방법에 대해 고민하기 시작했고, 일상에서의 차별에 예민하게 반응할 수밖에 없었다. 일본 내의 행정기관이나 민간기업에서는 재일조선인을 채용하지 않으려고 했고, 이로 인한 낮은 직업안정성, 경제적 빈곤은 심각한 문제였다. 중등학교로 진학하는 비중도 일본인보다 낮았는데, 그 격차가 1960년대에서 1970년대로 갈수록 더욱 심해졌다.[24] 이 외에도 시영주택에 입주하거나 유치원에 입학하고, 요양원에 입소하는 경우에도 재일조선인이라는 이유로 차별을 받았다. 이런 차별은 KCCJ의 관계자들도 예외는 아니었다. 1959년 가와사키 교회에 목사로 부임했던 이인하는, 큰딸을 유치원에 보내기 위해 입학원서를 제출하면서 이계순(李契順)이라는 본명을 사용했다. 원장에게 돌아온 대답은 조선인은 받지 않지만 목사 딸이니까 받아준다는 말이

---

23 「재일대한기독교회 선교 기본 정책」, 『제29회 정기총회』, 1973. 10. 9~11.

24 도노무라 마사루, 신유원·김인덕 옮김, 『재일조선인 사회의 역사학적 연구』, 논형, 2010, 497~499쪽.

었다.[25] 시혜적인 일본인의 태도와 목사이기 때문에 차별의 굴레를 피해갔던 경험은 재일조선인에 대한 사회적 차별을 더욱 실감하게 만들었다.

한일관계도 영향을 주었다. 1965년 한일기본조약 체결과 함께 재일조선인 사회는 한차례 요동쳤다. 한일회담 당시 재일조선인의 법적지위에 대한 논의가 진행되었으나 한국정부와 일본정부가 모두 자국의 이익을 최우선으로 하면서 재일조선인의 권리가 충분히 보장되지 못했다.[26] 특별영주권 제도가 마련되었으나, 한국적으로의 변경을 단서조항으로 달면서 재일조선인 사회 내부의 갈등은 더욱 심각해졌다. 게다가 일본 정부가 영주권자에 대한 심사를 엄격하게 하면서 재일조선인 가운데 강제퇴거자가 발생했고, '외국인학교법안'을 상정해 영주권자들에게 일본의 교육을 강제하려는 시도가 있었다.[27] 이 법안은 결국 폐기되었지만 일본의 동화정책 강화는 재일조선인의 불만을 야기했다.

이와 함께 전국 각지에서는 재일조선인의 생활개선운동이 전개되었다. 대표적인 것이 히타치(日立) 취업차별 반대투쟁, 재일조선인 보육원의 인가 운동, 교토 히가시쿠조(東九條)의 환경개선운동 등이었다. 여기에 일본의 지식인과 청년, 시민들이 연대했다. 1960년대 후반부터 일본사회를 흔들던 반전평화운동, 한국 민주화에 대한 연대투쟁의 움직임이 재일조선인 차별반대운동으로 연결된 것이다.[28] 생존을 위한 다양한 욕구가 터져 나오고, 현실을 개선하기 위한 구체적인 실천이 요구되던 것이 당시의 상황이

---

25 李仁夏, 『歴史の狭間を生きる』, 日本キリスト教団出版社, 2006, 112~113쪽.

26 김현수, 「韓日會談에 있어 韓國政府의 在日朝鮮人認識」, 『한일민족문제연구』 19, 한일민족문제학회, 2010, 221~222쪽.

27 노은명, 「일본의 출입국관리체제 반대운동 연구」, 『역사문제연구』 43, 역사문제연구소, 2020, 294쪽.

28 강성우, 「『계간 삼천리』로 보는 1970년대 한·일 시민연대운동」, 『인문사회21』 10-4, 인문사회21, 2019, 358쪽

라고 할 수 있다. KCCJ의 입장에서도, 새로운 길을 모색해야 했고 그것이 선교방향의 변화로 나타났다.

2) KCCJ의 사회 참여와 북미시찰

선교방침의 확정과 함께 KCCJ는 재일조선인의 권익문제를 해결하기 위한 실천 방안을 모색했다. 초기에는 일본 정부의 주요 정책에 대한 반대운동이 중심이었지만 점차 지역주민의 생활 문제에도 관여하기 시작했다. 그 과정에서 일본의 교단을 비롯해서 세계의 기독교회, 그리고 일본의 시민사회와 적극적으로 연대했다.

1969년 3월 자민당에서는, 야스쿠니신사를 '국가호지(國家護持)'로 삼고 야스쿠니에서 거행하는 제사를 국가적 행사로 만들려고 했다. 이른바 '야스쿠니신사법안'이다.[29] KCCJ는 1969년 4월 16일 '야스쿠니신사법안 반대성명서'를 발표했다. 일제시기 신사 강제참배의 기억을 가지고 있던 재일조선인에게 야스쿠니신사법안은 그자체로 식민지 지배를 연상시켰고, 교회의 입장에서도 신도(神道)가 국가적 종교로 부상하는 것은 종교의 자유를 부정하는 것이었다.

같은 해 일본정부는 '출입국관리법안(이하 입관법)'을 국회에 상정했다. 재일외국인의 정치활동을 규제하고, 재류특별허가의 이의신청을 까다롭게 만들어 재일외국인에 대한 관리감독을 강화하기 위함이었다.[30] 입관법에 대한 반대운동이 일본 전역에서 거세게 일어났는데, KCCJ도 '일본출입국관리법안 반대성명서'를 발표하고, 간사이(關西)에 있는 일본기독교 교회와

---

29 이세연, 「靖國神社法案의 정치지형—『日本遺族通信』『靖國』『神社新報』의 검토를 통한 試論」, 『서강인문논총』 56, 서강대학교 인문과학연구소, 2019, 243쪽.

30 노은명, 앞의 글, 302~303쪽.

연대해서 1969년 6월에 '출입국관리법반대 기독교도국제연대회의'를 결성했다.

KCCJ의 사회참여는 성명서 발표로만 그치지 않았다. 중앙 교단에 소속되어 있던 지역의 각 교회들은 재일조선인의 생활에 필요한 보육원이나 식민지 역사와 관련된 위령시설을 만들기 시작했다. 1969년 가와사키 교회에서 사쿠라모토(桜本)보육원을 만들었고, 1972년 요코하마 교회에서 우치코시(打越)보육원을, 나고야 교회에서 에이신(永信)보육원을 설립했다. 1970년 히로시마 교회에서는 한국인원폭희생자위령탑을 건립했다. 고쿠라 교회에서는 최창화 목사의 지휘 하에 강제동원으로 일본에 왔다가 사망한 조선인 희생자들의 유골을 안치하기 위한 납골당으로 영생원(永生園)을 만들었다.[31]

보육원을 설립한 교회는 1970년대 후반이나 1980년대에 노인을 위한 양호시설 내지는 지역의 아동, 청소년을 위한 시설을 추가로 설립했다.[32] 교회에서 운영하는 보육원은 한국 이름 쓰기 같은 민족교육을 일부 실시했고, 교육의 수혜자를 초등학생, 중학생, 성인, 외국인 등으로 늘려 나갔다.[33] 보육원 건립을 시작으로, 교회는 점차 재일조선인 혹은 재일외국인을 위한 시설을 확대하는 등 지역사회에서 다양한 활동을 전개했다. 중앙 교단의 선교 방침 변화가, 실제로 적용된 사례라고 할 수 있다.

---

31 李清一, 앞의 책, 217쪽.

32 가와사키 교회는 1986년에 지역의 다문화공생을 위한 활동센터로 후레아이칸(ふれあい館: 교류관)을 만들었고, 요코하마 교회는 1978년에 지역의 아동을 지원하는 신애숙(信愛塾)을 설립했다. 나고야 교회 역시 1985년에 노인센터인 영생원(永生苑)을 만들었다. 영생원은 토요하시 교회에도 이어져 1993년에 토요하시 영생원이 생겼다.

33 이현철·조현미, 「재일한인 디아스포라의 삶의 공간으로서 교회에 대한 질적사례연구: 가와사키시(川崎市) 교회를 중심으로」, 『다문화와 평화』 7-2, 성결대학교 다문화평화연구소, 2013, 238쪽.

국제적인 연대도 시도했다. 1973년 KCCJ는 JNAC와 공동프로젝트로, 북미 지역의 마이너리티 공민권 운동과 관련된 연수(硏修) 프로그램을 기획했다. KCCJ에서는 총 7명이 참석했는데, KCC의 초대관장이었던 유석중, KCC의 간사 이청일, 교토의 홍동근 목사, 히로시마의 김신환 목사, 여성회 권인숙 회장, 교토의 최충식 목사, 규슈의 최창화 목사였다. 이들은 두 그룹으로 나눠 한쪽은 흑인 운동의 중심지인 애틀란타로, 다른 한쪽은 인디언마을이 있는 노스 다코타(North Dakota)로 갔다. 연수 일정이 끝난 후에 홍동근과 최창화는 KCCJ의 대표 자격으로 미국연합장로교회의 총회에 참석해 재일조선인의 인권문제에 대해 보고했다. 해당 총회에서는 재일조선인의 인권과 관련해서 '결의문'을 채택했다. 이청일과 최충식은 연수 후에 각각 샌프란시스코와 시카고에서 3개월의 추가 연수를 받았다. 향후 KCCJ의 운영을 위해 가장 젊은 두 사람에게 좀 더 많은 경험을 쌓게 하는 것이 목적이었다.

최충식은 시카고대학에서 주민운동, 인권운동과 관련된 수업을 들으며 마이너리티 운동에 대한 이론적 공부를 했다. 함께 공부를 했던 한국인 목사의 소개로 당시 시카고에서 민권운동을 하고 있던 목사들을 소개받기도 했다.[34] 일본으로 돌아온 최충식은 오사카의 재일한국인 기독교회관에서 일을 하다가 교토로 돌아온 후에 '희망의 집'이라는 유치원의 원장을 역임했다. 유치원을 운영하면서 교토의 재일조선인과 함께 노인센터 설립운동과 생활환경 개선운동을 함께 전개하기도 했다.

이청일은 샌프란시스코 필리피노들의 조직인 POC(Philippine Organizing Community)에 합류해서 그들의 활동을 참관했다. 샌프란시스코의 어느 호텔에서 필리핀 직원들을 차별한다는 이야기에, POC는 사람들을 모아 로

---

34 국사편찬위원회(OH_17_014_최충식_06); 2017. 4. 18, 1차 인터뷰, 교토 희망의집 회의실.

비 1층의 커피숍을 점령했다. 불법적 점거가 아니라 좌석에 차지한 후에 움직이지 않는 것이다. 손에는 플랜카드를 들고 있었다. 요구가 받아들여 지지 않으면 엘리베이터, 주차장 등 장소를 옮겨가며 점거를 이어갔다.[35] 이 광경을 목격한 이청일은, 일본으로 돌아온 이후 차별반대운동을 전개 할 때 POC의 대응 방식을 활용하기도 했다.

최충식과 이청일은 북미 연수를 통해 마이너리티 민권운동의 이론과 실 제를 배울 수 있었고, 이때의 경험은 귀국 후의 활동에 그대로 반영되었 다. KCCJ가 지역 사회에서 어떤 역할을 하고 또 어떤 활동을 할 수 있을 지에 대해 고민할 수 있는 시간이었고, 동시에 세계 곳곳에서 전개되고 있던 소수자들의 저항에 대한 국제적 연대의 필요성을 더욱 절감하게 되 었다. KCCJ를 둘러싼 국내외적 조건의 변화와 국제적 연대의 활성화는 1970~80년대 KCCJ의 사회운동에 큰 영향을 주었다.

4. 1970년대 이후 KCCJ의 사회운동

1) 재일한국인문제연구소의 설립과 운영

1960년대 후반부터 본격화된 KCCJ의 사회운동은 1970~80년대에 매우 왕성하게 전개되었다. 가장 대표적인 사건이 1970년 히타치 취업차별 투 쟁이다. 재일조선인 2세 박종석(朴鐘碩)은 통명으로 가와사키에 있는 히타 치 제작소의 입사시험에 합격했다. 그러나 호적등본제출 과정에서 재일조 선인이라는 것이 밝혀지면서 취직이 취소되었고, 그는 소송을 제기했다. 가와사키 지역을 중심으로 '박군을 보호하는 모임(朴君を囲む会)'이 결성되

---

35 국사편찬위원회(OH_17_014_이청일_06); 2017. 8. 2, 3차 인터뷰, 오사카 KCC 회의실.

었고, 이인하 목사가 모임의 공동대표가 되었다. 가와사키 지역의 기독교 인을 비롯해서 일본인 시민활동가, 지역 주민, 대학생 등이 재판의 지원 및 취업차별 반대운동에 함께 했다.

박종석의 문제제기에 자극을 받은 사람들은 일본 각지에서 차별 개선을 위한 활동을 전개했다. 이러한 활동을 공유하기 위해 1974년 전국 네트워크로서 '민족차별과 싸우는 연락협의회(民族差別と闘う連絡協議会, 이하 민투련)'를 결성했다. 민투련의 활동은 한국에도 꽤 알려져 있지만, 민투련의 운영에 핵심적인 역할을 한 것이 KCCJ라는 것은 거의 알려져 있지 않다. 민투련이 결성되기 직전인 1974년 2월, KCCJ는 재일조선인의 인권운동을 비롯해서 다양한 사회운동을 정리하기 위해 도쿄에 재일한국인문제연구소(Research Action Institute for the Korean In Japan, 이하 RAIK)를 설립했다.

RAIK 설립이 처음 논의된 것은 1972년 6월 NCCJ 재일외국인인권위원회에서 주최한 "일본인 문제로서의 재일조선인차별 세미나(日本人問題としての在日朝鮮人差別セミナー)"였다. 여기에서 재일조선인에 대한 정확한 연구를 진행하기 위해 자료를 정리하고 제공하는 센터의 설립 필요성이 제기되었고, 1973년 10월 정기총회에서 RAIK의 설립을 승인했다. RAIK의 설립목적은 ①재일한국인이 직면하고 있는 현실의 구체적인 과제를 분석, 연구하고, 운동에 필요한 자료와 정보를 수집, 분석해서 필요한 운동체에 제공하고, ②재일한국인 사회 내의 여러 조직과 단체가 개인의 인권을 존중할 수 있게 바른 정치의식을 앙양(昂揚)시키기 위해 노력하고, ③재일한국사회에 올바른 민족주의 원칙을 앙양시키기 위해 신학적, 사상적 반성과 사고의 기회를 조직화하고, 여기에 필요한 제반 인적 물적 자원을 제공하는 것이다.[36]

---

36 재일한국인문제연구소, 『RAIK設立40周年-感謝-の40年そして今』, 2014, 3쪽.

첫 번째 설립목적에 따라 가장 먼저 한 것이 민투련의 활동을 수집하고 정리하는 일이었다. 민투련은 전국적 네트워크지만 운동을 지휘하는 중앙 조직은 따로 없었다. 여러 지역의 활동 내용을 취합하고 그것을 재정리해서 각지의 민투련에 제공하는 것이 RAIK의 주요 업무 중 하나였다.[37] RAIK의 초대간사였던 김성원은 RAIK의 설립과정을 다음과 같이 기억했다.

> 박종석 지원하는 모임의 중심이 재일한국인교회의 교인. 최승구 씨도 그
> 렇고 배중도 씨도 그렇고. 히타치 취직차별투쟁을 하면서 재일한국교회가
> WCC라고 세계교회협의회라는 게 있는데, 거기서 일본에 있는 차별에 이
> 운동하기 위해서 기관을 만들어야겠다 해서 WCC에 재정적인 지원 받고
> 시작된 거예요. 재일한국인문제연구소가. 근데 민투련 조직할 때도 교회운
> 동만 아니라 시민운동으로 성장시켜야 하니까[38]

RAIK 설립의 결정적 계기는 히타치 취업차별투쟁이었다. KCCJ는 민투련을 교회운동의 측면만이 아니라 시민운동, 사회운동으로 성장시키려고 했다. 그것이 가능했던 것은 KCCJ가 민투련 네트워크의 구심점이 되면서부터이다. 민투련 뉴스를 통해 산발적으로 진행되던 운동은 그 방식을 서로 공유하고, 지역별 현안과 전국적 현안을 파악함으로써 운동의 확산과 조직화에 기여할 수 있었다. 1988년 7월 1일부터는 기관지인 『RAIK 통신(通信)』을 발행하면서 지역의 소식을 단순히 공유하는 것을 넘어서서, KCCJ가 마이너리티 문제를 직접 제기하고, 논의를 모으는 창구로서의 역

---

37 RAIK에서 민투련 소식지를 발행한 것은 30호가 마지막이었다고 한다. 김성원은 재정문제로 더 이상의 발행이 곤란했다고 말했는데, 가와사키의 후레아이칸에 민투련 34호, 37호가 보관되어 있다. RAIK가 아닌 다른 기관에서 뉴스를 발행했을 가능성, 혹은 김성원의 기억 착오일 가능성도 있다. 김성원은 30호 발간을 끝으로 RAIK를 떠나 오사카 KCC로 옮겨갔다.

38 국사편찬위원회(OH_17_014_김성원_06); 2017. 6. 20, 2차 인터뷰, 오사카 KCC 사무실.

할을 담당하게 되었다. 실질적 운영의 주체는 KCCJ였지만, RAIK의 설립 필요성이 제기된 것이 NCCJ였고, WCC가 재정적 지원을 했다. 이렇게 보면 RAIK의 설립과 운영 과정에는 차별 받는 재일조선인 당사자라는 문제의식과 인권 신장을 위한 국제적 연대라는 두 가지의 움직임이 함께 작용했다고 할 수 있다.

2) 재일한국인기독교회관의 생활개선운동 추진

1960년대 후반부터 KCCJ 소속 목사들은 자신의 활동 지역에 유치원, 양로원 같은 복지시설을 설립했다. KCCJ는 개별 교회에게 시설 설립을 전담시키지 않고, 아예 교단 차원에서 지역 커뮤니티 센터를 건립하려고 했다. 그 결과 1970년 오사카 이쿠노구에 재일한국기독교회관(Korean Christian Center, 이하 KCC)이 탄생했다. 처음 KCC의 설립 장소로 논의된 곳은 교토였는데, 캐나다 선교사 매킨토시(Mackintosh)가 자신의 집을 내놓으면서 오사카 이쿠노구로 확정되었다. 현재 5층 건물의 1, 2층은 보육원으로 3, 4, 5층은 사무실과 회의실, 강당 등으로 활용하고 있다. KCC 설립에 대해 KCCJ는 다음과 같이 자평했다.

> KCC(오사카한국기독교회관)는 총회가 모색하고 있는 사회봉사의 한 가지 상징이다. 그때문에 이는 오사카 이쿠노구에 한정된 운동이 아니라, 금후 각 지역에서도 전개되어야 할 운동이다. 이 운동은 「재일」한민족의 기본적인 인권 획득과 주민의 복지향상과 소수자의 권익옹호를 위해 「선한 사마리아 사람」으로서의 봉사활동을 그 취지로 삼는 것이다.[39]

---

39 「재일대한기독교회 선교 기본 정책」, 「제29회 정기총회」, 1973.10.9~11.

'총회가 모색하고 있는 사회봉사의 상징', '각 지역에서 전개되어야 할 운동'이라는 표현을 보면 KCC에 대한 기대를 엿볼 수 있다. KCCJ는 활동의 목표로 교회의 양적 확대가 아니라, 신앙을 바탕으로 한 인권 획득, 복지 향상 등을 제시했다. 실제로 KCC의 운영을 살펴보면 종교조직보다는 사회운동조직의 성격이 강하다. KCC의 초대간사이자 훗날 KCC 관장을 역임했던 이청일 목사는 KCC의 중심 활동을 세 가지로 정리했다.

> 주로 세 가지의 활동이 중심적인 활동이었어요. 하나는 지역 커뮤니티센터의 활동. 이 지역에 한국 사람들이 워낙 많았어요. 지금도 그런데, 이 지역에 살고 있는 사람 중에 4분의 1이 우리 동포예요. (…) 그리고 두 번째는 인권센터의 역할. 이 지역만 아니고 일본사회에서 우리 동포들이 받고 있는 차별, 제도적인, 사회적인, 그리고 편견, 의식적인 차별, 아 이거를 교회가 적극적으로 참여해서 없어져야 된다. (…) 세 번째의 역할은 마이너리티센터의 역할. 일본에서의 마이너리티. 그리고 우리 동포만 아니고, 마이너리티는 북해도(北海道)에 있는 아이누(アイヌ) 사람도 마이너리티이고 그 소위 부락민 사람도, 그리고 오키나와(沖繩) 사람도 마이너리티로 차별을 받고 있고 여기에 있는 중국 사람도 차별을 받고 있는, 에 그런 그 마이너리티로서의 센터의 역할. 우리가 해야 된다 하는 거, 세 가지를 중심적으로[40]

KCC의 세 가지 비전은 커뮤니티센터, 인권센터, 마이너리티 센터로 정리할 수 있다. 이쿠노구의 특성상 재일조선인이 중심이 될 수밖에 없지만, 재일조선인만이 아니라 '마이너리티'를 센터의 구성원으로 호출하고 있다. 실제 활동에 있어서도 지역에 거주하는 사람으로, 사회적 차별에 대한 문제의식을 가지고 있으면 누구나 참여할 수 있었다. 이것은 이쿠노 지역

---

40 국사편찬위원회(OH_17_014_이청일_06); 2017. 4. 14, 1차 인터뷰, 오사카 KCC 회의실.

연구회에서도 확인할 수 있다.

이쿠노구의 문제를 파악하기 위해 결성한 것이 이쿠노 지역 연구회였는데, 여기에는 KCC의 관계자들뿐만 아니라 일본기독교단의 관계자들도 함께 참여했다. 일본 교회에서 간담회를 개최하고, 그 때의 논의 결과를 바탕으로 '어머니학교'를 만들었다.[41] 교육 장소 역시 일본 교회였다. 일본인 교회 관계자를 사회운동의 파트너로 삼을 수 있었던 것은 같은 신앙공동체, 인권 문제에 있어서의 연대 의식 등이 작용한 것이다.

KCC는 지역주민들의 생활개선에도 많은 관심을 기울였다. 그 결과 중 하나가 1983년의 보육원 설립이다. 당시 일본 전역에서 보육원 부족이 사회문제가 되고 있었는데, 재일외국인의 입학은 더욱 어려웠다. 재일조선인 아이가 보육원에 입학하기 위해서는 결원(缺員)을 기다려야 했고, 결원이 생겨도 입학금의 5배를 내야 한다는 이야기가 학부모들 사이에서 퍼지기도 했다.[42] KCC에서 만든 보육원은 재일조선인뿐만 아니라 재일외국인 모두에게 열려 있었다. 담당자는 다문화를 체험할 수 있는 통일공동체를 만들었다는 평가를 하기도 했다.[43] 실제 보육원을 이용한 이들은 재일조선인들이 대부분이었지만, 재일조선인에 대한 차별을 민족 문제로 좁히지 않고 마이너리티 문제로서 접근하려는 시도를 읽을 수 있다.

KCC가 중심이 되어 부동산 차별에 대한 개선운동도 전개했다. 1970년대 초반 이쿠노구의 부동산 게시판에는 '외국인 불가'라는 말이 붙은 집들이 많았다. 외국인 불가라고 했지만 사실상 재일조선인을 타겟으로 삼은 조처였다. 캐나다 선교사는 외국인임에도 집을 구할 수 있었지만, 일본에

41　국사편찬위원회(OH_17_014_이청일_06); 2017. 6. 20, 2차 인터뷰, 오사카 KCC 회의실.

42　국사편찬위원회(OH_17_014_김성원_06); 2017. 6. 20, 2차 인터뷰, 오사카 KCC 사무실.

43　국사편찬위원회(OH_17_014_이청일_06); 2017. 8. 2, 3차 인터뷰, 오사카 KCC 회의실.

서 태어나고 자란 재일조선인은 집을 빌릴 수 없었다. KCC에서는 부동산 업자들과 교섭을 시작했는데, 그들은 집주인의 의사라고 하면서 문제해결에 적극성을 보이지 않았다. 결국 KCC는 오사카부를 찾아가 항의와 협의의 과정을 거쳤고, 관의 행정지도를 통해 문제를 해결할 수 있었다.[44] 오사카의 공영아파트에 입주할 수 없었던 상황을 개선했던 데에도 오사카부와 직접 교섭을 했던 KCC의 역할이 컸다. 이 외에 취업과정에서의 차별이나 임금미지급, 산업재해 발생 등의 피해를 입은 사람들을 대신해서 KCC가 해당 기업체나 중간업자 등과 교섭을 진행하기도 했다.

다른 한편으로는 지역산업의 부흥이라는, 보다 적극적인 생활개선활동을 전개하기도 했다. KCC 관계자들은 지역활동연구회를 운영하면서 이쿠노구의 재일조선인 다수가 고무 샌들을 만드는 일에 종사하고 있음을 알게 되었다. 당시 오사카는 신발 산업으로 유명했는데, 영화 로마의 휴일에서 오드리 햅번이 샌들을 신고 나온 것에서 착안해 오사카에서 만드는 샌들은 '햅번 슈즈'라고 불렸다. 신발이 잘 팔리기 위해서는 디자인이 중요했는데, 대부분 유럽에서 나온 몇 권의 책을 보고 디자인을 참고하는 정도였다. KCC는 직접 독일에서 디자이너를 초청해 와서 교육 강좌를 개설했다.

어떤 날에 카토리쿠 신부가 독일에 가야 된다하는 거예요. 그래서 그 신부님에게 신부님, 가서 독일만 아니고 이탈리아에 가서 굉장히 유명한 그 데자이나 한 사람, 구두 데자이나를 한 사람 그 일본에 초청할 수 없냐. (…) 그때 저가 그 하나의 기준으로서는 그 재일한국조선사람만이 그 안에 들어갈 수 있다, 하는 식으로 해서 15명, 16명 됐어요. (…) 그래서 고거를 3년 동안 했어요. 12월 되면은요. 그리고 3년 동안의 처음 한 사람은 다음에 그

---

44 국사편찬위원회(OH_17_014_김성원_06); 2017. 6. 20, 2차 인터뷰, 오사카 KCC 사무실.

세컨드 크라스(Second Class)로 하고, 퍼스토 크라스(First Class), 세컨드, 써드(Third). 그래서 그 수업을 받은 사람이 이쿠노 지역의 헤뿌 산달의 중심적인 역할을 하기 시작하는 거예요.[45]

디자이너를 초청하고, 통역을 구할 때는 교회 네트워크를 활용했다. 일본 내에서 전문가를 초청하는 것보다 더 저렴한 가격으로 디자인 수업을 개설했고, 공장의 사장, 샌들 디자이너, 고무를 재단하는 사람 등 다양한 사람들이 수업에 참여했다. 이들은 클래스의 수준을 높여가며 숙련도를 쌓았다. 3년의 수업이 끝난 후에 일본의 디자이너들이 2년 동안 추가로 강연을 해서 총 5년 동안 진행되었다. 프로그램은 성공적이었고, 이 일은 지역 신문에 보도가 되면서 지역사회에서 KCC에 대한 긍정적인 이미지가 만들어지기도 했다.

KCC는 KCCJ의 산하조직이었지만, 지역사회에 근거를 두고 상당히 독자적인 활동을 전개했다. 관장이나 간사 등 구성원들은 모두 종교인이었지만, 종교적 활동보다는 지역주민들의 요구를 반영한 실질적 생활개선운동에 힘썼다. KCC의 사회운동은 마이너리티의 연대라는 보편성을 지향하지만 동시에 지역주민 특히 재일조선인에게 맞춰진 활동이기도 했다. 샌들 디자인 교실을 열면서 재일조선인만 참여할 수 있도록 제한을 한 것은 그동안의 마이너리티 연대 주장과 비교해보면 상당히 모순되는 지점이기도 하다. 여기에서 KCCJ의 복잡한 입장을 엿볼 수 있는데, 종교조직으로서의 KCCJ는 신앙이라는 면에서 보편성을 추구해야 하지만 재일조선인 조직으로서 재일조선인을 위한 활동을 전개해야 했던 것이다.

---

45 국사편찬위원회(OH_17_014_이청일_06); 2017. 6. 20, 2차 인터뷰, 오사카 KCC 회의실.

3) '외국인주민기본법' 제정운동 전개

KCCJ는 재일조선인의 차별 상황 개선에만 집중하지 않고, 일본 사회 내의 소수자들에게도 관심을 기울였다. 나아가서는 전 세계의 마이너리티와의 연대를 모색하기도 했다. KCCJ는 JNAC와 공동으로 1974년 5월 6일~10일에 제1회 '일본의 소수자문제와 선교전략(日本におけるマイのリテイ問題と宣教戰略)' 회의를 개최했다. 여기에는 세계 15개국 대표 80여 명이 참석했다. 제1회 마이너리티 회의에 대한 KCCJ의 평가를 보면 다음과 같다.

> 재일한국인·피차별부락의 사람들, 아이누족 등 일본에서 억압받고 있는 마이너리티의 싸움은 자신의 해방운동으로만 그치는 것이 아니다. 전세계의 곳곳에서 억압받고 있는 다른 마이너리티의 운동을 자극·격려하고, 억압하는 지배자들의 인간해방에도 기여하는 길이다. 우리들은 여기에서 전 인류의 해방과 인간화를 위해 싸우는 창조적 마이너리티들의 위대한 역사적 사명을 발견하게 된다.[46]

KCCJ는 재일조선인만이 아니라 일본과 전세계의 마이너리티를 함께 언급하면서 마이너리티 해방 운동의 세계적 연대를 호소하고 있다. 동시에 마이너리티 운동을 자신들의 '역사적 사명'으로 호명했다. 1994년에도 KCCJ는 제2회 '소수자문제와 선교전략' 국제회의를 주최했고, 14개국에서 106명의 대표가 참여했다. 참가자들은 차별 상황의 개선을 요구하고 국제적 연대를 결의하는 '마이너리티 교토성명'을 채택했다. KCCJ는 당사자로서 문제를 제기하고, 그것을 항상 보편적 인권의 문제로 확장시켰다.

KCCJ의 마이너리티에 대한 문제의식은, 1980년대의 '외국인등록법(外

---

46 『在日本大韓基督教總会 第30回總会錄』, 1974, 132쪽.

國人登錄法)' 발본개정운동과 1990년대의 '외국인주민기본법(外國人住民基本法)' 제정운동으로 구체화되었다. 외국인등록법 개정운동의 핵심은 차별의 상징으로 여겨지던 외국인등록증의 지문날인과 상시휴대를 폐지하는 것이었다. KCCJ를 중심으로 일본의 기독교 교단과 YWCA 등 여러 단체들이 결합하면서 '외국인등록법 문제와 싸우는 간사이 기독교 대표자회의(外登法問題と取り組む関西キリスト教代表者会議)'를 시작으로 일본 각지에서 대표자회의가 결성되었고, 1987년 1월에는 전국조직으로서 '외국인등록법 문제와 싸우는 전국 기독교 연락협의회(外登法問題と取り組む全国キリスト教連絡協議会)'가 탄생했다.[47] 1999년에 외국인등록법 개정이 완료되고, 지문날인은 완전히 철폐되었다. 지문날인을 거부한 채 미국으로 유학을 갔다가 특별영주권을 박탈당했던 최선애(崔善愛)는 이때의 개정으로 특별영주권을 회복했다.[48]

외국인등록법에 대한 개정이 마무리되고 있던 1998년 1월, 제11회 전국협의회에서 '외국인주민기본법(안)(外國人住民基本法[案], 이하 외기법[外基法])'을 채택하고 제정 운동을 추진하기로 결의했다. 이때 작성된 법률의 초안은 2013년에 부분 개정을 거쳤다. 외국인등록법 개정을 위해서 활동하던 단체는, 2012년 '외국인주민기본법의 제정을 요구하는 전국 기독교 연락협의회(外國人住民基本法の制定を求める全国キリスト教連絡協議会, 이하 외기협[外キ協])'로 명칭을 변경했다. 외기협의 최종 목표는 일본 국회를 통해 외기법을 제정하는 것이었다. 이를 위해 외기협은 국제심포지엄, 세미나, 전국 단위의 집회를 개최하고, 외기법 외에도 출입국관리법에 대한 개정 요구부터 일본군'위안부' 문제, 헤이트스피치 문제 등 재일조선인 및 재일외국인

---

47 李清一, 앞의 책, 238~240쪽.
48 「[이사람] 외국인등록법 개정 이끈 재일동포 최선애씨」, 『동아일보』 1999. 8. 18.

과 관련된 사안에 대해 성명을 발표하는 등의 활동을 했고, 지금도 이 활동은 계속 이어지고 있다.

외기법은 시민으로서의 권리를 국적이 아닌 거주지를 기반으로 하고 있다. 법안의 핵심내용은, 일본 국내에 거주하고 있는 외국인은 일본국의 '주민'으로써, 국적, 인종, 피부색, 성별, 출신민족, 가문, 종교 등에 있어서 차별을 받지 않도록 보장하는 것이다. 사회경제적 측면의 보호뿐만 아니라 전후 보상에 대한 권리를 규정하고 있고, 지자체장이나 지방의회 의원을 뽑는 선거에 참여할 수 있는 등 정치적 권리에 대한 내용도 포함하고 있다.[49] 외기협의 성립 과정을 보면 처음부터 지방참정권을 요구했던 것이 아니라, 재일외국인이 겪는 사회적 차별에 대한 제도적 개선을 추진하고, 일정한 성과를 얻자 그 다음 수순으로 지역 주민으로의 인정, 지방 참정권 획득 등을 주장했다. 이런 활동을 이끈 것이 KCCJ를 비롯하여 일본의 기독교단과 관련 단체들이었다.

KCCJ의 경우 RAIK를 설립하고, 오사카에 KCC를 건립할 때만 하더라도, 재일조선인의 차별을 개선하는 것을 목표로 하고 있었다. 물론 그 과정에서 다른 외국인 자녀들의 유치원 입학을 허가하는 등 개방적인 자세를 취하기도 했지만, 교육 강좌에 재일조선인만 참여할 수 있게 하는 등 다소 폐쇄적인 면모를 보이기도 했다. 그러나 일본 내 기독교 교단과 공식적인 협력관계를 구축하고, 국제 연대의 과정에서 재일조선인 문제를 넘어 소수자 문제를 다루기 시작하면서 자연스럽게 재일외국인 전체의 보편적 인권에 주목했다. 여기에는 신앙인으로서 특정 민족이 아닌 모든 사람들을

---

49 外國人住民基本法の制定を求める全国キリスト教連絡協議会, 『外國人住民基本法(案)』全文, 『第30回「外國人住民基本法」の制定を求める全国キリスト者 1・30集会』, 青丘文化社, 2016, 62~64쪽.

품어야 하는 종교 조직으로서의 KCCJ의 입장이 있었고, 동시에 재일외국인 중 재일조선인의 비율이 줄어들고 있었고, 뉴커머 한국인의 수가 늘어나고 있었던 현실에 대한 고려, 외부세력과의 연대를 위해 보편적인 메세지를 발화해야 한다는 전략적 선택이 반영되었다고 할 수 있다.

5. 맺음말

재일조선인은 탄생 자체가 일제의 식민지 지배와 긴밀한 관련을 맺고 있었다. 재일조선인 2세부터는 일본에서 태어나고 자랐기 때문에, 일본 정주는 자연스러운 일이었다.[50] 재일조선인의 이런 특징은 1970~80년대 결혼, 유학, 취업 등의 목적으로 일본으로 이주한 다른 외국인과 구별되는 부분이라고 할 수 있다. 앞서 KCC가 공영아파트에 재일조선인이 입주하는 문제를 놓고 오사카부와 협상을 진행할 때 내세웠던 주요 근거 중 하나가 재일조선인 역시 오사카 부민이고, 시민이라는 주장이었다.[51] 여기에다가 납세의 의무를 지고 있고, 자치회에 소속되어 있는 등 지역 주민으로서의 요건도 어느 정도 갖추고 있었다. 그러나 재일조선인은 외국인이기 때문에 국가의 관리 대상이었고, '주민기본대장'에 등록이 될 수 없었다.[52] 이런

---

50 재일조선인 3세 여성 S씨로부터 들은 이야기이다. S씨가 운전면허증을 분실해서 경찰서에 신고했는데, 경찰이 "S씨는 언제부터 일본에 살았어요? 일본어를 굉장히 잘 하시네요."라고 했다. S씨는 경찰에게 자신은 일본에서 태어나서 지금까지 계속 살고 있다는 이야기를 했고, 경찰은 당황스러워했다고 한다. S씨는 매우 황당한 경험이었다고 하면서, 일본 사회에서 나고 자란 것이 본인에게는 너무나 당연해서 의심해 본 일이 없었지만, 자신을 다르게 '취급'하는 일본인을 만날 때면 이질적인 존재로서의 재일조선인의 위치를 실감하게 된다고 이야기했다.

51 국사편찬위원회(OH_17_014_이청일_06); 2017. 8. 2, 3차 인터뷰, 오사카 KCC 회의실.

52 外國人住民基本法の制定を求める全国キリスト教連絡協議会 홈페이지(https://gaikikyo.jp) 참조.

상황 속에서 1970년대 이후 전국 각지에서 벌어진 차별철폐운동은 재일조선인에게도 지역 주민으로서의 권리를 보장해 달라는 것이었고, 이것을 일본 내 마이너리티 전체의 요구로 확대하는 과정에서 KCCJ가 주요한 역할을 했다.

해방 이후 KCCJ는 여러 변화에 직면했다. 고국이 분단되었고, 귀환은 좌절되었으며 재일조선인 교회는 급격히 약화되었다. KCCJ는 조직 정비를 통해 독자적인 길을 모색하기 시작했고, 1968년 선교 방향 변화를 도모하며 종교조직뿐만 아니라 사회운동조직으로서의 역할을 하기 시작했다. 1970년 재일조선인 청년 박종석의 히타치 취업차별 반대투쟁을 강력하게 지원한 것이 가와사키 교회와 이인하 목사였다. 이 때 조직된 "박군을 둘러싼 모임"이 "민족차별과 싸우는 연락협의회"로 개편되고, 일본 각지의 차별반대운동을 공유하기 위한 소식지를 만드는 일을 한 것도 KCCJ였다.

RAIK가 설립되면서, 민투련 전국 네트워크의 구심점 역할을 담당했고, 더 나아가서는 RAIK만의 활동을 기획하기도 했다. 소식지를 발행하고, 조사 및 세미나를 개최하는 등 사회적 차별과 인권 문제에 대한 연구를 진행하고, 일본 사회에 문제제기를 했던 것이다. 출입국관리법 반대운동, 지문날인거부운동 뿐만 아니라 전국 각지의 유치원 건립운동에도 KCCJ가 관여했다. 오사카에는 지역커뮤니티 센터인 KCC를 설립해 재일조선인 주민들의 교육장소이자 문화공간, 생활권개선운동의 거점공간으로 활용했다. 시영·공영 주택 입주가 가능해지고, 공무원 채용에서 국적 조항이 폐지되고, 연금과 보험 가입이 가능해지는 등 제도적 차별의 많은 부분이 개선되었다. 1998년 KCCJ는, 재일외국인의 지방자치 참여를 법적으로 보장하는 것을 주요 내용으로 하는 '외국인주민기본법' 제정 운동에 참여했고, 재일조선인을 중심으로 하던 사회운동은 마이너리티 운동, 인권운동, 정치적 권리 확보 운동으로 확대되었다.

1970~80년대의 차별 반대 투쟁이 1990년대 후반의 정치적 권리 획득 운동으로 변모해 간 과정은, 마이너리티의 민주주의 경험이자 실천이었다. 민주주의의 작동원리가 다수결이므로 소수자를 필연적으로 배제할 수밖에 없다는 한계가 있지만, 동시에 그런 소수자들의 주장이 사회적으로 발화될 수 있도록 보장하는 것도 민주주의이다. 일본의 시민사회 구성원이 재일조선인과 재일외국인 관련 운동에 연대했던 것 역시 민주주의의 한 측면이다. 재일조선인은 교육, 취업, 주거 등 생활 속 차별의 철폐를 주장하고, 더 나아가 지방참정권을 요구하고 있다. 마이너리티에게 허락되지 않았던 민주적 권리를 스스로 쟁취하려고 하는 것이다. 이런 상황 자체는 매우 고무적이지만, COVID-19의 현실 속에서 마이너리티에 대한 사회적 배제가 여전히 반복되는 것을 보면, 그 길은 요원하기만 하다.

참고문헌

자료

『경향신문』, 『동아일보』, 『서울신문』, 『연합뉴스』, 『한겨레』

『在日本大韓基督教總会 第19回總会録』, 1963.

『在日本大韓基督教總会 第30回總会録』, 1974.

국사편찬위원회(OH_17_014_김성원_06) / 2017. 4. 15. 김성원 1차 구술인터뷰,
   2017. 6. 20. 김성원 2차 구술인터뷰.

국사편찬위원회(OH_17_014_이청일_06) / 2017. 4. 14. 이청일 1차 구술인터뷰,
   2017. 6. 20. 이청일 2차 구술인터뷰, 2017. 8. 2. 이청일 3차 구술인터뷰.

단행본

도노무라 마사루, 신유원·김인덕 옮김, 『재일조선인 사회의 역사학적 연구』, 논형, 2010.

渡辺信夫 외, 『教会の戦争責任·戦後責任』, いのちのことば社, 2008.

李仁夏, 『寄留の民の叫び』, 新教出版社, 1979.

   , 『歴史の狭間を生きる』, 日本キリスト教団出版社, 2006.

李清一, 『在日大韓基督教会宣教100年史(1908–2008)』, かんよう出版, 2015.

呉寿恵, 『在日朝鮮基督教会の女性伝道師たち–七七人のバイブル·ウーマン–』,
   新教出版社, 2012.

外國人住民基本法の制定を求める全国キリスト教連絡協議会, 『第30回「外國人
   住民基本法」の制定を求める全国キリスト者 1·30集会』, 青丘文化社,
   2016.

在日大韓基督教会 宣教100周年記念事業実行委員会, 『祈りと共に–写真で見る
   宣教100年の歩み』, 在日大韓基督教会, 2008.

在日韓國人問題研究所, 『RAIK設立40周年–感謝の40年そして今』, 2014.

논문

강성우, 「『계간 삼천리』로 보는 1970년대 한·일 시민연대운동」, 『인문사회21』 10-4,
   인문사회21, 2019.

김현수, 「韓日會談에 있어 韓國政府의 在日朝鮮人認識」, 『한일민족문제연구』 19,
   한일민족문제학회, 2010.

노은명, 「일본의 출입국관리체제 반대운동 연구」, 『역사문제연구』 43, 역사문제연구소, 2020.

飯田剛史, 「在日大韓基督教会における民族と人権」, 『在日コリアンの宗教と祭り―民族と宗教の社会学』, 世界思想社, 2002.

백종구, 「도쿄 요츠야선교회와 재일 한국인교회: 미가와지마(三河島)조선기독교회의 개척과 성장(1901-1947)」, 『한국교회사학회지』 53, 2019.

이상규, 「한국교회의 재일(在日) 한국인 선교와 한인교회의 기원」, 『고신선교』, 고신대학교 선교연구소, 2001.

이상훈, 「재일대한기독교회에서 한국교회 파견목사의 지위 변천 과정」, 『한국기독교와 역사』 42, 한국기독교역사연구소, 2015.

_____, 「'헌법'제정과정을 통해 본 재일본조선기독교회 설립의 의미」, 『한국기독교와 역사』 49, 한국기독교역사연구소, 2018.

_____, 「조선 장로회와 감리회에 의한 재도쿄 조선인에 대한 공동선교-1920년대 후반부터 1930년대 후반까지를 중심으로-」, 『신학논단』 96, 연세대학교 신과대학·연합신학대학원, 2019.

이세연, 「靖國神社法案의 정치지형-『日本遺族通信』·『靖國』·『神社新報』의 검토를 통한 試論」, 『서강인문논총』 56, 서강대학교 인문과학연구소, 2019.

이현철·조현미, 「재일한인 디아스포라의 삶의 공간으로서 교회에 대한 질적사례연구: 가와사키시(川崎市) 교회를 중심으로」, 『다문화와 평화』 7-2, 성결대학교 다문화평화연구소, 2013.

임영언·김한수, 「코로나·팬데믹과 재일외국인의 사회적 영향: 재일동포사회를 중심으로」, 『재외한인연구』 55, 재외한인학회, 2021.

中西尋子, 「民族と教会-在日大韓基督教会の事例」, 宗教社会学の会 編, 『宗教を理解すること』, 創元社, 2007.

제3부

민주주의 경험과 기억의 민주주의

민주적인 대동세상을 향하여
-홍성담과 광주자유미술인협의회를 중심으로[1]

이나바(후지무라) 마이

대동세상 1

사람을 부른다

사람이 사람을 부른다

세상의 순결한 이름들이

서로 눈길로 답하고

용기 있는 사람들이 서로

살을 부빈다

오늘

사람이 사람을 부르는 세상이다

(시: 홍성담)[2]

---

1 이 글은 2019년 2월 19일에 진행된 역사문제연구소와 아시아민중사연구회의 합동 워크숍에서의 발표문을 바탕으로 쓴 「집단의 힘, 연대의 힘으로-광주자유미술인협의회」, 『2019 경기아트프로젝트 시점(時點)·시점(視點) 1980년대 소집단 미술운동 아카이브 1979~1990』, 경기도미술관, 2019, 897~904쪽을 수정, 가필한 것이다.

2 화가 홍성담은 광주민중항쟁을 주제로 한 판화집 『새벽』에 수록된 50점 판화 하나하나에 시를 붙였다. 이 시는 그 중 〈대동세상 1〉에 붙인 것이다.

1. 머리말

그림 1 홍성담 〈대동세상-1〉(1984)

벽두의 시는 화가 홍성담(1955~)의 5월판화집 『새벽』에 수록된 〈대동세상-1〉(1984)[그림 1]에 덧붙인 한 편의 시이다.[3] 〈대동세상-1〉에 그려져 있는 것은 총을 들고 국가폭력에 맞선 광주시민군의 환희에 찬 얼굴과 그에 호응하는 시민들, 그리고 김밥을 나눠주고 응원하는 여성의 모습이다. 거기에는 국가폭력으로 인해 희생당한 민중들의 비참함도 어두움도 찾아볼 수 없다. 판화 속에서 우리가 확인할 수 있는 것은 서로 돕고 해방구를 이루었던 광주시민들의 자부심에 가득 찬 모습이며 10일 동안 봉쇄되고 고립된 광주시 안에서 꽃 피었던 '광주 코뮌'의 실태이다. 홍성담은 "광주 항쟁은 비극으로 인식되고 있다. 하지만, 광주 코뮌의 나날은 사람들이 서로

---

3   시는 『새벽』 출판 당시에는 없었지만 1993년 필리핀에서 열린 전시회를 위해 홍성담이 쓴 것이다.

돕고 서로 믿는 기쁨에 찬 신명 나는 나날이었다"고 말한 바 있다.[4]

1980년대의 막을 연 광주민중항쟁은 한국 현대사의 분수령이 된 사건이었다고 할 수 있다. 미술사가 최열은 광주민중항쟁이 당시 청년 미술가들을 저항아로 만들었다고 한다. "청년 미술가들의 회고에 따르면 군대의 학살은 살 떨리는 분노와 참을 수 없는 도덕적 각성, 그리고 점차로 역사의 진실을 확인함에 따라 정치적 각성과 미학, 미술적 저항을 구체화해 나가게 되었다."[5] 이렇듯이 오월광주는 민주주의를 성취하기 위한 새로운 움직임을 만들어냄과 동시에 한국 미술의 새로운 지평을 열기도 했다. 따라서 민중미술은 광주민중항쟁을 계기로 시작된 미술운동이라고 해도 좋을 것이다. 저항아가 된 미술가들 즉 민중미술가 중에서 특히 광주에서 활동했던 작가들은 광주민중항쟁의 현실을 그림으로써 은폐되어 있던 항쟁의 진실을 알리는 역할을 다함과 동시에 시각매체를 광주 시민들이 기억을 공유하기 위한 장치로 만들었다. 여기서 특히 판화의 역할은 매우 컸다. 후일 광주민중항쟁의 현장을 찍은 사진들이 점차 공개되면서 그 이미지를 바탕으로 많은 작가들이 광주를 그렸다. 그러나 광주 작가들이 사건을 형상화했다는 사실은 광주의 진실을 전하는 사진도 없던 시기에 최초의 기록이 되었고 집단적 기억을 조성했다는 점에서 중요한 위치를 차지한다.

한국의 민중미술운동은 독재정권 지속과 1970년대 이후 급속한 산업화 및 사회구조 변화에 따라 분명하게 드러난 정치적 억압과 사회적 모순을 '역사의 주체는 민중이다'라는 입장에서 표현하려 한 리얼리즘 미술이며,

---

4　서승, 「광주의 기억에서부터 동아시아의 신생으로(光州の記憶から東アジアの新生へ)」, 『洪成潭版画展−光州民主化運動25周年追悼 抵抗と創造−東アジア世界の和解と新生』 도록, 佐喜眞美術館, 2005.

5　최열, 『한국현대미술운동사 증보판』, 돌베개, 1994, 173쪽.

사회변혁운동을 미학적으로 통합시키려 한 미술운동으로 등장했다.[6] 그리고 고양된 민주화운동의 흐름과 함께 1980년대부터 1990년대 중반까지 전국적으로 전개되었다. 민중미술을 지향한 젊은 작가들은 서양 모더니즘 지상의 권위적인 화단에 반기를 휘날리며 한국의 오래된 전통문화 속의 민족적 조형에서 정체성을 모색하고 민중이 주체가 되는 민주적인 예술의 확립을 목표로 했다. 또한 민주화운동의 목표였던 독재정권 타도와 민주주의의 성취, 반미, 반제국주의, 자본주의 비판, 민족통일의 실현 등을 미술을 통해 호소했다. 이러한 한국 사회 전체에 만연된 모순에 대한 미술가들의 문제 제기와 저항에 대해 심광현은 '일종의 존재론적 함성'이었다고 표현하기도 했다.[7] 민중미술가들은 회화, 조각은 물론 민주화운동의 현장에서 전개된 판화운동이나 걸개그림으로 대표되는 이른바 '현장미술', 인쇄 매체와 결합한 '출판미술', 대중들에게 친화적인 만화운동과 사진, 영상 등 그때까지의 미술계의 주류를 이루었던 순수미술의 표현 방식을 뒤집는 새로운 매체를 개발하고 실천적인 미술운동으로 폭을 넓혔다.

위와 같은 새로운 매체와 표현 방식 외에 민중미술운동의 큰 특징 중 하나가 소집단의 조직적인 활동이다. 그런데 소집단 활동은 1980년대에 갑자기 나타난 것은 아니었고 그 선구적인 것으로 1969년에 오윤, 임세택, 오경화에 의해 결성된 '현실동인'이 있다. 현실동인은 서울대학교 미술대학 출신 작가들을 중심으로 결성되었는데 발족하자마자 해산하게 되었기 때문에,[8] 미술가들에 의한 집단 활동은 10년 후인 1979년에 결성된 '광주

---

6 古川美佳(후루카와 미카), 『한국의 민중미술−저항의 미학과 사상(韓国の民衆美術−抵抗の美学と思想)』, 岩波書店, 2018, 18쪽.

7 심광현, 「1945년~현재, 민중미술의 관점에서 본 또 다른 한국현대미술사」, 국립현대미술관 기획, 『민중의 고동: 한국미술의 리얼리즘 1945−2005(民衆の鼓動 : 韓国美術のリアリズム 1945−2005)』展 도록, 2007, 18쪽.

8 현실동인은 1969년 10월에 '현실동인 제1선언'을 발표하고 제1회 전시회를 계획했지만, 서

자유미술인협의회'(광자협)와 '현실과 발언'(현발)에 의해 본격적으로 시작되었다. 광자협과 현발은 민중미술운동의 중심적인 집단이 되어 각자 민중미술운동의 대표적인 두 가지 성격을 형성했다. 하나는 한국의 전통문화 속에서 새로운 조형을 창출하려는 흐름으로 목판화(고무판화, 리노컷을 포함)와 걸개그림 등을 통해서 민중적 민족 양식을 추구한 광자협이나 두렁 등의 집단, 또 하나는 현발, 임술년 등의 그룹으로 대표되는 현대적인 정치적 아방가르드 예술을 기반으로 한 움직임이다.

이 글에서는 미술의 민주화와 민중들과 함께 하는 미술의 실현을 목표로 한 광자협의 활동을 다루고자 한다. 광자협의 중요성은 멤버들이 민주화운동의 기폭제가 된 광주민중항쟁을 실제로 경험한 것, 그리고 진상규명을 통해 사회 변혁을 위한 새로운 미술운동의 방향을 모색한 점에 있다.[9] 이들의 활동의 특징은 무엇보다도 실천에 있었고 시민미술학교의 운영, 판화운동 등으로 폭넓게 전개되었으며 이런 활동은 전국에 확산되었다.[10] 이후 민중미술운동은 약 15년에 걸쳐 지속적으로 진행되었는데 이러한 저항적인 대규모 미술운동은 세계적으로 보아도 대단히 드문 동향이라 할 수 있다. 특히 광자협의 리더였던 홍성담은 1990년대 후반 민중미술운

울대학교 당국의 방해로 인해 전시가 중지되고 그룹 자체도 해산하게 되었다.

9   광주 작가들의 중요한 목표 중의 하나가 바로 '오월 광주의 전국화'였다. 古川美佳, 앞의 책, 50쪽.

10   시민미술학교에 관한 연구에는 배종민, 「광주시민미술학교의 개설과 5.18항쟁의 대항 기억형성」, 『호남문화연구』 41, 전남대학교 호남학연구원, 2007; 배종민, 「시민미술학교 판화집에 투영된 1980년대 전반 광주시민의 정서」, 『역사학연구(구 전남사학)』 32, 호남 사학회, 2008 등이 있다. 한편 판화운동에 대해서는 서유리, 「검은 미디어, 감각의 공동 체─1980년대 시민미술학교와 민중판화의 흐름」, 『민족문화연구』 79, 고려대학교 민족문 화연구원, 2018 등이 자세하다. 또한 광주민중미술운동에 관해서는 2013년에 광주시립미 술관에서 개최된 「오월 1980년대 광주민중미술」展에서 그 전체상을 보여 주었다. 해외에 서는 후쿠오카 아시아미술관에서 열린 전시 「어둠 속에 새기는 빛─아시아의 목판화운동 1930 s ─2010 s (闇に刻む光─アジアの木版画運動 1930s─2010s)」에서 아시아의 목 판화운동의 맥락 속에서 한국 민중판화운동을 보려고 하는 시도가 있었다.

동이 쇠퇴한 후에도 꾸준히 작업을 진행하며 2000년부터는 활동의 장을 광주에서 경기도에 옮기면서 '시대의 증인으로서의 미술가'의 역할을 계속해 나갔다. 이것은 광자협이 애초부터 내걸었던 목표이기도 하다. 그래서 홍성담의 활동 기반에는 광자협이 구축한 사상과 실천이 있다고 해도 과언이 아닐 것이다. 광자협의 활동을 통해 1980년대 민중미술운동이 민주주의 탈취를 위해 어떤 역할을 다했는지를 밝히고자 한다.

2. 광주민중항쟁 전야―광자협 결성

광자협은 홍성담을 중심으로 1979년에 결성된 소집단이다. 하지만 집단을 결성하자마자 박정희 암살 사건이 일어났고 그 직후에는 광주민중항쟁이 발발했다. 광자협 멤버들이 무엇인가를 예감했는지 모르나 결정적인 시점에 집단을 결성했다는 것은 흥미로운 사실이라 할 수밖에 없다. 우선 광자협의 리더였고 이후 민중미술운동의 기수가 된 홍성담에 대해 언급하고자 한다. 그는 광주민중항쟁에서 시민군의 일원으로 투쟁하며 광자협 동료들과 함께 문화선전대로 분주했다.

홍성담은 유신독재가 한창이던 1974년 조선대학교 미술과에 입학하여 유화를 배웠다. 그는 재학 중부터 각종 공모전에 적극적으로 참여해 상을 받기도 하고 두각을 나타내면서 한편으로는 문학에도 깊은 관심을 기울이며 큰 영향을 받았다. 1970년대 당시 한국 문학계에서는 진보적인 문학자들에 의해 민족문학 논쟁이 전개되고 있었고, 그중에서 '참여 문학', '시민 문학'과 같은 새로운 말이 등장했다. 민중의 힘이나 민중문화의 중요성이 먼저 문학 쪽에서 제기된 것이다. 문학 논쟁과 민주화운동에 촉발된 홍성담은 1976년에 친구들과 지하 서클을 결성하여 소집단 활동을 시작했다.

그러나 이 무렵에는 '뭔가 해야 되지 않겠냐'라는 문제의식만 있었던 것이고 아직 어떤 활동을 하는가에 대한 구체적인 계획은 없었다.[11] 무엇을 해야 할지 고민하던 홍성담이었는데 곧 폐결핵에 걸려 1977년부터 약 1년 반 요양소에서 투병 생활을 하게 되었다. 이때 요양소에는 김남주(1946~1994) 시인이나 사회운동가 윤한봉(1948~2007) 등 민주화 활동가들이 피신하기 위해 체류하고 있었다. 홍성담은 그들과 함께 요양 생활을 보내면서 한국 사회의 민주화에 대한 이야기를 나누며 앞으로의 활동에 대한 설계도를 그린 것이다.

요양 생활을 하다가 퇴원한 홍성담은 1979년 4월 광주의 진보적인 문화예술인들에 의해 조직된 '현대문화연구소'에서 활동을 시작했다. 1970년대 후반의 광주에서는 다양한 운동조직들이 연대를 확대하면서 문화운동의 중요성을 전망했었다. 현대문화연구소에서 포스터나 팸플릿과 같은 홍보용 매체 제작을 담당했던 홍성담은 이러한 활동을 통해 미술의 역할이 크다는 생각을 확고하게 가졌고 1979년 6월부터 조직을 구성하기 시작했다. 그리고 9월에 최열, 김산하, 강대규, 최조환, 김병헌 등과 함께 광자협을 결성했다.

> 1979년 9월 우리는 광주 산수동에 있는 홍성담의 화실에서 밤늦게 만났다. 이미 이전에 은밀히 준비한 창립선언문을 낭독하고 결의를 다지는 의식을 가졌으며 앞으로의 활동계획을 결정했다. 이미 진행하여 오던 학습을 계속 진행키로 하고, 특히 창작에 관한 문제에 있어서 합평회를 갖기로 하였다. 그리고 각각의 작업장을 순회하여 학습을 함으로써 작품 평가회를 자연스럽게 갖는 방안을 채택하였다.[12]

---

11 홍성담 인터뷰, 2019. 9. 15.
12 최열, 『한국현대미술운동사 증보판』, 돌베개, 1994, 167쪽.

광자협의 문제의식은 '미술의 대중화' 즉 미술의 건강성 회복이었으며 그것을 구현하는 민중미술운동을 전개함으로써 미술을 사회변혁, 사회환원을 위한 도전의 장으로 만드는 것이었다. 아래는 광자협의 창립선언문인데 다소 길지만 그들이 목표로 한 것을 명확히 알 수 있는 글이기 때문에 전문을 게재한다.

제1 선언문(요지)
-미술의 건강성 회복을 위하여-

작가들은 발견자여야 한다. 이 땅과 이 시대의 상황을 보는 자들이어야 한다. 상황이 모순과 비리에 가득 차 있다고 한다면 거기에 집중적 관심을 갖고 있어야 할 것이며 그것은 양심의 명령일 것이다. 그러나 우리의 미술은 줄기차게 양심을 거부해 왔다. 1) 쾌락적 탐미 2) 복고적 허영 3) 회고적 감상 4) 새로운 조형에의 광신 따위로 사회의 인간적 진실을 버리고 조형적 자율과 사치와 허영의 아름다움이 갖는 허망의 늪으로 빠져들어 갔다. 인간으로서 작가는 허망한 것을 추구할 것이 아니라 그 상황의 구체성과 항상 접근해 있어야 한다.

작품의 내용은 그 접근의 증언과 발언이어야 한다. 미술이란 전달함이 그 존재방식의 본질이라면 증언과 발언의 힘을 갖게 될 것이다. 따라서 그것은 인간사회의 비리에 던져지는 도전장이 되리라.

형식은 자유의 명제아래 상쇄되어야 한다. 어떤 획일화의 형식적 규제도 배제해야 한다.

이 시대는 사회의 구조적 모순에 눌려있는 참담한 시대이다. 절대다수의 인간들은 모든 문화적인 것과 먼 거리에서 단지 생업에만 충실한 동물적 상태에 놓여 있다. 따라서 이 상황에 우리는 끊임없이 도전해야 한다.

인간존엄을 향한 고귀한 노력을 먼저 작가 자신의 반성적인 것으로 받아들이고 이 시대의 모순을 유발케 하는 죄악에 우리는 힘차게 접근하여 이 시대가 명령하는 양심으로서 인간의 존엄함에 기여할 것을 우리의 사랑법과 더불어 선언하는 바이다.

1980년 7월 1일[13]

위의 제1 선언문은 1979년 9월 광자협 모임에서 발표된 것이지만 아무래도 지하 활동 시기였기 때문에 공개적으로 발표할 수는 없었다. 그래서 1980년 7월 1일 축약문(원래 선언문이 매우 길었기 때문에)을 다시 공식적으로 발표했다. 이어서 1981년 12월에 '신명을 위하여'라는 제목의 제2 선언문을, 그리고 1983년에 '미술의 사회환원을 위한 실천'이라는 제3 선언문을 발표했다. 미술의 건강성 회복에서 신명으로, 그리고 미술의 사회 환원으로라는 광자협의 단계적인 진전을 확인할 수 있다. 여기서 광자협의 목표가 그때까지 돈이 많은 일부 사람들만 즐길 수 있었던 미술을 누구나 향유할 수 있는 민중의 미술로 해방하려고 한 것이었음을 알 수 있다.

초기 광자협의 주요 활동은 학습회나 작품 합평회, 멤버들의 작업실 순회, 민주화 투쟁, 그리고 민화나 불화 등 한국의 전통적인 회화 양식을 연구하는 것이었다. 특히 조선시대에 민중 생활 속에서 사랑을 받은 민화 양식에 현대 민중들의 삶과 의식을 반영시키는 작업은 민중에서부터 괴리된 특권적이고 권위적인 기성 미술계에 대한 도전이었다. 동시에 탈춤과 전통 무용 등의 민중문화도 적극적으로 받아들이면서 활동을 진행했다.

학습을 심화하는 것으로 조직을 강화해 나갔고 합평회도 진지하게 했다.

---

13 선언문 내용은 최열·최태만 엮음, 『민중미술 15년 1980-1994』, 삶과 꿈, 1994, 275~276쪽에서 재인용했다. 이 책에는 발표 날짜가 1979년이라고 되어 있는데 원래 1979년 9월에 발표된 선언문을 축약해서 1980년 7월 1일에 다시 발표한 것이다. 그래서 제1 선언문(요지)라고 되어 있다. 최열 인터뷰, 2019. 10. 10.

그런데 창작방법이 문제였다. 우리의 토론에서 첫째로 중시한 것은 생활과 노동현장을 확인하는 것이었다. 체험론의 구체화였던 것인바, 우리는 맨 처음 집단적으로 화순탄광으로 향했다. 이전에도 무심결에 지나치기는 하였으나 작품의 소재라는 목적 의식성을 부여함으로써 모든 사물과 그 사람들이 생신한 것으로 여겨졌다. 견학 후 회원들의 토론에서 바로 그러한 생각들이 쏟아져 나왔다. 이 소박한 자생적 인식은 많은 곳, 사람이 생활하고 노동하는 곳 어느 데에서도 솟아나오게 되었으며, 당시 우리들의 창작에 상당히 반영되게 되었다. 그림은 대체적으로 어둡고 칙칙하게 되었다. 빈한한 생활의 구석들이 소재로 되었으니 그러한 형상들이 나타나게 된 것은 당연한 것이었다.[14]

위의 글을 읽으면 광자협이 애초로부터 현장, 특히 노동 현장을 중요시했던 것을 알 수 있다. 광자협 멤버였던 전정호는 화순탄광을 처음으로 방문했을 때 탄광 노동자들의 무겁고 어두운 독특한 분위기에 압도되었다고 회상한 바 있다.[15] 최열에 따르면 박정희가 1979년 10월 26일에 쓰러진 후 그때까지 은밀히 진행했던 조직 활동을 이제 공개해도 괜찮지 않겠는가 하는 의견이 우세가 되며 공개적인 전시회를 활동 계획 안에 포함하게 되었다고 한다. 그리고 드디어 전시회를 1980년 5월에 개최하는 것으로 결정했다.[16] 창립전은 삼양백화점 4층에 있던 아카데미 미술관에서 열기로 했고 홍성담 이름으로 신청했으며 광자협 멤버들은 각자 전시 준비 작업을 시작했다. 이때 표현 방식에 있어서는 사회변혁을 목적으로 한 '격렬한 형상방법', 이른바 표현주의적 양식이 매우 효과적인 것으로 판단되어 채

---

14 최열, 앞의 책, 168쪽.
15 전정호 인터뷰, 2017. 7. 21.
16 최열, 앞의 책, 167쪽.

그림 2 홍성담 〈라면식사를 하는 사람〉
(1979)

그림 3 홍성담 〈칼 갈기〉(1979)

택하게 했다.[17] 홍성담의 〈라면식사를 하는 사람〉(1979)[그림 2]이나 〈칼 갈기〉(1979)[그림 3] 등은 창립전을 준비하면서 제작된 작품들인데 고개를 숙인 청년의 모습은 그때 당시의 홍성담의 심정을 나타내는 것이고 초기 광자협이 지향했던 표현주의적인 양식을 잘 보여 주고 있다.

이렇게 해서 전시 준비에 몰두했던 광자협은 한편으로 공개적인 활동을 위해 창립선언문을 시내에 뿌리기도 했는데 선언문 유포를 알게 된 당국은 조선대와 전남대의 미대 교수들을 찾아가 이 사실을 전했다. 당국의 제보를 받은 교수들은 학생들에게 '빨갱이의 유인물이 유포되어 있기에 조심하라'고 경고했다고 한다.[18] 이런 사실은 미술운동을 진행하려고 한 젊은 작가들을 둘러싼 억압적인 상황을 잘 전해준다.

---

17 최열, 앞의 책, 168쪽.

18 홍성담 인터뷰, 2019. 9. 15.

3. 광주민중항쟁과 문화선전대

　광자협 멤버들은 1980년 5월에 예정했던 창립 전시회를 위해 열심히 준비를 진행했었는데 갑자기 발발한 광주민중항쟁으로 인해 결국 전시회는 무산되어 버렸다.

　5월 18일, 광주에 계엄군이 진입하고 무차별 진압 작전이 이루어지면서 부상자가 속출했다. 홍성담은 그날 광주 시내에 위치하는 미술교실에서 그림을 가르치고 있었는데 상황이 전해지자마자 바로 활동에 뛰어들었다. 그는 화실에 있는 스케치북이나 종이를 닥치는 대로 모아 친구들과 함께 시민들이 외치고 있는 구호를 적은 피켓을 만들며 그것을 시위하고 있는 사람들에게 나눠주기 시작한 것이다.

　그때 계엄군이 금남로를 장악했기 때문에 시내 곳곳에 흩어져 있던 광자협 멤버들은 만날 수도 없었고 전화도 제대로 통하지 않는 상황 속에서 서로 연락을 못 하고 있었다. 하지만 광주시 동구 쪽에서는 홍성담을 비롯해 강대규, 김산하 등이, 그리고 서구 쪽에서는 나머지 멤버들이 거의 동시에 현장 활동에 들어갔다. 그들은 22일에 시민군이 계엄군을 쫓아버린 후 간신히 합류하였는데 모두 같은 식으로 시위대를 지원했었다는 것을 알게 되었다. 민중미술의 중요한 활동 중의 하나인 현장미술이 이때 자생적으로 시작했다고 봐도 될 것이다. 이후 광자협은 현대문화연구소 멤버들과 함께 문화선전대를 조직하고 광주시의 상황을 시민들에게 알리기 위해 분주하기 시작했다.[19]

　문화선전대의 중심적인 활동은 정보를 발신하는 것이었고 이때 중요한 역할을 한 것이 등사판으로 인쇄된 '투사회보'였다.[그림 4] 투사회보는 혼란

19　홍성담 인터뷰, 2017. 2. 15.

속에서도 질서 있는 행동을 시민에게 호소함과 동시에 광주시에 투쟁 지도부가 있다는 것을 확신시켰다.[20] 연일 수천 장 뿌려진 투사회보는 외부와의 연락이 두절된 광주시에서 상황을 파악할 방법이 없는 시민들의 중요한 판단 재료와 행동의 지침이 되었다. 투사회보와 대자보의 정보를 통해 광주시는 혼란 속에서도 질서를 유지할 수 있었고 또한 계엄군이 철수한 22일부터 도청

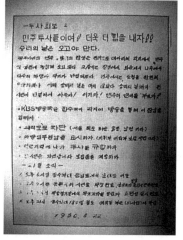

그림 4 투사회보

앞에서 열리기 시작한 시민궐기대회에서도 문화선전대가 활약했다. 시민궐기대회는 문화선전대의 진행에 따라 조직적으로 진행되었고 지도부의 연설 외에도 시 낭독, 노래, 상황극 등 다양한 내용을 통해 시민들의 결속력을 높였다. 시위에서 이러한 문화콘텐츠가 자연스럽게 포함되었던 것은 1970년대부터 전개되었던 문화운동의 성과였다고 할 수 있을 것이다.

시민군과 계엄군은 10일간에 걸쳐 치열하게 전투했으나 5월 27일 새벽에 2만 명의 계엄군이 도청에 일제 공격을 해 광주는 제압되었다. 그 후 광주의 참극은 언론 통제로 인해 국내에서는 전혀 보도되지 않았고 다른 지역의 사람들은 광주에서 무슨 일이 일어났는지 알 수가 없었다. 오히려 공산주의자의 폭동이라는 정부 측의 보도만이 유포되고 수많은 유언비어가 난무하는 가운데, 광주시민에 대한 국가폭력의 사실은 은폐된 것이다.

---

20 투사회보는 5월 25일까지 8호를 발간했고 9호부터는 제목을 '민주시민 회보'로 변경했다. 최종호가 된 10호는 배포되기 전에 계엄군에 의해 압수당했다. 黃晳暎 著, 全南社會運動協議会 編, 光州事件調査委員会 訳, 「전기록 광주봉기−80년 5월 학살과 민중항쟁의 10일간 (全記録光州蜂起−80年5月虐殺と民衆抗争の十日間)」, 柘植書房, 1985, 136~137쪽.

광주에서는 살아남은 자들은 절망적인 패배감에 시달렸고 예술가들 역시 자신들의 저항활동에 대해 무력감을 느꼈다. 소설가 홍희담이 말한 대로 광주민중항쟁 직후의 예술가들은 침체기에 빠져 있었다. 사회변혁에 대한 막연한 희망이 학살이라는 결과로 끝나고 예술가들은 그때까지의 문화운동, 예술운동의 방법으로는 민주화를 이루어지기 어렵다는 것을 실감한 것이다.[21]

그런데 예술가들은 계속 절망에 빠진 것은 아니었다. 그들은 깊은 자기반성과 함께 광주민중항쟁의 진상규명과 민주화를 위한 새로운 방향을 찾아내려고 모색하기 시작했다. 광자협 역시 광주민중항쟁의 경험에서 민중들과의 적극적인 소통을 실현하는 새로운 미술·문화 운동을 전개하기 위해 일어서기 시작했다.

그림 5 홍성담 '죽은 자를 위한 진혼굿'에서의 퍼포먼스. 국립현대미술관 최열 아카이브

---

21 홍희담, 「혁명가와 예술」, 『오월에서 통일로』, 청년사, 1990, 334쪽.

광자협이 먼저 착수한 것은 무산되어 버린 전시를 개최하는 것이었다. 그런데 그들은 전시장에서의 전시가 아니라 야외전시를 선택했다. 1980년 7월에 나주 남평 드들강 강가에서 야외전 '죽은 자를 위한 진혼굿'이 열렸는데 이것은 사실 퍼포먼스였다.[그림 5] 하얀 천을 몸에 묶은 홍성담이 도끼로 나무에 상처를 입히다가 마치 광주의 아픔을 위로하듯이 붕대와 같은 천으로 나무의 상처를 싸맸다. 홍성담은 야외전시를 선택한 이유를 말하길, 선배와 동료들이 많이 죽었고 '죽음의 도시'가 된 광주에서는 전시를 개최할 수는 없었다고 한다. 또 퍼포먼스를 하게 된 이유를 말하길, 광주 민중항쟁에 대한 직접적 표현은 억압되어 있었기에 은유가 필요했다고 한다. 신안군 하의도에서 태어나 어렸을 때부터 샤머니즘을 접했고 1970년대에는 문화운동에서 마당극이나 연극에 참여했던 홍성담에게는 퍼포먼스라는 표현 방식은 친근감이 있는 것이었다고 생각된다.

광자협은 야외전시에 이어 3개월 후인 10월에는 광주아카데미 미술관에서 '2000년 작가회'전을 열었는데 이때는 멤버들이 출품한 작품이 당국에 의해 철거를 당해 이후 전시 활동을 중단해야 하는 상황에 빠졌다. 그래서 1981년 12월 13일에는 전시장이 아닌 광주 송정 부근에 있는 채석장에서 '신명을 위하여'라는 제목으로 대규모 야외 작품전을 비밀리에 열기도 했다.[그림 6] 이때는 놀이패도 참여하고 학생, 젊은이 등 약 200명이 마치 시위처럼 참여해 소설가 황석영이 "민중미술 앞으로 어떻게 가야 할 것인가!"라

그림 6 제2회 야외작품전 팸플릿

는 주제의 마니페스트를 발표했다.[22] 이 무렵에는 전남대에서 민화반(1982
년부터 미술패 '토말')을 구성했던 홍성민과 박광수가 광자협에 가입해 시민
미술학교 등에서 활약하기 시작했다.

4. 판화운동과 광주시민미술학교

대학생들도 참여하게 된 광자협은 계속해서 비공개적인 활동을 진행했
는데 광주민중항쟁 직후의 억압적인 상황 속에서 1981년에는 대학생 멤버
들을 보호하기 위해 활동을 일시 중단했다. 그리고 학습회와 토론회를 통
해 논의를 심화하면서 광주민중항쟁의 진실을 널리 알리는 방향으로 가
는 것을 결정했다. 또한 실천 활동으로는 미술의 사회적 환원이라는 목표
를 설정하고 농민 교육 프로그램이나 노동자를 위한 야학 등 미술을 기반
으로 한 민중 교육 활동을 진행했다.[23] 이때 민중과의 소통 수단으로 광자
협이 주목한 것이 바로 판화였다. 판화에 주목하는 계기가 된 것은 홍성담
이 수배를 피해 친구 집에 숨어 있었을 때 그 친구의 아이 방에서 초등학
교 미술교과서를 보았기 때문이었다.

당시 홍성담은 국내에서는 은폐된 광주민중항쟁의 사실을 해외에 알리
기 위해 아주 얇은 종이에 광주에서 일어났던 참사를 그리고 이를 가늘게
꼬아 해외에 나가는 목사나 교수들의 옷에 숨기며 반출할 수 있도록 했었
다. 그런 식으로 해외에 반출된 그림들을 재외 한국인의 모임 등에서 종이
를 펴서 전시하기도 했다. 그런데 그림을 한 장씩 그리는 것은 매우 부담이

---

22 홍성담 인터뷰, 2019. 9. 15.

23 홍성담 인터뷰, 『노둣돌』 통권3호, 두리, 1993, 373쪽.

그림 7 홍성담 판화집 〈열두 마당〉 한국판   그림 8 홍성담 판화집 〈열두 마당〉 일본판

컸으며 판화를 이용하면 대량 복제가 가능하게 된다는 것을 깨달았던 홍성담은 판화 제작을 결심한 것이다.[24]

광자협이 판화운동을 확산하기 위해 맨 처음에 착수한 것은 매체 개발의 일환으로서의 달력 제작이었고 첫 시도로 1982년 홍성담의 판화 달력 「열두 마당」(1983년판, 한마당)을 출판했다.[그림 7] 「열두 마당」은 판화운동 확산의 단초가 되었고 많은 사람들이 달력을 구입했기 때문에 이후 다양한 판화 달력이 각지에서 출판되었다. 최열은 판화 달력의 보급에 대해 판화가 가지는 민중적 가능성이 인정된 것을 의미하고 있으며, 판화운동의 본격적인 전개를 향한 구체적인 징후가 되었다고 한 바 있다.[25] 즉, 달력이라는 미디어를 통해 미술관이나 갤러리에서만 감상되었던 미술작품(판화)이 일상생활의 공간 속으로 침입한 것이다.

그런데 광주에서 출판된 「열두 마당」은 이듬해 일본 오사카의 '남조선

---

24 2018년 11월 23일, 후쿠오카 아시아미술관에서 진행된 홍성담 갤러리 토크.
25 최열, 앞의 책, 194쪽.

민족해방전선 구원위원회'에서 일본어판(1984년판)이 간행되었다.[그림 8] 일본어판에는 '출판사 및 작가에게 허락을 받지 않은 채 출간했다는 것을 사과한다'라는 문구가 적혀 있는 것을 보니 당시 광주 사람들과 제대로 연락할 수 없었다는 것으로 생각된다. 그러나 달력이라는 인쇄 매체를 통해 나라를 넘은 연대가 실현되었다는 것은 매우 흥미로운 사실이다.[26]

　광자협이 판화운동 보급을 위해 진행한 또 다른 중요한 활동은 시민미술학교이다.[27] 앞서 언급한 광자협의 농민교육 프로그램(농민운동 조직의 학습 프로그램에서 광자협이 미술교육 프로그램을 담당했다)과 주로 도시에서 운영했던 노동자를 위한 야학의 경험이 시민미술학교 개설로 이어진 것이다. 광자협은 "우선 학습을 하기 시작하였는데 그것은 먼저 전통사회에서의 민중미술의 생산과 유통, 창작주체의 문제에 집중되었으며 둘째, 파울로 프레이리의 민중교육에 관한 학습과 야학 활동을 하였던 경험자들로부터 강의를 듣는 일, 셋째, 판화를 쉽게 제작할 수 있는 방

그림 9 시민미술학교의 강좌 풍경. 국립현대미술관 최열 아카이브

---

26 일본어판은 현재 오사카에서 '이카이노 샛바람 문고'라는 조선과 한국, 재일 교포의 역사 및 문화에 관한 책을 다루고 있는 책방 주인인 후지이 고노스케(藤井幸之助) 씨가 오사카 외국어대학교 조선어학과 학생 시절에 남민전의 구원회를 조직했던 사람한테 의뢰를 받아 번역한 것이다. 달력 인쇄는 조직의 지인이 운영한 인쇄소에서 했다. 달력에는 춘방사(春訪社)라는 출판사 이름이 적혀 있으나 당국의 추적을 피하기 위한 가짜 이름을 붙인 것이다. 후지이 고노스케 인터뷰, 2017. 3. 30. 및 2022. 8. 27.

27 광주시민미술학교는 1990년대 초반까지 계속 운영되었다. 배종민은 1992년까지 시민미술학교가 열렸다고 했으나 국립현대미술관의 최열 아카이브 자료에 따르면 1989년까지, 또한 신문 기사에서는 1990년까지 진행되었다고 전해진다. 서유리, 앞의 글, 93쪽, 각주 21.

법 등에 집중하였다."[28] 이렇게 해서 미술교육의 실천 내용을 세밀하게 검토한 뒤 민중미술 프로그램으로 발전시켜 1983년 8월 8일에 광주시민미술학교를 개설했다.[그림 9] 시민미술학교에서는 판화 강습을 중심으로 한 커리큘럼을 만들었는데 이것은 단순한 판화 기술의 전수가 아니라 수강생들의 사회문제의 의식화와 자주성 획득에 중점을 두었다. 수강자들은 소그룹 단위로 토론회나 좌담회에 참여하고, 현장 답사 등을 실시하며 주제를 발견한다.[29] 이러한 과정을 밟은 후 주제를 판화로 표현함으로써 자신을 둘러싼 사회 현실을 파악하고 그것을 변혁 가능한 것으로 생각하는 시각을 키웠다.[30] 다음은 시민미술학교의 취지문이다.

'시민미술학교' 취지문

사람은 누구나 남과 더불어 사는 사회 속에서 자아를 표현할 권리가 있으며, 이러한 표현의 확대를 통하여 개인적인 삶뿐만 아니라 한 집단의 풍부하고 건강한 생명력을 유지하게 됩니다. 이른바 매스미디어의 고도의 여론 조작술과 대량생산, 판매방식과 희소가치의 독점과 비인간화 등에 우리는 수동적인 입장을 강요당하고 있습니다.

공장의 생산품에서 한 알의 감자에 이르기까지 신 앞에서 사람이 지어낸 모든 것은 사회와의 유기적인 관계 속에서 균등히 주고받아야만 하는 것입니다. 함께 나누어 가진다는 의미 속에는 누군가가 독차지하는 사람이

---

28 최열, 앞의 책, 194쪽.

29 서울에서 활동한 소집단 '두렁' 역시 1983년에 시민미술학교를 개설했다. 하지만 광주시민미술학교처럼 명확한 커리큘럼을 설정하지는 않았다.

30 시민미술학교는 매년 여름 방학과 겨울 방학 기간에 하루에 3시간씩 1주일간 열렸다. 홍성담, 최열, 백은일 등이 전체 운영을 맡고 실기 강사는 홍성민, 박광수 등이 담당했다. 수강생은 모집제였고 수강료 5000~7000원 외에 재료비, 답사 비용 등이 필요했다.

나 아무것도 가지지 못한 사람이 없어야 한다는 기본적 약속이 전제돼 있는 것입니다. 즉, 다른 이웃과 더불어 창조하고 더불어 나누어 가지는 문화가 올바른 대중화일 것입니다.

그런 의미로 이제는 시인만이 시를 쓰고 화가만이 그림을 그릴 수 있는 시대는 아닙니다. 오히려 이 시대의 바람직한 예술은 다른 사람의 생존의 체험을 겸허하게 받아들이면서 서로 공유하는 자세에서 이뤄질 수 있을 것입니다.

일찍이 우리의 선조들은 탈춤, 판소리, 민요, 농악, 민화와 같은 위대한 예술양식을 남과 더불어 형상화시킬 수가 있었습니다.

이번 강좌는 우리가 겪는 근대서양미술의 도입기로부터 무비판적으로 수용되었던 타의적 시각을 재조정하고 오히려 자연스러운 개성을 훼손시켰던 예술교육의 문제점들을 반성해 보는 계기가 되고 한 시대의 총체적 삶이 표현되어야겠습니다.

판화는 그 장르의 성격이 반독점적이면서 어린아이들의 표현처럼 순수함을 얻을 수 있는 반기능적인 측면을 가지고 있습니다. 그리고 깎고, 파고, 찍어서 자신의 기쁨과 아픔의 체험을 남에게 전하고 받을 수가 있습니다. 누구든지 일의 즐거움과 창작의 충족감을 남에게 줄 수 있다는 이 순수한 체험은 오늘과 같은 일그러지고 찢겨진 수많은 '익명의 개인들'의 시대에 꼭 필요한 체험입니다. 이 체험은 대중이 스스로의 메시지를 획득한다는 의미이며, 바야흐로 정직하고 튼튼한 민중예술의 그 형체를 드러내게 되는 것입니다.

1983. 8.[31]

위 취지문을 통해 알 수 있듯이 시민미술학교는 미술 전문가가 아닌 민

---

31 최열·최태만, 앞의 책, 276~277쪽에서 재인용.

그림 10 제3기 광주시민미술학교 판화전시회(1984년
7월 18~22일) 팸플릿
국립현대미술관 최열 아카이브

중 즉 '익명의 개인들'이 판화를 통해 메시지를 발신하고 발언하는 것을 목적으로 한 것이었다. 그래서 시민미술학교의 작품 제작 과정에서 지도를 담당한 강사는 기본적으로 보조 역할을 할 뿐, 창작의 주체는 어디까지나 수강생인 시민들이었다.[32] 시민미술학교에서는 수강생들이 제작한 판화와 함께 그들의 제작 후기를 올린 팸플릿도 간행되고 또 수강생들의 판화를 500원으로 판매하기도 했다.[33] 강좌가 종료한 후에는 전시회가 열리고 개최될 때마다 많은 관람객이 전시장을 찾았다고 한다.[34][그림 10] 전시회의 개최를 홍보하는 포스터도 수강생들이 스스로 판화로 만들었고 광주 시내 곳곳에 붙였다. 그런데 이들이 붙인 포스터를 떼려고 하는 경찰과의 공방전이 자꾸 벌어졌다. 경찰들은 집단으로 포스터를 붙이고 떠나가는 시민미술학교 수강생들을 '벌떼 같은 놈들'이라고 부르고 애를 먹었다

32 홍성담, 「시민미술학교 보고서」, 천주교광주대교구 정의평화위원회 편, 『나누어진 빵』, 천주교광주대교구 정의평화위원회, 1986.

33 서유리, 앞의 글, 97쪽.

34 배종민, 「1980년대 광주미술운동과 시민미술학교」, 『오월 1980년대 광주민중미술』展 도록, 2013, 27쪽.

고 한다.[35] 판화를 이용해 벌떼처럼 권력과 싸우는 것이야말로 민중미술운동이라 할 수 있다.

시민미술학교의 판화전시회는 지방에서도 개최되었다.[36] 또한 그들은 자신이 소속한 그룹이나 동아리에서도 포스터 및 각종 팸플릿 등을 판화로 제작하면서 동료들에게도 판화를 가르쳤기 때문에 판화운동의 저변은 민중들의 활동 현장으로 서서히 퍼져나갔다. 그때까지 미술의 수용자였던 민중을 표현의 주체로 하여 예술의 생산자와 수용자를 일치시키려고 하는 판화교육의 성과는 시민미술학교의 전국적 확대로 이어지며 새로운 미술운동으로서의 판화의 가능성이 확인되었다. 이 무렵 홍성담은 광주뿐만 아니라 다른 지역에서의 시민미술학교 개설에 주력했고 1983년부터 1985년까지 약 2년간 시민미술학교에 관한 강연회를 전국 각지에서 약 60회 진행했다.[37] 그 결과 시민미술학교의 시도는 전국적으로 전개되었고 노동조합이나 대학가에서도 속속 판화 동아리가 조직되었다.[38] 이러한 조직 활동을 통해 판화는 '익명의 개인들'인 민중이 자신의 메시지를 발신할 수 있는 방법을 획득하고 표현력을 발휘한 것이다.[39]

---

35 홍성담 인터뷰, 2017. 2. 15. 또한 홍성담은 1985년의 좌담회에서 수강생들이 포스터를 200장 붙이면 그것만으로도 전시효과를 볼 수 있다고 말한 바 있다. 좌담회, 「민중시대의 판화운동」, 『시대정신』 2, 일과놀이, 1985, 144쪽.

36 예를 들어 1985년 3월부터 「시민미술학교」 판화전과 「시대정신」 판화전을 묶어 「민중시대의 판화전」이라는 명칭으로 한마당 화랑에서 전시회를 열기도 했다. 이 전시는 서울·광주·마산 등 7개 도시, 13곳에서 순회전을 진행했다. 『시대정신』 3, 일과놀이, 1986, 194쪽.

37 문화운동의 일환으로서의 미술운동은 같은 시기에 미술집단 '땅'이나 '두렁'도 시도했었다. 홍성담 인터뷰, 『노둣돌』 통권3호, 두리, 1993, 364쪽.

38 1984년에 결성한 서울의 미술집단 두렁 역시 시민미술학교를 열었다. 그 외 명동성당 청년미술학교, 시민 판화학교(성남 YMCA), 시민판화학교(연세대학교) 등에서도 민중이 판화를 직접 창작하는 기회를 창출했다. 또한 각 대학마다 판화 동아리가 생겼다. 배종민, 앞의 글, 2007, 128쪽.

39 홍성담, 앞의 글, 31쪽.

그런데 한국의 판화운동은 일본에서도 소개되었다. 그중에 가장 중요한 것으로 우리문화연구소에서 간행된 『한국민중판화집(韓国民衆版画集)』이 있다.[40] 이 판화집에서는 오윤이나 홍성담을 비롯한 민중판화와 함께 홍성담에 의한 「시민미술학교 보고서」가 수록되어 있다.[41] 앞에서 말한 달력처럼 한국의 민주화운동을 응원하는 일본의 운동체가 민중미술운동을 적극적으로 소개했다는 사실을 통해 1980년대의 한일 연대의 활발한 모습을 볼 수 있다.

그림 11 『나누어진 빵』 천주교 광주대교구 정의평화위원회 편(1986)

그림 12 박은아 〈지게 위에서〉, 『나누어진 빵』 수록

---

40 ウリ文化研究所, 『韓国民衆版画集』, 御茶の水書房, 1987.

41 우리문화연구소는 재일조선인인 연구자인 양민기(1935~2013)가 주재한 모임이다. 처음에는 오사카에서 활동하다가 교토로 옮겼다. 이 책에 수록된 판화들은 다음과 같이 정리되어 있다. 오윤 유작, 설화와 식민지 시대의 풍자, 분단의 비극과 통일로의 염원, 도시 근로자의 '삶', 농촌의 '삶', 광주의 노래. 또한 「시민미술학교 보고서」 외의 논고로는 원동석, 「민중미술의 논리와 전망」과 최열, 「해방의 힘으로서의 판화」가 수록되어 있다.

시민들의 판화운동 성과의 일환은 1986년에 천주교 광주대교구 정의평화위원회 편집으로 간행된 광주시민학교의 시민판화집 『나누어진 빵』(비매품)을 통해 확인할 수 있다.[그림 11] 이 판화집은 주제마다 판화가 정리되어 있으며 판화 하나하나를 살펴보면 수강생들이 사회 현실에 대한 시선과 문제의식을 획득한 것을 확인할 수 있다.

『나누어진 빵』의 내용을 살펴보자. 우선 1부 '노동하는 얼굴, 아름다워라'에 들어가 있는 작품들은 소제목에서도 알 수 있듯이 농민이나 도시 노동자의 모습을 그린 것이다. 여기에 수록된 작품들은 힘든 노동에 지친 사람들의 모습을 그린 것이 많은데 노동자의 삶을 정확히 포착한 관찰력은 놀라울 정도이며 또 표현력도 대단하다.[그림 12] 물론 전문가들의 판화에 비하면 기술적인 면에서 수준이 다소 낮은 것은 사실이지만 오히려 그 소박함이 보는 자에게 리얼리티를 느끼게 만든다.

사실 시민미술학교 수강생 중 노동자는 거의 없었고, 참가자들은 주로 주부나 학생이었고 60% 이상이 여성이었다.[42] 그래서 수강생들은 현장 답사를 통해 농민이나 노동자들의 생활을 취재하고 그때까지 몰랐던 '타자'를 만난 것이다. 그렇게 해서 알게 된 타자의 삶과 그것에 대한 신선한 감동이 수강생들의 판화에는 잘 나타나고 있다. 이러한 계급을 넘은 만남으로 농민이나 노동자들의 현실을 접할 수 있던 것은 수강생만이 아니라 강사로 참여했던 미술가들도 마찬가지였다.[43]

2부 '삶, 더불어 함께 사는 것'에는 자신을 둘러싼 주변 상황과 일상생활에서의 경험을 그린 작품들이 수록되어 있으며, 수강생들이 일상 속에서

---

42 서유리, 앞의 글, 96쪽. 참가 비용의 문제나 시민미술학교가 방학에 열렸다는 점에서 노동자들은 참여하기 어려웠다고 생각된다.

43 홍성담 인터뷰, 2017. 2. 15.

간과했던 풍경을 차분히 관찰하고 있는 것을 알 수 있다. 또 3부의 소제목은 '에루야 에루얼싸'이다. 에루야 에루얼싸란 1980년대 민주화운동에서 사람들이 노래했던 민요의 제목이다. 여기에 수록된 판화는 조선시대의 민화에서 영감을 얻은 것이나 옛날의 민중 생활과 문화를 그린 것이고, 잃어버린 한국의 전통문화를 다시 확인하고 민족의 정체성을 회복하려 하는 시도였다고 볼 수 있다. 4부 '말씀이 내 몸 안으로'는 이 판화집을 천주교가 편집했기 때문에 기독교에 관한 내용을 그린 것이 중심이 되고 있다. 마지막의 5부 '역사의 부름 속에서'는 광주민중항쟁을 주제로 한 판화를 중심으로 한 것이고 억압적인 사회상황을 그린 작품을 모으고 있다.[그림 13] 광주민중항쟁의 참극을 그리는 것은 광주시민으로서의 기억을 계승하고 공유하는 것이며, 이를 통해 한국 사회가 안고 있는 모순을 재인식하게 되었다고 할 수 있다. 이상과 같이 민중들이 제작한 판화는 '깎고, 파고, 찍어서 자신의 기쁨과 아픔의 체험을 남에게 전하고 받을 수가 있다'는 시민미술학교의 취지문에 있는 목표를 달성했다고 할 수 있다.

그림 13 신선일 〈잊음이 많은 머리를 비웃으며〉, 『나누어진 빵』 수록

5. 광주의 작가-목격자들

시민미술학교 수강생들은 다양한 주제로 판화를 제작했는데 특히 광주민중항쟁을 그린 것은 오월 광주의 집단적 기억을 공유하는 데 큰 역할을

다했다고 할 수 있다. 그리고 광주 작가들 역시 광주민중항쟁을 적극적으로 표상화해 나갔다. 이들에게 광주의 진실을 그림으로 전달하는 것은 목격자인 작가로서 매우 중요한 작업이었을 것이다. 우선 이상호 작가의 작품을 소개한다. 그의 6월항쟁 시리즈는 광주민중항쟁을 그린 것은 아니지만, 광주에서의 6월항쟁은 5.18의 연장선상에 위치하고 있으며, 5.18은 이상호의 작업에서 큰 주제이기도 하기 때문이다. 이상호의 〈6월항쟁 시리즈-구토〉(1987)[그림 14] 등은 광주판화의 수작의 일단을 보여준다.[44] 이 작품은 후경에 보이는 경찰의 끔찍한 뒷모습과 최루탄을 맞고 구토하는 광주시민의 모습을 대비시키면서 현장을 실감 나게 보여 준다. 또 〈6월항쟁 시리즈-그만 좀 쫓아와라!〉(1987)[그림 15] 역시 백골단으로부터 도망치는 사람을 전경(前景)에 두면서 광주 시내에서 나타난 공포스러운 상황을 표현했다.

그림 14 이상호 〈6월항쟁 시리즈-구토〉(1987) 광주시립미술관 소장

그림 15 이상호 〈6월항쟁 시리즈-그만 좀 쫓아와라!〉(1987) 광주시립미술관 소장

44 이상호는 동료 작가인 전정호와 함께 1984년 조선대학교에서 미술패 '땅끝'(1985년부터 조선대학교 민중미술패 '시각매체연구회')을 결성하고 홍성담들과 함께 활동을 시작하였다.

광주목판화연구회나 광주전라미술인공동체를 중심으로 활동한 작가 조진호 역시 많은 판화를 제작했다. 그는 광주민중항쟁 발발 직후에 발표한 〈오월의 소리 1980 Ⅱ〉(1980)[그림 16] 이후 10년간에 걸쳐 100여점에 이르는 목판화를 제작했다. 조진호의 다색 판화에 그려져 있는 장승과 같은 인물은 관에 안치된 희생자를 연상시킨다. 그리고 중앙에 새겨진 1980이라는 숫자와 표현주의적인 도상은 광주의 참극을 상징적으로 그려내고 있다. 조진호는 1983~84년에는 오월시 동인의 시인들과 연대하여 〈오월시 판화〉 연작을 제작하였다. 오월시의 삽화로 그려진 일련의 작품에는 다이나믹한 구도와 거친 칼맛으로 학살의 현장을 목격한 사람들이 품고 있는 국가폭력에 대한 분노, 당사자로서의 두려움과 불안감, 희생자들에 대한 애도가 새겨져 있다.[그림 17] 판화 제작에 대해 조진호는 "당시 나뿐만 아니라 광주의 여러 화가들은 그 비극적인 죽음을 위무하고, 부조리한 권력에 대해서는 어떤 형태로든 저항하기 위해 부단히 고심했다"고 회상한 바 있다.[45]

그림 16 조진호 〈오월의 소리 1980 Ⅱ〉(1980)

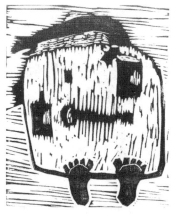

그림 17 조진호 〈오월시 판화〉(1983)

45 조진호 판화전 '무유등등'(2018. 9. 5~21), 나무아트, 2018.

그림 18 이준석 〈인산〉(1984) 전남대학교 박물관 소장

그림 19 이준석 〈어느 전사의 죽음〉(1988) 민주공원 소장

조진호와 함께 광주목판화연구회 등에서 활동한 작가 이준석은 대학 4학년이었던 1980년 당시, 시위대와 함께 행동하면서 광주 시내의 참극을 직접 목격했다. 사람들이 산더미처럼 쌓여있는 상황을 파낸 〈인산(人山)〉(1984)[그림 18]은 학살 희생자의 모습을 표현주의적으로 보여 준다. 또한 총탄에 쓰러진 동지를 필사적으로 구하려는 시민군의 모습을 그린 〈어느 전사의 죽음〉(1988)[그림 19]는 사람들의 자세를 동적으로 그림으로써 현장감이 넘친 표현이 되어 있다.

그런데 광주 작가들은 위와 같은 판화 외에도 다양한 표현 방식으로 광주민중항쟁을 그렸다. 대표적인 작가 중에 강영균이 있다. 광주 토박이인 강영균은 계속 광주에서 활동한 작가이며 전라도의 풍경을 중심으로 서정적인 작품을 그리는 것이 특징이었는데 광주 사람으로서 오월의 비극을 그리지 않고는 견딜 수가 없었다. 그가 그린 〈하늘과 땅 사이 1〉(1981)[그림 20]과 〈하늘과 땅 사이 2〉(1984)는 광주민중항쟁의 피해자를 군상으로 그린 것이다. 죽은 사람을 품에 안고 공포에 눈을 크게 뜬 사람, 고통으로 몸부림치는 사람들의 모습은 광주 작가의 눈에 비친 참극을 상징적으로 전해준다.

그림 20 강연균 〈하늘과 땅 사이 1〉(1981) 동강대학교박물관 소장

　광주 작가들의 작품은 광주의 진실을 시각화함으로써 오월 광주를 사람들의 기억 속에 각인시켰다는 점에서 중요하다. 또한 시대의 기록으로서의 역할을 다함과 동시에 그림을 통해 민중들이 역사의 주체가 된 것을 밝혔다.

6. 광자협에서 시각매체연구소로

　광자협은 광주민중항쟁 이후 '무형의 탄압'(홍성담) 속에서 공개적인 활동을 계속 못 하고 있었다는 것에 대해서는 이미 언급했다. 이것은 광자협뿐만 아니라 그때 당시의 저항적인 문화운동의 전반적인 상황이었을 것이다. 그러나 어려운 와중에서도 1980년 11월 광주에서 문화운동에 종사했던 놀이패와 문학인들 그리고 미술인들이 모여 극단 '광대'를 결성했다. 이 그룹은 극단 활동을 진행하기 위해 역할분담을 하기로 했으며 연극은 놀이패가, 대본은 문학인들이, 그리고 포스터나 무대미술은 미술인들 즉 광자협이 담당하였다. 이렇게 해서 극단 광대의 활동은 다양한 장르의 예술가가 힘을 합쳐서 함께 활동하는 종합예술을 만들어 낸 것이다.

광자협은 광대에서 미술 부문을 담당하면서 더 나아가 1983년에는 문화공동체 '일과 놀이'에도 참여해 극단, 소극장, 카페, 출판, 미술패 등 다양한 활동을 전개했다. 일과 놀이는 공개적인 활동을 할 수 있었다. 또한 광자협은 각 대학 미술패나 농민 동아리, 노동자 야학 등에 분산해 들어갔다. 그런데 이 무렵의 광자협은 활발히 활동을 전개하면서도 한편에서는 당국의 감시와 억압이 강했기 때문에 활동 방식에 대해 고민했었던 것도 사실이다. 그러나 1983년 하반기 민주화운동청년연합회(민청련)가 출범함으로써 민주화운동의 분위기가 크게 바뀌었다. 그때까지 전국 각지에서 지하 활동을 했던 많은 조직이 조금씩 반(半)공개적인 운동으로 나가기 시작했기 때문에 광자협 역시 다양해진 민주화운동에 맞는 미술운동이 필요하다고 생각하게 되었다. 그리고 1984년 광자협은 일과 놀이 소극장에서 총대회와 '미술의 사회환원을 위하여'라는 제목으로 세미나를 열고 해산했다. 해산 이유는 활동 환경과 시대 상황의 변화였다. 앞에서 말한 바와 같이 광자협은 여러 집단에 참여하면서 분과 활동을 했었는데 그 과정에서 구성원이 많이 바뀌었다. 또한 멤버들이 각자 자기 일을 시작했으며 민청련 출범으로 인해 각 지역에서 민주화운동이 어느 정도 성숙했다고 판단했기 때문이다. 노동운동이나 학생운동 등 민중화운동의 세분화와 성장에 따라 각 활동에 부응하는 미술, 소집단 활동을 하게 된 것이다.[46]

---

46 홍성담 인터뷰, 2017. 2. 15.

이후 많은 논의를 진행하면서 세분화된 활동을 조직적으로 수행하는 총합적인 지도부를 만들게 되어 1986년 시각매체연구소(시매연)가 발족했다. 시매연은 대학이나 노동조합 등에 조직된 미술패들의 지도부 역할을 담당하게 되었고 일과 놀이가 본격적으로 시매연에 들어갔기 때문에 일과 놀이에 들어가 있던 광자협이 자동적으로 시매연에 재편된 것이었다. 이러한 대규모 문화운동이 광주를 중심으로 전개되었던 이 시기는 모든 문화의 중심지였던 서울을 지방 도시인 광주가 능가했던 유일한 시기였다고 한다.[47]

전국규모의 미술활동은 결성이 예정되었던 민족미술협의회(민미협, 1985년 창립)에 맡기고 자기들은 전문가로서 민족민중운동의 한 부문이라는 입장에서 민중생활 속으로 침투하면서 미술을 통해 선전·선동하는 활동에 집중하려고 한 것이다. 시매연에 재편된 광자협 멤버들은 민족민중운동이 호소하는 과제를 선전함과 동시에 공장이나 농촌을 현장으로 삼아 노동자나 농민들을 문화적으로 지원하는 활동으로 집중해 갔다.[48]

7. 오월 판화집 『새벽』

1980년대 민중미술의 대표적인 작품으로 잘 알려진 것이 홍성담의 오월 판화 연작이다. 이것은 홍성담이 광주민중항쟁을 주제로 제작한 것이고, 연작이라고 불리고 있으나 연환화(連環画)[49]와 같은 스토리성이 있는 것이

---

47 홍성담 인터뷰, 2019. 9. 15.

48 최열, 「시각매체연구소의 무렵─80년대 한국 민중미술운동의 흥륭(視覚媒体研究所のこ ろ─80年代韓国民衆美術運動の興隆)」, 『광주의 기억에서 동아시아의 평화로(光州の記 憶から東アジアの平和へ)』展 도록, 2005, 10쪽.

49 연환화란 20세기 초~후반에 걸쳐 중국에서 인기를 모은 작은 만화본, 그림책을 말한다. 스토리에 따라 그림이 그려져 있다. 루쉰(魯迅)에 의한 목각(木刻, 판화란 뜻)운동에서도 연

아니라 민주화운동 조직의 요구에 따라 그때그때 기관지 등의 표지나 삽화를 위해 그려진 것이다.

홍성담의 오월판화는 광주민중문화연구소의 기관지를 통해 알려지게 되었다. 광주민중항쟁 이후 광주에서 일어났던 참극의 진상을 전하는 사진은 입수하기가 매우 어려웠다. 시각매체가 전혀 없는 상황에서 광주민중문화연구소는 기관지에 홍성담의 판화를 게재함으로써 광주의 진실을 널리 알려주기로 했다. 판화의 주제는 기관지의 편집 위원들과 미술그룹 멤버들이 모여 논의하면서 결정했고 이렇게 해서 매 호 몇 점씩 오월판화가 게재되었는데 그것을 본 사람들이 판화를 직접 구입하려고 했기 때문에 홍성담의 판화는 사람들의 손에서 손으로 건너갔다. 당시 오월판화를 소지하는 것은 광주민중항쟁의 고통과 기억을 공유하는 것을 의미했다고 한다. 특히 오월판화 중 계엄군이 철수한 후에 나타난 '광주 코뮌'을 그린 〈대동세상-1〉은 인기가 많았으며 수천 장이나 찍었기 때문에 원판이 마모돼 버리고 새로 새겨야 할 정도였다.[50]

억압 속에 나타난 해방공간에서 사람들이 환호를 외치면서 밥을 나누는 장면을 그린 이 판화는 국가폭력에 의해 고통을 받았음에도 분구하고 낙관성, 즉 '신명'을 잊지 않았던 민중들의 모습을 통해 광주 정신을 전했던 것이다. 홍성담은 자신이 예술가로서 탁월해서 〈대동세상-1〉이 제작된 것은 아니라고 한다. 또 광주민중항쟁이 패배와 절망으로 기억되어 있으나 그렇지 않다고 단언한다. 그때 광주는 매우 평화로웠고 그러한 공간을 만들어 낸 민중들이 대동세상을 이루었던 것이다. 홍성담에게 학살의 진상 규명을 해야 한다는 사명감이 오월판화를 제작하는 데의 원동력이 되었으

환화 방식이 많이 사용되었다.

50 홍성담 인터뷰, 『노둣돌』 통권3호, 두리, 1993, 374~375쪽.

그림 21 홍성담 〈동생을 위하여〉(1983)

그림 22 홍성담 〈칼춤〉(1985)

나 무엇보다도 10일간의 투쟁 속에서 나타난 광주의 정서, 즉 광주 정신을 표현하고 싶었다고 한다.[51]

홍성담은 1980년대 내내 판화를 제작했는데 1989년 3월 전남사회문제 연구소에서는 이들 판화 중에서 50점을 선정해 오월판화 판화집을 발간하 기로 했다. 그렇게 해서 탄생한 것이 유명한 광주민중항쟁 판화집 『새벽』 이다. 『새벽』에 수록된 판화는 다음과 같다. 우선 1981~83년에 제작된 것 은 계엄군의 폭행과, 학살에 대한 시민들의 저항과 죽은 사람에 대한 애도 를 중심으로 그리고 있다.[그림 21] 또 1984년에는 〈대동세상〉 시리즈와 도 청 앞에서의 궐기대회, 시민들이 자발적으로 진행한 헌혈활동 등 광주 코 뮌의 밝고 희망에 찬 장면이 나타난다. 그리고 1985년부터는 〈사계〉 시리 즈와 무기를 들고 춤추는 인물이 등장하게 되고[그림 22] 이러한 민족적인 도상은 신화적인 세계관을 느끼게 만드는 〈흐르는 물이야〉로 이어져 나 간다.[52] 이 작품은 민주화운동의 투사 6명을 상징적으로 그린 것이다.[그림

---

51 홍성담 인터뷰, 2017. 2. 15.

52 『새벽』은 광주시립미술관이나 국립현대미술관 등 한국 국내 미술관 몇 군데에 소장되어 있는데 〈흐르는 물이야〉 대신 다른 판화가 들어가 있는 경우도 있다.

그림 23 홍성담 〈흐르는 물이야〉(1986)   그림 24 홍성담 〈새벽〉(1988)

23] 그 이후에는 오월광주의 중요한 국면이나 공동체의 장면이 추가되어 1988~89년에는 판화집의 제목이 된 5월 27일 새벽의 계엄군 공격에 의한 시민군의 패배를 담아냈다.[53][그림 24]

판화집 『새벽』은 기계로 인쇄한 것이 아니라 홍성담이 동료 작가들과 함께 직접 찍은 것이다. 50점의 판화를 한 작품 당 50장씩 찍고 수제 책으로 하며 50권 한정으로 출판한 것이다. 이후 『새벽』에 수록된 오월판화는 광주민중항쟁을 전하는 상징적인 시각매체로 기념행사 등에서 사용되었으며 민중미술을 대표하는 걸작으로 아시아의 여러 나라에서도 전시되었다.[54]

홍성담은 광주민중항쟁 이전의 한국 사회는 스스로의 정체성, 즉 국가 자체나 한국 현대사, 민족 등에 대해 제대로 생각해 본 적이 없었지만, 항쟁 이후 한국 현대사와 사회에 대한 시각이 열렸다고 말한다. 광주민중항

---

53 후쿠오카 아시아미술관 학예사였던 구로다 라이지(黒田雷児)의 분석. 「홍성담과 판화집 새벽」, 『光州五月民眾抗爭事件暨紀念台灣黃榮燦洪成潭版畫展』, 洪成潭 「五月版畫」 台北畫展共同實行委員會, 2013.

54 일본에서는 오키나와에 있는 사키마미술관과 후쿠오카 아시아미술관에도 소장되어 있다. 또한 2021년에는 도쿄의 브레히트 극장에서 홍성담의 오월판화전 '사람이 사람을 부른다'가 개최되었고(3월 29일~4월 4일), 〈대동세상 1〉에 그려져 있는 장면을 배우들이 재현하는 퍼포먼스도 진행되었다.

쟁을 계기로 한국인의 민얼굴과 역사의 실태가 밝혀지기 시작했다고 한다. 즉 일제강점기에 일본의 군국주의자를 추종하던 자들이 모든 권력과 군부, 경제, 그리고 학문적 질서를 좌지우지했고 그런 사실이 해방 후 드러나자 그들이 친일 행위를 위장하기 위하여 반공주의자가 되었으며, 자신의 힘을 보호하기 위해 친미주의자가 되었다는 사실을 민중들이 오월광주를 겪으면서 알게 된 것이다. 따라서 오월광주를 통해 마침내 한국에서는 민중이 탄생했고, 시민사회라는 관점이 열렸다.[55] 광주민중항쟁은 사람들의 의식을 근본적으로 바꾸었던 것이고 이를 계기로 그 후 10년에 걸쳐 한국 전반에 다양한 변혁운동이 전개되어 갔다. 여기서 미술운동도 예외는 아니었다. 따라서 오월광주를 기폭제로 전국적으로 전개된 민중미술운동은 한국 현대미술의 혁명이었던 것이다.[56]

홍성담은 오월판화는 기억 투쟁이었다고 한다. "'오월판화'는 기억 투쟁을 위해서 만들어진 그림이다. 그래서 초기에는 오월판화를 두고 예술이기 전에 '선전 선동화'라고 폄하하기 일쑤였다. 그 말이 맞다. 나는 예술이 예술이기 전에 인간의 생명을 위한 것이 아니면 휴지조각이나 다름없다고 생각한다."[57] 앞에서 말한 바와 같이 당시 오월판화를 소지하는 것은 오월광주의 아픔과 해방공간에 등장한 아름다운 공동체의 기억을 공유하는 것을 의미했었으며 거기서 판화는 민주주의를 성취하려던 광주시민들의 기억 투쟁의 무기가 된 것이다.

55 홍성담, 「홍성담 광주 「5월 연작판화-새벽」 사람이 사람을 부른다(洪成潭 光州 「五月連作版画-夜明け」 ひとがひとを呼ぶ)」, 五月版画刊行委員會, 夜光社, 2012, 137~138쪽.

56 이태호, 「80년대 현장미술의 발전과 걸개그림」, 최열·최태만 엮음, 『민중미술 15년 1980-1994』, 삶과 꿈, 1994, 117쪽.

57 홍성담, 『오월: 5.18광주민중항쟁 연작판화』, 단비, 2018.

8. 맺음말-민주주의에 대한 메시지

광주의 젊은 미술가들의 활동을 1979년에 결성된 광자협이 다양한 활동을 전개하면서 시매연으로 발전해 가는 과정을 중심으로 살펴봤다. 광자협은 광주민중항쟁의 진상규명을 시작으로 판화운동, 시민미술학교, 더 나아가 현장미술을 실천하면서 민중과 민중, 민중과 미술가의 만남의 장을 창출했으며 민주화운동을 진행한 다양한 조직에서 예술을 통한 수평적인 연대를 가능케 했다. 그들의 시도는 소집단 운동의 역동적인 가능성을 우리에게 전해준다. 집단의 힘, 연대의 힘을 보여준 광자협의 활동을 통해 배울 것은 많다. 특히 사회변혁을 위한 미술, 미술의 사회환원은 현재 표현의 자유가 위기 상태에 있는 일본을 비롯해 동아시아, 아니 전세계적으로 지금도 유효한 명제일 것이다.

또한 광주민중항쟁은 한국 현대사에 대한 반성적 평가와 더불어 민족민중운동의 새로운 지평을 열었고, 민중이 주체가 되는 사회변혁에 대한 인식의 폭을 넓혔다. 그렇게 볼 때 민중미술 역시 광주로부터 본격적으로 시작되었다고 해도 과언이 아닌 것이다.

앞에서 본 광주 작가들의 작업은 희생자들을 단순한 숫자로 끝내지 않고 광주시민들 하나하나가 손을 잡고 국가폭력에 맞서 싸우면서 이룬 광주정신을 형상화하였다. 이렇게 역사를 전환하고 국가의 근간을 뒤흔든 큰 사건을 미술가들이 대규모 미술운동을 전개하면서 집단적 기억으로 창조한 것은 세계적으로 봐도 매우 드문 사례이다. 물론 일본에는 없다. 일본에는 광주에서처럼 기억해야 하는 역사적 사건이 제대로 공유되어 있지 않다. 그런데 1970년대 김지하 석방운동에 참여한 일본 화가 도미야마 다에코(富山妙子)는 광주민중항쟁이 일어나자마자 이 사건의 중요성을 감지해 판화로 그렸다. 도미야마의 판화는 한국에서도 잘 알려져 있는데 그는 다음과 같이 말한다. "한국의 민주화가 나에게 영혼의 메시지를 주었다. 즉 진·선·미라는 예술의 씨를."[58]

민중미술은 민주화가 어느 정도 이루어진 1990년대 중반 이후 점차 쇠퇴해 갔다. 그러나 광주민중항쟁의 진실을 전하는 작품들은 민주주의가 얼마나 중요한지를, 또한 그것을 달성하고 지속함의 어려움과 시련을 우리에게 전해준다. 광주민중항쟁으로부터 40년이 지난 지금도 광주 그림은 불안정한 동아시아의 민주주의, 민주적 미술에 대한 메시지를 계속해서 던지고 있다.

---

58 古川美佳, 앞의 책, 181쪽.

참고문헌

단행본

『노둣돌』 통권 3호, 두리, 1993.

시대정신 기획위원회, 『시대정신』, 1984.

_____, 『시대정신』 제2권, 1985.

_____, 『시대정신』 제3권, 1986.

최　열, 『한국현대미술운동사 증보판』, 돌베개, 1994.

최　열·최태만 엮음, 『민중미술 15년 1980–1994』, 삶과 꿈, 1994.

홍성담, 『오월: 5·18광주민중항쟁 연작판화』, 단비, 2018.

黃晳暎 著, 全南社会運動協議会 編, 光州事件調査委員会 訳, 『全記録光州蜂起
　　　–80年5月 虐殺と民衆抗争の十日間』, 柘植書房, 1985.

ウリ文化研究所, 『韓国民衆版画集』, 御茶の水書房, 1987.

五月版画刊行委員会, 『洪成潭 光州「五月連作版画–夜明け」ひとがひとを呼ぶ』,
　　　夜光社, 2012.

古川美佳, 『韓国の民衆美術–抵抗の美学と思想』, 岩波書店, 2018.

논문 등

배종민, 「광주시민미술학교의 개설과 5·18항쟁의 대항기억형성」, 『호남문화연구』
　　　41, 전남대학교 호남학연구원, 2007.

_____, 「시민미술학교 판화집에 투영된 1980년대 전반 광주시민의 정서」, 『역사학
　　　연구(구 전남사학)』 32, 호남사학회, 2008.

_____, 「1980년대 광주미술운동과 시민미술학교」, 『오월 1980년대 광주민중미술』
　　　展 도록, 2013.

서　승, 「光州の記憶から東アジアの新生へ」, 『洪成潭版画展–光州民主化運動25
　　　周年追悼 抵抗と創造–東アジア世界の和解と新生』展 도록, 佐喜眞美術
　　　館, 2005.

서유리, 「검은 미디어, 감각의 공동체–1980년대 시민미술학교와 민중판화의 흐름」,
　　　『민족문화연구』 79, 고려대학교 민족문화연구원, 2018.

이나바 마이, 「오월광주는 민중미술에서 어떻게 표현이 되었나?: 광주의 작가들이
전하는 것」, 『황해문화』 106, 새얼문화재단, 2020.

최　열, 「視覚媒体研究所のころ-80年代韓国民衆美術運動の興隆」, 『光州の記憶
から東アジアの平和へ』展 도록, 2005.

홍성담, 「시민미술학교 보고서」, 천주교광주대교구 정의평화위원회 편, 『나누어진
빵』, 천주교광주대교구 정의평화위원회, 1986.

홍희담, 「혁명가와 예술」, 『오월에서 통일로』, 청년사, 1990.

도록, 자료

광주시립미술관, 『오월 1980년대 광주민중미술』展 도록, 2013.

「광주의 기억에서 동아시아의 평화로」 교토전 실행위원회, 『光州の記憶から東アジ
アの平和へ』展 도록, 2005.

국립현대미술관, 『민중미술 15년 1980-1994』, 삶과 꿈, 1994.

국립현대미술관 기획, 후쿠오카 아시아미술관 등 개최, 『민중의 고동: 한국미술의
리얼리즘 1945-2005(民衆の鼓動 : 韓国美術のリアリズム 1945-2005)』展
도록, 2007.

경기도미술관, 『시점(時點)·시점(視點) 1980년대 소집단 미술운동 아카이브 1979~1990
(2019 경기아트프로젝트)』, 2019.

나무아트, 『조진호 판화전 무유등등』, 도서출판 나무아트, 2018.

사키마미술관, 『光州の記憶から東アジアの新生へ-洪成潭版画展』, 2005.

후쿠오카 아시아미술관, 『闇に刻む光-アジアの木版画運動 1930s-2010s』展 도록,
2018.

홍성담, 「오월판화」 타이페이전 공동실행위원회, 『光州五月民眾抗爭事件暨紀念台
灣黃榮燦洪成潭版畫展』 도록, 2013.

출처

[그림 16·17] 『조진호·무유등등』, 나무아트, 2018.

[그림 18·20] 『오월-1980년대 광주민중미술』, 광주시립미술관&5.18기념재단, 2013.

[그림 19] 『민중미술 2022-출렁 일렁 꿈틀거리는(6월민주항쟁 35년 기념 전시)』, 민
주공원, 2022.

오키나와의 역사경험과
민주주의 정치문화

다카에스 마사야(高江洲昌哉)

1. 머리말: 한국의 독자들에게

이 글은 2017년 2월에 개최된 아시아민중사연구회와 역사문제연구소의 제16회 공동워크숍에서 발표한 원고를 수정 보완한 것이다. 그 때는 한국의 연구자들과 함께 오키나와(沖繩)의 역사와 민주주의를 논하기 위해 발표 직전에 치러졌던 2016년의 국정 선거 이야기를 도입부에서 다루었다. 시사성 있는 화제이기는 했으나 발표 후 몇 년 이상 경과되는 바람에 시의성을 잃었다. 최신 데이터를 활용할 수도 있겠으나, 2016년 즈음의 오키나와의 정치 상황은 역사적 민주주의를 고찰하는 데 유의미한 시기였기 때문에 2장부터 그대로 소개하기로 하겠다. 우연이었지만 그때 발표를 할 수 있었던 것을 행운이라 생각한다.

이번 간행에 맞춰 오키나와의 역사, 정치에 관해 머리말에서 먼저 소개하여 한국 독자들의 이해를 돕고자 한다.

일본이 아시아·태평양전쟁(제2차 세계대전)에서 패배함으로써 오키나와는 1945년부터 1972년까지 미국 점령하에 놓여 있었다. 미국 점령 기간 동안 냉전 대응이라는 명목 하에 오키나와의 미군 기지가 확충되었다. 오키나와를 일본 본토로 복귀시키려는 복귀운동은 '조국 분리'라는 심정적 상황도 있었지만, 일본으로 복귀하면 오키나와의 과중한 기지 부담이 경감되리라는 희망 하에서 확산되었다. 이러한 가운데 1969년 사토(佐藤)·닉슨 공동성명으로 '핵 제외·일본 본토 수준'의 일본 복귀가 결정되었다. 그러나 '핵 제외·일본 본토 수준'의 복귀라고는 해도 미군 기지는 그대로 남는 상황에서 시정권(施政權)이 반환되는 것이었기 때문에 낙담과 반발이 거세졌다. 기지 피해에서 벗어나기 위해 열렬한 복귀운동이 전개되었던 것이지만, 복귀 일정이 정해진 후에는 희망보다 낙담과 불안이 가득한 가운데 1972년 복귀를 맞이했다.

오키나와는 미국 점령기에도 미군의 직접 통치를 받지 않았으며 주민에 의한 정치조직이 정비되어 있었다. 류큐(琉球)정부라 불린 행정부의 수장 주석은 직접선거로 선출되지 않았다(〈표 1〉 참고, 1968년 최초의 주석 민선이 행해졌다).

표 1 미국 점령기 오키나와 행정주석 일람

이름	재임기간	임명 방법
히가 슈헤(比嘉秀平)	1952.4~1956.10	민정부장관(民政副長官) 직접 임명
도마 주고(当間重剛)	1956.11~1959.11	민정부장관 · 고등변무관(高等弁務官) 임명
오타 세사쿠(大田政作)	1959.11~1964.10	제1당 방식(1959.11) 입법원 지명(1962.12)
마쓰오카 세호(松岡政保)	1964.10~1968.11	입법원 지명(1964.10) 입법원 간접선거(1966.3)
야라 조뵤(屋良朝苗)	1968.11~1972.5	주민 직접선거

비고: • 도쿄의 미국 극동군총사령관이 류큐 민정장관을 겸하고 있었기 때문에 오키나와의 실질적 총책임자는 민정부장관이었다.
 • 고등변무관 제도는 1957년 6월부터 실시되었다. 고등변무관은 국방장관 산하 현역 중장(中將)급 무관이 취임했고, 류큐열도 미국민정부의 최고책임자였으며 미국 점령기 오키나와의 최고권력자로 일컬어졌다.
 • 행정주석이 입법원 지명으로 임명된 경우에도 최종 임명권자는 고등변무관이었다.

표 2 입법원 의석수 추이

	총 정원	친미 보수계 정당	중도정당 (사회대중당)	혁신계정당 (인민당, 사회당)	무소속 (보수·혁신계 포함)
제1회(1952)	31	19	11	1	–
제2회(1954)	29	11	12	2	4
제3회(1956)	29	16	8	1	4
제4회(1958)	29	7	9	5	8
제5회(1960)	29	22	5	1	1
제6회(1962)	29	17	7	2	3
제7회(1965)	32	19	7	3	3
제8회(1968)	32	17	8	5	2

출처: 『沖縄県議会史第22卷 議員名鑑』에 수록된 각 선거 결과를 바탕으로 작성

비고: • 제1회는 아마미 군도(奄美群島)를 포함한 것이다(아마미 군도는 1953년에 일본으로 복귀).
 • 선거 직후 결과를 표시했고, 임기 중 재선거 또는 각 그룹간 이동은 제외했다.
 • 사회대중당에서 갈라져 나온 친미보수세력이 민주당을 결성했다. 민주당은 이후 제4기 때 자민당으로 당명을 변경했는데 당내 다툼으로 제6기 때 분열, 제7기 때 민주당으로 바뀌었다가 제8기 때 다시 자민당으로 바뀐다.

또 입법기관인 입법원(立法院)은 주민의 직접선거로 선출되었다. 점령자인 미국과의 협조를 중시하고 일본 본토로의 복귀를 시기상조로 본 보수정당(민주당→오키나와 자유민주당[자민당])과 기지 삭감 및 즉시 복귀를 촉구한 혁신정당(오키나와 인민당[훗날 일본공산당에 합류], 사회당)이 대립하고 있었다. 당초 의회(입법원)에는 보수정당인 자민당과 중도정당인 사회대중당의 의석수가 많았다. 이후 사회대중당이 혁신 측에 합류하여 혁신 공동투쟁(공투[共鬪])가 성립한 1960년대 후반부터는 '보수 vs 혁신'의 대립이 심화되었다(특히 1968년에는 입법원 의원 선거[11월], 주석 선거[11월], 정치 중심지인 나하 시의 시장 선거[12월] 등 3대 선거로 불린 선거가 치러졌다).

샌프란시스코 평화조약 체결로써 일본은 식민지 등의 영토를 포기했다. 그리고 오키나와를 비롯한 도서 지역은, "합중국을 유일한 시정권자로 삼는 신탁통치 제도하에 두기로 하고, 유엔에 대한 합중국의 어떠한 제안에도 동의한다"라는 제3조로 인해, 신탁통치 준비기간으로서 미국의 통

치 하에 놓이게 되었다. 단 일본의 주권은 남아 있었기 때문에 '잠재 주권'을 가진 상태였다. 이러한 상황이었기 때문에 샌프란시스코 평화조약 발표 후 일본 정부는 '고유의 영토' 확정에 전념하게 되어, 1953년에 아마미군도(奄美群島), 1968년에 오가사와라제도(小笠原諸島)를 복귀시켰고 지금도 미완의 북방영토 회복을 꾀하고 있다.

이렇듯 일본의 영토정책이라는 관점에서 보면 오키나와의 복귀도 중요 국책 중의 하나였다. 그렇지만 일본 정부는 또 한편으로는 미·일안전보장조약 유지를 중시하고 있었으므로, 기지 '철거'를 주장하는 복귀운동에 협조하기보다는 신중한 자세를 취하고 있었다. 보수라고 하면 내셔널한 논리를 우선시하는 것처럼 보이지만, 일본 본토 측과 오키나와 측 양쪽의 보수정당은 복귀 반대가 아니라, 미국의 군사전략 및 미국 주도의 부흥에 대한 협력과 균형을 맞추면서 복귀를 꾀하고자 했다고 하겠다.

반면 혁신정당 측은 '이민족 지배'와 같은 민족의 논리를 내세워 조속한 복귀를 주장했다. 미국 점령 하의 오키나와 주민들은 성폭력 등 미국인이 관여한 사건에서 피해 및 불이익을 당하거나 인권이 경시되는 일을 많이 겪었다. 이 때문에 기본적 인권 보장과 평화주의를 내건 일본국 헌법이 시행되고 있는 일본 본토로 복귀하고자 했던 것으로서, 단순한 내셔널의 논리만은 아니었다. 복귀운동에서는 일장기를 휘날리며 '일본인성(日本人性)'을 강조하기는 했다. 그러나 복귀를 원하는 오키나와 주민 중에는 차별 및 오키나와 전투 때 일본군에게 '자결'을 강요받은 전쟁 기억, 그리고 전쟁책임 문제를 들어 천황을 지지하지 않는 경우도 적지 않았다. 이렇듯 복귀운동은 음영(陰影)을 수반하는 것이었고, 일본 본토에 대한 이미지는 세대에 따라 달랐다. 일본 본토로 복귀하는 것에 관한 인식 및 입장은 보수와 혁신이라는 단순한 이분법으로 나눌 수 없는 면도 있었다.

다음으로 이 글과 관련하여 오키나와의 미군기지에 대해 개설하겠다. 면적상 일본 전체 국토의 약 0.6%에 불과한 오키나와현에 주일미군 기지의 약 70.6%가 배치되어 있기 때문에 기지 부담을 줄여야 한다는 의견이 크다.[1]

그렇지만 기지 부담을 줄여야 한다는 의견이 예전부터 계속 컸던 것은 아니다. 복귀 후 오키나와에서는 기지와 경제의 양립 필요성, 특히 정부의 재정 지원을 받을 수 있다는 의식이 강해짐으로써 오키나와 주민들도 오랫동안 기지 피해를 외면해 왔다. 이렇게 상대적으로 기지 피해 인식이 약해졌던 시기인 1995년 (미군에 의한-번역자) 소녀폭행사건이 발생했다. 이 사건으로 오키나와가 과중한 기지 피해 속에 있다는 사실이 재인식되었다. 특히 피해자가 소녀였다는 점에서 기인하여 격렬한 반대운동이 일어났고 오키나와의 과중한 기지 피해를 줄여야 한다는 목소리가 높아졌다. 이러한 오키나와의 목소리를 받아 미·일 양 정부는 기지 축소 협의의 일환으로 기노완시(宜野湾市) 한가운데에 있던 후텐마(普天間) 기지를 오키나와 본섬 북부, 나고시(名護市)의 헤노코(辺野古) 앞바다 매립지로 이전한다는 계획에 합의했다. 그러자 오키나와에서는 기지 이전 반대운동이 벌어졌다.

후텐마 기지 이전을 둘러싸고 일본 정부와 오키나와현은 교착상태에 빠졌다. 일본 정부는 진흥 예산을 늘려 오키나와 측의 합의를 이끌어내려 했으나 오타 마사히데(大田昌秀) 오키나와현 지사는 응하지 않았다. 거품경제 붕괴 후에 닥쳐온 금융위기 상황에서 일본 전체의 경제가 폐색 상황에 빠진 가운데 오키나와의 경제도 악화되었는데, 이것이 오타 지사 현정(縣政) 실정에 따른 경제 불황이라고 비판받게 되었다. 1998년 현지사 선거에서는 '현정 불황'을 슬로건으로 내걸고 보수 진영에서 출마한 오키나

---

1 오키나와현 공식 홈페이지의「오키나와에서 전하고 싶은 미군기지 이야기[沖縄から伝えたい 米軍基地の話] Q&A Book」, 숫자는 2016년 3월 31일 기준.

와현 대기업 사장 이나미네 게이치(稻嶺惠一)가 당선되었다. 이나미네(2기, 1998~2006)와 그 뒤를 이은 나카이마 히로카즈(仲井眞弘多, 2기, 2006~2014) 현지사의 보수 현정 하에서 타협하려는 움직임도 있었지만, 현내 여론 분열로 크게 진전되지는 못했다. 무엇보다 2009년 일본에서는 정권이 교체되어 민주당 정권이 들어섰다. 그때 하토야마 유키오(鳩山由紀夫) 수상이 표명한 '후텐마 기지는 적어도 현 밖으로 이전한다'는 정책 하에서 후텐마 기지 이전문제는 진전되는 듯 보였다. 그러나 하토야마 수상의 사전 교섭이 부족했는지 아니면 오키나와의 과중한 부담을 전제로 안보 체제를 유지하려는 세력이 강했는지 알 수 없지만 '적어도 현 밖'라는 공약은 공수표로 끝났고, 하토야마 수상의 지지율 저하로 간 나오토(菅直人) 수상으로 교체되었다. 이후 2011년 동일본대지진 때의 정부 대응에 대한 불만이 커져 민주당은 2012년 중의원 선거에서 패배했고 자민당 정권이 부활했다. 후텐마 기지 이전의 난항과 교착 상태는, 나카이마 현지사 제2기 현정 말기였던 2013년 12월, 헤노코 앞바다 매립을 승인함으로써 기지 이전이 현실화되었다. 매립을 저지하기 위한 재판 투쟁도 벌어졌지만 패소로 끝났고 현재 매립 공사는 진행 중이다.

한국의 독자들은 오키나와의 기지를 줄이겠다고 하면서 왜 새로운 기지를 건설하려는지 이해하기 힘들 수도 있다. 아무래도 일본 정부 관계자는 지도를 보지 못하는 모양이다. 이처럼 보기가 어려운 오키나와의 지도를 한국의 독자들을 위하여 게재하겠다(〈그림 1〉).

이러한 강경책이 진행된 데에는 2012년 댜오위다오(釣魚島, 센가쿠열도 [尖閣列島]) 국유화를 둘러싸고 중국과의 긴장이 고조된 것도 하나의 원인이 되었다. 댜오위다오 문제를 계기로 일본 국내에서는 중국 위협론이 고조되었고, 오키나와의 기지 부담에 대한 동정보다 중·일간 긴장 고조를 빌

미삼은 미·일 동맹 의
존도가 높아졌다. 이러
한 가운데 헤노코 기
지 이설을 용인하는 여
론이 점차 강화되었다.
이듬해 2013년에는 후
텐마 기지에 배치된 미
국의 수직이착륙 수송
기 MV-22 오스프리
(Osprey) 철수를 요구하
는 항의집회가 도쿄에
서 열렸다. 그때 오키나
와 주민들의 항의행동
에 대한 헤이트 스피치
(Hate Speech, 혐오발언 또

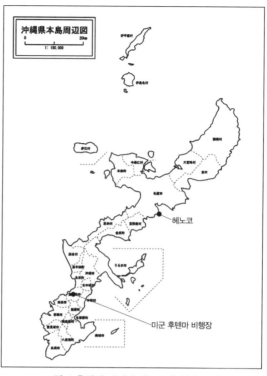

그림 1 후텐마 기지와 헤노코의 위치 관계

는 맞불집회)가 벌어졌다. 헤이트 스피치로 인해 오키나와의 일부 보수 정치
가(후술하는 오나가[翁長] 등)는 일본 정치에 대한 환멸을 더욱 크게 갖게 되었
다. 안보 정책에 관한 일본 정부의 강압적인 태도, 헤노코 기지 이설에 반
대하는 오키나와의 운동을 비난하는 헤이트 스피치가 거세질수록 불신감
이 더욱 커졌다.

헤노코 기지 이설이 본격화되고 오키나와와 일본 본토 상호간의 불신이
커져가던 무렵, 2014년 오키나와 지사 선거가 치러졌다. 이때 선거에서 일
부 보수와 혁신 측은 'All 오키나와'라는 이름으로 정치적으로 결합했다.
현직 나하(那覇) 시장이자 자민당 오키나와현 지부연합회 간사장을 역임한 오나가 다케시(翁長雄志)가 'All 오키나와'로 입후보하여, 현직 지사였던 나카이마를 물리치고 오키나와현 지사에 당선되었다.

오나가 현지사가 이끈 오키나와 정치에서는 'All 오키나와' 세력과 자민당이 대립하고 있었다. 그리고 '오키나와의 목소리'가 받아들여지지 않는 상황에 대한 불만으로 '자기결정'이라는 단어가 유행하였다. 2013년에는 류큐민족독립종합연구학회(琉球民族独立総合研究学会)가 설립된 것과 같이 '독립론'이 이목을 끌었다. 일본 본토와 오키나와가 대립하고, 댜오위다오를 둘러싼 오키나와 인근 해안 지역의 긴장 상태가 이어지면서 '독립론'이 유행하는 가운데, 인터넷 공간에서는 독립론과 반(反)기지운동이 친(親)중국세력으로 인식되고 있었다. 여기에 전통적인 중국 멸시론과 기지문제까지 뒤엉켜 '오키나와 헤이트(Hate)'라는 말이 시민권을 획득할 정도가 되었다.

이러한 상황에서 오키나와 측 입장에 서 있는 연구자들은 'All 오키나와'와 같은 현민(縣民) 일치의 정치운동을 긍정적으로 평가하거나 역사적으로 검증하는 일이 늘어나고 있다. 그러나 필자는, 후술하듯이, 비판 없는 민주주의는 '정의의 폭주'를 불러일으킨다고 보고 '민주주의를 비판적으로 단련한다'는 입장이기 때문에, 조금 엄격하게 분석을 하고 있다.

이상이 이 글의 배경이 되는 오키나와 정치 상황에 대한 개설적 설명이다.

다음으로 2016년 이후의 특기 사항을 보면, 오나가 현지사 임기 중에 아베(安倍) 정권과의 대립이 심했다. 이러한 정치 상황에 심리적 부담이 컸던 오나가 지사는 결국 2018년 병으로 사망했다. 새로 치뤄진 현지사 선거에서, 2009년 민주당 후보로 처음 중의원 의원이 된 후 내리 4번 당선되었던 다마키 데니(玉城 Denny)가 오나가 지사의 뒤를 이어 입후보했다. 다마키는 자민당 등이 추천한 사키마 아쓰시(佐喜眞淳) 후보를 물리치고 당선되어 2022년 1월 현재까지 지사직을 유지하고 있다. 이렇게 헤노코 기지 건설에 반대하는 민의가 선거로 표출되었고, 2019년 2월에는 '헤노코 미군 기지 건설을 위한 매립 찬반을 묻는 현민투표'가 실시되었다. 이런 주민투표 실시 및 선거 결과(반대의견이 70% 이상–번역자)는 '민의'로써 헤노코 기지 건설을 저지하려는 강한 의사표시였다고 할 수 있다. 여기서 정치와 민의의 격차에 대한 분노와, 민의에 부응하는 정치로 바꾸려는 '소박'한 신뢰감을 찾아볼 수 있다. 물론 '소박'함이 아니라 가능하기만 하다면 무엇이든 해보려는 위기감의 발로였다고도 할 수 있다.

이상에서 오키나와에서는 헤노코 기지 건설에 대해 반대하는 민의가 강하다고 서술했으나 지역을 조금 한정시키면 다른 모습이 보인다. 기지 건설의 핵심지역인 나고시의 헤노코 지구 내에서는 찬성파와 반대파가 대립하고 있지만, 표면적으로는 건설을 용인하는 입장을 취하고 있다. 나고시에서는 1998년부터 2010년까지는 건설 용인파가, 2010년부터 2018년까지는 반대파가 시장이 되었다. 그러다 2018년 선거에서는 용인파 후보가 반대파 현직 시장을 물리쳤다. 용인파가 혐오시설(기지)을 받아들이려 한 배경에는 기지 건설을 통해 사회자본을 정비할 수 있으리라는 희망에서 '고뇌의 결단'을 내린 측면이 있다. 이 부분에 대해 섣불리 '정의'라는 이름으로 비판만 할 수는 없다. 민주주의는 원래 이분법적 대립만으로 진전되는 것이 아니며, 주민들의 목소리 또한 다양하다. 큰 목소리에 작은 목소리가 묻혀버리기도 하고, 더 나아가 정치적 대립으로 인해 약한 처지 쪽에 모순이 집중되는 측면도 있다.

압제보다 민주주의가 희망을 주기에 많은 사람들이 민주주의를 바라지만, 민주주의는 운용하기 어렵고 게다가 그 맛이 쓰기도 하다. 여기서 그 '쓴 맛'에 대해 좀더 이야기해보자. 필자는 2019년 주민투표 실시 전, 민의가 반영되지 않았을 때의 좌절감이나 정치에 대한 불신감, 정치적 니힐리

즘에 대해 깊이 우려했다. 그렇기에 이 글에서 후술하는 아라카와 아키라(新川明)의 발언은 1960년대 정치의 계절 때 나온 경고로서, 메도루마 슌(目取真俊)의 발언은 2000년대의 경고의 의미로 인용했다. 아라카와는 복귀 직전 오키나와 민권운동의 아버지로 불리는 자하나 노보루(謝花昇)를 찬미하는 풍조가 팽배한 현상을 비판하였다. 아라카와의 발언은 전후 오랫동안 국정 선거의 기회를 부여받지 못했기에 전후 첫 국정 선거에서 머릿수 싸움에 광분한 혁신·보수파, 특히 혁신파에 대해 의회정치의 기만성을 비판하는 입장에서 나왔던 것이다. 따라서 이는 의회정치의 한계를 말하는 아나키즘적 성격을 띠고 있다고 할 수 있다. 그리고 메도루마 슌의 "자폭 테러도 못하는 겁쟁이로 보인다"라는 말은 온건한 정치운동을 비판한 것이다. 이들 발언의 의도는 정치적 니힐리즘을 촉구하는 것이 아니라 오키나와의 정치는 절망에서부터 시작해야 한다는, 절망을 딛고 일어서기 위한 질타였다고 할 수 있다.

이러한 민주주의에 대한 신뢰와 불신의 배경에는 오키나와가 뒤늦게 근대 국가로 통합되었다는, 일본 국내의 여타 지역과는 다른 독특한 역사 경험이 존재한다. 류큐왕국은 1879년에 오키나와현이 되었지만, 구 류큐왕국 관리들의 저항과 근세 청일 양국 간의 대립으로 인해 구관온존(舊慣溫存)이라는 유예정책이 취해졌다. 오키나와의 근대적 개혁은 청일전쟁 후에 실시되었고 지방제도 정비와 국정 선거 실시 또한 다른 지역보다 늦었다. 지방제도 정비가 늦어짐으로써 신분제의 잔재가 지역 정치에 남은 한편, 국정 선거가 늦어지면서 오키나와 주민들이 정치주체로서 국민의 목소리를 낼 수 있는 기회 부여가 늦어졌다. 이렇듯 오키나와의 근대는 '국가'에 농락당한 측면이 있다(〈표 3〉 참고). 특히 1945년까지 오키나와 지사는 관선(官選)이었고, 미국의 점령기인 1968년까지 주석 공선(公選)을 인정받지 못

표 3 근대 오키나와 지사·구정촌(区町村)장 선임과 의원 선거의 특징[2]

	직위		선임방법 및 특징
행정기관	오키나와 지사		• 관선(명목은 천황의 인사대권)으로 선임 • 실질적으로는 내무대신에 의해 내무관료가 임명됨(현청은 행정기관으로 분류). 다른 도부현(道府県) 지사와 동일함
	구정촌장	구장	• 1896년 구제(区制) 시행 당시, 나하구장(那覇区長)은 시마지리군장(島尻郡長), 슈리구장(首里区長)은 나카가미군장(中頭郡長)이 겸임 • 1908년 구제 개정으로 구회에서 3인의 후보자를 추천하여 내무대신이 임명(관선, 시제[市制]와 동일)
		정촌장	• 정촌장(町村長)은 군장(郡長)·도사(島司)가 추천, 지사가 임명(관선) • 1920년대 일본 본토와 동일한 정촌제(町村制) 시행
의회	제국의회 의원		• 1912년 납세액 기준 선거 시행(미야코·야에야마 제외) • 1919년부터 미야코·야에야마를 포함한 오키나와현 전체 실시
	현회 의원		• 1909년 특별현 제도 시행, 현회 설치(다른 지역 현회는 1878년 설치) • 구정촌회 의원의 간섭선거에서 1920년 직접선거로 전환
	시정촌회 의원		• 납세요건 있음(본토의 정촌제에 비해 느슨한 기준) • 1920년대에 납세요건 없는 보통선거로 전환

했기에, 자신들의 손으로 직접 대표를 뽑고자 하는 갈망이 컸고, 그 갈망은 1968년 주석 공선을 요구하는 열기를 고조시켰다.

오키나와 민주주의의 역사와 실천에는 꿈이 있을까, 아니면 절망이 있을까. 아베 정권의 수법에서 전후 민주주의의 막다른 골목을 느낀 사람들이 오키나와에서 활로를 찾으려는 긍정적 담론을 펼치기 시작했다. 그렇다고 해도 민주적으로 선출된 정권이 보이는 불합리함 앞에서 민주주의의 가능성을 믿기는 어렵다. 앞서 말한 메도루마 슌의 발언은 이러한 타력(他力) 의존적으로 오키나와에 기대를 거는 것에 대한 반발, 또는 오키나와의 민주주의를 단련시키기 위한 쓴소리였다고도 볼 수 있다.

---

2 [번역자 주] 1896년 구제 시행 당시 오키나와에는 2개의 구(나하, 슈리)와 5개의 군(구니가미[国頭], 나카가미, 시마지리, 미야코, 야에야마)이 설치되었다. 군장은 오키나와 섬의 구니가미군, 나카가미군, 시마지리군 세 군에 설치된 군청의 행정관리이다. 도사는 오키나와 본섬에서 떨어진 지역인 미야코군(미야코지마 및 주변 섬들), 야에야마군(이시가키지마 및 주변 섬들)에 군청 대신 설치된 행정기구 도청(島廳)의 총책임자이다.

오키나와의 민주주의를 단련시키기 위해 역사학은 무엇을 할 수 있을까. 그것의 하나로 오키나와의 자유민권운동을 진전시킨 자하나 노보루를 현창하는 연구와 같이, 민주주의의 공헌자를 발굴하는 작업을 들 수 있다. 그러나 이 글은 발굴 및 현창과는 다른 지향성을 가진다. 민주주의라고 하는 '민(민중)'의 다양한 정치행동을 역사적으로 해석함으로써 희망과 한계 양 측면을 모두 파악할 수 있도록 연구의 관점을 넓히고자 하였다. 필자가 생각하는 이상적 연구 방법은 이성적인 개인 간의 토론을 통해 민주주의에 대한 최선의 답을 찾아가면서, 동시에 그 답을 무비판적으로 지지하는 것이 아니라 이성적으로 재검토하는 것이다. 이러한 이상적 모델이 정착하기 위해서는 한계를 극복하고 이상형을 습득하는 것도 중요하지만, 민주주의에서 부정적으로 평가받는 '사대주의'나 '폭력'이 지니는 역사적 의미를 고찰하는 상대적 사고도 중요하리라 생각한다.

물론 상대주의의 폐해도 잘 알고 있다. 그렇지만 민주주의는 때로 쉽게 폭주하기도 한다. 일본의 안전보장을 위해 어쩔 수 없이 헤노코 기지 건설을 받아들여야 한다는 인식도 폭주의 한 예일 것이다. 이러한 민주주의 하에서 '정의의 폭주'를 억제하고 다른 의견을 존중하기 위해서는 민주주의를 상대화시켜 인식하는 관점이 반드시 필요하다. 예를 들어 여성사는 사회의 정의를 남성의 정의라는 식으로 젠더적으로 상대화했다. 또한 마이너리티 역사는 사회의 정의를 메이저리티의 정의로 상대화했다. 이렇듯 어느 한 쪽의 정의를 절대화하지 않는 정의의 상대화와 정의를 실현하려는 실천은 양립할 수 없는 것이 아니며, 현재로서는 그 양립 기술이 필요하다고 할 수 있다.

이 글에서는 헤노코 기지 건설을 둘러싼 오키나와와 일본 정부의 대립을 통해 민주주의를 역사적으로 고찰하는 것을 첫째 과제로 삼는다. 오키나와 문제는 국민주권과 상징천황제를 양립시키고 있는 일본의 정치 상황에서 흥미로운 문제를 노출시키고 있다. 그 문제는 2017년 워크숍 발표 때보다 현재 더욱 뚜렷해지고 있다. 한국의 독자들을 위해 간단히 설명하자면, 오키나와 문제는 오키나와와 일본 정부의 대립에서 비롯된 것이지만 한편으로는 천황과 정권의 대립이기도 하다. 헤이세이(平成, 1989~2019) 연호를 사용한 아키히토(明仁) 천황은 오키나와에 비교적 동정적인 태도를 취했기 때문에, 아베 정권의 오키나와 정책을 비판하는 사람들은 종종 천황의 입을 빌어 아베 정권을 비판했다. 물론 천황은 정치적 발언을 할 수 없으므로, 천황의 말이나 태도에 대해 아베 정권의 오키나와 정책을 비판한다고 호의적으로 해석하는 방식을 통해서였다. 오랫동안 보수파만 천황을 정치적으로 이용한다고 여겨져 왔다. 하지만 최근에는 진보파가 천황을 '이용'하여, 민주적으로 선출된 정권에 대해 반(反)민주적이라고 비판을 하는 상황이 한동안 계속되었다. 아베 정권의 시대(2012~2020)는 이러한 기묘한 민주주의의 시대였다.

상징천황제와 오키나와 문제에 대해 필자는 인터넷 매체 'OKIRON'에 「레이와(令和)로 넘어간 오키나와 문제와 새로운 일본상(像) 만들기」라는 글을 발표했다.[3] 또한 앞에서 오키나와 문제에 대한 천황의 태도와 정부의 대응을 대립적으로 소개했지만, 보완 관계 또한 존재함을 지적하기도 했다.[4] 아울러 참고해주셨으면 한다.

---

3 高江洲昌哉, 「令和に持ち越された沖縄問題と新しい日本像のつくりかた」, 『OKIRON』 2019. 6. 15. (https://okiron.net/archives/1373)

4 高江洲昌哉, 「『無知・無理解・無関心』に関する歴史的考察」, 『PRIME』 42, 明治学院大学 国際平和研究所, 2019, 24쪽. 이 소논문은 인터넷에 공개되어 있다(https://meigaku.repo.nii.ac.jp/?action=repository_opensearch&index_id=475&count=&order=&nc_session=nhp1479flbmn9mkbu0hq1ib6g4).

2. 개요

2016년 7월에 치러진 전국 참의원(參議院) 선거 결과 자민당이 압승하였다. 그러한 가운데 후쿠시마(福島)현과 오키나와현에서는 현직 각료가 낙선했다. 특히 오키나와의 중의원·참의원 선거에서는 자민당 의원이 비례에서는 당선되었지만 지역 선거구에서는 한 명도 당선되지 못하여 크게 주목받았다. 이러한 선거 결과의 배경으로, 1995년 소녀폭행사건에서 비롯된 오키나와 미군기지 정리문제[5]가 '난항'을 겪는 가운데, 미군 통치에 '저항'했던 역사가 소환되면서 '일본 정부에 대한 이의 제기'가 일상화된 것을 들 수 있다. 이른바 이의 신청의 '정치문화'가 기여했다고도 할 수 있다. 이같이 '민의'를 들어 선거 결과를 논하는 것은 일견 '간단'해 보인다. 하지만 오키나와 주변부의 섬에서는 자민당의 시마지리 아이코(島尻安伊子) 후보의 득표수가 많았다.[6] 당연한 이야기지만 민의에도 다양성이 존재하는 것이다. 오키나와 민주주의의 특징을 '저항'에서 찾을 수도 있지만, 민의가 어떻게 수렴되고 정치의 장에서 발현되어 왔는지를 고찰함으로써 오키나와 민주주의의 특징을 설명할 수도 있다.

민의가 수렴되는 장으로서 2016년 6월에 실시된 현(縣)의회 의원 선거의 결과를 살펴보자. 헤노코 기지 건설에 반대하는 오나가 지사를 지지하

---

5 미군기지 문제를 골자로 한 일본 정부와 오키나와의 대립을 통틀어 오키나와 문제라고 한다.

6 시부(市部)의 이시가키시(石垣市)와 미야코지마시(宮古島市), 도서부(島嶼部)의 정촌(町村, 읍면부에 해당—번역자)인 이에손(伊江村), 도카시키촌(渡嘉敷村), 도나키촌(渡名喜村), 미나미다이토손(南大東村), 기타다이토손(北大東村), 이헤야손(伊平屋村), 이제나손(伊是名村), 다라마손(多良間村), 다케토미초(竹富町), 요나구니초(与那国町)에서는 시마지리 아이코 후보가 다수의 표를 획득했다. 자민당 계열이 아닌 이나미 요이치(伊波洋一) 후보가 시마지리 후보보다 많은 표를 획득한 곳은 자마미손(座間味村), 아구니손(粟国村), 구메지마초(久米島町) 뿐이다.

는 여당 측이 48개 의석 중 27개 의석(사민당 6명, 공산당 6명, 사회대중당 3명, 무소속 12명)을 획득하여 '여당 안정 다수'의 선거결과로 언론에 보도되었다.[7] 그런데 여당의 승리라고 해도 보는 각도를 달리하면 해석이 달라진다. 야당인 자민당은 선거 전 13개 의석에서 1자리 늘어 14개 의석을 획득하여 개별 정당 중 가장 많은 의석을 차지한 정당이 되었다.[8]

그뿐 아니라 세계화와의 격차 속에서 '시(市)의 활성화'를 명목으로 오키나와에서도 신자유주의를 내세운 '개혁파' 시장이 등장했다(기노완시, 우라소에시[浦添市], 도미구스쿠시[豊見城市], 이시가키시 등). '개혁파' 시장들은 보조금(강한 커넥션) 정책이라는 종래 보수계 정책을 유지할 것을 주장한다. 나고시와 나하시를 제외한 9개 시의 시장이 '오키나와의 진흥을 생각하는 보수계 시장 모임'을 2015년 9월에 결성했다. 이렇듯, 기지 문제를 중심으로 보면 일본 정부에 저항하는 모습이 클로즈업되지만 저항 노선만이 지지를 받는 것은 아니다. 그리고 이른바 '혁신'이라고 할 때 떠오르는 고전적인 혁신정당이 일본의 전반적 정치 상황과 비교하여 오키나와에서는 상

---

7 2018년 현직이었던 오나가 현지사가 사망하고 뒤를 이은 다마키 데니 지사 임기 중에 실시된 2020년 오키나와 현의회 의원 선거에서는 여당 25명, 중립 4명, 야당 19명이 당선되었다. 여당계 의원이 많기는 하나 매우 힘겹게 이긴 선거였다.

8 1995년의 소녀폭행사건이 일어난 이듬해에 실시된 오키나와현의회 선거(당시 지사는 혁신계의 오타 마사히데)에서는 18의석이었던 자민당의 의석수가 12의석으로 감소했다(여당은 25의석, 자민당 및 기타 야당은 23의석). 자민당이 압도적 다수였던 다른 지역에 비해 오키나와는 자민당이 '약세'였다고 평가할 수 있을지 모르지만, 단독 정당으로 자민당보다 많은 의석수를 확보한 정당이 없다는 의미에서는 오키나와에서도 자민당이 비교적 다수의 지지를 얻고 있다고 할 수 있다. 그 후 자민당은 2000년 선거 때 19의석, 2004년에 14의석(이후 무소속 의원이 합류하여 20의석), 2008년에는 16의석을 획득했다. 아베 정권 때문에 좀처럼 회복의 기미를 보이지 않던 자민당은 2020년 선거 때 17명이 당선되었다. 선거 후 무소속 1명이 자민당에 입당하고 1명이 자민당계 의원 그룹에 합류함으로써 현재 오키나와 현의회 자민당계 의원은 총 19명으로 여전히 야당의 입장에 있다. 이렇듯 오키나와에서는 보수와 혁신 계열의 대립이 지금도 존재하기는 하지만, 사회대중당, 사민당 등 기존 혁신 정당의 세력이 크게 저하된 것도 사실이다. 공산당은 상승 또는 확대 양상을 보이고 있다.

대적으로 우세인 것은 사실이지만, 그렇다고 절대적으로 강세인 것도 아니다. 호칭이 적절할지는 모르겠으나, 신자유주의적 경향에 이의를 제기한다는 의미에서의 '진보적 시민파'의 '민의'가 오키나와에서 낙관적으로 다수파이지는 않다.

또한 오키나와 문제가 부각되는 가운데 사쓰마 번주(薩摩藩主) 시마즈(島津)의 류큐 출병 400년(1609년 사쓰마번의 무력침략–번역자)·류큐처분 130년(1879년 일본 정부의 오키나와현으로의 강제통합–번역자)이 되는 2009년을 맞이하여, 지금의 오키나와와 일본 본토와의 관계를 비판적으로 보는 역사 인식이 강화되었다. 2013년 류큐민족독립종합연구학회 설립은 그 연장선상에 자리매김할 수 있다.

이상과 같이 시사적인 설명만으로도 상당히 많은 분량이 필요한데, 여기서는 제한된 지면 안에서 역사학의 입장에서 음영(陰影)을 수반한 오키나와의 경험을 사례로 민주주의의 역사에 대한 이해를 심화하기 위한 소재를 제공하려 한다.

이 글에서는 민주주의를 생각하기 위해 '정치문화'라는 용어를 사용한다. 여기서 말하는 '정치문화'란 ①오키나와의 선거가 어떻게 진행되어 왔는지, 그 선거의 역사를 통해 문화적 특징을 설명하고 ②정치적 의사표명의 장인 오키나와의 선거에서 중요한 의미를 지니는 대일본관(對日本觀)과 관련하여 '우리 의식'을 낳는 "역사의식"을 지칭하는 용어로 사용하겠다. 물론 민의가 다양한 만큼 오키나와 사람들이 모두 똑같은 '정치문화'를 향유하는 것은 아니다.

다음으로 민주주의를 이해하기 위한 구도를 살펴보자. 근대 사회가 되면서 생활의식을 기반으로 문제를 해결하는 두 가지 방법으로 '운동'과 '선거'가 정착했다. 이 둘의 유기적인 연결이 해당 지역의 민주주의의 역사라고 할 수 있다. '운동'과 '선거'를 균형 있게 절충시키는 것이 바람직하겠지만, 이 글에서는 '선거'[9]를 주 연구 대상으로 삼으려 한다. 그렇다고 해서 민주주의에서는 선거가 운동보다 중요하고 우월하다고 판단하기 때문은 아니다. 선거와 운동은 민주주의를 발전시키는 두 개의 수레바퀴임은 분명하다. 다만 이 글에서 선거를 연구대상으로 삼은 이유는 필자가 선거를 중심으로 한 정치사를 주로 연구해왔다는 점과 오키나와 선거의 정치문화 사적 축적이 약하다는 점 때문이다. 민주주의에서는 스스로 생각해서 참여하는 것이 중요한데, '운동'도 '선거'도 위로부터의 의지에 맹종하는 것, 즉 '동원'이라고 하는 측면을 가질 수 있다. 이러한 폐해를 피하거나 줄이기 위해 '생각할 재료'를 풍부하게 만들어 제공해야 하는 것이 연구와 학문의 역할이다. 민주주의를 생각하는 재료의 질을 높일 교재의 하나로서 이 글에서는 선거의 역사를 중점적으로 다루겠다.

민주주의를 생각할 때 운동과 선거라는 두 바퀴의 관계뿐 아니라 민주주의와 '폭력'[10]의 관계성 또한 빠트려서는 안 된다. 특히 운동은 문제를 해결하고자 하는 에너지가 강할 뿐 아니라 문제해결 과정에서 기존 질서에 도전한다. 따라서 현 질서를 의문시하는 사람이 많은 사회 풍조인지, 아니면 질서를 내면화한 사람이 많은 사회 풍조인지에 따라 운동에 대한 평가도 달라진다(운동관과 사회인식의 상호보완관계). 이러한 개인 차원의 문제와 함께

---

9 오키나와의 각 지자체 의회의원, 지자체장, 현회(縣會)·입법원 의원, 1945년 이후의 주석·지사, 국회의원 등 각 선거마다 투표의 판단기준 및 중점도 다르기 때문에 선거라는 하나의 큰 틀로 묶어버리는 것에 문제가 있다는 점은 인지하고 있다. 후술하는 논점을 심화하기 위한 것으로 이해를 바란다.

10 이 글에서는 운동, 저항, 폭력을 대체로 등가(等価)로 사용하지만 엄밀히 말하면 구별할 필요가 있다. 최근 일본에서는 '자위(自衛)'와 '전쟁', '전투'와 '충돌'처럼 어느 단어를 사용하는지에 따라 현실을 잘 보여주기도 하고 반대로 실상을 가려버리는 경우도 많다. 어떤 단어를 사용함으로써 무엇을 보여주고 무엇을 가려버리는지, 이 문제를 재고하기 위해 운동, 저항, 폭력이라는 단어를 상호호환적으로 사용하였다.

'저항문화'에 대한 그 사회의 관용도에 유의할 필요가 있다. 이렇듯 '선거와 운동은 두 바퀴 관계'라고 할 수 있지만, 민주 사회에서 선거를 부정하는 듯한 담론을 찾아보기는 힘들어도 운동은 폭력과 친화성이 있기 때문에 이에 대한 평가가 나뉜다. 저항에 대해, '자신들이 바라는 세상을 스스로의 힘으로 만든다'는 변혁의 능동성을 긍정적으로 평가하기도 하지만, 질서 유지와 합법성을 신뢰하는 입장으로 보면 부정적으로 평가하기도 하는 것이다. 이처럼 '변혁'과 '질서 유지' 중 어느 쪽에 친화성이 있는지도 정치문화를 생각할 때 중요한 관점 문제이다. 필자는 정치 주체의 형성과 역사의식에 대해 연구해왔는데, 지금까지의 연구 성과를 재정리한 내용을 바탕으로 이번 기획 의도에 맞추어 논의를 진행하려 한다.

3. 선행연구 정리

앞에서 민주주의를 고찰하기 위해 '민주주의와 폭력의 관계성'을 지적했으므로 오키나와의 '저항의 정치문화'에 대해 살펴보겠다. 옛 류큐왕국 시대의 '저항의 정치문화'를 떠올려 보면 오키나와에서는 하쿠쇼 잇키(百姓一揆: 에도 시대 농민들의 집단저항운동-번역자)를 찾아볼 수 없다. 도미야마 가즈유키(豊見山和行)가 "'하쿠쇼 잇키'의 유무와 지배계급에 대한 저항 유무를 직결시켜 논의해서는 안 된다. (…) 먼저 류큐 사회의 모순과 고유한 저항 형태에 주목해야 할 것"[11]이라고 논한 것처럼, 민중사 연구자들이 저항의 역사라고 할 때 떠올리는 역사적 사상(事象)을 오키나와에서는 찾아보

---

11 豊見山和行, 「近世琉球民衆の『抵抗』の諸相」, 保坂智 編, 『民衆運動史Ⅰ: 一揆と周辺』, 青木書店, 2000, 255쪽.

기 어렵다. 이 때문에 도미야마는 류큐 사회에서 독특한 저항의 모습들을 찾아내려 했다. 근대 오키나와에 관한 연구로는 아라카와 아키라의 『류큐 처분 이후 상·하』[12]와 시타다 아츠시(後田多敦)의 『류큐구국운동』[13] 등을 들 수 있다. 이들 연구서에서는 구국운동(류큐처분에 대한 불복종 저항운동-번역 자) 및 그 일환으로 벌어진 징병거부운동 등을 한데 묶어 다루었는데, 각 저항의 질적 차이를 밝히지 않았다. 이 점은 앞으로의 과제라고 할 수 있 다. 그리고 오키나와에서 1945년 이전에는 무산운동도 그다지 활발하지 않았다.[14] 근대 시기에는 '저항'이 약했지만 1945년 이후 미군의 토지 수용 을 계기로 '시마구루미(島ぐるみ)투쟁(섬 전체가 하나가 되어 싸우는 투쟁-번역 자)'이라고 불리는 토지투쟁이 벌어지면서 '저항의 정치문화'의 질적 전환 이 이루어졌다.[15]

전후사(戰後史) 운동에 대한 관심이 높아지는 가운데, 도베 히데아키(戸邉

---

12 新川明, 『琉球処分以後 上·下』, 朝日新聞社, 1981.

13 後田多敦, 『琉球救国運動』, Mugen, 2010.

14 安仁屋政昭, 『沖縄の無産運動』, ひるぎ社, 1983; 山城善光, 『山原の火—昭和初期農 民闘争の記録』, 沖縄タイムス社, 1975.

15 '시마구루미 투쟁'에 대해서는 森宣雄·鳥山淳, 『「島ぐるみ闘争」はどう準備されたか』, 不二出版, 2013. 등을 참조 바란다. 토지투쟁 이후 1972년까지 특기할 만한 사항을 정리하 면 다음과 같다. 1959년 미야모리소학교(宮森小学校)에 미 공군의 제트기가 추락하면서 초등학생을 포함한 200여 명의 사상자를 내는 사건이 일어났고, 이듬해 1960년에는 '오키 나와현 조국복귀협의회(沖縄県祖国復帰協議会)'가 결성되었다. 1967년에는 교직원의 정 치운동을 제한하는 '지방교육구공무원법'과 '교육공무원특례법' 제정 저지를 위한 투쟁이 전개되었는데, 이 법안은 폐기 협정에 따라 폐안으로 끝났다(교직원이 복귀운동의 핵심적 인 역할을 맡고 있었기 때문에 이 법률은 복귀운동에 대한 도전으로 여겨지면서 거센 반발 에 부딪혔다-번역자). 1969년 2월에는 전년도의 전략폭격기 추락폭발사고를 계기로 촉발 된 대규모 총파업이 예정되었지만 성사되지 못했다. 같은 해 11월 사토·닉슨 공동성명으로 1972년의 복귀가 결정, 발표되었다. 1970년 12월 고자시(현 오키나와시)에서 미군 차량이 오키나와 주민을 치어 부상을 입힌 교통사고에서 촉발된 주민 폭동이 일어났다. 오카나와 에서는 미군 병사가 가해자인 교통사고나 여성을 노린 성폭행 사건이 빈발했지만 솜방망이 처벌로 끝나기 일쑤였다. 이렇게 일상적으로 축적된 분노가 '고자 폭동'으로 폭발했다고 분 석할 수 있다.

秀明)는 세계화(신자유주의)와 신보수주의의 정치가 불어닥치고 기지문제가 첨예해진 2000년대 오키나와 민중의 연대를 지향하는 『케시카제(け-し風)』라는 잡지 및 그 편집에 참여한 야카비 오사무(屋嘉比収)에 주목하여, 개인의 사상에서 오키나와 주민운동의 새로운 가능성을 발견하려는 의욕적인 연구 성과를 냈다.[16]

이상에서 확인한 바와 같이, 오키나와 '저항의 정치문화' 연구(역사적 실증과 의미부여)는 현재적 상황에서 촉발되어 자신들의 지적 공유재산을 풍족하게 만들려는 목표로 활성화되었다. 그렇지만 선거에 관한 연구는 사료적 제한 등으로 운동사에 비하면 활발하지 않다. 많지 않은 성과 중 하나인 오타 마사히데의 『오키나와의 민중의식』, 『근대 오키나와의 정치구조』[17]는, 복귀운동을 소재로 하여, 오키나와인의 병리를 해명하겠다는 사명감에서, 정치의 장에 나타난 사대주의[18]적 경향을 추려냈다. 조금 보충하면, 그의 연구는 이하 후유(伊波普猷)의 연구를 이어 자유를 중시하는 '근대'에 대한 긍정적 가치관을 지표로 해서 오키나와에 뿌리박힌 전근대적 병소(病巣)를 추출해내려는 사고방식이었다고 할 수 있다.

---

16 戸邉秀明, 「現代沖縄民衆の歴史意識と主体性」, 『歴史評論』 758, 歴史科学協議会, 2016. 이밖에도 1960~70년의 운동을 다룬 大野光明, 『沖縄闘争の時代』, 人文書院, 2014; 복귀 후의 개발과 자연보호를 둘러싸고 벌어졌던 긴완(金武湾) 투쟁을 검토한 上原こずえ, 『共同の力』, 世織書房, 2019 등이 있다.

17 大田昌秀, 『沖縄の民衆意識』, 弘文堂, 1967; 大田昌秀, 『近代沖縄の政治構造』, 勁草書房, 1972.

18 '사대주의'는 현재 오키나와 정치에서 사어(死語)가 되어 버렸지만 복귀 전까지는 극복해야 할 대상으로 자주 사용하던 단어였다. 참고로 일본·오키나와·한국에서의 '사대주의' 용례를 분석한 연구로 室井康成, 『事大主義』, 中央公論社, 2019가 있다. 이 책의 부제는 '일본·조선·오키나와의 "자학과 모멸"'이고 띠지에는 "동아시아의 '병'인가? '손타쿠(忖度: 윗사람의 눈치를 보며 알아서 기는 행위-번역자)', '힘 앞에서는 굴복하라(원문: 長いものに巻かれろ)'…강자에 영합하여 보신하려는 태도=사대주의로 근현대사를 그려낸다"라고 적혀 있다.

운동과 연구가 밀접하게 연결되어 있던 것이 전후 오키나와 연구의 특색이라면 오키나와 현대사를 쓴다는 것은 큰 에너지를 필요로 하는데, 그러한 선행연구로 우선 아라사키 모리테루(新崎盛暉)의 연구를 들 수 있다.[19] 그리고 아라사키의 분석 틀을 비판적으로 발전시킨 최근의 성과로 오키나와의 개별 섬들에 주목하여 오키나와 전후 초기 정치사를 연구한 구로야나기 야스노리(黒柳保則)의 연구가 있다.[20] 다음으로 '보수와 혁신'이라는 틀로 오키나와의 전후사(미군통치기)를 파악하는 종래의 연구 경향에 문제를 제기하고, '보수와 혁신'이라는 틀의 역사적 형성에 착목한 사쿠라자와 마코토(櫻澤誠)의 『오키나와의 복귀운동과 보·혁대립』을 들 수 있다.[21] '보·혁대립'이라는 오키나와 정치지도를 역사적으로 형성된 것으로 파악함과 동시에 단순한 '보·혁대립'의 구도로 오키나와 전후사를 바라보는 것에 대해 이의를 제기한 것이 이 책의 특징이다.

정치든 운동이든 최근 오키나와 연구는 이분법적, 상호대립적으로 보이는 세계상을 섬세하게 파헤쳐 오키나와의 다양한 목소리를 드러내려는 경향이 강해졌다.[22] 다만 오키나와 현대사에서는 운동 및 정치 양면의 연구

---

19 아라사키 모리테루의 저작은 상당히 많은데 대표저서로 新崎盛暉, 『戦後沖縄史』, 日本評論社, 1976를 들 수 있다. 각주 22에서 소개한 『沖縄文化研究』 47호에는 연보와 주요 저작 목록이 게재되어 있다.

20 黒柳保則, 「占領初期の奄美群島における政治と政党」, 『愛知論叢』 63, 愛知大学大学院, 1997; 黒柳保則, 「島嶼地域「琉球弧」における「自治」再編成という経験」, 『沖縄法政研究』 13, 沖縄国際大学 沖縄法政研究所, 2010 등.

21 櫻澤誠, 『沖縄の復帰運動と保革対立』, 有志舎, 2012.

22 아라사키 모리테루는 한국어로 번역된 저서도 다수 있는 연구자인데 2018년에 사망했다. 그는 운동을 중시하는 연구를 주로 했기 때문에 이항대립적 선행연구로 비판받기도 하지만, 실로 오키나와 현대사를 고찰하는 틀을 마련한 인물이라 할 수 있다. 『沖縄文化研究』 47호(法政大学 沖縄文化研究所, 2020)는 추도 특집으로 기획되었는데, 여기에는 정치와 운동, 연구와 실천에 힘쓰는 연구자의 긴장감을 엿볼 수 있는 가까운 지인들이 쓴 추도문 등이 다수 수록되어 있다. 이 글들은 현재와 대치시켜 '역사로서의 민주주의'를 고찰하려 하는 이 글에도 시사하는 바가 크다.

가 활발한 데 비해 근대사의 연구 축적이 아직 많지 않아, 선거를 소재로 한 근대사와 현대사 간의 대화는 시작되지 않고 있다.

4. 선거로부터 오키나와 정치를 생각한다

필자는 근대 선거에 관해서는 『오키나와현의회사(沖縄県議会史)』 작업을 통해 현의회 의원선거를 분석했고, 현대에 대해서는 『하에바루초의회사(南風原町議会史)』를 편찬하면서 정촌(町村)의회 의원선거의 특징을 분석하였다(일본에는 중앙정부 아래 도도부현(都道府縣)이 있고 그 아래 시정촌(市町村)이 있다). 대상 지역마다 차이가 존재한다는 난점은 있지만, 앞선 두 작업을 통해 오키나와 사회의 근대적 변용과 근현대 오키나와 선거에 대해 고찰하여 필자 나름의 구체적인 구도를 그릴 수 있었다. 이 경험을 바탕으로 오키나와 선거에 관한 정치문화를 논하고자 한다.

오키나와에서 현회 의원은 1909년, 중의원 의원은 1912년부터 대표자를 선거로 선출하는 참정권을 행사할 수 있게 되었다. 초기에는 1879년 오키나와현이 설치되면서 현청 소재지가 된 나하와, 류큐왕국의 왕도(王都)로서 정치의 중심지였던 슈리 사이의 대립이 불거졌다. 그뿐 아니라 당선된 의원이 정권에 가까운 정당으로 대거 이동하는 '사대주의'적 경향도 있었다(물론 단순히 부정적 의미로서의 '사대주의'는 아니다). 이러한 지역 간 대립과 '사대주의'적 경향은 이해관계가 복잡해지는 시기를 거쳐 전전(戰前) 민주주의의 전성기로 '헌정(憲政)의 상도(常道)'라 불렸던 정당내각기(1924~1932년)에 들어서는 지역 간 대립에서 정당 간 대립으로 재편되었고 정쟁이 심해졌다. 정쟁 격화의 한편에서 불황 대책으로 실시된 진흥계획의 보조금을 획득하기 위해 촌내(村內)의 정치 대립=정쟁을 해소시키는 강제적 '해결'을 꾀하기도 했다. 그리고 진흥계획을 성사시키기 위한 협력이라고 하는 '동원'도 벌어졌다. 근대 오키나와가 경험한 선거란 일본의 여타 지역과 마찬가지로, 생활환경을 향상시키면서 정쟁과 동원에 휘둘린 시대였다고 바꿔 말할 수 있다. 다음으로 전후, 즉 강화조약에 의해 오키나와가 본토에서 분리되어 미군의 통치를 받던 시대의 입법원 선거에 대해 알아보자.

필자는 「(오야마 초조 자료소장) '군관계 고용의 임금인상 청원결의'(일문·영문)를 중심으로 오키나와 현대사 분석 시각을 생각한다」[23]라는 글에서 1954년 8월에 채택된 청원서와 의사록을 분석했다. 청원서의 의장명이 일문과 영문에서 각기 다른데, 의사록을 분석한 결과 인민당(공산당의 전신)에 협조적이었던 사회대중당 의장에 대한 불신감과 의장 불신임 운동이 있었기 때문이었음을 밝혔다. 그리고 당시 오키나와의 정당 정치가에게는, 미국의 협력 없이는 주민 복지를 꾀할 수 없으니 미국의 의향에 맞춰야 한다는 민주당(현재의 자민당 오키나와 지부의 전신) 노선과, 통치자의 이데올로기인 민주주의를 거꾸로 이용하여 주민의 의향에 맞추고 미국도 이에 협력해야 한다는 민의 중심의 인민당과의 협조노선이 있었음을 밝혔다. 여기서 "'주민 복지'의 실현자인 미군과의 협조 혹은 자신들을 입법원 의원에 당선시킨 유권자의 의향, 이 둘의 긴장관계를 품은 양립관계 속에서 '미군의 의향'과 '주민의 의향' 어느 쪽에 〈전술적 중요도〉를 둘 것인가라는 차이가 소위 '보수·혁신' 등 오키나와 전후 정치사의 틀을 만들어간 것이 아닐까"라고, 입법원 의원 보·혁 대립의 역사적 형성을 미군과 주민(유권자)

---

23 高江洲昌哉, 「(大山朝常資料所蔵)「軍関係雇傭の賃金引上請願決議」(和文·英文)を中心にして沖縄現代史の分析視角を考える」 『南島文化』 38, 沖縄国際大学 南島文化研究所, 2016, 119~120쪽.

둘 중 어느 쪽에 자신의 역할의 정당성을 두었는가, 이 점으로부터 고찰해야 한다고 지적했다.[24]

다음으로 전후 정촌(町村) 의회 의원선거의 특징을 살펴보자. 오키나와 본섬 남부의 하에바루초(南風原町) 의원은 복귀(1972년) 전인 1970년 선거까지는 투표 없이 뽑혀서 한 회기만 맡는 의원이 대부분이었다. 의원 대부분이 아자(字)[25] 대표의식 또는 아자에 공헌하고자 하는 강한 귀속의식을 가지고 있었다. 선출 방법도 연령 질서에 의한 인선(人選)이었다. 이러한 하에바루의 사례를 통해서도, 사쿠라자와 마코토가 지적한 바와 같이, '보·혁대립'이라는 구도가 역사적으로 형성되었음을 확인할 수 있다. 즉 오키나와의 투표 행동은 여러 제약을 수반한 중층성 가운데 형성되어 왔다고 할 수 있다. 특히 하에바루 선거에 여성 후보가 없는 이유를 역대 부인회장에게 구술조사로 알아봤더니, 정치는 '남자들의 세계'라서 여성이 입후보하여 자신의 환경을 개선하겠다는 발상은 약했다고 하였다.[26] 또한 대부분의 의원들이 복귀운동을 통해 정치에 눈을 떠 입후보하게 되었듯, 본인의 아자만을 활동 거점으로 삼던 단계에서 지역 전체 또는 오키나와 전체의 정치 상황과

---

24 보수세력에 주목하여 기지에 대한 인식과 경제 구상에 관련하여 오키나와의 주민들이 모두 일치단결할 수 있는 기반이 무엇이었는지 밝히려 했던 사쿠라자와 마코토(櫻澤誠, 『沖縄の保守勢力と「島ぐるみ」の系譜』, 有志舍, 2016), 보수와 혁신이라는 이분법적 정치 틀로 환원시킬 수 없는 사람들의 '마음'이나 '갈등'에 주목하여 섬 전체가 함께하는 운동이 점점 힘들어지는 가운데 새로운 선택지를 모색하고 실천 방안을 찾으려 했던 아키야마 미치히로(秋山道宏, 『基地社会·沖縄と「島ぐるみ」運動』, 八朔社, 2019) 등의 최근 연구 성과는 이 글에서 지적한 '생활'의 측면으로부터 대립과 통합의 분기점을 모색한 연구라고 할 수 있다.

25 아자(字)는 류큐왕국시대의 마을(村, 무라)을 기원으로 하는 생활공동체적 성격을 지니면서 근대에는 시정촌(市町村)의 행정보조기관적 위상을 가지는 정치·생활공간의 최소 단위이다.

26 高江洲昌哉, 「南風原町(村)議会議員選挙を通してみた女性の政治意識の問題」, 『沖縄関係学論集』 7, 2003.

연결지어 정치를 논하는 단계로 바뀌어, 여전히 아자를 중요시하되 아자에 대한 귀속의식의 중요도는 변해갔던 것이다. 이러한 '오키나와'의 강조는 하에바루에만 국한되지 않는다. 귀속의식의 중층성이 약해지고 '오키나와인' 의식을 부르짖는 오늘날의 선거의 특징이라고 할 수도 있다.[27]

정리하자면, 근대 선거 시스템이 오키나와에 도입되어 '슈리 vs 나하'의 지역대립이라는 '할거주의'와 '사대주의' 사이에서 동원적인 투표행동이 성립되었다. 그리고 전후 미군통치기 때는 초대받지 않은 우위자인 미군의 의향에 맞춰 주민복지를 실현할지, 아니면 저항을 통해 민의를 획득할지, '협력'과 '저항'의 이분화가 진행되었다. 전전(戰前)에 비해 '저항의 문화'가 상대적으로 높아졌다고 할 수 있다. 그리고 전후에도 남성 중심, 연령 서열적인 '아자' 중심 정치문화의 층은 존재했다. 복귀 이후 40여 년 동안 투표율이 저하되는 가운데 이러한 투표행동이 융해·재편되는 과정을 거쳤다. 특히 1995년부터 현재까지의 20여 년은 조직적 동원표에서 벗어난 개인이 어떻게 현상을 인식하고 생활밀착형 문제나 기지문제에 대한 '불만'(분노)을 어떻게 표출할지에 대한 방법을 모색하고 있는 상황이라고 할 수 있다.

---

27 2015년에 2000년 이후의 하에바루초의 정(町)의회 의원선거 현황에 대한 구술조사를 실시했다. 아자 중심적 선거의 성격은 기본적으로 지속되고 있지만 새로운 주민의 동향과 (투표율이 저하되기도 했지만) 도시화에 따른 이해관계의 복잡화 등 보다 두드러진 문제를 확인할 수 있었다.

5. 맺음말

현재의 오키나와 선거를 보면 '오키나와 의식'을 전략으로 활용하고 있음을 확인할 수 있다. 또 보·혁 대립이 강하게 남아 있는 듯 보이지만, 현의회의 각 의원그룹 중 무소속 의원이 증가하고 회파를 이리저리 옮겨다니는 현상도 눈에 띈다. 특히 민주당 후보에 대한 지지에서 현재는 보수계 무소속 또는 오나가 지사 계열 의원그룹을 지지하는 도시지역 무당파층의 정치의식을 고찰하는 것이 앞으로 중요해지리라 생각한다.

이러한 선거뿐만 아니라 운동에 대해 생각해 보면, 오키나와에 거주하고 행동하는 작가인 메도루마 슌은 기지 철거에 관한 오키나와 사람들의 결의가 굳건하지 못하다고 하면서 "기지 게이트 앞에 서서 미군에게 항의하면 무시당하고 있다는 걸 정말로 알 수 있어요. 또 무시당하는 게 당연하다고 생각합니다. (…) 네놈들은 자폭 테러도 못하겠지, 하고 무시당해 마땅하다는 거죠"[28]라고 말했는데, 이는 주목할 만하다. 이러한 발언을 한 메도루마는 2016년 4월 1일 항의활동 중 기지에 침입했다는 용의로 해상보안청에 '체포'되었다(바로 보석으로 풀려나기는 했다). 메도루마가 체포된 직후인 4월 28일에는 우루마시(うるま市)에서 전직 해병대원인 미군 군속이 산책 중이던 여성을 강간치사하는 사건이 벌어졌고 이에 대한 항의집회가 6월에 열렸다. 이처럼 '저항'의 담론과 실천이 배양되는 분위기는 매일 만들어

---

28 메도루마 슌 특별인터뷰 「沖縄の戦後70年、続く「戦争」と「占領」」, 『神奈川大学評論』 82, 神奈川大学, 2015, 16쪽. 메도루마는 인용문에 이어서 "테러나 폭력을 선동한다고 맥락 없이 파악하는 사람이 있다. 그러나 운동은 지역의 특성에 입각해서 하면 된다"라고도 말했다. 기지 철거의 목적과 운동의 효과적 방법과의 연결을 생각하면, 그 형태는 폭력적 행동에서 합법적 항의까지 다양한 선택지가 존재한다. 어느 것을 선택할지는 개인의 문제이다. 그렇다면 메도루마의 메시지가 어떻게 받아들여질지는 별개의 문제라는 지적도 가능하다. '단락적'이지는 않지만 온건한 운동방식에 한계를 느끼는 사람들을 끌어들이는 '계시'로도 읽힌다.

지고 있었다. 이 여성 폭행 사건에 관해 오타 마사히데 전 오키나와현 지사가 "지금 분노는 오키나와 전체에 퍼져 있다. 동원되어 저항하는 것이 아니다. 이대로라면… 고자 소동 때처럼 언젠가 피를 보는 사건이 일어나지 않을까 걱정"[29]이라고 말한 점에 유의할 필요가 있다. '분노'와 '불만'의 분출이 어떠한 정치문화적 행동을 불러일으킬지를 고민하는 것은 2장에서 다룬 현의회 의원선거와 참의원 선거의 결과를 어떻게 해석할 것인가라는 문제와 연관되어 있다.

나아가 이 '분노'나 '불만'이 분출할 때의 의식은 내(개인적 자기의식)가 아니라 '우리 의식'이라는 점도 검토해야 한다. 그리고 '우리 의식'의 일체감을 담보하기 위해 '우리 역사'를 공유하는 역사의식이 필요해진다. 여기서 이러한 역사의식이 정치 태도와 어떻게 연관되어 전개되어왔는지에 관한 문제 영역이 나타난다.

여기서 과제가 되는 것은, 연구대상으로서의 역사가 아니라 자기 존재로서의 역사를 말하고자 하는 바람이 강해진다는 점이라 하겠다. 필자는 정치운동 가운데 소환되는 역사상을 정치신화라고 말한 바 있다.[30] 이러한 역사의식은 정치적 불이익이 정체성의 문제로 호환됨으로써 정체성을 축으로 한 정치(민주주의)로 이어진다. 우선 정체성과 관련하여 말하면, '오키나와의 자기결정'이라는 말이 강조되듯이 다양한 가치관을 지닌 사람이 공존하는 오키나와에서 '자기결정'이라는 단수적(單數的) 표현이 사용되는 것은 마치 어떠한 행위를 우리들의 역사적 사명감인 양 주창하는 것 같아 신경이 쓰인다. 그리고 정치태도를 역사와 연결지어 말하는 것은 과거와

---

29 『每日新聞』, 2016. 5. 30.

30 高江洲昌哉, 「「琉球処分」をめぐる研究史と若干の問題提起」, 『琉大史学』 18, 琉球大学史学会, 2016.

현재를 통일적으로 파악하는 사고라고 할 수 있지만 과거를 통해 자기 행동을 정당화하려는 행위라고도 할 수 있다. 왜 현재에 대한 이의 제기를 위해 과거를 언급하는지가 오키나와인 역사의식의 문제가 된다.[31]

다음은 필자의 가설이지만, 선거 및 운동을 포함한 정치를 역사와 엮는 사고방식은 1960년대 복귀운동 때 강화된 것이 아닐까 생각한다.[32] 따라서 1960년대 선거와 역사 해석의 뒤얽힘을 살펴보겠다.

복귀 전 국정선거 등에서 기정노선화한 일본으로의 복귀 동향을 비판적으로 바라보며 반(反)복귀론을 전개한 아라카와 아키라는, 국정참여와 관련하여 긍정적으로 재평가된 오키나와 자유민권운동의 지도자 자하나 노보루에 대해 다음과 같이 평가했다. 즉, "금일 범람하는 자하나 노보루 및 오키나와 자유민권운동에 대한 지나치게 과대하고 전적으로 칭송만이 유행하는 현 상황은 공감할 수 없을 뿐 아니라, 자하나 노보루라는 사람의 사상 혹은 오키나와 민권운동의 올바른 자리매김조차도 저해할 것으로 생각된다"라고 하여, 자하나에 대한 칭송 일색인 상황에 이의를 제기했다. 이 글의 말미에서 아라카와는 "대지로부터 유리되어 의회로 들어간 제정신의

---

31 일본 본토와의 대립적 구도 및 문제에서는 독립을 비롯한 역사의식이 강조되는데 과연 현의회 선거에서 독립을 주장하는 후보자가 있을까. 이 점을 조사하기 위해 2012년과 2016년 현의원 선거 각 후보 공약에 독립에 관한 내용이 있는지를 확인하고자 선거공보를 입수했다. 조사 결과, 헤노코 기지반대, 육아 등의 정책은 담겨 있었지만 공약에서 오키나와 독립을 내건 후보자는 없었다. 2020년 선거 때도 마찬가지였다. 대부분의 후보들이 슈리성 재건, 오키나와 문화에 대한 긍지의 대외 발신 등을 공약으로 내세웠다. 그 중 의석수 5의 나카가미군(中頭郡)에서 '목숨이 보물이다! 류큐의 자기결정권 모임(命どぅ宝！琉球の自己決定権の会)' 공동대표가 입후보하여 코로나 대책, 기지문제 해결, 빈곤 대책 외에 '류큐·오키나와의 역사교육과 말 계승'을 호소했으나 결과는 일곱 후보 중 꼴찌였다. '자기결정'은 언론에서는 유행어지만 선거에서 표 몰이의 유력한 문구는 아닌 것 같다.

32 다만 현재는 일본(≒본토, 야마토[大和])에 대한 저항을 강조한 나머지 1960년대에서 부정적 요인을 발견하는 식의 자기반성적 시점은 약해졌다. 그 결과 어떤 역사를 고를지는 현재의 정치상황에 좌우되는 가변적인 것이 되었고, 역사로써 스스로를 정당화하기 위해 불변적 담론이 강해지고 있다.

자하나와 그 아류들을 끝까지 공격해야 한다"고 하면서, 정치를 논하는 입각점으로서 다수파가 유리한 의회정치의 한계를 꿰뚫어보고 참정권 획득 운동(정치투쟁)에 실패하여 미쳐버린 자하나의 '광기'를 언급했다.[33]

한편, 1970년 참의원 의원선거에 자민당 후보로 입후보한 이나미네 이치로(稲嶺一郎)[34]는 1972년 5월 복귀가 결정되기 직전의 복귀운동 고양기에 다음과 같이 말했다. 그는 "우리 사회가 진보하고 발전해가기 위해서 (…) 가장 중요한 것은 목표를 바르게 가지고 조화를 기하여 문제를 처리하는 것 (…) 이를 위해서는 조화와 질서로써 일을 처리하는 태도가 불가결한 조건이며 (…) 무책임한 태도를 바꿔 나가야 한다. (…) 민족의 명운(命運)이 걸린 결정적인 순간에 그 민족이 어떤 생각을 하고 어떤 행동을 하는가에 따라 결정되는 것이 아닐까 생각한다. 그것은 근세 오키나와 역사에 아로새겨진 그 상태가 어디에서 기인하는가를 생각하면 한결 명백하지 않은가 (…) 현대를 살아가는 우리들은 우리들의 선조가 과거에 범한 역사적 인재(人災)에 대해 하나하나 올바른 답을 우리들의 자손을 위해 제시해야 한다"[35]고 말하며 협조와 합리성을 호소했다. 베트남전쟁과 보·혁대립의 심화라는 "정치의 계절" 속에서 오키나와 사람들은 민중운동과 선거라는 도약을 맞이했는데, 한쪽은 역사로부터 '광기'를, 다른 한쪽은 역사로부터 '협조와 합리성'을 통해 생활을 향상시킬 수 있는 방법을 얻고자 문제제기

---

33 新川明, 「〈狂気〉もて撃たしめよ」, 『反国家の兇区—沖縄·自立への視点』, 社会評論社, 1996(초판은 1971), 182·212쪽.

34 稲嶺一郎(1905~1989). 와세다(早稲田)대학 졸업 후 남만주철도주식회사 입사. 전후에는 류큐석유 설립.

35 稲嶺一郎, 『歴史の訓へ』, 沖縄国際大学南島文化研究所, 「大山朝常資料」 所蔵資料 (箱3-1-3). 이 팸플릿은 간행연도가 명기되어 있지 않지만 글의 내용에서 대략적으로 간행시기를 판단하였다. 이 자료는 과학연구비보조금(기반연구B, 16H03482) 연구사업으로 오야마 자료 정리 중에 발견, 확인하였다.

를 한 것이다.

아라카와도 이나미네도 어떤 의미에서는 정치적 입장을 보강하기 위해 역사를 조달했다고 할 수 있는데, 그 역사는 '광기'나 '선인의 실패'와 같이 반드시 긍정적인 것은 아니었다. 한편 1980년 이후 다카라 구라요시(高良倉吉) 등의 역사 연구 결과, 긍정적인 류큐 역사상이 시민권을 얻는 가운데, '소국(小國)의 비애'로부터 '우여곡절이 있었지만 독립을 유지한' 류큐라는 이미지로 변했다. '류큐 처분'도 '민족통일'의 한 단계라는 근대화 담론에서 '망국'이라는 관점이 강조되는 것으로 바뀌었다. 오키나와에 살고 있는 사람이 '자신들의 과거'를 알기 위해 현재 유통되는 역사정보를 어떻게 자기 것으로 만들고 있는지 엄밀히 들여다봐야 한다. 이를테면 역사정보와 자신의 경험과의 대화를 통해 역사상을 '소화(消化)'하면서 일본 정부와 대치하는 정치행동을 사상적으로 타자와 공유하거나 정당화하려는 실천이 일어났을 것이다. 이와 같이 역사적 공동체로서의 우리 의식을 창출하고자 하는 역사의식이 있다고 한다면, 앞서 살핀 아라카와나 이나미네와 같이, 오키나와인의 정치주체적 행동을 역사로부터 찾으려 하는 역사의식이 현실 정치 속에서 어떻게 발휘되는지도 생각해야 한다.

또한 '저항'의 측면을 볼 경우 미래를 열어가기 위해서는 '유혈' 저항이 필요하다는 태도가 있는 반면에 폭력 행사를 '자제하자'는 태도도 존재한다. 오타 마사히데가 고자 폭동을 상기시킨다고 말했듯, 지금 오키나와 사람들이 축적된 분노나 불만을 어떠한 태도로 해결하려 하고 있는지가 흥미로운 점이다. 계속되는 총궐기대회나 헤노코에서의 경비에 대한 비판도 있기 때문에, 현재의 헤노코 등지에서 벌어지고 있는 반기지운동(저항의 문화)을 저항의 역사라는 정치문화 속에서 긍정적으로 평가하고 미래를 열어

나가기 위해, 한층 더 과격함을 추구하려는 사람들도 등장할 것이다.[36] 다만 질서에 대한 신뢰감도 어느 정도 존재하기 때문에 고자 폭동과 같은 아나키 상태를 거부하는 사람도 있을 것이다.

독립론이 각광받고 있는 이면에서 질서에 대한 평가를 둘러싼 '돌파'와 '조화'의 줄다리기[37]가 벌어지고 있지는 않을까. 이 점에도 주목하여 역사와 정치의 역동성을 살필 필요가 있다고 생각한다.

---

36 아직까지는 2017년 시점에서 우려되었던 고자 폭동과 같은 사태는 일어나지 않았으므로 폭동 재발에 대한 걱정은 기우였다고 할 수 있다. 2019년 현민 투표가 실시되어 헤노코 매립을 거부하는 민의가 표출되었지만 매립 공사는 진행 중이다. 헤노코 주변에서의 항의활동은 계속되고 있으나 일종의 폐색감도 존재한다. 한편에서는 이상(異常)사태의 일상화에 따라 무관심이 판을 치고 있는 듯이 보이기도 한다. 이러한 '잔잔함'의 이면에 '분화(噴火)의 징조'가 있는지도 모른다.

37 '돌파'는 기존 질서를 타율적이고 억압적인 것으로 설정하고 기존 질서의 해체를 지향하는 입장이며, '조화'는 기존 생활에 만족하여 기존 질서나 생활을 파괴하는 행위를 거부하는 입장이라고 일단 구분해두겠다.

참고문헌

단행본

新崎盛暉, 『戦後沖縄史』, 日本評論社, 1976.

新川明, 『琉球処分以後 上・下』, 朝日新聞社, 1981.

_____, 『反国家の兇区―沖縄・自立への視点』, 社会評論社, 1996.

大田昌秀, 『沖縄の民衆意識』, 弘文堂, 1967.

_____, 『近代沖縄の政治構造』, 勁草書房, 1972.

櫻澤誠, 『沖縄の復帰運動と保革対立』, 有志舎, 2012.

後田多敦, 『琉球救国運動』, Mugen, 2010.

室井康成, 『事大主義』, 中央公論社, 2019.

森宣雄・鳥山淳編, 『「島ぐるみ闘争」はどう準備されたか』, 不二出版, 2013.

논문

高江洲昌哉, 「議会議員選挙」, 南風原町議会史編纂委員会 編, 『南風原町議会史』, 2001.

_____, 「南風原町(村)議会議員選挙を通してみた女性の政治意識の問題」, 『沖縄関係学論集』7, 2003.

_____, 제5장 「特別県制廃止後の沖縄県会」・제8장 「準戦時下の沖縄県会」, 沖縄県議会事務局 編, 『沖縄県議会史』1, 2012.

_____, 「(大山朝常資料所蔵)「軍関係雇傭の賃金引上請願決議」(和文・英文)を中心にして沖縄現代史の分析視角を考える」, 『南島文化』38, 沖縄国際大学 南島文化研究所, 2016.

_____, 「「琉球処分」をめぐる研究史と若干の問題提起」, 『琉大史学』18, 琉球大学史学会, 2016.

戸邉秀明, 「現代沖縄民衆の歴史意識と主体性」, 『歴史評論』758, 歴史科学協議会, 2013.

豊見山和行, 「近世琉球民衆の「抵抗」の諸相」, 保坂智編, 『民衆運動史Ⅰ : 一揆と周縁』, 青木書店, 2000.

目取真俊, 「(特別インタビュー) 沖縄の戦後70年、続く「戦争」と「占領」」, 『神奈川大学評論』82, 神奈川大学, 2015.

해방이후 민주화 운동과 동학농민전쟁
─포섭과 저항의 이중주

홍 동 현

1. 머리말

2018년 4월 24일 옛 전옥서(典獄署) 터인 서울 종로사거리 영풍문고 빌딩 앞에서 전봉준 동상 건립 제막식이 있었다. 전옥서는 전봉준이 체포되어 사형선고를 받은 뒤 1895년 3월 30일(양력 4월 24일) 교수형이 집행된 곳으로 주최 측은 장소와 날짜에 그 상징성을 부여하고자 하였다.[1] 이에 대해 관계자들은 대체로 "그가 우금치의 분루(憤淚)를 머금고 눈을 감은 종로는 이후 3.1운동, 4.19혁명, 6.10민주항쟁을 거쳐 지난해 촛불집회 등 격변하는 **한국 민주주의를 상징**하는 무대로 자리잡았다"고[2] 평가하는 듯 싶다. 이와 함께 2018년 11월 9일 정부는 5월 11일 황토현전승일을 '동학농민혁명 법정 기념일'로 제정하였다. 2004년 국회에서 「동학농민혁명참여자등

---

1 전봉준은 1894년 12월 2일 순창 피노리에서 체포된 이후 총 9차례의 심문을 받았으며, 1895년 3월 29일 권설재판소에서 사형 선고를 받고 그 다음날인 3월 30일 전옥서에서 교수형에 처해졌다(『고종실록』, 고종 32년 3월 29일; 「동학당의 공판, 전봉준의 처형」, 『시사신보』 1895. 5. 7).

2 「'녹두장군' 123년만에 돌아왔다...전봉준 동상 제막」, 『뉴스1』 2018. 4. 24.

그림 1 1895년 2월 27일(음) 법무아문으로 이송되기 직전 일본영사관 앞에서 찍은 전봉준

그림 2 1895년 3월 30일(음) 전봉준이 처형당한 옛 전옥서 터에 2018년 세워진 전봉준 동상

의명예회복에관한특별법」이 통과되면서 기념일에 대한 법적 근거가 마련되었지만 유관단체들 간의 이견이 좁혀지지 않으면서 확정하지 못했는데, 결국 황토현 전승기념일인 5월 11일로 확정된 것이다. 이에 대해 동학농민혁명 기념일 선정위원회 위원장은 "이번 기념일 선정으로 동학농민혁명의 **애국·애족 정신**이 더욱 계승되고 발전되기를 기원한다"라는 소감을 밝히기도 했다.

이상 종로라는 국가적 상징 장소의 전유와 함께 5월 11일 국가기념일 제정을 통해서 동학농민혁명은 국가의 공적 기억으로서 확고한 자리를 차지할 수 있게 되었다. 그동안 동학농민전쟁은 역사상 최대 규모의 민중운동이라는 점에서 민중적 역량이 과시되거나 요구되어질 때마다 재발견되어 적극 소환되었으며, 다양한 형태로 재현되어 왔다.[3] 특히 해방이후 4.19 혁명이나 5.18, 그리고 80년대 민주화운동 과정에서 동학농민전쟁은 민중적 저항의 역사적 원천으로서 적극 소환되어 운동의 정당성을 확보하거나 민중적 연대를 독려하는데 활용되어 왔다.[4] 이를 통해 '동학혁명−3.1운동−4.19혁명−6.10민주항쟁'으로 이어지는 민주화운동 세력의 계보적 인식의 토대가 형성될 수 있었다.[5] 결국 2004년 「동학농민혁명참여자등의

3　홍동현, 「3.1운동 이후 동학란에 대한 재인식과 확산」, 『동학학보』 55, 동학학회, 2020.

4　1980년대 민주화운동은 민중을 매개로 한 광범위한 사회세력들의 연대가 가능했기 때문에 강한 힘을 가질 수 있었다. 여기서 민중은 다계급적·다층적 서민 대중을 지칭하며, 담론적으로 특정한 역사관특정의 민주주의관을 공유하는 추상화된 집단을 의미한다. 특히 운동권 담론은 조선 후기 동학농민운동, 일제하 민족독립운동, 그리고 해방 후 혁명적 민족주의운동의 전통을 불러들임으로써 민중적 에토스를 재생시키고자 했다(최장집, 『민중에서 시민으로—한국민주주의를 이해하는 하나의 방법』, 돌베개, 2009, 177~183쪽).

5　'동학혁명−3.1운동−4.19혁명−6.10민주항쟁'으로 이어지는 계보적 인식체계의 형성과정에 대해서는 배항섭, 「1920−30년대 새로운 '동학농민전쟁상'의 형성」, 『사림』 36, 수선사학회, 2010; 오제연, 「1960~70년대 박정희 정권과 대학생의 '동학농민전쟁' 인식」, 『역사문제연구』 33, 역사문제연구소, 2015 참조.

명예회복에관한특별법」[6]제정은 민주화운동 세력의 헤게모니 장악에 따른 결과물이라 할 수 있을 것이다.[7] 따라서 이를 기반으로 한 전봉준동상 건립, 법정기념일 제정 뿐 아니라 최근에는 참여자에 대한 서훈까지 거론되는 등 국가 차원에서의 기념이[8] 활발히 진행되고 있다.

하지만 "특별법 제정이후 국가의 '역사독점', 혹은 '전유' 현상이 심화됨과 동시에 **민중 기억** 자체가 **유실**되거나 왜곡되고 있다"[9]는 우려 또한 제기되고 있다. 특히 1894년 동학농민전쟁에 대한 다양한 해석을 방해하고 정형화된 기억만을 강요할 수 있다는 점에서 현재 진행되고 있는 국가 주도의 기념사업에 대한 비판적 시각도 존재하고 있다. 따라서 동학농민전쟁을 어떻게 기억할 것인가에 대한 근본적 논의가 필요한 시점이며, 이를 위해서 그동안 어떻게 기억되어 왔는지를, 즉 민주화운동의 운동담론으로서 동학농민전쟁의 사회적 인식이 형성 및 확산되는 과정을 살펴보고자 한다.

그동안 동학농민전쟁의 사회적 인식 관련 연구는 주로 동학농민전쟁의 근대적 인식이 형성되는 과정을 분석하거나,[10] 더 나아가 그 인식 속에 내

6   2004년 3월에 제정된 『동학농민혁명참여자등의명예회복에관한특별법』 제2조(정의)에서 "동학농민혁명자란 1894년 3월에 봉건체제를 개혁하기 위하여 1차로 봉기하고, 같은 해 9월에 일제의 침략으로부터 국권을 수호하기 위하여 2차로 봉기하여 항일무장투쟁을 전개한 농민 중심의 혁명 참여자를 말한다"라고 적시하고 있다.

7   박명규, 「역사적 경험의 재해석과 상징화—동학농민전쟁의 기념물」, 『사회와 역사』 51, 한국사회사학회, 1997, 45쪽; 박명규, 「역사적 사건의 상징화와 집합적 정체성」, 『한국사회과학』 23, 서울대학교 사회과학연구원, 2001, 32쪽.

8   특별법 제정 이후 동학농민전쟁 관련 주요 유적지들이 국가 사적지로 지정되었으며, 전국 각지에 백여 개의 기념시설 등이 건립되었다(지수걸, 「국가의 역사독점과 민중기억의 유실— '우금티 도회'를 제안한다」, 『역사비평』 110, 역사비평사, 2015, 179쪽).

9   지수걸, 위의 글, 174쪽.

10   김선경, 「농민전쟁 100년, 인식의 흐름」, 역사학연구소 1894년 농민전쟁연구반 엮음, 『농민전쟁 100년의 인식과 쟁점』, 거름, 1994; 이진영, 「동학농민혁명 인식의 변화와 과제」,

재되어 있는 근대 발전론적 시각을 비판하고자 하였다.[11] 결국 기존의 동학 농민전쟁 인식이 근대 엘리트 지식인에 의해 구성된 서사에 기반하고 있다는 근본적인 문제를 제기한 것인데, 그 인식 속에는 민중을 배제하거나 때론 포섭하는 논리가 작동되고 있음을 밝히고 있다. 한편 해방이후 사회적 인식과 관련해서는 주로 4.19이후 민중에 대한 관심이 고조되고 학문적 연구가 활성화되었다는 점에 주목하거나, 또는 기념물과 기념사업 관련해서 정권 차원의 의도를 비판하는 연구가 진행되었다.[12] 최근에는 1960~70년대 박정희 정권과 학생운동 세력 간의 동학농민전쟁을 둘러싼 기억전쟁이라는 측면에서 접근하기도 하였다. 즉, 학생운동 세력이 박정희 정권 차원의 근대적 인식을 함께 공유하면서도 저항주체로서 민중을 농민전쟁과 연결시키고자 하였으며, 이를 통해 지배적 인식의 균열과 저항 논리를 만들어내 현실참여를 독려했다는 것이다.[13]

본 논문에서는 기존 연구 성과를 토대로 동학농민전쟁이 해방이후 전개된 민주화 운동과 어떻게 결합되어 재현되었는지를 구체적으로 살펴볼 것이다. 특히 국가의 역사독점으로 인해 민중의 저항성과 주체성이라는 민

『동학연구』 9·10집, 한국동학학회, 2001(동학농민혁명기념사업회 편, 『동학농민혁명의 동아시아적 의미』, 서경문화사, 2002에도 수록).

11 배항섭, 위의 글, 2010; 홍동현, 「1894년 일본 언론의 동학농민전쟁 인식—『時事新報』와 『國民新聞』을 중심으로」, 『역사문제연구』 24, 역사문제연구소, 2010; 홍동현, 「1894년 동학농민전쟁에 대한 문명론적 인식의 형성과 성격」, 『역사문제연구』 26, 역사문제연구소, 2011; 홍동현, 「1900~1910년대 동학교단 세력의 '동학란'에 대한 인식과 교단사 편찬」, 『한국민족운동사연구』 76, 한국민족운동사학회, 2013; 「3.1운동 이후 동학란에 대한 재인식과 확산」, 『동학학보』 55, 동학학회, 2020.

12 박명규, 앞의 글, 1997; 박준성, 「'1894년 농민전쟁' 기념 조형물을 찾아서(1)」, 『내일을 여는 역사』 23, 내일을여는역사재단, 2006a; 박준성, 「'1894년 농민전쟁' 기념 조형물을 찾아서(2)」, 『내일을 여는 역사』 24, 내일을여는역사재단, 2006b; 박준성, 「'1894년 농민전쟁' 기념 조형물을 찾아서(3)」, 『내일을 여는 역사』 26, 내일을여는역사재단, 2006c.

13 오제연, 앞의 글, 2015.

중기억이 유실되고 있다는 지적에 주목하여, 동학농민전쟁에 내재되어 있는 저항기억이 시대적, 정치적 상황에 따라 때론 저항논리로 때론 포섭논리로 소환되어 재현되는 양상을 정리하고 그것이 갖는 의미와 한계를 살펴볼 것이다. 이는 또한 해방이후 민주화 운동 과정에서 동학농민전쟁이 갖는 의미를 확인하는 작업이 될 것이다.

2. 해방직후 민주국가 건설운동과 민주혁명으로서 '동학혁명'−저항 기억의 소생

해방 직후 동학농민전쟁은 주로 천도교 세력에 의해서 기억이 소환되고 있었다. 가장 먼저 확인되는 것은 1946년 10월 18일 『조선일보』 2면에 실린 천도교 '홍천청우당지부'에서 '동학당위령제(東學黨慰靈祭)'를 개최한다는 알림 기사이다. 이번 행사는 "동학혁명운동으로 동학군 이천여명이 강원도 홍천에서 일청(日淸) 양군(兩軍)에게 살해당한지 오십이주년을 맞이하고 홍천청우당 지부에서는 이십일 홍천에서 위령제를 거행한다"[14]고 하였듯이 1894년 동학농민전쟁 당시 서석(瑞石) 전투에서 희생된 사람들을 추모하기 위한 것이었다.

이어서 천도교 청우당은 1947년 2월 8일(53주년)[15]과 1948년 2월 9일(54

---

14 「동학혁명 50주년 20일 慰靈祭 거행」, 『조선일보』 1946. 10. 18.

15 해방직후 처음 개최된 '동학혁명 53주년' 기념식은 이우영의 사회로 이응진의 식사(式辭), 나상신의 혁명약사보고, 김병제의 혁명의 역사적 의의에 대한 발표가 있었다. 이어서 홍남균, 허헌, 최동오, 여운형, 인정식의 축사가 있었으며, 오지영이 혁명 당시 자신의 회고담, 그리고 문몽걸의 결의문 낭독과 함께 최시형, 손병희의 유가족과 오지영, 홍병기에게 기념품을 증정하면서 행사를 마무리하였다(「돌 마지 記念 式典. 東學 혁명 53주년 靑友黨 주최로 성대 거행」, 『조선일보』 1947. 2. 5).

주년) 연속해서 '동학혁명' 기념식을[16] 경운동(慶雲洞)에 위치한 천도교 대강당에서 개최하였다. 해방직후 첫 기념행사였던 이 기념식에서 "우리 조선 봉건사회 제도를 타파하고 **민주주의국가를 건설**하기 위하야 빈천한 농민대중을 중심으로 한 일대 역사적 혁명전쟁을 이르킨 갑오동학혁명운동"[17]으로 규정하고 언론을 통해 동학혁명의 의미를 선전하기도 하였다. 이들은 동학농민전쟁을 민주주의운동과 연결시켜 인식하기 시작했는데, 이와 관련해서 청우당의 핵심 인물인 김병제가 『조선일보』에 기고한 「동학혁명의 의의」라는 글이 주목된다. 그는 '동학혁명'을 '봉건제도 타파의 민주혁명운동'으로 규정하고 더 나아가 "오십년 전에 혁명에서 흘린 선열들의 뜨거운 피는 오십년 후 오늘날 이 민주의 가슴 속에서 그대로 용솟음치고 있음을 본다"고 하여 "금후 민주건국에 대한 홀륭한 지침"[18]으로 삼을 것을 주장하였다. 또한 『조선일보』는 같은 날짜 「(사설) 동학란의 의의」에서는 '동학란'을 "**민주정치를 위한 투쟁**"으로 평가하고 "우리 자신의 민주주의운동의 싹은 여기에서부터 찾을 수 있을 것이다"라고 하여 "오늘날 우리가 지향하는 건국목표 즉 민주주의라는 것"은 최소한 "일부 특권계급에게 폭

---

16 천도교에서 언제부터 동학혁명기념식을 개최해 왔는지는 정확히 알 수는 없다. 하지만 혁신파가 천도교연합회로 분립한 이후 1925년 개최된 총회에서 "혁명기념일(革命紀念日)을 새로히 정할 것"을(『동아일보』 1925. 4. 8) 논의했다는 것으로 보아 이전부터 천도교 주관의 기념식이 거행되었던 것으로 보인다(홍동현, 「한말·일제시기 문명론과 '東學亂' 인식」, 연세대 박사학위논문, 2018, 169쪽). 추측컨대 3.1운동 이후 천도교의 정치사회적 역할이 강조되는 가운데 동학란을 본격적으로 소환하여 재인식하기 시작했다는 점에서 3.1운동 이후부터 기념식을 개최했던 것으로 보이며, 1926년 4월 32회 동학혁명 기념식에서는 특별강연까지 개최했으며 이를 『개벽』 68호에 게재하기도 하였다. 또한 왜 2월 8일과 2월 9일에 혁명기념식을 개최했는지는 정확히 알 수 없으며 고부봉기일인 (음)1월 10일(양력 2월 15일)을 기준으로 정한 것으로 보인다.

17 「東學革命을 記念」, 『조선일보』 1947. 2. 5.

18 「東學革命의 意義」, 『조선일보』 1947. 2. 9.

압되는 정치"는[19] 아니라는 것을 강조하고 있다. 또한 이들은 "과거의 **미성공**(未成功)이었던 이 혁명운동을 비로소 성공시킬만한 단계에 도달"한[20] 현재에 '민중본위의 평등·자유'가 실현되는 '새사회'인 민주국가 건설에 나설 것을 주장하였다.

이처럼 천도교에서 '동학란'을 재차 소환한 것은 해방이후 새롭게 조성된 정치적 환경 속에서 신국가건설을 목표로 한 정치운동을 선언했기 때문이다. 즉, 이들은 1945년 4월 정치적 전위조직인 청우당을 복원한 뒤 본격적으로 정치운동에 뛰어들었으며, 좌우합작·남북통일의 통일임시정부 수립을 위한 좌우합작운동에도 적극 참여하였다.[21] 이들이 내세운 정치적 목적은 '조선을 진정한 민주주의적 완전 독립국가'로 부활시키고 '인민적 평등 자유 문명 행복을 실현하는 보국안민'의 실현이었다. 또한 분단을 막고 통일을 실현하기 위해 유엔감시하에 남북 총선거를 적극 지지하는 한편 이를 위해 대대적인 민중운동을 제안하기도 하였다.[22]

비록 천도교 청우당이 1949년 12월 '정당에 관한 규칙'에 의거하여 정리·해체되면서 천도교의 신국가건설 운동이 좌절되었지만, 이들은 '전인민이 정치경제사회적으로 **자유와 평등**을 향유할 수 있는' 민중의 평등권을 기반으로 한 '**조선적 신민주주의**(朝鮮的 新民主主義)'를 주장하였다.[23] 결국, 이들은 자신들의 정치적 활동에 대한 당위성을 부여하고 자신들이 구

---

19 「(社說)東學亂의 意義」, 『조선일보』 1947. 2. 9.

20 「東學革命의 意義」, 『조선일보』 1947. 2. 9.

21 '東學革命 五十三周年' 기념식에는 여운형과 인정식 등 좌파인사가 참가하여 축사를 하기도 하였다.

22 정용서, 「해방 후 천도교청우당의 정치운동」, 『한국사연구』 165, 한국사연구회, 2014, 196쪽.

23 정용서, 위의 글, 207~217쪽.

상하고 있는 '조선적 신민주주의'에 대한 정당성을 강조하기 위해 '민주혁명운동'으로서 '동학란'을 소환하였다.

하지만 해방직후 '동학란'에 대한 소환은 천도교 세력에 한정되어 있었다. 따라서 1949년 전위조직인 청우당 해체 이후 천도교 세력의 정치활동이 약화되면서 '동학란'과 관련된 행사 뿐 아니라 어떠한 언급도 확인되지 않는다.[24] 다만 정부수립 이후 1950년대 이승만 정권의 부정부패와 '독재정치'가 심화되는 과정에서 동학농민전쟁에 대한 기억이 새롭게 호출되고 있어 주목된다. 즉, 이승만 정권이 1954년 개헌을 통해 3선에서 성공한 이후 양당과 시민사회의 비판이 제기되는 가운데 동학농민전쟁의 **'반봉건적'** 성격이 언급되기 시작한 것이다.

우선 1955년 정부 주도의 관제시위를 비판하는 「학도를 도구로 이용하지 말라」라는 사설로 신문사 주필이 체포된 '대구매일신문 필화사건' 재판과정에서 역사적으로 올바른 시위의 사례로서 동학농민전쟁이 언급되었다. 즉, "우리 역사상 시위운동에 예로서는 한말에 있어서의 동학당 시위 기미년 당시의 전국적인 시위 을사조약 이후의 시위 가까이는 반탁운동의 시위 등 이런 것이 있다"라고[25] 하여 '어떤 목적(공익-필자)을 달성하기 위한' 시위의 역사적 사례로서 동학농민전쟁이 언급되었다. 또한 1957년 『동아일보』는 「민주주의의 위기」라는 기사에서 "백성은 지극히 약해도 아무도 이길 수 없는 것은 백성이 권력 앞에 매우 약한 듯이 보이나 동학혁명

---

24 동학혁명기념행사는 1948년 이후 확인되지 않으며 60주년이 되는 1954년에도 개최되지 않은 것으로 보인다. 그러다가 1961년 천도교 중앙총부에서 '동학혁명기념준비위원회'를 조직하고 3월 21일을 기념일로 확정하고(『경향신문』 1961. 3. 19), 같은 해 67주년 기념일을 맞아 좌담회가 개최되었다(『조선일보』 1961. 3. 20~25).

25 「시위와 언론의 본질」, 『동아일보』 1955. 11. 10.

도 삼일혁명도 일으킨 것은 백성임을 상기하라"[26]고 한 국회의원 전진성의 발언을 인용하면서 부패한 권력에 대한 **국민적 저항**을 강조하였다. 즉, 이승만과 자유당 정권의 횡포를 '민주주의의 위기'로 규정하고 "여러분이 이 나라 주인임을 각성하고 이러서서"라고 하여 국민적 저항을 촉구하면서 '동학혁명'을 언급한 것이다. 이어서 『경향신문』은 1958년 자유당의 국가보안법 개정 시도에 대해서 '우리 민족이 **자유**를 위하여 투쟁한 역사'로서 '동학봉기'를 거론하며 비판하였다.[27]

이처럼 1950년대에는 이승만과 자유당 정권의 횡포가 심화되는 가운데 이를 비판하는 과정에서 '동학란'은 민주주의를 위해 권력에 맞서는 (저항 담론과 결합되어) '저항기억'으로서 소환되기 시작하였다. 특히 4.19혁명으로 이승만 정권이 물러나자, '동학란'에 대한 관심은 더욱 고조되었으며, '동학혁명-3.1운동-4.19혁명'으로 이어지는 **운동권의 계보적인 인식**이 형성되었다. 즉, 4.19혁명은 '민중'의 힘으로 '독재의 정치'를 끌어내고 '민주국가'를 수립한 것이며, 이는 동학혁명에서 3.1운동에서부터 이어져 온 '우리의 훌륭한 역사'라는 것이다.[28] 또한 "이(李)정권 폭정하에 제작이 금지되었던 문제작, 민족혁명사에 빛나는 피의 봉화"[29]라는 영화 포스터에서 확인할 수 있듯이 민중의 '저항'이라는 이미지가 강조되고 있었다.

이와 함께 4.19혁명 직후 동학농민전쟁을 공식적으로 기념하기 위한 상징화 작업이 천도교와 학계를 중심으로 본격적으로 진행되었다. 우선 천도교측은 학계 연구자들과 함께 「갑오동학혁명의 의의-육십칠주년기념

---

26 「민주주의의 위기」, 『동아일보』 1957. 5. 27.

27 「餘滴」, 『경향신문』 1958. 11. 4; 오제연, 앞의 글, 181쪽.

28 장도빈, 「역사에 남은 대업」, 『경향신문』 1960. 5. 4.

29 「(광고)동학란」, 『경향신문』 1960. 9. 26.

일을 맞는 좌담회」를 1961년 3월 13일 개최하였다.[30] 이날 좌담회에서 신일철은 "이(李, 이승만-필자) 독재하(獨裁下)에서 도리어 「막걸리」나 마시며, 헐벗고 굶주리던 학대받은 민중들의 절규의 사실(史實)을 드러내 탐구해야 했을 것입니다"라고 하거나 "역사를 연구하든 문학을 하든 학대받는 민중의 편에 서야 할 것입니다"라고[31] 하여 동학농민전쟁의 학술적 연구를 통한 현실참여를 언급하기도 했다. 또한 이들은 동학농민전쟁을 "사회개혁 운동으로서 민주혁명"으로[32] 성격 규정하였다.

이상의 좌담회를 바탕으로 천도교측은 '동학혁명기념일'을 3월 21일로 특정해서 공식화하였다.[33] 즉, 이들은 동학혁명기념준비위원회(위원장 신용구)를 조직하여 민란에서 혁명으로 비약한 시점인 3월 21일을 '동학혁명기념일'로 확정하고,[34] 1961년부터 매년 3월 21일 천도교 주최로 기념행사를 진행하였다.

이와 함께 4.19혁명을 계기로 동학혁명을 선양하기 위한 기념단체가 결성되었다. 1962년 6월 김상기, 이선근, 신석호, 황의돈 등 역사학계 인사들이 중심이 되어 동학혁명사 편찬과 전봉준선생의 기념비 설립 등 기념사

---

30 이날 좌담회는 오익제 사회로, 장도빈(단대교수), 김상기(서울대교수), 최인욱(작가), 신일철(고대강사), 신숙(동학당대표위원), 장기운(천도교교무과장) 등 학계와 천도교측 인사들이 참가하였으며, 이날 발언의 내용은 『조선일보』(1961. 3. 20~27.)에 총 7차례에 걸쳐 연재되었다.

31 「甲午東學革命의 意義-六十七週年記念日을 맞는 座談會(완)」, 『조선일보』 1961. 3. 27.

32 「甲午東學革命의 意義-六十七週年記念日을 맞는 座談會(1)」, 『조선일보』 1961. 3. 20.

33 이번 좌담회에 참여한 최인욱(소설가)은 "정월 고부의 봉기는 민란으로서의 성격이었고 동학혁명은 소위 기포형식으로 보나 성격으로 보나 또 격문으로 보나 확실히 3월에 와서 전개됐다는 것을 여러 가지 그 문헌들을 고증해 볼 적에 나타나고 있습니다. (…) 지금 여러군데 기록에서 3월 21일이라는 것이 고증적으로 문헌에 나타나는 것 같은데 (…)"라고 하여 처음 무장기포일인 3월 21일을 거론하였다(「甲午東學革命의 意義-六十七週年記念日을 맞는 座談會(1)」, 『조선일보』 1961. 3. 20).

34 『경향신문』 1961. 3. 19.

업을 위해 '갑오동학혁명기념사업협회'를 조직하였다. 이들은 "최근 우리 나라 역사에 있어 민중의 힘으로 획기적인 전환을 가져오게 한 것은 실로 갑오동학혁명이 그의 효시(嚆矢)인 것이다"라고[35] 창립 취지문에서 밝히고 있듯이 4.19혁명과 연계하여 동학혁명을 인식하는 동시에 그 저항적인 측면을 부각시키고자 하였다.

이상에서 살펴보았듯이 해방직후 동학농민전쟁을 적극 소환한 것은 청우당을 중심으로 한 천도교 세력이었다. 이들은 신국가 건설의 주도권을 잡기 위해 '민주정치를 위한 투쟁'의 시초로서 동학농민전쟁을 내세워 자신들의 정치참여에 대한 당위성을 확보하는 한편 자신들의 내세우고 있는 민중본위의 평등·자유가 실현되는 조선적 신민주주의 건설에 적극 나설 것을 강조하였다. 비록 1894년 '혁명운동'은 성공하지 못했으나, 현재 대내외적으로 성공시킬만한 단계에 도달했다는 것이다.

한편 반민주적 행태가 자행되던 이승만 정권기에는 주로 반(反)독재 세력들에 의해서 민중이 주도한 저항기억으로서 동학농민전쟁이 소환되고 있었다. 즉 자유를 위해 투쟁한 역사로서 동학농민전쟁을 거론하면서 이승만 정권에 맞서 반독재 투쟁에 시민의 참여를 독려하였다. 따라서 시민들의 자발적인 힘으로 이승만 정권을 붕괴시킨 4.19혁명 이후에는 동학농민전쟁에 대한 관심은 더욱 고조되었다. 4.19혁명 이후 학계의 주목뿐 아니라 대중적인 관심 속에서 각종 기념 및 문화 행사가 진행되었다. 이러한 과정을 통해서 동학농민전쟁이 3.1운동–4.19혁명과 동등한 위치를 차지하는 민주주의 운동 담론의 계보적 인식이 형성될 수 있었다.

---

35 이진영, 앞의 글, 79쪽.

3. 1960~70년대 박정희의 한국적 민주주의와 '동학혁명'
   −저항 기억의 포섭

 4.19혁명으로 촉발된 민주주의에 대한 열망과 민족통일에 대한 자각은 동학농민전쟁에 대한 관심으로 이어졌다. 즉, 동학농민전쟁은 우리 역사의 내적 발전 과정을 확인하고자 했던 역사학자들뿐 아니라 자신들의 자발적 참여를 통해 민주주의의 성취를 경험할 수 있었던 대중들의 관심을 받을 수 있었다. 따라서 문학과 예술뿐 아니라 영화와 연극 등 대중매체의 소재로 인기를 끌 수 있었다. 이승만 정권시절 제작금지 되었던 영화「동학란」(1962)이 4.19직후 상영되었을 뿐 아니라 당대 최고의 배우인 신영균과 김지미가 주연을 맞아 화제가 되기도 하였다.[36] 특히 신동엽의「금강」(1967)

그림 3 신문광고에 게재된 영화 '동학란' 포스터
출처: 『경향신문』 1962. 6. 8.

---

36 김상기는「동학란」영화에 대해서 "동학당란을 배경으로하여 상놈(신영균)과 양반집딸(조미령)의 사랑이야기를 그려나갔는데 레지스땅스의 박력이나 역사적 조류 앞에 무력하기만한 인간개체를 응시한다든가하는 작가의 눈은 전현 없고 다만 푸롯트를 값싼 흥미본위의 야담조로 전개할 뿐이다"라고 비판하기도 했다(「새영화. 安易한 野談調(東賓) '동학

은 4.19혁명을 모티브로 하여 동학농민전쟁을 노래한 서사시로 권력과 외세에 대한 민중의 자각과 저항이라는 당대 민중적 인식을 잘 담아낸 것으로 평가받고 있다.[37]

하지만 4.19혁명 이후 민중의 저항과 결합되어 인식되었던 동학농민전쟁은 1961년 5.16혁명이후 점차 변화하기 시작했다. 비록 1963년 전봉준농민혁명기념탑건립추진위원회, 1967년 갑오동학혁명기념사업회, 1968년 동학정신선양회 등 민간 주도의 기념사업회가 결성되어 활동하였으나, 5.16 이후 국가가 동학농민전쟁에 대한 기념 및 인식의 주체가 되고 있었다. 특히 군사쿠데타로 정권을 장악한 박정희는 동학농민전쟁을 소환하여 재인식하는데 매우 적극적이었다.

우선 박정희는 『우리 민족의 나갈 길』이란 저서를 통해 '동학민란'을 '국난극복을 위한 애국적 전통'으로서 '전승해야 할 유산'으로 높이 평가하였으며,[38] 또한 "우리나라 **민주혁명**과 **근대화의 기점**으로서 가지는 바 의의는 큰 것이다"라고 하여 그 역사적 의미를 강조하였다. 특히 그는 동학을 "서구사상의 「직수입」이 아니라 **주체성**"을 가진 '민중사상'으로 평가하고, 이는 "우리나라 혁명사상과 새로운 **민주주의 한국화**를 위한 정신적 원천"이 되었으며 "3.1운동, 4.19, 5.16의 **한국민주혁명**의 밑바닥을 흐르고 있다는 점"을 강조하였다. 즉, '동학혁명-3.1운동-4.19혁명-5.16혁명'으로 이어지는 계보적인 인식을 새롭게 정립하는 한편 4.19혁명이후 고조된 민족주의에 편승해 '한국적 민주주의'라는 틀 속에 동학란을 편입시켰다. 이러한 계보적 인식은 1963년 10월 정읍 황토현에 세워진 '갑오동학혁명기념

---

37 김선경, 앞의 글, 79~81쪽; 이진영, 앞의 글, 81~82쪽.

38 「민주주의의 한국화를」, 『동아일보』 1962. 3. 6.

탑' 제막식에 참여한 박정희의 「치사(致辭)」에서 더욱 분명해진다.[39]

　　동학혁명을 일으키게 한 것은 당시의 부패에 있다. 내 자신이 2년 전의
5.16 당시 한강교를 넘어설 당시의 심정과 전(봉준)장군의 심정은 동일했을
것이다. 현재와 부패했던 5.16 당시와는 좋은 **대조를 이룬다. 동학혁명은**
성공은 하지 못했지만 민권을 주장한 **민주주의 교시임이** 분명했다. 이러한
숭고한 정신을 계속 이어받자. 선량한 백성이기에 이러한 폭정을 참지 못
하고 일어선 동학혁명의 교훈을 살려 공무원들은 국민들에 봉사를 해야하
며 국가는 물론 정치도 국민 위주의 정치를 해야할 것이다.[40]

그림 4　황토현전적지 동학혁명기념탑
　　　　제막식에서 참석한 박정희
　　　　의장(1963. 10. 3)
　　　　출처: 국가기록원

그림 5　황토현전적지 동학혁명기념탑
　　　　제막식에 연설하는 박정희
　　　　의장(1963. 10. 3)
　　　　출처: 국가기록원

39　1963년 8월 25일 결성된 '전봉준농민혁명기념탑건립추진위원회'는 김상기와 이병기 등
　　민간인이 중심이 되었지만, 건설비용은 대부분 관의 지원금(전라북도, 전라북도 농협, 정
　　읍군, 박정희가 각각 100만원의 기금을 출연. 이치백, 「전북의 기억(37) 황토현 갑오동학
　　혁명기념탑 건립」, 『새전북신문』 2010. 5. 20)으로 충당되었다. 따라서 갑오동학혁명기념
　　탑은 관민합작에 의해서 건립된 최초의 동학농민전쟁 관련 기념물이라 할 수 있다.

40　『전북일보』 1963. 10. 5(이진영, 앞의 글, 80쪽에서 재인용). 이날 박정희의 치사는 「동학혁
　　명은 5.16과 상통」이라는 제목으로 『동아일보』(1963. 10. 4)에 보도되기도 하였다.

당시 박정희는 대통령 후보로서 선거운동이 한창 진행되던 시기 중에 있었으며,[41] 그 자리에서 자신의 부친(박성빈)이 동학혁명에 참여했다는 사실을 밝히기도 했다. 즉, 그는 5.16쿠데타에 '민주혁명'으로서 '동학혁명'을 덧씌우는 이미지화 작업을 통해 정당화하는 한편 "5.16 당시 한강교를 넘어설 당시의 심정과 전(봉준)장군의 심정은 동일"하다고 하여 부정부패한 기존 정치권에 대한 불만이 가득 차 있던 민심에 감성적으로 호소하였다. 이러한 감성적 호소는 실제 선거에 어느 정도 영향을 미쳤던 것으로 보이며, 당시 박정희의 대선승리를 '동학혁명의 재현'으로 보는 사람들도 있었다.[42]

이와 함께 박정희 「치사」에서 주목할 점은 "동학혁명은 성공은 하지 못했지만"이라고 하여 동학란의 '실패'를 언급하고 있다는 것이다. 이에 앞서 『경향신문』은 "이 혁명을 영도할 인물이 없었으며 너무나 무조직, 무계획적인 때문"[43]이라고 하여 지도자의 부재를 동학혁명 실패요인으로 언급하고 있었다. 따라서 박정희는 "이조 봉건전제사회의 해체과정에 있어서 새로운 사회건설을 위한 **지도세력**이 농민 대중 속에서 싹텄다는 점"[44]을 강조하는데, 이는 결국 5.16혁명 세력의 형성과 박정희라는 '영도자'의 리더십으로 귀결된다.[45]

---

41 당시 박정희는 "내가 지금 빨갱이니 뭐니해서 무시무시한 사건의 피의자처럼 몰려 있지만 참고 있는 중"이라고 할 정도로 여순사건과 연루된 경력으로 색깔 공세에 몰려 있었다(「모종문제규명할 듯」, 『경향신문』 1963. 10. 4).

42 「변질된 정치풍토, 10.15 안팎─본사 정치부기자 좌담회」, 『경향신문』 1963. 10. 19.

43 「동학혁명」, 『경향신문』 1963. 3. 20.

44 박정희, 『우리 민족의 나갈 길』, 동아출판사, 1962, 115쪽.

45 1964~65년 한일협정 반대투쟁이 거세지자 집권당인 공화당이 당원들의 동요를 무마하기 위한 과정에서 동학혁명을 거론하며 리더십 문제를 강조하기도 하였다(오제연, 앞의 글, 190쪽). 즉, 근대적 민중봉기인 동학란이 실패한 원인은 담당세력이 부재했기 때문이며, 따라서 현재 우리사회의 근대화를 위해 5.16혁명을 통해 형성된 '혁명주체'들이 지도자를 중심으로 세론(世論)을 형성하고 선도하는 정치를 해나아가야 한다는 것이다(김영탁, 「민족적 민주주의의 과제」, 『(공화논총 제1집) 이념과 정책』, 민주공화당, 1964, 36~39쪽).

이처럼 박정희 정권은 4.19혁명 이후 형성된 '민주혁명'으로서 '동학혁명'을 계승하여 '동학혁명-3.1운동-4.19혁명-5.16혁명'으로 이어지는 계보적 인식의 모습을 보이고 있었다. 하지만 동학혁명을 비롯한 앞선 혁명은 모두 실패한 것에 위치되어 결과적으로 성공한 5.16혁명으로 모두 수렴되어 그 저항성은 거세되어 사라진다. 뿐만 아니라 그는 1971년『민족의 저력』에서 "동학혁명이 반서구적인 근대화"[46]를 지향했다고 규정함으로써 '민족주체성'과 '조국근대화'라는 틀 속에 동학농민전쟁을 가두어 둘 수 있었다. 결국 5.16혁명을 이끈 박정희의 리더십이 동학혁명의 저항성을 집어삼켜 버림으로써, 남는 것은 정권의 정치적 의도에 이용된 이미지뿐이었다.[47]

---

46 오제연, 앞의 논문, 210쪽.

47 1963년 '갑오동학혁명기념탑'을 시작으로 동학농민전쟁 관련 기념물 및 기념시설 뿐 아니라 기념행사 등이 정부의 직간접적인 지원을 받으며 진행되었다. 하지만 대부분 정읍이라는 지역에 한정되어 있었을 뿐 아니라 전봉준 개인에 편중되어 있었다(이진영, 앞의 글, 83쪽; 문병학, 「동학농민혁명 기념사업의 역사와 그 성격」, 동학농민혁명기념재단, 『동학농민혁명기념재단 특별전시전 동학농민혁명기념사업의 역사(부록)』, 동학농민혁명기념재단, 2009, 36쪽 참조).

기념물	장소	건립연도
갑오동학혁명기념탑	전북 정읍	1963
의암 손병희 동상	서울 파고다공원	1966
동학혁명 모의탑	전북 정읍	1969
전봉준 고택 지방유형문화재 지정(19호)	전북 정읍	1970
동학혁명군위령탑	충남 공주	1973
만석보 유지비	전북 정읍	1973
만석보 유지비	전북 정읍	1974
전봉준 고택 해체 및 보수	전북 정읍	1974
황토현전적지 지방기념물(34호) 지정	전북 정읍	1976
만석보 유지비 지방기념물(33호) 지정	전북 정읍	1976
동학혁명군위령탑	강원 홍천	1978
갑오동학혁명군 추모탑	충남 태안	1978
'전봉준유적정화사업계획'을 수립	전북 정읍	1978
해월 최시형 동상	경주 황성공원	1979

저항성이 거세된 동학농민전쟁 인식은 1972년 10월 유신을 기점으로 정점에 이르게 된다.

> 우리 5천년 역사상에는 역사 개신(改新)의 혁명적 시도가 없는 것은 아니다. 그러나 동학의 난이나 갑신정변이나 가깝게는 3.1운동이나, 4.19혁명이나 모두 불운에 그치고 말았지만 5.16혁명만은 성취되어 가고 있으며 또 어떻게 해서라도 반드시 성취시키지 않으면 안된다.[48]

1970년대 들어서 민주화에 대한 요구가 거세게 일자, 박정희는 국가 개혁을 계속 추진해야 한다는 명분으로 '한국적 민주주의'를 선포하며 10월 유신을 단행하였다. 영구집권 체제를 마련한 박정희는 이를 정당화하기 위해 동학혁명을 적극 활용하였다. 즉, 우리 역사에서 동학혁명과 같이 개혁을 위한 시도가 몇 차례 있었으나 모두 실패하고 5.16혁명만이 성공의 길을 걷고 있으며 이를 완수하기 위해 10월 유신이 단행되었다는 것이다. 따라서 1973년 공주 우금치에 건립된 '동학혁명군위령탑'을 통해서 동학농민전쟁은 패배한 역사에서 승리한 역사로 재탄생하게 된다.

> 그러나 님들이 가신지 80년 5.16혁명이래의 **신생조국**이 새삼 동학혁명군의 **순국정신**을 오늘에 되살리면서 빛나는 **10월유신**의 한돐을 보내게된 만큼 우리 모두가 **피어린 이 언덕에 잠든** 그 님들의 넋을 달래기 위하여 이 탑을 세우노니 오가는 천만대의 후손들이여! 그 위대한 **혁명정신**을 영원무궁토록 이어받아 힘차게 선양하라.

---

48 「10월 유신으로 승화되는 5.16혁명」, 『경향신문』 1973. 5. 15.

그림 6 우금치 동학혁명군위령탑
출처: 문화재청

그림 7 박정희 대통령 휘호(1973)
출처: 국가기록원

그림 8 우금치 동학혁명군위령탑 뒷면 감사문에는 박정희라는 글자가 훼손되어 있다.
출처: 문화재청

마치 무명용사의 탑을 연상시키는 '동학혁명군위령탑'은 그 제문을 박정희가 직접 썼으며, 비문은 역사학자인 이선근이 작성했다. 우선 위령탑의 호명 주체가 '신생조국'이라고 하여 5.16혁명을 통해 탄생된 박정희 정권임을 분명히 하였다. 이어서 동학혁명군의 '저항'은 순국정신으로 대체되어 10월 유신의 필요성과 함께 위기의 조국을 위해 총화단결해 나갈 것을 부각시키고 있다. 또한 흥미로운 것은 위령탑의 위치인데, 동학농민군이 희생된 곳이 아니라 그 반대편인 고개 너머 공주 시내가 내다보이는 곳에 자리하고 있다. 즉, 1894년 당시 동학농민군은 효포에서 공주로 넘어오는 능치를 향해 진격했으나, 관군과 일본군의 협공으로 상당수의 희생자를 내고 퇴각하였다. 위령탑은 동학농민군이 넘지 못한 능치 너머에 위치하고 있는데 이는 결국 동학농민군의 실패한 역사가 5.16혁명군에 의해 승리한 역사로 재탄생하였음을 의미한 것이다.

이상에서 살펴보았듯이 5.16쿠데타 이후 박정희 정권은 쿠데타의 정당성을 확보하거나, 박정희식 한국적 민주주의를 적극 홍보하기 위해 동학농민전쟁을 적극 활용하였다. 먼저 박정희 정권은 동학농민전쟁이 발발하게 된 부정부패에 주목하여 쿠데타의 동기를 정당화하였다. 또한 동시에 '동학혁명-3.1운동-4.19혁명-5.16혁명'으로 이어지는 계보적 인식을 통해서 동학혁명 등을 성공한 5.16혁명으로 수렴시킴으로써 그 저항성을 거세하였다. 10월유신 이후에는 '동학혁명군'의 희생을 '애국'으로 치환하여 전 국민의 총화단결을 부각시키고자 하였다. 이 시기 동학농민전쟁에 대한 소환 주체는 주로 국가였으며, 국가차원의 기념시설 조성이 본격화되었다. 이로 인해 동학농민전쟁에 대한 대중적 인식이 전국적으로 확산되는 데 크게 기여한 것도 사실이다.

4. 1980년대 민주화운동과 민중 주체로서의 '동학농민혁명'–저항 기억의 회생

동학농민전쟁에 대한 국가 주도의 기념사업은 1980년대에도 그대로 이어지고 있었다. 12.12로 새롭게 탄생한 신군부 세력은 1980년 5월 동학혁명기념문화제 당시 김대중의 연설을 빌미로 기념사업회를 강제로 해산시키고, 관 주도로 문화제를 개최하였다. 또한 '전봉준장군유적정화 기본계획' 하에 황토현전적지(黃土峴戰迹地)에 사당, 기념관, 동상, 교육장의 건립과 전봉준 고택, 만석보 유지비에 대한 정비가 추진되었다. 하지만 1981년 전두환이 정읍 방문 당시 "(전봉준은) 나와는 종씨고 집안 선조 (…)" 운운하며 '전봉준장군 유적지 성역화 사업'의 연차적 추진을 지시하였듯이 동학농민전쟁에 대한 빈약한 인식을 보이고 있었다. 또한 "동학(혁명)으로 실천하려는 스스로의 개혁의지마저 실패하였을 때 우리는 드디어 저 망국의 비극을 당하고야 말았다" 따라서 "우리들의 오늘의 개혁이 역사 위에 영원히 연속되어야 할 온 민족사적 소명"이라고[49] 하였듯이 **동학농민전쟁의 실패**를 강조하면서 정권의 정당성을 부여하고자 하였다. 따라서 황토현전적지 정비사업은 '동학혁명 정신을 새시대 장의 보국교육 도장화(道場化)'[50]를 위해 추진되었다.[51]

이처럼 1980년대에도 동학농민전쟁의 '저항성'은 거세된 채 **'개혁'이나**

---

49 「민족사의 새 지평 사상강좌 제3부 전두환 대통령의 통치이념(14) 공직윤리와 청렴정치」, 『경향신문』 1983. 5. 25.

50 「문화재보수사업(전봉준장군유적)」, 전라북도, 1980~1982(이진영, 앞의 글, 86쪽에서 재인용).

51 전두환은 1985년 전봉준 유적지 확장계획을 지시하면서 "전봉준선생의 유적지 성역화 사업을 문공부와 같이 협의, 현충사처럼 민족정신의 교육장으로 가꾸는데 필요한 계획을 세우라"라고 하였다(『전북일보』 1985. 11. 16).

'영웅'이라는 이미지만 박제된 채로 정부 주도의 다양한 기념사업들이 추진되었다. 하지만 민주화에 대한 열망이 고조되는 가운데 동학농민전쟁의 '저항성'도 학계와 민간인들 중심으로 점차 부각되기 시작했다. 우선 5.16 군사쿠데타 이후 국가 권력에 의해 억압된 동학농민전쟁의 '저항성'은 1964~65년 한일협정 문제로 대규모 반정부시위가 전개되는 과정에서 학생들을 중심으로 소환되기도 했다.[52] 당시 반일감정이 고조되는 가운데 동학농민전쟁 당시 제기되었던 '척왜양창의(斥倭洋倡義)'가 부각되는 가운데 1965년 3월 한국대학신문기자협회는 "민족혼을 불러 일으켜 반식민의 효시를 이루었던 동학운동 발발일인" 3월 21일을 '반식민주의 날'로 제정한 뒤 다음과 같이 결의문을 발표하기도 했다.[53]

> 동학운동을 대외지배세력에 대한 민족주의적 항의요 민중의식의 주류
> 이며 반식민주의의 눈뜸이요 근대화의 횃불이라 정의하고 동학혁명 제71
> 돌을 맞아 그 발발일인 3월 21일을 '반식민주의의 날'로 제정할 것을 정부
> 당국과 전국민에게 건의한다.[54]

즉, 1964~5년 굴욕적인 한일협정에 반대하며 저항적 민족주의와 결합되어 대학생들을 중심으로 동학농민전쟁의 '척왜양창의'가 소환되고 있었다. 비록 '민족주체성'과 '조국의 근대화'를 강조한 박정희의 '비서구적인 근대화'에 무력화되기도 했지만,[55] 60~70년대 4.19혁명을 매개로 그 저항

---

52 오제연, 앞의 글, 194~206쪽.

53 「동학운동 발발일인 3월 21일 '반식민주의 날'로」, 「동대신문」 1965. 3. 26(오제연, 위의 글, 197쪽에서 재인용).

54 한국대학신문기자협회, 「'반식민주의 날' 제정 건의문」, 1965. 3. 20(오제연, 위의 글, 197쪽에서 재인용).

55 오제연, 위의 글, 210쪽.

적인 측면은 '민주화운동세력'들에 의해서 지속적으로 소환되고 있었다. 특히 10월 유신이후 민주주의에 대한 열망과 함께 민중적 저항이 고조되면서 '동학혁명-3.1운동-4.19혁명'을 '반독재 투쟁의 역사'로 거론하면서 "반민주적·민족적 요소가 제거될 때까지 계속 투쟁"할 것을[56] 대학생들을 중심으로 주장되었다.

이처럼 민주화운동 세력들에 의해 형성된 '동학혁명-3.1운동-4.19혁명'이라는 계보적 인식은 박정희와는 달리 '실패한 역사'가 아닌 민중이 주체가 된 '성공한 역사'라는 점에서 차이가 있었다. 또한 '끝난 것'이 아닌 여전히 '진행중'인 저항담론과 결합될 수 있었으며, 이러한 인식은 10.26 사태로 민주화에 대한 열망이 고조되면서 더욱 확산된 것으로 보인다.

우선 10.26사태로 박정희 정권이 붕괴되고 새로운 체제에 대한 개헌논의가 이루어지는 가운데, 국민저항권과 연계해서 헌법전문에 '동학혁명'을 명기할 것을 주장하고 있었다.

헌법 전문 속에는 **민중이 역사의 주체라는 점**을 강조하기 위해 **동학혁명의 정신**이 들어가야 하며 민주독립과 관련된 3.1운동, 민주정신의 개화인 4.19의거 등이 포함돼야한다.[57]

새 헌법은 **국민의 정치적 평등**과 인권회복을 위해 줄기차게 싸워온 동학의 반봉건민중운동, 기미3.1독립운동, 광주학생독립운동, 4.19의거로 이어진 것임을 전문에 강조해야 한다.[58]

10.26사태로 유신정권이 무너진 이후 사회 각 단체에서 공청회를 개최

---

56 서울대 문리과대학 학생총회, 「구국투쟁선언문」, 1971. 5. 6.

57 「신민주최 개헌 첫 공청회」, 『경향신문』 1979. 12. 27; 「헌법전문에 저항권 삽입토론」, 『동아일보』 1979. 12. 27.

58 「독재방지, 제도적 장치를」, 『경향신문』 1980. 1. 19.

하여 민주주의 제도적 마련을 위한 다양한 개헌 논의가 이루어지고 있었다. 그러한 논의 과정에서 '국민저항권'이라는 측면에서 '동학혁명-3.1운동-4.19혁명'이 거론되고 있었다. 즉, 1980년 고조된 민주화에 대한 기대와 함께 저항적 기억으로서 '동학혁명'은 민주화 세력들에 의해 본격적으로 소환되고 있었다.

한편 1980년 5월 정읍에서 개최된 제13회 기념문화제에 참석한 김대중의 발언은 80년대 '민주화운동'이라는 현실참여와 동학농민전쟁이 직접적으로 결합되는 계기가 되고 있었다.

> 동학혁명은 세계 어디에 내놓아도 손색이 없는 위대한 혁명이다. 동학은 민주주의 정신과 일치된다. 3.1정신과 4.19정신은 동학의 정신 속에 흘러온 것이다. 전봉준 장군의 동학정신은 죽지 않고 그대로 살아 근대화의 원천으로 민주주의와 근대화를 지켜볼 것이다. **동학정신을 되살리는 것은 민주주의를 실천**하는 것이고 봉건 앞잡이에 짓밟힌 조상들의 **피맺힌 한을 풀어주는 것**이다. 온 국민이 민주정부 수립에 매진해야 한다. 동학혁명은 처음부터 폭력이 아니고 극심한 학정으로 백성들이 원성을 임금에 상소하고 호소했으나 하다못해 마지막으로 봉기한 것으로서 동학은 당초부터 폭력이 아니었다. 우리는 최선을 다해 질서와 안녕을 지켜가며 평화적으로 **민주대업**을 달성하자[59]

10만여 명이 모인 이 기념행사에서 김대중은 동학혁명을 단순히 과거 속의 '(역사적으로) 의미 있는' 기억뿐 아니라 '민주주의의 실천'이라는 현실정치 속으로 끌어내고 있었다. 즉, 민주주의 실천이 동학(혁명) 정신을 되살리는 것이며, 피맺힌 한을 풀어주는 것이라고 하여 민중의 현실 참여를 독

---

59 『전북일보』 1980. 5. 11(이진영, 앞의 글, 85쪽에서 재인용).

그림 9 김대중은 1980년 5월 제13회 갑오동학혁명기념문화제에 참석하여 민중적 저항을 독려했다. 출처:『경향신문』1980. 5. 12.

그림 10 황토현전적지 정화기념비 뒷면. 전두환이라는 이름이 훼손되어 있다. 출처: 대한민국역사박물관 현대사아카이브

려한 것이다. 그는 2월 부산에 내려가 대학생들과 함께 민주화를 위한 투쟁을 독려하며 10.26사태의 결정적 계기가 되었던 '10.16 부마항쟁'과 동학혁명을 연계하였으며, 4월에도 서울의 관훈클럽 초청연설에서 '10.26사태'를 '동학혁명'과 연계하면서 '민주대업'을 위한 민중적 저항을 독려하였다.[60] 이를 근거로 신군부는 '반정부봉기의식'을 고취했다는 이유로 김대중을 체포하였으며, 그를 초청했던 기념사업회는 강제로 해산되었다.

이처럼 80년대 저항(변혁) 주체로서 민중이 강조되면서 동학농민전쟁은 민중 주체의 실천적 경험으로 소환될 수 있었다. 또한 "민중해방과 자유평등사회를 위해 자주화운동, 반독재민주화운동, 조국통일운동에 매진할 것"을 선언하며 출범한 전국민족민주운동연합(전민련)은 그 뿌리를 '민족의 자주화와 민중의 해방을 지향한 **동학농민혁명**'에서 찾기도 하였다.[61]

한편 동학농민전쟁을 기억하기 위한 기념물 및 기념행사 등(상징적 이미지)도 1980년대 들어서 전환기를 맞게 된다. 우선 기존의 국가주도 상징물

---

60 「김대중 등 24명 내란음모등 사건 공소장 전문」,『동아일보』1980. 8. 14.

61 「민중을 앞세우고 겨레와 함께」,『한겨레』1989. 1. 22.

에 대한 훼손이 이루어지고 있었다. 그 첫 타겟은 '동학혁명군위령탑'이었으며, 표지석에 새겨진 '5.16혁명'과 '10월유신', '대통령 박정희'라는 글자가 누군가에 의해 훼손되었다. 뿐만 아니라 황토현기념관내 세워진 '황토현전적지정화기념비'에 새겨진 '전두환' 이름 석 자도 방문객들의 '짱돌'에 의해 쪼어져 사라졌다. 이는 군사독재 시절 국가에 의해 강요된 기억에 대한 저항과 함께 민중 주체의 저항적 역사로서 새로 쓰고자 한 의지를 표현한 것이다.[62] 따라서 80년대 중반이후부터는 기념의 주체가 국가에서 민간의 시민단체로 이동하였으며, 내용적으로 민중지향적인 모습을 보이고 있었다.[63] 즉, 동학농민전쟁의 첫 출발지였던 고부에 세워진 '무명동학농민군위령탑'은 자발적 후원금으로 세워졌으며 외형적으로도 기존의 기념물처럼 우뚝 솟아 있지 않다. 또한 쓰러진 동료를 일으켜 감싸 안고 죽창을 들고 외치는 농민군의 모습은 마치 1987년 6월 항쟁 당시 이한열 열사를 연상시킨다.[64]

이와 함께 이 시기 동학농민전쟁의 상징물로 '죽창'이 등장하고 있었다. 동학농민전쟁 관련 각종 기념물에 죽창이 빠지지 않았으며, 시위현장에서도 동학농민군을 자처한 '죽창부대'가 등장하기도 했다.

> 대규모 농민시위에 참가했던 일부 농민들은 죽창을 손에 들고 있었다.
> (…) 농민들에게 있어서 죽창은 역사적인 의미를 갖고 있다. 민족사에 영원
> 히 찬연하게 빛날 사건으로서 평가받고 있는 동학농민전쟁 당시 생존 위

---

62 박준성은 이를 두고 민중들에 의해 돌멩이로 쓰여진 '새로운 역사'라고 평가하기도 하였다 (박준성, 앞의 글, 2006a, 298쪽).

63 문병학, 앞의 글, 40~41쪽.

64 박준성, 「동학농민혁명 유적정비 및 기념물 건립사업의 추이」, 동학농민혁명기념재단, 『동학농민혁명기념재단 특별전시전 동학농민혁명기념사업의 역사(부록)』, 동학농민혁명기념재단, 2009, 10쪽.

기에 처한 농민들은 대부분 죽창으로 무장해 반민족적 반민중적인 지배세력과 식민주의자인 외세와 싸웠다. 그 뒤의 생존권 확보를 위한 봉건독재 세력과 외세와의 투쟁에서 달리 무장할 방도가 없는 농민들은 죽창을 사용했다. 이처럼 죽창은 반민족 반민중적 지배세력에 대한 반항과 외세에의 저항이라는 역사적인 상징성을 갖고 있다.[65]

1989년 당시 시위를 주도한 전국농민운동연합(전농련) 의장은 이 시위를 '갑오동학혁명이후 최초의 농민항쟁'으로 규정하였으며, '죽창부대'의 등장은 언론의 주목을 받았다. 즉, 당시 대다수의 언론들은 '죽창부대'를 거론하며 시위의 폭력성을 비판하고 있었다. 이에 대해 당시 시위에 참여했던 한 농민은 동학혁명 당시 그러했듯이 "죽창은 폭력성의 상징이 아니라 차라리 눈물겨운 농민저항권의 역사적 상징"[66]이라고 항변하기도 했다. 이처럼 시위현장뿐 아니라 동학농민전쟁의 상징물로 죽창이 등장했다는 것은 당시 동학농민전쟁이 민중주체의 저항으로서 인식되고 있다는 점을 잘 보여준다.

이상에서 살펴보았듯이 1980년대 민주화운동이라는 현실참여 열기가 고조되는 가운데 동학농민전쟁은 다양한 운동 주체들에 의해서 민중주체의 저항적 기억으로 소환되었다. 이를 통해 민중들의 현실참여를 적극 독려하거나 혹은 이를 매개로 현실 문제에 적극 참여하고자 하였다. 이와 함께 학계에서도 '실천 활동에 대한 학문적 응답'으로써 1894년 농민전쟁에 주목하였으며, 민족적·계급적 현실 모순을 극복하기 위한 모범과 교훈을 찾고자 하였다.[67] 결국 조선후기 농민항쟁을 통해 성장한 민중은 동학의

---

65 「죽봉과 동학농민전쟁」, 『한겨레』 1989. 2. 16.

66 「파탄위기의 농촌(11) 농민의 소리 '농민저항' 본뜻 왜곡말라」, 『한겨레』 1989. 3. 2.

67 이영호, 「총론: 1894년 농민전쟁의 사회경제적 배경과 변혁주체의 성장」, 『1894년 농민전

남접을 중심으로 결집하여 1894년 농민전쟁을 주도했으며, 이러한 흐름이 1919년 3.1운동으로까지 이어지는 '근대민족해방운동사의 선구'로서 1894년 동학농민전쟁에 대한 운동사적 내러티브(narrative)가 완성될 수 있었다. 즉, '동학혁명-3.1운동-4.19혁명-6·10 민주화운동'으로 이어지는 민주화운동 세력의 계보적 인식, 또는 민주화운동의 역사적 토대(운동권 담론)이 확립되었다.

5. 맺음말: 100주년 이후 국가에 위탁해 버린 저항 기억

1980년대 다양한 주체들에 의해 소환된 저항적 기억으로서 동학농민전쟁은 100주년을 기점으로 더욱 확산될 수 있었다. 특히 학계와 시민단체 및 유족들이 함께 모여 기억을 공유하는 '대동의 장'이 마련될 수 있었으며, 다양한 창작극이나 여러 형태의 문화예술 작품을 통해 재구성되었다. 이를 통해 일반대중들 사이에 동학농민전쟁은 '자주근대화를 위한 민중의 혁명운동이고 민족민중운동의 원천이며, 그 정신은 현재에 계승하여 실현해야 할 가치'로 정립되어 갔다. 이러한 사회적 분위기 속에서 '동학혁명→3.1운동→4.19혁명→6·10 민주화운동'으로 계승되었다는 사회적 인식은 2004년 3월에 통과된 특별법 제정으로까지 이어질 수 있었다. '특별법' 제정은 마치 1980년대 치열한 민주화운동을 통해 '민주적 대업'을 완성한 뒤 얻은 '전리품'과 같았다. 하지만 특별법 제정 이후 '민중 저항'과 '민중 주체성' 또는 민중을 매개로 한 사회적 연대라는 동학농민전쟁의 민중적 의미가 퇴색되는 듯한 모습을 보이고 있다.

쟁연구 1』, 역사비평사, 1991.

앞서 살펴보았듯이 해방이후 동학농민전쟁은 '민주주의'라는 현실문제와 끊임없이 결합되어 저항성이라는 민중적 의미가 유지될 수 있었다. 때론 국가권력에 의해 그 의미가 포섭되어 저항성이 거세된 채 정치적으로 악용되기도 하였다. 역설적으로 국가권력에 의해 포섭되었을 때 동학농민전쟁에 대한 기념 및 기념시설 조성 등은 오히려 활성화되었다는 점을 상기할 필요가 있다. 현재 1980년대 민주화운동 세력이 목표로 삼았던 '민주적 대업'은 실현되었지만, 사회·경제적 불평등 문제는 오히려 심화되고 있으며, 환경 및 젠더 문제 등 다양한 사회적 의제들이 제기되고 있다. 이처럼 민주화 이후 다면화 사회에서 동학농민혁명을 어떻게 기억할 것인가에 대한 보다 심도 있는 고민이 필요한 시점이다. 특히 특별법 제정이후 동학농민전쟁 기억을 국가에 위탁하려는 경향이 두드러지게 나타나고 있다. 이로 인해 동학농민전쟁의 민중적 기억이 유실된 채 그 이미지만이 박제화되어 조롱거리가 될 수도 있다는 우려가 제기되고 있다. 따라서 동학농민전쟁에 대한 기억을 국가에 위탁하려는 관행에서 벗어나 민중적 기억이라는 정체성 회복을 고민해야 할 것이다. 이와 관련해서 김지하의 『구리 이순신』[68] 중 일부 대화 내용을 인용하면서 글을 마치고자 한다.

> 이순신: 사실 이건 내 본래 얼굴이 아니야. 이건 구리로 만들어서 갖다 씌운 것이야. (…)
> 이순신: (열렬하게 애원하듯이) 이 구리 껍질을 벗겨 줄 수 없겠나? 구리만. 이것만 벗겨 준다면 난 그 옛날 백의종군할 적과 똑같이 자유로울 터인데… 날 도와줄 수 없겠나? 날 도와주게 여보게. 내 이 구리 껍데길 제발 좀 벗겨 주게. 제발 그렇게 해주게.

---

68 김지하, 『구리 이순신』, 범우, 2014.

참고문헌

자료

『경향신문』, 『동아일보』, 『전북일보』, 『조선일보』, 『한겨레』

단행본

김지하, 『구리 이순신』, 범우, 2014.

동학농민혁명기념재단, 『동학농민혁명기념재단 특별전시전 동학농민혁명기념사업
　　의 역사(부록)』, 동학농민혁명기념재단, 2009.

박정희, 『우리 민족의 나갈 길』, 동아출판사, 1962.

전인권, 『박정희 평전-박정희의 정치사상과 행동에 관한 전기적 연구』, 이학사,
　　2006.

최장집, 『민중에서 시민으로-한국민주주의를 이해하는 하나의 방법』, 돌베개,
　　2009.

논문

김선경, 「농민전쟁 100년, 인식의 흐름」, 역사학연구소 1894년 농민전쟁연구반 엮
　　음, 『농민전쟁 100년의 인식과 쟁점』, 거름, 1994.

김영탁, 「민족적 민주주의의 과제」, 『(공화논총 제1집) 이념과 정책』, 민주공화당,
　　1964.

문병학, 「동학농민혁명 기념사업의 역사와 그 성격」, 동학농민혁명기념재단, 『동학
　　농민혁명기념재단 특별전시전 동학농민혁명기념사업의 역사(부록)』, 동학
　　농민혁명기념재단, 2009.

박명규, 「역사적 경험의 재해석과 상징화-동학농민전쟁의 기념물」, 『사회와 역사』
　　51, 한국사회사학회, 1997.

＿＿＿, 「역사적 사건의 상징화와 집합적 정체성」, 『한국사회과학』 23, 서울대학교
　　사회과학연구원, 2001.

박준성, 「'1894년 농민전쟁' 기념 조형물을 찾아서(1)」, 『내일을 여는 역사』 23, 내일
　　을여는역사재단, 2006a.

＿＿＿, 「'1894년 농민전쟁' 기념 조형물을 찾아서(2)」, 『내일을 여는 역사』 24, 내일
　　을여는역사재단, 2006b.

_____, 「'1894년 농민전쟁' 기념 조형물을 찾아서(3)」, 『내일을 여는 역사』 26, 내일을여는역사재단, 2006c.

_____, 「동학농민혁명 유적정비 및 기념물 건립사업의 추이」, 동학농민혁명기념재단, 『동학농민혁명기념재단 특별전시전 동학농민혁명기념사업의 역사(부록)』, 동학농민혁명기념재단, 2009.

배항섭, 「1920~30년대 새로운 '동학농민전쟁상'의 형성」, 『사림』 36, 수선사학회, 2010.

오제연, 「1960~70년대 박정희 정권과 대학생의 '동학농민전쟁' 인식」, 『역사문제연구』 33, 역사문제연구소, 2015.

이영호, 「총론: 1894년 농민전쟁의 사회경제적 배경과 변혁주체의 성장」, 한국역사연구회, 『1894년 농민전쟁연구 1』, 역사비평사, 1991.

이진영, 「동학농민혁명 인식의 변화와 과제」, 『동학연구』 9·10집, 한국동학학회, 2001.

정용서, 「해방 후 천도교청우당의 정치운동」, 『한국사연구』 165, 한국사연구회, 2014.

지수걸, 「국가의 역사독점과 민중기억의 유실-'우금티 도회'를 제안한다」, 『역사비평』 110, 역사비평사, 2015.

홍동현, 「1894년 일본 언론의 동학농민전쟁 인식-『時事新報』와 『國民新聞』을 중심으로」, 『역사문제연구』 24, 역사문제연구소, 2010.

_____, 「1894년 동학농민전쟁에 대한 문명론적 인식의 형성과 성격」, 『역사문제연구』 26, 역사문제연구소, 2011.

_____, 「1900~1910년대 동학교단 세력의 '동학란'에 대한 인식과 교단사 편찬」, 『한국민족운동사연구』 76, 한국민족운동사학회, 2013.

_____, 「3.1운동 이후 동학란에 대한 재인식과 확산」, 『동학학보』 55, 동학학회, 2020.

책을 마치며

민주주의를 생각하는
한일 민중사 연구의 길

김 아 람

1. 민중사의 지평

역사 연구의 시각과 방법은 현실 사회의 변화와 밀접하게 맞물려 있다. 민중 개념은 1980년대 한국의 민주화 과정 속의 시대적 산물로 등장했고, 역사 연구에서 지배에 저항하는 민중사 연구가 이루어졌다. 단일한 변혁 주체로서의 민중 인식과 운동사 중심의 민중사에 대한 비판은 두루 공유되었다. 이 책에서처럼 지금도 '민중사'를 표방하는 연구가 진행 중인데 이러한 연구는 과거의 민중사를 오히려 치열하게 성찰하고, 새로운 관점과 방법으로 역사를 서술하려는 시도를 하고 있다.[1]

민중사의 시각에서 역사 연구를 진지하게 돌아보고, 현재의 과제를 의식

---

[1] 허영란은 민중 개념에 대한 비판이 있지만 현실을 이해하고 바꾸려는 실천 속에서 공동선을 추구하는 주체를 사유하고, 그 사이의 차이와 연대를 상상하기 위해 '민중사'를 말한다고 보았다. 허영란, 「새로운 민중사를 모색하는 한일 네트워크—역사문제연구소 민중사반과 아시아민중사연구회, 교류의 발자취」, 『민중 경험과 마이너리티—동아시아 민중사의 새로운 모색』, 경인문화사, 2017.

하며 역사의 주체와 사회를 풍부하게 해석하려는 연구가 이루어질 수 있던 데에는 중요한 시대 변화가 있었다. 그 첫째는 역사 연구에서 주체를 다각도에서 복원할 수 있는 문제의식과 자료 범위가 확장되었다는 점이다. 시대적 과제의 도구로써 역사를 활용하거나 혹은 발전론적 역사관에 입각한 역사 연구를 비판적으로 보는 시각이 형성되었고, 구체적인 삶의 양상을 볼 수 있는 자료를 발굴하는 방법론적 노력이 이루어졌다. 둘째는 1980년대 이후 한국 사회의 현실 속에서 역사 연구의 의미와 실천성을 계속해서 의식할 수밖에 없었다는 점이다. 사회의 문제는 더욱 복잡해졌고, 과거를 어떻게 설명할 수 있을지에 대해서도 단편적인 역사상(像)은 비현실적이며 의미를 찾기 힘들다는 인식이 공유되었다.

민중사가 최근의 달라진 현실에 대한 사유를 방해한다거나 민중사 연구자가 여전히 계급 중심 사고에 갇혀 있다는 등의 주장도 있다. 하지만 이는 그간 현실 변화 속에서 실천적으로 전개된 민중사 논의와 그 결과로 구체화된 역사 연구의 의미를 포착하지 못한 채 개념의 사적(史的) 배경에 집중한 결과일 수 있다.

이 책은 역사문제연구소 민중사반과 일본 아시아민중사연구회가 함께 논의해 온 문제의식을 구체화하면서 민중사의 현주소와 가능성을 찾고 있다. 민중사반과 아시아민중사연구회는 다양한 세대의 연구자가 각기 다른 주제의 연구를 하면서도 정기적인 교류를 통해 민중사를 의식하며 역사 연구를 심화하고 있다. 최근 5년 동안의 논의는 한일 양국의 보수화, 사회경제적 양극화, 차별의 심화 등 현실의 위기를 맞닥뜨리며 민주주의를 다시 보려고 한 실천적 인식으로 이어졌다. 민중사 연구의 시각에서 민주주의를 재인식하고자 한 시도는, 역으로 민주주의 문제로 민중과 민중사를 새롭게 쓰도록 환류되었다.

여기의 주요 쟁점들을 정리해 보면 첫째, 민중사의 구체적인 장면에서 기존의 민주주의가 상정했던 주체와 테마가 지닌 한계가 선명하게 드러났다. 민주주의를 주권자의 확장이나 권리 획득의 과정에 국한하지 않는다는 문제의식은 역사 속에서 주체를 새롭게 발굴하고, 주체를 둘러싼 구조와 현실을 다각도에서 분석하게 했다. 하나의 사건을 둘러싸고도 다양하게 나타나는 주체들의 인식과 대응을 통해 민중의 역사에서 민주주의 문제를 살펴볼 수 있게 했다. 1부 연구에서 과거에 '민중'을 발견해왔던 인식에서는 보이지 않았던 성매매 여성·빈민 등 주체, 개발의 역사에서 부차적인 것처럼 생각된 환경 문제가 민중사에서 엄연히 존재했음을 알 수 있고, 그 속에서 민주주의 문제를 질문하게 되는 것이다.

다음으로 민중사 연구에서는 소수자(마이너티리)의 역사를 부상시키며 민중과 소수자와의 관계나 민중사의 역할을 논의해 왔다. 과거부터 실존해온 소수자가 역사 서술의 주인공이 되기 시작하면서 다수 집단 주체로 민중을 규범적으로 설정하고, 민주주의의 주체로 단정하는 것은 개념과 전제의 충돌을 야기했다. 민중사반의 연구자들은 소수자를 어떻게 재현할지, 민중과 소수자와의 관계는 역사의 현장에서 어떠한지 문제에 천착하여 구체적인 연구를 진행해왔다. 최근에도 소수자 연구가 민중사를 어떻게 재구성할 것인지 논의가 있었다.[2] 민중사에서 소수자 문제를 인식할 때의 특

---

2 민중사반은 2021년에 그간 민중사 연구의 경향과 전망을 제시하기 위한 심포지엄을 열었고, 그 2부 논의는 배항섭, 「'새로운 민중사' 이후 민중사 연구의 진전을 위하여」 및 소현숙, 「마이너리티 역사, 민중사의 새로운 혁신인가 해체인가?」 『역사문제연구』 48, 역사문제연구소, 2022와 한봉석, 「누가, 누구를 어떻게 다시 읽을 수 있을까?―'민중사'의 한계와 정체성 정치」 『사림』 83, 수선사학회, 2023으로 발표되었다. 여기서 소현숙은 민중 내부의 차이를 예각화하고 다층적 권력관계를 드러낸 마이너리티 역사 연구를 체계적으로 정리하면서 소수자 연구가 역사적 주체 간 관계의 문제를 전면화하는 새로운 민중사의 흐름이 되었음을 밝혔다. 반면, 한봉석은 지식인이라는 위치 설정과 근대 국민국가사의 테두리를 성찰하지 않는다면 민중사 연구자들이 소수자의 정체성 정치를 알기 어려우며 재현도 불

징은, 개념상의 민중과 소수자의 구분이나 소수자의 재현 가능 여부를 관념적으로 규정하기보다, 역사적 경험 속에서 주체의 복잡다단한 위치와 관계를 규명하려는 시도를 지속해 왔다는 것이다. 이러한 맥락에서 책의 2부는 소수자 정치를 통해 민주주의의 범주와 작동 방식을 비판적으로 검토했다.

민중사와 민주주의 문제의 세 번째 쟁점은 기억의 전승과 공유이다. 민중 경험은 당대의 사건으로만 그치지 않고, 현실의 요구와 조응하며 역사로 구성되어 왔다. 과거를 어떻게 기억하고 서술할지는 민중사가 어떠한 의미로 현재에 위치하고 있는지 연구자에게도 자각을 촉구한다. 더욱이 민중 운동의 역사는 또 다른 운동에 기여하기도 하지만, 권력의 포섭 논리로 활용되기도 하고 현실 정치에서 유약해지기도 한다. 이 책의 3부에서처럼 민중사 연구는 민중 운동의 기억을 문제시하고 현재와 연루된 과거를 메타적으로 의식하고 있다.

2. 민주주의, 민중사로 어떻게 볼 것인가?

그렇다면 보다 구체적으로 민중사 속에서 민주주의를 어떻게 새롭게 인식할 수 있을까. 이 책에서 특히 주목할만한 역사적 경험을 함께 살펴보고자 한다.

1) 사라지지 않은 사람들과 '물길의 사상'

이 책의 공통된 문제의식은 민주주의에 관한 전제를 정치체제로부터 탈

───────
가능함을 주장하고, 정동을 읽기 위한 인식론 개발과 토론의 필요성을 제기했다.

피시키고 사회적 문제와 일상의 삶을 포착하는 데 있다. 여성이 역사의 주체로 서술되기까지도 장구한 노력이 있었지만, 민주주의의 차원에서 '성산업'에 들어가게 된 여성이 드러나기 위해서 민중사의 시도가 특히 유의미하다. 장원아는 역사에서 배제되었던 이들의 삶을 읽으려는 노력이 민중사였다고 보면서도 이들 사이에 혹은 이들에게 침투하는 권력의 차이, 의존과 충돌에 주목하였다. 그 결과 식민지 조선에서 성산업 종사 여성이 처해 있던 종속구조와 그 속의 다양한 대응 양상을 제시하고, 파업을 하며 해방의 궁극적 목표뿐만 아니라 노동조건 개선이라는 현실적 요구까지 외쳤던 모습에서 전형화할 수 없는 복합적 주체를 발견했다.

1980년 5월 광주를 도시 빈민을 통해 바라보면, 시민군을 보다 입체적으로 이해할 수 있다. 여러 배경을 가진 사람들이 항쟁에 참여한 맥락을 이해할 수 있는데, 도시 빈민은 생활공간에서 시위에 일찍 연루되었고 시내와 외곽을 오갔던 경험을 살려서 무기를 챙기고 공동생활에서 기반한 네트워크를 통해 시위 반경을 넓혔다. 이정선은 차별받던 빈민이 '시민'군이 되었을 때 느꼈던 소속감과 환대받은 해방감, 그리고 시민들이 빈민들의 무장 시위를 보고 느낀 불안감을 모두 해석했다. 이 불안감은 광주항쟁 직후 빈민들이 광주에서 사라지게 되었던 배경이기도 하고, 80년 광주가 '항쟁' 아닌 '민주화운동'으로 이름 붙여진 숨겨진 맥락이기도 하다.

한국에서 1960~70년대는 민주주의의 후퇴와 경제성장의 동시성을 해석하는데 치중해온 경향이 있는데, 세계적으로는 환경파괴가 인류의 지속가능성을 본격적으로 위협하기 시작했던 때였다. 일본에서 벌어진 새로운 방식의 시민운동에서 선도적인 위기감을 목격할 수 있다. 나카지마 히사토는 노가와의 오염에 대응하는 조사연구회에서 민주주의의 문제를 보았다. 조사연구회는 노가와의 오염이 강이 흐르는 곳을 따라가서 죽음의 바다를 만들 수 있다고 인식하였다. 조사연구회가 내세웠던 '물길의 사상'은 물이 지나는 길의 사망을 막는다는 뜻으로 읽힌다. 물길이 지나는 지역에서는 오염을 지역 민주주의 문제로 받아들였고, 강과 수변 공간을 살리려는 노력으로 이어졌다. 환경이 민주주의 차원을 넘어 인류의 미래와 직결된 생존의 문제임을 고려할 때, 이러한 역사적 경험은 과거에만 머무르지 않을 것이다.

2) 에스닉을 넘은 정체성과 연결

민주주의를 다시 보려는 민중사의 문제의식은 소수자 혹은 마이너리티의 존재를 어떻게 포착할 것인지에서 나아가 역사에서 주체가 누구인지 전복적으로 사고하려는 데에 이르고 있다. 특히 '에스닉'과 같은 민족적 층위와 소수자 문제는 과거와 현재를 아울러 살펴야 할 중요한 쟁점이다. 이 책 2부에서 일본 안팎의 주체들로 확인할 수 있듯, 소수자의 위치와 정체성은 국민국가의 경계와 지도에 그어지는 측량선으로 인해 폭력적으로 규정되기도 하지만 그 경계 속에만 머물 수 없는 의식과 삶이 존재한다. 오키나와인, 나리타공항 반대 운동가, 재일조선인으로 볼 때 제국-식민지, 점령군-지역의 위계와 그 속에서 마이너리티의 운신은 단순하지 않다. 이들은 차별과 억압의 대상으로만 존재하지도, 고정된 정체성만을 견지한 것도 아니었다.

전후 오키나와인의 네트워크를 우에치 사토코의 글에서 볼 수 있는데, 오키나와인은 오키나와에도 있었지만, 일본 본토와 하와이, 브라질 등 다른 곳에도 있었다. 이민 갔던 오키나와인은 고향과 무관하지 않았다. 서로 '동포'라고 하며 네트워크를 형성하고 있던 것이다. 오키나와인은 일본의 패전으로 스스로 전쟁의 '패자'라고 인식하는 경우가 주류였지만 샌프란시스코 강화조약까지는 그와 다른 인식 또한 존재했고, 이는 '민족자결'의 논리나 제국과 식민지의 이분법으로 분석할 수 없는 중층적 정체성으로 나타났다. 점령지였던 오키나와가 미군에 의존적인 현실 속에서 여러 가치가 충돌할 수밖에 없었다. 더욱 의미심장한 점은 이러한 오키나와인들에게 거울로 보였던 사람들이 바로 일본의 조선인들이었다는 사실이다. 일본 본토에서 오키나와인과 조선인은 전후에 함께 '비일본인' 취급을 받고 있었다.

재일조선인을 향한 일본 사회의 차별은 지속적으로 문제가 되고 있는데, 정계향은 재일조선인 사회운동사에서 잘 다뤄지지 않았던 교회에 주목했다. 한국의 분단은 재일조선인들도 남북으로 나누었다. 재일대한기독교회(KCCJ)는 남한 기독교계와 연결되려 했으나 한일관계 단절과 교인 감소, 일본 사회의 차별 속에서 독자적 활로를 모색해야 했다. 1960년대 일본에서 신안보투쟁·베트남전 반대 운동·전공투 등과 함께 재일조선인 차별반대 운동도 촉발되었고, KCCJ도 여기에 적극 호응했다. 또한 지역 주민의 생활문제에 긴밀하게 관여하고 일본 및 세계의 기독교계와 연대했다. 오사카 이쿠노구에는 주민이라면 누구나 이용할 수 있는 커뮤니티센터를 만들었다. 동시대 미국 민권운동과 교류하고 소수자들의 국제연대를 고민했다. 국가와 민족의 경계를 뛰어넘어 접속할 수 있는 소수자의 특징이 나타나면서도, 동시에 지역 주요 사업인 샌들 디자인 강좌에는 재일조선인만 참여할 수 있게 하기도 했는데, 이러한 다면성은 생활공간인 지역에서 구체적 삶의 국면들에 부딪히며 살아가기에 나타난 모습 아니었을까.

일본 산리즈카는 세계의 정거장인 공항과 지역의 일상적 삶이 갈등한 곳이었다. 나리타공항은 일본의 문이 되었지만, 그 부지가 된 산리즈카에서는 50년 이상 최장기의 운동이 있었다. 아이카와 요이치는 이 투쟁의 여러 의미를 되새겼다. 주민의 의사결정 참여가 차단된 상태는 지방자치 제도의 한계를 보여주었고, 실력투쟁에 이르게 했다. 시대를 거치는 속에서 운동의 구성원과 지향도 매우 다양했다. 노인행동대가 드러낸 지향성은 전후 민주주의와 달랐고, '반대동맹'과 운동가들은 긴 무력 충돌 후 분열했다. 그럼에도 토지란 소유권의 대상이 아니라 그 흙을 대대로 일군 농민과 공동체의 땅이라는 발상과 운동은 지금도 진행형이다. 마을은 자치와 생활의 중요한 단위이자 저항의 최소단위로 "겹겹의 의미와 가치"를 보였다는 점에서 "현장 밀착형 민주주의"를 발견할 수 있다.

3) 정치의 역동과 기억의 재생 및 공유

민중사의 시각에서는 민주주의를 고정적이거나 완성된 체제로 보지 않는다는 것 또한 다시 강조할 필요가 있겠다. 과거 운동의 기억은 현재의 요구에 따라 연속하며 변용되고, 새로운 역사를 만들어간다. 그러한 기억의 재생은 반드시 긍정적인 것만은 아니고 정치의 역동 가운데 있기에 현재의 과제가 된다.

고립되어 있던 1980년 5월 광주를 알리려는 시도는 예술가들에게서도 있었는데, 이나바 마이는 미술이 사회와 어떻게 접목했는지 보여주었다. 시민미술학교와 같은 판화운동에서는 민중이 "벌떼처럼" 권력과 싸우며 저항적인 작품의 포스터를 곳곳에 붙였다. 예술가들이 조직적인 활동을 하면서 집단적 기억을 창조해 간 결과는 강렬한 판화 작품들로 한국과 일본을 이었으며 과거와 현재를 이어주고 있다. 이러한 미술 운동이 세계적으로도 드물다고 할 때, 그 배경에는 광주에서의 극단적인 폭력과 사회를 향한 예술가들의 폭발적인 힘의 응집이 있었을 것이다.

　동학농민전쟁은 민중미술과는 다르게 저항 주체들뿐만 아니라 국가 권력 또한 꾸준히 그 기억을 포섭하고 활용해 왔음에 주목할 필요가 있다. 농민전쟁이 해방 후에 '민주주의' 문제와 계속해서 결합되었던 흐름을 보면 한국에서 민주주의를 누가, 어떻게 말하고자 했는지 그 시대적 성격을 알 수 있다. 특히 민주화를 탄압하는 권력 또한 농민전쟁을 기념해왔고, 기억을 국가에 위탁하려는 관행이 지속되는 가운데, 민중적 기억을 회복할 방법을 모색해야 할 때다. 농촌 지역 단위에서는 기념시설 등 역사의 흔적과 기억이 국가의 인정과 비호 속에서 안정적으로 유지될 수 있다는 점까지 고려하면, 권력과 역사의 복합적 관계를 밝히고, 기억·기념의 민주화를 실천할 방법을 구체적으로 고민할 수밖에 없다.

　권력과 주체의 관계는 정치적 선택에서 드러나지만, 그 의식은 선거의 득표로 다 분석할 수 없을 것이다. 다카에스 마사야는 선거와 운동이라는 민주주의의 "두 바퀴"를 언급하며 선거에 주목했다. 오키나와에서 헤노코 기지 건설 반대 운동에도 불구하고, 건설 지역에서는 용인파와 반대파의 권력이 번갈아 집권하는 상황에서 역사와 정치의 역동성을 보아야 한다고 제안했다. 1970년대 일본 '복귀'와 전후 첫 선거를 둘러싸고 일어났던 논쟁의 역사도 제시했다. 민주주의에서 선거가 역사의식·정치의식의 표현이면서도, 민중 차원에서 선택의 근저를 규명하기가 쉽지는 않다. 또한 현실 정치에 역사의식이 과연 어떻게 반영되는지, 과거의 저항적 기억과 현재의 일상적 삶이 어떻게 연결될지, "기존 질서를 해체하려는 돌파와 유지하려는 조화의 줄다리기"가 민주주의를 새롭게 전망할 가능성을 어떻게 내포하고 있을지 다시 물음을 이어가게 한다.

3. 민중사의 지평에서 다시 볼 수 있는 민주주의

역사의 구체성을 통해 민중사의 시각에서 민주주의를 다시 본다면 그 의미와 효과는 무엇일까. 현재를 살고 있는 민중사 연구와 연구자는 과거에 대한 다층적 분석과 개방적인 시선을 견지하며 민주주의의 가능성을 내다보고, 다시 역사로 돌아가서 민중사의 민주주의적 전망을 고민하게 된다.

1) 현실 포착하기: 정치적 민주화의 안이함을 넘어

민주주의를 대의 정치의 영역으로만 사고하기는 어렵다. 물론 유구한 역사 속에서 형성한 대의제 민주주의의 원리와 형식을 부정할 수는 없다. 그럼에도 불구하고 민중사의 관점으로 민주주의를 전망할 때는 다양한 주체들의 입장에서 지금보다 더 나은 세계, 소수자와 약자의 삶도 존중하는 미래를 지향하는 것이다. 이를 위해서는 교차하는 현실의 문제들을 발견해내고 표상으로서의 민주주의가 지닌 한계를 먼저 염두에 두어야겠다.

먼저 민주주의를 정치의 영역에서만 문제 삼을 수 없다. 아시아의 근현대 주체가 처한 현실에는 일본 제국-식민지 조선, 미군-오키나와, 계엄군-시민의 폭력적 구조도 있었지만, 그것으로만은 역사와 현재의 폭력적 현실을 설명할 수 없다. 1920~30년대 성산업에 종사하는 조선의 여성들, 1980년 광주의 빈민들에게는 이미 그 전부터 '사회적 폭력'이 작용하고 있었으며 국가 폭력과 그 우위를 견주려는 것은 별다른 의미가 없다. 사회적 폭력을 시야에 둔다면 민주주의는 민족/국가만을 주어나 배경으로 둔다고 해서 설명할 수 있을까. 남성 지식인, '평범한' 한국과 일본의 시민들로부터의 차별은 과거의 지난 유산이 아니라 현재에도 매우 강하게 이루어지고 있다는 점에서 민주주의를 계속 묻게 되는 것이다. 또 한국과 일본

두 사회에서 외국인을 향한 혐오와 사회적 낙인 또한 코로나19의 위기와 함께 도드라지게 나타났다. 민중사의 시각에서는 이러한 권력 차원에서의 억압과 폭력을 더욱 치밀하게 연구하면서도 그에 동조하거나 방관했던 사회의 폭력을 함께 시야에 두고자 했다.

약자의 삶의 조건이라는 측면에서 보면, 오히려 정치적·형식적 민주화는 급진적 변화의 요구와 동력을 약화시키기도 한다. 폭력이 정치 권력에 국한하지 않는 것처럼 사회·경제적 조건은 사람의 기초적인 생존, 일상에 밀착되어 있으며 역사에서 공통적으로 저항을 일으키는 분노와 불만의 배경이었다. 한국이 정치적으로 "민주적 대업"을 실현했다는 성취의 기억과 기록은, 비민주적인 양극화의 현실을 직시하지 못하게 하는 효과를 내고 있다. 일본에서도 1960~70년대의 격동적 운동이 끝나고 그 경험의 면면이 새로운 방식의 운동으로 이어지기도 하지만 불평등은 나아지지 않았다. 비단 한일만의 문제는 아니다. 근대 이래로 자본주의의 심화는 다방면에서 이루어졌고, 인간의 터전을 위협하기까지 이르렀다.

2) 주체 발견하기: 선택과 관계의 다양성 속에서

현실의 문제를 정치적 구조나 제도적 민주화만으로 해소하기 어려운 조건 속에서 민중사의 주체들에게서 무엇을 볼 수 있을까. 정치·사회적 폭력과 불평등까지 사방이 종속적인 상황처럼 보일 수도 있지만, 그 속에서도 다채로운 모습으로 삶을 살아가며 때로 주체적으로 상황과 조건을 바꾸고자 애쓰기도 하고, 스스로 공동체의 일원으로 인식하며 관계 속에서 살아냈던 장면들을 민중사에서 발견할 수 있다. 한국과 일본에서, 광주와 오키나와에서, 노가와와 산리즈카에서 여러 주체를 자세히 들여다본다면 민중과 민중사의 범위는 운동이나 저항에 국한하지 않음을 쉽게 알 수 있다.

민중사의 시각에서 볼 때 주체의 선택은 현실적 조건이나 시대의 변화에 따라서, 권력과의 관계 속에서 다양하게 나타났다. 저항과 투쟁을 계속해가려는 사람들도 있고, 고뇌하고 갈등하며 현실을 살아갔던 사람들도 있었다. 어떤 사람들은 운동 현장에서 사라져 버렸고, 환경을 더 파괴하는 강의 복개를 주장하는 사람도, 오키나와 기지 이전 용인파에 투표한 사람들도 있었다. 이들을 모두 운동의 성과나 한계 또는 반대급부라고 해석하지 않고, 그 과정과 동력을 충실히 탐구하고 해석하려는 것이 민중사 연구의 노력이다.

이러한 복합적·모순적인 삶의 양태와 주체의 다양한 행보를 드러낼수록 민주주의의 실현이 결과가 아닌 끊임없는 과정임을 알 수 있다. 권력과 주체의 관계에서도 그 과정은 일방적인 투쟁과 운동으로 해결되지 않는다. "오늘의 권력은 내일의 시민이고 오늘의 시민은 내일의 권력"이기도 하며, 국가가 동학농민운동이나 80년 광주와 같이 민중 운동의 역사까지 전유하는 과정을 보더라도 지속적인 과정으로써 민주주의를 재인식할 필요가 있다.

이 주체들의 선택은 개인의 욕망이나 현실 타협이라는 차원을 넘어선다. 그렇다면 무엇이 어떻게 영향을 미쳤을까. 관계의 차원을 살펴볼 수 있다. 식민지 조선에서 성산업에 종사하는 여성들이 의연금을 내는데, 이는 "종속적 현실 속에서의 적극적 행위로서 '사회를 위하여' 무엇인가를 할 수 있다는 연결의 확인"이자 "자기 존중의 행위"였다. 나아가 5월 광주의 빈민에게 시위 참여는 환대의 경험이었다. 산리즈카 투쟁에서도 폭넓게 지원자가 모이면서 운동이 장기적으로 지속됐고, 마을에서의 상호작용이 그 형태를 변화시켰다. 재일조선인의 취업 차별 투쟁에는 일본인 활동가와 지역 시민, 대학생과 기독교인들이 함께 했고, 한국의 민주화를 응원하는 민중미술 운동에 일본의 공동체가 공명하였다.

이렇게 사회와 혹은 다른 주체들과 연결되거나 연대하는 모습은, 미리 준비되어 있거나 마땅히 해야 했던 이념형으로 보이지는 않는다. 노가와 유역의 조사연구회가 사안에 따라서 보수적인 주민자치회나 경영자 단체와 공조를 했던 것도 상기할 수 있다. 역사의 흐름에서 주체가 처하는 모순의 구조와 형태는 달라지지만, 그 속에서 서로 관계를 맺고, 힘을 모으는 연대가 시기와 지역을 넘어서 존재했다. 이것이 가능했던 배경과 맥락, 민중의 선택에 미친 개인적·사회적인 조건과 관계를 밝힘으로써 연결과 연대에도 새로운 전망을 가져올 수 있을 것이다.

3) 민주주의의 가능성을 담은 역사 쓰기: 민중사의 실천에서

민중사의 문제 제기는 민주주의를 재인식하면서 역사적 분석을 심화하게 하고, 민주주의를 깊이 고민하게 한다. 과거에 사라졌거나 이제까지 포착하지 않았던 소수자를 좇는 과정은 단지 역사의 소재를 다양하게 하는 데 그치지 않고 현재와 연결된다. 이들을 향한 권력과 사회의 유무형 폭력은 현재까지 지속되고 있으며 민주주의 사회에서 묵은 문제들을 풀어가는 실마리가 된다. 5월 광주에서 사라졌던 사람들은 실제 '행방불명자'로, 40년이 더 지난 지금까지 찾지 못하고 있으며 이들을 찾는 과정은 지금의 정치와 제도로부터 크게 영향을 받는 실정이라 민주주의의 실천이 간단하지 않음을 실감하게 한다.

소수자의 위치와 관계의 역사로 보면, 민중이나 민중사의 범주나 의미를 다수와 소수, 민중과 소수자와 같은 단순한 이분법이나 위계만으로 설정할 수 없다. 민중사는 더 이상 다수 집단주체로만 민중을 설정하지 않을 뿐더러 배제와 차별의 문제는 민주주의에서 다수결의 한계를 지적하는데 나아갈 수 있다. 또 가시화되기 어려웠던 민중 사이의 관계와 그 맥락을 역사화함으로써 소수를 '소수자'로 대상화하지 않고 민주주의의 주체로 인식할 수 있게 된다. 재일조선인은 일본 본토에서 오키나와인들처럼 비일본인으로 살고 있었지만 개인의 삶에만 집중한 것이 아니라 한국의 민주화를 기대하며 교류하기도 했다. 오키나와인은 노가와 유역에도 있었고, 산리즈카 마을에도 있었으며 민중사는 복잡할 수밖에 없는 이들의 위치와 의식에 다가가고자 했다.

또한 지금 민중사에서 민중의 운동을 성공과 실패로 단순히 구분하지 않고 고정적인 민주주의의 경험이나 상징으로만 분석하지 않는다. 현실의 요구에 대처하는 과정에서 운동은 조정되기도 하고, 예상하지 않은 변화를 가져오기도 했다. 일본 노가와 유역에서는 시민운동의 영향이 환경보호뿐만 아니라 지역의 재개발에도 미치게 되었다. 나리타공항 예정지 주변의 반대운동 속에서는 자신의 영농기반을 되짚어보고 지속적인 농업경영을 위해 유기농업을 도입하는 농가가 나타났고, 유기농업은 이후 지역의 핵심 산업이 되었다.

이와 같은 민중사의 전개로 보아 민주주의는 일국사적 경계 속 사건으로서의 운동이나 선거로 이룰 수 있는 목적지가 아니라, 변화하는 과정과 민중의 삶 속에서 계속 나타나고 경합한 가치로서 의미를 부여할 수 있다. 민주주의를 역사적으로 보는 작업에서 민중사 관점의 중요성이 여기에 있다. 동학농민전쟁 기념에 대한 권력의 영향력이 높아지는 가운데 기억을 국가에 위탁하는 것의 위험성이 지적되었다. 이에 대해 오늘날의 예술가들은 광주항쟁 이후 판화운동처럼 고민을 계속하고 있으리라. 한 예로 최근 들어 광주항쟁 당시 북한군이 침투했다는 역사왜곡에 대해 반박하는 영화 '김군'이 나오고, 영화 '택시운전사'로는 외신기자의 활동이 크게 주목될 수 있었다. 또한 기후위기를 비롯한 환경 문제에 대한 관심은 더욱 커지면서 사회적 변화가 일어나고 있다. 환경 개발이냐 보존이냐의 구분을 넘어서 인간은 급격한 환경 변화와 새로운 질병의 발생 속에서 여러 생물과 어떻게 공존할 것인지 과제 앞에 있고, 그러한 문제의식을 생활 속 주변에서 발견하는 오늘이다.

민중사는 복잡하고 불안정한 현실에서 실질적 민주주의의 확장 가능성을 탐색하려는 실천적 역사 쓰기임을 강조하며 이 글을 마치고자 한다. 다양한 주체와 가치가 얽히고설킨 시대에, 민중사는 과거를 쉽게 판단하거나 단정하지 않으며 현재에서 바라보는 과거와 과거의 사람들을 그대로 존중할 수 있는 계기를 마련하고 있다. 아울러 "오키나와 사람들이 역사를 어떻게 자기 것으로 만드는지 들여다보아야 한다"는 말처럼 민중사적 역사 쓰기는 과거를 재현하는 것에 그치지 않고, 민중들의 입장에서 현재의 역사의식을 함께 만들어가기 때문에 그 실천적 노력은 늘 중요하다. 이러한 점에서 민중사는 낡은 사학사의 유물이 아니라 민주주의를 문제 삼고, 나와 타자의 삶을 겸손하게 다시 보려 하는 역사쓰기의 길이다. 20여 년 동안 이어지고 있는 역사문제연구소 민중사반 모임과 한일 연구자들의 교류는 그 길 위에 있다.

이 책의 집필에 참여한 이들(가나다 순)

김아람

한림대학교 글로컬융합인문학·사학 전공 조교수. 한국 현대사회사와 역사교육을 전공했다. 분단과 한국전쟁의 장기적 피해와 영향, 개발과 지역 간 불균형, 차별과 폭력의 역사성에 관심을 가지고 있다. 대표 논저로 『난민, 경계의 삶―1945~60년대 농촌정착사업으로 본 한국 사회』(역사비평사, 2023)를 비롯하여, 「미투 100년, 성폭력을 넘어 민주주의로 가는 길」(『한국 민주주의 100년, 가치와 문화』, 한울아카데미, 2020), 「댐의 역할과 지역에 미친 영향」(『댐과 춘천』, 춘천문화원 춘천학연구소, 2021), 『지원 소위원회 보고서―부속서IV』(공저, 가습기살균제사건과 4·16세월호참사 특별조사위원회, 2022) 등이 있다.

나카지마 히사토(中嶋久人)

와세다대학 역사관 촉탁. 일본 근현대사 전공으로 최근에는 민중운동에서의 폭력 문제나 환경사에 관심이 있다. 대표 저서로는 『폭력의 지평을 넘어서―역사학으로부터의 도전(暴力の地平を超えて―歴史学からの挑戦)』(스다 쓰토무·조경달과 공동편저, 青木書店, 2004), 『수도 도쿄의 근대화와 시민사회(首都東京の近代化と市民社会)』(吉川弘文館, 2010), 『전후사 속 후쿠시마원전 개발 정책과 지역사회(戦後史のなかの福島原発開発政策と地域社会)』(大月書店, 2014), 한국어로 번역된 논문으로 「아시오 광독 반대운동 지도자 다나카 쇼조의 '자연'」(『민중경험과 마이너리티』, 경인문화사, 2017) 등이 있다.

다카에스 마사야(高江洲昌哉)

가나가와대학·릿쿄대학 등 강사. 오키나와와 도서지역 근현대사를 연구하며 최근에는 역사교육에도 관심을 갖고 있다. 대표 논저로 『근대 일본의 지방통치와 '도서'(近代日本の地方統治と「島嶼」)』(ゆまに書房, 2009), 「반공사회의 성립과 반미정당의 활동―인민당 지지와 활동을 사례로(反共社会の成立と反米政党の活動―人民党への支持と活動を事例にして)」(『전후 오키나와의 정치와 사회(戦後沖縄の政治と社会)』, 吉田書店, 2022), 「대중화·남자보통참정권·'포섭과 배제'―오키나와를 사례로(大衆化·男子普通参政権·「包摂と排除」―沖縄を事例にして)」(『사조(史潮)』 신91, 2022), 「애국심과 자유롭게 생각하는 것은 상성이 나쁜가?―현대사B의 실천으로부터(愛国心と自由に考えるは相性が悪いのか?―現代史Bの実践から)」(『아오야마스탠더드(青山スタンダ―ド)』 18, 2023) 등이 있다.

아이카와 요이치(相川陽一)

나가노대학 환경투어리즘학부 교수. 일본현대사와 역사사회학을 전공했다. 2000년 경부터 산리즈카 투쟁에 관한 자료수집·자료보전·연구활동을 추진하여 이 투쟁에 참가한 사람들의 증언을 모았다. 2018년부터 산리즈카 투쟁 공동연구를 조직하고 있다. 대표 논문으로 「산리즈카 투쟁과 지역사회 변용(三里塚闘争と地域社会変容)」(『국립역사민속박물관연구보고(国立歴史民俗博物館研究報告)』 216, 2019), 「지방도시 자주상영자의 초상: 나가노현 마쓰모토시 영화상영운동의 개인자료를 단서로(地方都市における自主上映者の肖像:長野県松本市における映画上映運動の個人資料を手がかりにして)」(『사회운동사연구(社会運動史研究)』 3, 2021) 등이 있다.

우에치 사토코(上地聡子)

메이카이대학 부동산학부 강사. 정치학 전공으로 전후 오키나와 정치사를 연구한다. 특히 1940년대 후반 오키나와 귀속 문제에 대한 오키나와, 일본, 하와이 거주 오키나와인들의 의견과 구상에 관심을 기울이고 있다. 최근 논문으로 「샌프란시스코 강화조약 전의 오키나와 '일본복귀'에 대한 동시대적 요인(サンフランシスコ講和会議前における沖縄「日本復帰」の同時代的要因)」(『한림일본학』 33, 2018), "Constructing a Collective Sense of "We, Okinawans": How Overseas Okinawans (Zaigai Doho) Shared Information about Their Home Islands in the Immediate Post-World War Two Period"(『次世代論集』 6, 2023) 등이 있다.

이나바(후지무라) 마이(稲葉真以)

광운대학교 글로컬교육센터 부교수. 한일근현대미술사 중 특히 저항미술에 관심을 가지고 있다. 대표 논문으로 「에케 호모(Ecce homo: 이 사람을 보라)—류인과 렘부르크」(『인물미술사학』 14·15, 2018·2019), 「일본화의 도전—전후 교토화단의 동향」(『한국근현대미술사학』 41, 2021), 「도미야마 다에코(富山妙子) 소장 자료를 통해서 본 이응노·박인경의 국제 교류」(『고암논총』 10, 2021) 등이 있다. 또한 번역서로 홍선표, 『한국근대미술사—갑오개혁에서 해방 시기까지』를 일본어로 옮겼다(『韓国近代美術史—甲午改革から1950年代まで』, 東京大学出版会, 2019). 2022년에는 민족문제연구소 식민지역사박물관에서 열린 이상호 개인전 〈이상호, 역사를 해부하다〉(2022. 8. 2.~11. 6)를 기획했다.

이정선

조선대학교 역사문화학과 조교수. 한국 근대사를 전공했고, 「일제의 '내선결혼(內鮮結婚)' 정책」으로 박사학위를 받았다. 일제시기를 중심으로 민족·계급·젠더가 교차하는 역사상을 그려왔다. 최근에는 광주·전남의 근현대 지역사로 연구 영역을 확장하고, 대학과 지역이 함께 만드는 역사서술과 역사교육의 방법을 모색하고 있다. 대표 논저로 『동화와 배제―일제의 동화정책과 내선결혼』(역사비평사, 2017), 「근대 한국의 '여성' 주체―기표의 각축을 통해 본 일제시기 여성 개념」(『개념과 소통』 19, 2017), 「1910~20년대 '내선융화' 선전의 의미―일본인과 부락민·조선인 '융화'의 비교」(『역사비평』 130, 2020) 등이 있다.

장용경

국사편찬위원회 편사연구관. 식민지기 사상사를 전공했고, 최근의 관심사는 한국 근대 사상의 성립을 탈식민주의 관점에서 재해석하는 것이다. 대표 논문으로는 「불구의 세속, '자유'와 '필연' 사이에서 한용운이 누락시킨 것」(『나의 자료읽기, 나의 역사쓰기』, 경인문화사, 2017) 및 「민중의 폭력과 형평의 조건」(『민중경험과 마이너리티』, 경인문화사, 2017), 「삶의 규율화와 가시화 테크놀로지―1970년대 화전정리 사업과 주민등록 체계」(『문화과학』 97, 2019), 「1980년 4월의 사북, 광부들의 폭력과 폭력 앞의 광부들」(『1980년 사북, 항쟁과 일상의 사회사』, 선인, 2021) 등이 있다.

장원아

역사문제연구소 연구원, 서울교육대학교 강사. 한국 근대 사회변동 속 젠더, 인권 사상과 운동의 국제적 연결망에 관심을 가지고 있으며, 최근에는 '인신매매' 문제가 어떠한 모습으로 지속·변화되었는지 그 역사적 계보를 추적하고 있다. 대표 논저로는 「근우회와 조선여성해방통일전선」(『역사문제연구』 42, 2019), 「3·1운동 100주년 연구와 현재의 시선―민주주의와 다양한 주체들」(『역사비평』 129, 2019), 「1910~1920년대 전반 '평화' 논의의 전개와 성격」(『역사문제연구』 44, 2020), 「일제강점기 경성 의료인 단체의 결성과 활동」(『근현대 서울의 공공의료 형성』, 서울역사편찬원, 2021), 「달아나고 싸우는 여자들의 역사로 본 '분리된 세계'」(『불처벌』, 휴머니스트, 2022) 등이 있다.

정계향

경북대학교 아시아연구소 전임연구원, 울산대학교 강사. 『다카라즈카[宝塚] 재일조선인 공동체의 변화와 지역사회 재정착운동』으로 박사학위를 받았다. 역사의 주요 무대로 '지역'을 주목하고, 사회적 구조가 '지역성'과 상호작용하는 양상을 규명하는 것을 목표로 삼고 있다. 재일조선인 역사 연구, 식민지시기 지역사회운동과 공동체의 변천 문제에 특히 관심을 가지고 있다. 대표 논문으로는 「민족학교의 운영과 재일조선인 공동체의 분할―효고현[兵庫県] 다카라즈카[宝塚]를 중심으로」(『사림』 69, 2019), 「전국적 사건에 대한 지역적 해석―신경환(申京煥) 사건을 중심으로」(『중앙사론』 54, 2021), 「한말~해방 이후의 항만정책」(『처음 만나는 동해포구사』, 민속원, 2021), 「조선인 축살사건(蹴殺事件)과 식민지 지역 사회의 대응」(『지역과 역사』 50, 2022) 등이 있다.

홍동현

독립기념관 한국독립운동사연구소 연구위원. 한국 근대 민중사를 전공했고 『한말·일제시기 문명론과 '東學亂' 인식』으로 박사학위를 받았다. 최근 관심사는 1894년 동학농민전쟁, 일제시기 소작쟁의 및 농민조합 운동 등 1894년을 전후로 한 민중 저항의 일상에 관심을 갖고 있다. 대표 논문으로는 「고흥지역의 민족운동과 1894년 동학농민전쟁」(『남도문화연구』 35, 2018), 「3.1운동 전후 동학농민전쟁 인식의 변화와 확산」(『동학학보』 55, 2020), 「1920년대 하의도 농민운동의 전개와 항일 연대」(『도서문화』 56, 2020), 「정석종의 조선 후기 민중운동사 연구와 의미」(『역사비평』 136, 2021) 등이 있다.

기존 발표 논문 출처

매인 몸, 식민지 여성 신체의 종속과 탈주

장원아, 「1920~30년대 성산업 종사자 여성의 종속적 현실과 대응」, 『사학연구』 144, 한국사학회, 2021.

1980년 광주항쟁과 도시 빈민
－어디서 와서 어디로 사라졌는가

이정선, 「1980년 광주항쟁과 도시 빈민－어디서 와서 어디로 사라졌는가」, 『역사문제연구』 45, 역사문제연구소, 2021.

마이너리티의 민주주의 경험
－재일대한기독교회(KCCJ)의 사회운동을 중심으로

정계향, 「해방 후 재일대한기독교회(KCCJ)의 사회운동: 1970~80년대의 활동을 중심으로」, 『역사연구』 40, 역사학연구소, 2021.

민주적인 대동세상을 향하여
－홍성담과 광주자유미술인협의회를 중심으로

이나바(후지무라) 마이, 「집단의 힘, 연대의 힘으로－광주자유미술인협의회」, 『2019 경기아트프로젝트 시점(時點)·시점(視點) 1980년대 소집단 미술운동 아카이브 1979~1990』, 경기도미술관, 2019.

해방이후 민주화 운동과 동학농민전쟁
－포섭과 저항의 이중주

홍동현, 「해방이후 동학농민전쟁 인식과 민주화 운동－포섭과 저항의 이중주」, 『역사학연구』 84, 호남사학회, 2021.